山西煤炭工业

SHANXI MEITANGONGYE
QISHINIAN JUBIAN

山西省煤炭工业协会　编

1949 — 2019

70年巨变

山西出版传媒集团　山西人民出版社

图书在版编目（CIP）数据

山西煤炭工业70年巨变 / 山西省煤炭工业协会编
. -- 太原：山西人民出版社，2019.12
ISBN 978-7-203-11169-6

Ⅰ．①山… Ⅱ．①山… Ⅲ．①煤炭工业－工业发展－
成就－山西 Ⅳ．①F426.21

中国版本图书馆CIP数据核字(2019)第262389号

山西煤炭工业**70年巨变**

编　　者：山西省煤炭工业协会
责任编辑：张小芳
复　　审：贾　娟
终　　审：秦继华
装帧设计：谢　成

出 版 者：山西出版传媒集团·山西人民出版社
地　　址：太原市建设南路 21 号
邮　　编：030012
发行营销：0351—4922220　4955996　4956039　4922127（传真）
天猫官网：https://sxrmcbs.tmall.com　　电话：0351—4922159
E—mail：sxskcb@163.com　发行部
　　　　　sxskcb@126.com　总编室
网　　址：www.sxskcb.com

经 销 者：山西出版传媒集团·山西人民出版社
承 印 厂：山西文博印业有限公司

开　　本：787mm×1092mm　　　1/16
印　　张：35
字　　数：470 千字
印　　数：1—2500 册
版　　次：2019 年 12 月　第 1 版
印　　次：2019 年 12 月　第 1 次印刷
书　　号：ISBN 978-7-203-11169-6
定　　价：139.00 元

如有印装质量问题请与本社联系调换

《山西煤炭工业 70 年巨变》

编 纂 委 员 会

主　任　　王守祯

副主任　　牛建明　胡万升　苗还利

　　　　　武玉祥　赵文才　王宝文

主　编　　何明耀

副主编　　李　仑　王德善　刘春红

编　辑　　张洪波　赵闽娜　李　旭　白月红

　　　　　智彬玲　王晓娟　逯国强　晃天喜

　　　　　卜访勤　谭　勇

《山西煤炭工业70年巨变》

编纂委员会

序

山西省能源局局长　王启瑞

忆往昔岁月峥嵘，看今朝蓝图宏伟。

今年欣逢中华人民共和国成立70周年，山西省煤炭工业协会组织编撰了《山西煤炭工业70年巨变》，全书主题突出，特点鲜明。一是全景呈现历史，展示辉煌成就；二是总结经验规律，启迪未来发展。

翻开本书，山西煤炭由小到大、由大到强、由强到优，成长、壮大的发展历程历历在目。可以看出，编者的辛劳努力，不仅为读者打开了一扇了解山西煤炭的窗口，也为资源型经济转型发展提供了可借鉴的模式路径。

本书探究凝练出山西煤炭70年巨变一条弥足珍贵的根本经验就是始终坚持党的领导。无论经济社会如何发展变迁，山西煤炭始终听党话跟党走，这既是山西煤炭改革发展的基本特征，也是新时代推进能源革命的最大优势。

本书讲述山西煤炭历史上溯到《山海经》，记述山西煤炭70年发展历程，经历了从计划经济到市场经济的转轨，从粗放扩张到集约高效的转型，从建设全国能源基地到建设新型能源基地再到高质量发展和争当能源革命排头兵的升华，通篇贯穿了山西煤炭改革发展的厚重历史，体现了山西煤炭改革发展的与时俱进。

本书概括总结山西煤炭70年无往而不胜的制胜法宝就是改革创新，从生产低效落后到智能高效，从管理传统粗放到科学集约，从创建平朔露天煤矿中国改革开放的"试验田"到开展能源革命综合改革试点，其中的灵魂和主线就是改革创新。正是坚持改革创新，才使山西煤炭能够自如地应对复杂多变的国内外环境，才使山西煤炭在市场经济浪潮中日益壮大。

本书阐述山西煤炭70年来，始终坚持以先进文化引导人，以高尚情操塑造人，以劳模精神鼓舞人，以煤炭精神凝聚人，为山西煤炭改革发展提供了强大的精神动力和良好的文化氛围。煤炭文化鼓舞了煤炭行业战天斗地的壮志豪情，激发了煤炭行业日新月异的发展动力。

"雄关漫道真如铁，而今迈步从头越"。5月29日，审议通过的《关于在山西开展能源革命综合改革试点的意见》，这既是党和国家赋予山西的重大使命，更是山西推动能源革命向纵深发展的行动纲领。山西能源人将不负众望，守初心坚定信念，抓机遇乘势而上，担使命砥砺前行，奋力推动全省能源高质量发展，为全国能源转型升级提供山西经验，贡献山西智慧。

2019年7月

前　言

今年是中华人民共和国成立70周年。70年来,我国从社会主义计划经济走向社会主义市场经济、改革开放高质量发展的新时代;70年来,我国从站起来到富起来到强起来,山西煤炭工业也和全国经济发展大势一样,由少到多到好起来;70年来,山西煤炭工业经历了艰苦奋斗的恢复期、增加供给的计划经济期、改革开放新型能源基地建设期,经历了落后矿井、落后产能大规模退出的结构调整期,进入能源消费革命、供给革命、技术革命、体制革命、对外合作"四个革命、一个合作"的能源革命新时期。山西煤炭工业在保障国家能源安全、保障全国经济发展中做出了巨大贡献,同时也在保障国家能源安全的使命担当中发生了翻天覆地的变化。

春风化雨千山秀,煤海潮涌逐浪行。回首来路,初心不忘;展望未来,奋进争先。山西省煤炭工业协会组织编写《山西煤炭工业70年巨变》一书,旨在全方位展示山西煤炭工业自新中国成立以来特别是改革开放以来风雨兼程、砥砺奋进的发展历程。全景呈现党和国家领导人对山西煤炭工业的亲切关怀和殷切希望，全景呈现国家部委对山西煤炭工业的高度重视和大力支持，全景呈现山西煤炭工业科技创新、技术进步的一项项获奖成果，全景呈现山西煤炭工业改革发展的一件件大事，全景呈现可圈可点的山西煤矿建设的巨大成就，全景呈现与时俱进的煤炭运销管理实践，全景呈现山西煤炭工业70年来发生的巨大变化和取得的辉煌成就。

本书汇编了山西煤矿安全监察局、山西煤炭地质局、中国（太原）煤炭交易中心、煤炭工业太原设计研究院、煤科总院太原分院、中国煤炭博物馆编写的70年的发展历程、巨大变化及辉煌成就，以及朔州市能源局编写的朔州市煤炭工业的发展历程、巨大变化及辉煌成就。本书汇编了大同煤矿集团有限责任公司、山西焦煤集团有限责任公司、晋城无烟煤矿业集团有限公司、潞安矿业集团有限公司、阳泉煤业集团有限公司、晋能集团有限公司、山西煤炭进出口集团有限公司等我省7大集团公司和中央在晋的中煤平朔集团有限公司，以及山西凯嘉能源集团有限责任公司、山西华润大宁能源有限公司、山西煤矿机械制造股份有限公司等企业70年的发展历程、巨大变化及辉煌成就。他们都是山西煤炭工业在中华人民共和国成立以来特别是改革开放以来巨变中，转型发展、安全发展、科学发展和健康可持续、高质量发展的时代缩影和成功样本。

本书全面总结了山西煤炭工业在中华人民共和国成立以来特别是改革开放以来的成功实践和积累的宝贵经验。继往开来，牢记使命，以逢山开路、遇水搭桥的开拓创新精神，奋力书写山西煤炭工业健康持续、高质量发展的新篇章，奋力做好山西煤炭工业健康持续、高质量发展的新典范，奋力做好能源革命综合试点，争当全国能源革命的排头兵。

本书展现山西煤炭工业长达70年的历史。跨度大，展现内容的范围从地下资源转为工业和人民生产生活所需物资，成为国家发展的命脉与血液；范围广，涉及煤炭生产、运销到管理体制变革，涉及煤矿建设设计、施工到矿建质量监督和监理，涉及职工队伍素质、装备技术到安全管理以及矿工生活变化等。

本书展现内容范围广，时间跨度长，信息量大，应该说能在半年时间内完成是非常不容易的。山西省煤炭工业协会在组织编写本书的过程中，得到了中国煤炭工业协会、山西省能源局、山西省煤矿建设协会等有关部门和单位的支持，深表谢意！

本书的出版发行，是庆祝中华人民共和国70周年的一部献礼作品，也是对山西煤炭工业70年发展客观、翔实的一部记载史料。希望广大读者能从中有所收获，更希望广大读者提出宝贵意见。

山西省煤炭工业协会理事长　王守祯

2019年7月

目　录

综合篇

一、山西煤炭工业70年巨变

山西是煤海之乡，山西是乌金之地。

山西煤炭文字记载最早见于春秋战国时期成书的《山海经》，明代于谦曾用"但愿苍生俱饱暖"赏析煤炭品格。一部山西煤炭史就是一部山西煤炭人以实际行动诠释的感天动地的奉献史。

九万里风鹏正举，七十载惊涛拍岸。

1949年10月1日，中华人民共和国成立。这一天，全国开启了建设新中国的伟大征程；这一天，山西煤炭工业掀开了新的历史一页。

2019年，我们迎来了中华人民共和国成立70周年。70年风雨同舟，70年披荆斩棘，70年砥砺奋进。70年山西煤炭工业承载了兴晋富民和支援全国经济建设的历史担当，是撬动新中国工业化进程的杠杆，堪称"支撑共和国发展的脊梁"。

70年春风化雨，春华秋实；70年艰难困苦，玉汝于成。70年改革创新，极大地改变了山西煤炭工业的面貌。回首70年山西煤炭工业发展历程，就是要遵循历史发展规律，总结发展道路上的经验教训，吸收山西煤炭工业发展进程中的一切伟大成果，推动和促进山西煤炭工业迈进新时代。

70年来，山西煤炭工业趟出了一条由社会主义改造到计划经济体制向社会主义市场经济体制转变的曲折道路，经历了由数量型增长向质量型发展的嬗变。一座座千万吨级现代化矿井落建三晋大地，形成了产业结构多元、工业体系健全的具有山西煤炭特色的发展格局，为全国煤炭改革提供

了山西经验,创立了山西样板,昂首挺进世界和中国煤炭工业发展前沿。

70年来,山西煤炭工业遵循科技是第一生产力,开采技术、装备技术、科技研发等均发生了历史性变革,实现了机械化、自动化、信息化、智能化绿色开采;山西煤矿安全生产持续稳定好转,实现了制度保安、技术保安、装备保安,煤矿安全达到世界发达国家水平;山西煤炭人在创造煤炭物质文明的同时,积淀了厚重的精神文明财富,形成了特别能战斗、特别能吃苦、特别能奉献的山西煤炭精神,成为鼓舞百万煤炭职工的强大精神动力。

70年来,山西煤炭工业集约化水平明显提升,保障能源供应贡献巨大,现代化市场交易体系基本形成,技术装备水平跨越提升,科技创新能力明显提升,管理水平显著提升,产品结构明显优化,职工素质明显提升,安全保障能力明显提升,矿区面貌明显改善,职工生活幸福指数明显提高,可持续发展能力明显增强,行业形象明显改观,行业贡献水平长期居高,能源革命示范引领作用初步显现。山西煤炭工业发生了翻天覆地的变化,取得了巨大的辉煌成就。

集约化水平明显提升

煤矿规模由矿井多、规模小、装备水平低,发展到矿井少、规模大、装备水平高的新时代。

中华人民共和国成立70年来,经过恢复改造和大规模投资建设,尤其是改革开放后,中央决定把山西建设成全国能源重化工基地,山西煤炭生产能力空前提高;21世纪以来,山西煤炭产业进入到高速发展的黄金期,煤炭行业经过资源整合、煤矿重组,推进了煤炭产业集约化、规模化发展,提高了煤炭产业集中度。

1949年,山西省有中央直属煤矿8处、地方国营煤矿48处、私营小煤窑3620处,全省平均单井规模0.08万吨/年。1997年,全省各类矿井发展到

10971座,平均单井规模3万吨;到2011年底,全省保留矿井1053座,年产30万吨以下矿井全部淘汰,平均单井规模提升到100万吨/年,比1997年平均单井规模提高32倍;2018年底,全省共有煤矿978座,生产煤矿637座,生产能力99980万吨/年,最大矿井生产能力超过2000万吨,平均单井规模达到157万吨/年,是1949年平均单井规模的1960多倍。

2018年全省办矿主体企业169家,形成了同煤集团、焦煤集团、晋能集团、中煤平朔集团4家年生产能力亿吨级的特大型煤炭企业,形成了阳煤集团、潞安集团、晋煤集团3家年生产能力超5000万吨级的大型煤炭企业,形成了11座年生产能力千万吨级的矿井和72家300万吨级地方煤炭企业。

2018年,全国年产量超过6000万吨以上的煤炭企业15家,山西6家,占全国的40%;中国10强煤炭企业山西4家,占全国的40%;中国10家煤炭企业进入世界500强,山西晋煤集团、阳煤集团、潞安集团、同煤集团4家企业名列其中,占全国的40%。

70年来,山西煤炭工业发生了根本性转变,彻底改变了山西煤矿数量多、单井规模小、装备水平低的落后面貌,进入了现代化大矿时代。

保障能源供应贡献巨大

煤炭年产量由1949年的267万吨发展到现在近10亿吨,58年保持全国第一。

山西能源基地在全国能源供应中发挥了重要支撑作用,为全国经济持续稳定高速发展提供了强大的动力源,为保障国家能源安全和改善人民生活水平做出了不可磨灭的历史性贡献。全省原煤产量长期位居全国首位,中华人民共和国成立70年累计生产原煤192.4亿吨,占全国产量的1/4,外调量累计130.3亿吨,占全国外调量的近3/4。

1950年我国开始进入三年国民经济恢复时期,山西煤矿得到快速建

设和恢复,到1952年底,原煤产量由1949年的267万吨,猛增至1952年的994万吨,年均增长55%,占全国煤炭产量的比重由1949年的8.23%上升为1952年的15%;1957年,山西生产原煤2368万吨,首次成为全国最大产煤省,之后一直处于全国煤炭生产和供应中心。

1978年改革开放后,山西加快推进国家能源基地建设、新型能源基地建设和综合能源基地建设,山西煤炭工业实现了大规模快速发展的历史性巨变。从1978年至2018年,累计生产原煤181.4亿吨。1978年,原煤产量仅为0.98亿吨,2014年达到历史最高峰9.77亿吨。2015年开始,实施供给侧结构性改革,淘汰落后产能,山西原煤产量回调至9亿吨以内。

2018年,山西煤炭产量9.26亿吨,比1949年煤炭产量267万吨增加346倍,占2018年全国煤炭产量的25.2%,比1949年的8.23%提高了17个百分点。山西煤炭产量从1957年到2018年除2013、2016、2017、2018年外,均保持全国第一。

2018年山西煤炭外调量6亿多吨,比1949年62万吨增加了1000倍。

现代化市场交易体系基本形成

煤炭运销由国家计划统配统销,到电子商务平台市场化交易和物流信息化。

中华人民共和国成立以后,为了保证煤炭的稳定供应,山西煤炭运销一直由国家计划管理、统配统销。为了加强运销管理,山西省相继成立了山西省煤炭运销总公司、太原煤炭交易市场、煤炭销售办公室、中国(太原)煤炭交易中心,在不同阶段承担着全省煤炭运销业务和管理工作。

2009年,全省重点煤炭企业合同煤价与市场煤价理顺并轨,基本实现了煤炭销售市场化。2010年传统的年度煤炭订货会、衔接会、汇总会全部取消,长达60年的煤炭统配统销和价格双轨制结束,完全由企业自主衔接、协商定价。2010年全省煤炭企业产运需衔接取得了量价齐升的显著成效，签订合同总量5.47亿吨，合同价格比2009年合理上调40元/吨左右。2012年开始连续举办煤炭交易大会，开展年度交易和信息交流。2018年，中国(太原)煤炭交易中心已发展成为一个集合同签订、交易交收、货款结算、融资服务、信息咨询等多种服务为一体的全国性煤炭交易市场，山西煤炭运销走上了电子商务市场化交易和物流配送多元化之路。

装备技术水平跨越提升

煤矿井下生产由"手刨肩扛、畜力拉运"到机械化、自动化和智能化开采。

中华人民共和国成立初期，煤矿井下生产条件简陋、技术落后，主要是手工采掘、人力运输。经过70年的发展，矿井生产采掘机械化从无到有，从半机械化、机械化到现在的自动化和智能化。

山西始终坚持把淘汰落后、发展先进产能作为方向，把机械化开采作为基本要求，推进机械化、自动化、信息化和智能化"四化"建设，实现减矿、减量、减面和减人。2018年，全省综采机械化程度已达到100%，掘进机械化程度提高到91%，煤炭资源回收率提高到80%以上。

一是积极开展综采工作面自动化、智能化升级改造。煤矿综采工作面自动化、智能化升级改造，采用智能控制技术和可视化远程干预控制技术，应用液压支架电液控制系统、智能集成供液系统、图像视频远程跟踪系统、采煤机和刮板机协同控制系统、远程智能控制平台等综采工作面自动化成套装备，实现割煤、推溜、移架、运输等采煤工艺自动化。截至2018年底，全省已有29座矿井的42个综采工作面进行了自动化、智能化改造，减少了作业人员，提升了安全系数，降低了劳动强度，改善了作业环境。

二是推行全省煤矿机房硐室无人值守建设。坚持以工业化与信息化深度融合为主线，大力推进煤矿机房硐室无人值守建设，努力减少井下作

业人员。2018年底,全省已有350个井下变电所、136个水泵房、144个压风机房实现无人值守,45部井下胶带输送机实现了远程集中控制。

三是探索应用快速掘进技术及装备。全省部分煤矿积极探索应用快速掘进技术及装备,有效提高了掘进效率,降低了劳动强度,提升了安全保障。2018年底,全省36座煤矿使用了掘锚一体机,做到掘进、支护平行连续作业,实现了高效快速掘进。

四是推进辅助运输连续化、自动化。推广使用无轨胶轮车、单轨吊车、无极绳、齿轨卡轨车等连续运输方式,逐步淘汰小绞车运输,推进辅助运输连续化、自动化。2017年以来,山西焦煤集团累计改造投入运行无极绳绞车195部、单轨吊58台、无轨胶轮车200余辆,极大地简化了运输系统,减少了作业人员;晋煤集团大采高工作面全部采用无轨胶轮车辅助运输快速搬家工艺技术,实现综采工作面搬家所需人员减少50%以上。

从2002~2019年,山西煤炭工业协会成功举办了18届"太原煤炭工业技术装备展览会",国内外参展企业累计超过4000家,参观人数50万人次,为山西装备技术的发展发挥了重要作用。

科技创新能力明显提升

科技创新由吸收引进到自主研发、自主创新。

中华人民共和国成立以后,特别是改革开放以来,全省在煤炭装备技术、科研能力、管理水平一穷二白的基础上,建立了一套较为完整的技术规范标准体系,加强产学研合作,加大技术、装备研发力度,努力提高技术适用性和装备一体化水平。一批煤矿现代化综采新装备、煤炭绿色开采新技术得到大力推广,煤矿建设向智能化、信息化迈进。

通过出台政策、引进设备、引进人才、培养人才,自主研发创新能力和管理水平大幅度提升。推行以机械化、自动化、信息化和智能化为特征的综采化开采,深化信息技术与煤炭产业的融合,推进煤矿采掘机械化、监控数字化、控制自动化和辅助运输高效化,提升矿井现代化水平;不断攻克了瓦斯抽采技术难题,瓦斯抽采利用走在了全国前列,煤矿安全生产和瓦斯综合利用水平有了很大提高;研究应用煤岩识别、工作面找直等影响综采自动化放顶煤开采工艺的关键技术,进一步研究攻关了适用于中厚煤层、瓦斯高、顶板破碎、底板起伏大条件下的智能开采技术;提高煤机装备的成套化水平,进一步提升装备适应性,研制适合不同地质条件下智能化开采的相关配套装备。

到2017年底,全省煤炭企业共获得省部级及以上科技进步奖、科技成果奖1200余项,多项技术属国内首创、国际领先,其中,全省共获得国家、省级以上科技进步奖673项,排全国省市之首。全省煤炭行业工会"五小"竞赛活动征集优秀成果1.2万余项。全省7大集团建立了42家企业技术中心、8个博士后工作站、1个国家级煤基工程技术研究中心,其中,同煤集团1个国家级、1个博士后工作站;焦煤集团2个国家级、5个省级技术中心和3个博士后工作站;晋煤集团2个国家级、9个省级技术中心和2个博士后工作站;阳煤集团1个国家级、14个省级技术中心;潞安集团2个国家级、1个博士后工作站和1个国家级煤基工程技术研究中心;晋能集团4个省级技术中心;山煤集团2个省级技术中心和1个博士后工作站。2014年国家在山西成立了"国家能源充填采煤技术重点实验室山西工作站";建设了富有煤矿特色的职工(劳模)创新工作室181个,其中国家级60个、省级98个。

管理水平显著提升

煤炭企业管理由传统粗放管理到不断创新、精细的现代化管理。

在计划经济体制下,长期以来,煤炭企业习惯于"不找市场找领导",经济增长方式主要依靠增加生产要素的投入,即依靠增加投资、扩大规

模、增加劳动力等方式单纯追求规模扩张,造成了大而不强、大而不活。随着社会主义市场经济体制的建立,许多煤炭企业建立起内部市场化的管控机制,行政色彩降低,逐步走上市场主导、创新驱动、集约发展的轨道。

煤炭企业通过体制机制的创新,真正落实企业"四自"地位(自主经营、自负盈亏、自我约束、自我发展),解难题、求发展,积极主动找市场。力求建立规范的现代企业制度,确立"三会"各自权限的公司治理结构,减少管理层级,实行扁平化管理,管理效率大为提高。不断通过制度创新、管理创新、技术创新,提升产业竞争能力和盈利能力,推动产业结构优化升级,实现低附加值产业向高附加值产业转型,产业发展由粗放式发展向集约质量效益式发展转变。

2003年,山西煤炭企业全面开展企业管理现代化创新活动,到2018年,16年来全省煤炭企业管理创新成果获得省级946项,获得国家级239项,获得国家奖项位居全国前列,极大地促进了山西煤炭企业管理现代化水平的提高。

产品结构明显优化

山西煤炭工业结构由"一煤独大"到循环多元综合利用。

山西煤炭品种全、质量优,全省赋存气煤、肥煤、焦煤、瘦煤、无烟煤、弱粘煤、贫煤、不粘煤、长焰煤、褐煤10类煤种,其中炼焦煤占55%,动力煤占27%,无烟煤占18%。动力煤可用于发电和冶金喷吹煤,焦煤和无烟煤既是发电燃料,也是气化原料。

中华人民共和国成立初期,山西煤炭加工利用基本为零,经过70年的发展,全省煤炭加工、循环利用、原煤洗选、污染源治理、煤层气抽采、煤化工、资源回收等方面都实现了飞跃发展。煤炭多元综合利用、多种经营等非煤产业已成为山西煤炭工业的半壁江山,煤炭工业的可持续发展能力明显增强，为全省经济由资源依赖型向创新驱动型转变打下坚实基础。2018年，全省煤矿配套洗(选)煤厂256座，入洗能力8.39亿吨/年，全省原煤洗选率达73%，高于全国1.2个百分点，洗煤闭路循环率达100%。

全省煤炭行业已建燃煤、低热值煤、瓦斯、焦炉煤气、新能源等资源综合利用电厂176座，总装机容量达4314万千瓦；煤化工企业65家，焦炭、合成氨、尿素、甲醇、烯烃、煤制油、二甲醚、乙二醇等化工产品生产规模超过6000万吨。目前主要转型项目有：潞安矿业集团180万吨油品及化学品项目，山西焦煤集团60万吨焦炉煤气制烯烃项目，大同煤矿集团40亿立方煤制天然气、60万吨甲醇、60万吨烯烃项目，阳煤集团14万吨己二酸、20万吨己内酰胺、12万吨聚甲醛、20万吨粗苯加氢精制项目，晋煤集团100亿立方煤层气抽采利用项目和山西中煤平朔鑫源有限责任公司年处理20万吨粉煤灰综合利用示范项目等。

煤层气抽采钻井11719口，316座煤矿建成了瓦斯抽采系统。建成阳泉、晋城、西山、离柳、潞安5个瓦斯年抽采量超过1亿立方米的矿区，晋城矿区建成全国最大的煤层气压缩液化基地。全省连续3年煤层气抽采量突破100亿立方米，2018年煤层气(含井下瓦斯抽采)产量超过120亿立方米，居全国第一。全省煤炭行业建成煤矸石综合利用电厂45家、煤矸石新型墙材企业327家、煤矸石陶瓷生产企业45家、其他煤矸石利用企业21家；2017年全省产出煤矸石1.3亿吨，综合利用8800万吨，煤矸石综合利用率由零发展到67.7%。

"十三五"时期，我省以煤—电—铝(镁)—材、煤—焦—化(钢)等一体化发展为方向，打造传统优势产业集群，推进煤炭产业转型发展。

职工素质明显提升

煤炭产业大军由文盲半文盲为主体到以中专以上为主体，有知识有

技术的专业型队伍逐步扩大。

中华人民共和国成立前山西煤矿职工约3万人,煤矿没有一所小学和中学,更没有煤矿专业技术学校,98%的矿工是文盲。中华人民共和国成立后,党和政府通过多种形式办教育,煤矿教育从无到有得到快速发展,职工文化水平大幅度提高,尤其是1978年改革开放后,全省煤矿大力发展教育和人才培养,职工文化水平全面提高。1981年全省8个矿务局28万余人中,大专以上文化程度占1.64%,高中、中专占13.31%,初中占34.4%,小学以下占50.59%。全省煤矿企业不断改革煤矿用人制度,加大培训力度,启动实施百万职工培调工程,率先在全国"变招工为招生"。2015年全省煤矿变招工为招生3.68万人,比例达90%以上,关键技术工种人员文化程度达到中专以上。

"十一五"以来,全省各类院校共培养煤炭专业人才5000余名,造就了一大批高素质的企业管理和技术人才。各级煤炭行政主管部门举办培训班300余期,培训各类技术业务人员5万余人次,对全行业70个特有工种共19304人进行了职业技能鉴定。1998年,山西省矿山高级职称评审委员会成立,从2000年到2018年共评定高级职称2330人,中级职称24650人,初级职称75435人,全面提升了山西煤炭行业人才技术水平。

全省煤炭行业职工队伍不断壮大,由1949年的3万多人发展到2017年在岗职工102.65万人,其中煤矿在岗职工68.56万人。

安全保障能力明显提升

煤矿安全由重特大事故频发到持续稳定好转,达到世界发达国家水平。

2007年以前为山西事故高发阶段,平均每年事故起数都在100起以上,死亡人数均在400人以上。2008年开始通过煤炭资源整合和企业兼并重组,改写了山西煤矿安全生产的历史。2008～2010年为事故快速下降阶段,事故起数降至100起以内,死亡人数降至200人以内;2011~2018年为事故趋于稳定阶段,事故起数基本降至50起以内(2011年为54起),死亡人数降至100人以内,事故起数和死亡人数持续保持了基本稳定、稳中有降的良好态势。

在产量持续大幅上升的情况下,全省煤矿安全生产形势实现了持续稳定好转。以百万吨死亡率为例,2004年降至1以下(0.980),2011年降至0.1以下(0.085),2016年全国煤矿百万吨死亡率是0.156,山西已降至0.053,低于全国66%。

2018年,全省煤矿生产安全事故百万吨死亡率为0.033,比1949年的14.98降低了14.95个百分点,实现了死亡人数、百万吨死亡率、较大事故、重大事故4项指标大幅下降,创自有统计以来山西煤矿安全生产最好成绩,居世界发达国家水平。

矿区面貌明显改善

矿山生态环境由"千疮百孔小煤窑"到"绿色园林生态文明矿山"转变。

煤炭工业的大规模、高强度开发及以原煤、土焦、火电为主的能源生产消费结构不合理,引发的环境问题,加重环境负担。水、土资源被污染、被破坏,生态环境日趋恶化,也带来一系列的环境问题。

中华人民共和国成立后,全省煤矿开始"三废"治理、复垦土地和植树造林工作。"十一五"后,全省煤炭行业坚持"人与自然相和谐,现代化矿井建设与园林式企业发展相统一"的原则,全面推进矸石山治理、自营公路、铁路通道、废弃矿井、采空沉陷区、周边荒山造林绿化"六大造林绿化工程"建设,推进绿色生态、文明和谐矿区建设,取得了突出成效。全省恢复治理矿山362座,矿山地质环境恢复治理面积近600平方公里,矿区土地复垦率达到50%以上。2016年,山西成为全国采煤沉陷区治理试点省,3年内

完成59座国有重点老煤矿的地质环境治理和40个重点复垦区的土地复垦。

2008年以来，全省矿山地质环境恢复治理累计投入资金21.53亿元，其中中央财政投入1.38亿元，地方财政投入1.74亿元，矿山企业投入18.41亿元。通过加大对矿山环境的治理修复，使得平朔矿区、太原城郊森林公园等一批资源开发地区的生态环境得到明显改善，生态文明建设初见成效，美丽矿区比比皆是。

职工幸福指数明显提高

由让人看不起的"煤黑子"变身为撑起共和国腾飞的"煤亮子"。

中华人民共和国成立前，在小煤窑谋生的煤矿工人被轻蔑地称为"煤黑子"。他们吃不饱，穿不暖，席地睡，受歧视，属下等人，受尽剥削和压迫。中华人民共和国成立后，矿工成为企业的主人，成为国家经济建设的脊梁，其生活也随之发生了翻天覆地的变化。煤炭的开采、运输、利用诸多方面都实现了清洁绿色环保，工作条件和环境大为改观，事故威胁明显降低。过去煤矿职工普遍文化水平偏低，现在的煤矿大学生、研究生司空见惯，都想技术革新、岗位成才。煤矿职工年平均收入8万元以上，许多煤矿还取消夜班制，煤矿职工有闲暇时间看书学习和外出旅游观光。

随着生态文明矿山的建设，职工生活质量发生了明显变化。70年前，同煤集团工人住的是石头房，几十个人挤在一个破窑洞。70年后，同煤集团全部完成采煤沉陷区和棚户区治理改造工程，仅集团本部就有10万户30万员工喜迁新居，人均工资超过7万元，比"十一五"期间翻一番;潞安集团1959年建局时，职工年均收入525元，1996年人均收入突破1万元，2006年突破4万元，到2017年人均收入达到7.2万多元，比建局时增长了130多倍。

2018年，全省国有重点煤炭企业职工工伤保险参保率达到100%，井下意外伤害险参保达到100%，建立了教育救济基金，已为2597名学生提供了1100多万元的救助。同煤、西山、晋煤、阳煤、潞安等企业建立了尘肺病治疗中心和职工疗养中心。各煤炭企业普遍修建了俱乐部、图书馆、体育场馆等文化设施，煤矿职工的文化生活丰富多彩。

过去被人看不起的"煤黑子"早已变成现在的"煤亮子"，他们生活美满幸福。煤矿职工源源不断地继续为国家的经济建设做奉献，为千家万户送去更多的光和热，受到了国家和社会的广泛尊重。

可持续发展能力明显增强

煤炭开采由不顾资源环境向资源节约、环境友好的统筹发展。

2005年山西省实施第一轮煤炭资源整合，消灭了9万吨以下矿井，全省煤矿由5000多处下降到2000多处；2008年启动第二轮煤矿兼并重组整合，淘汰了30万吨以下矿井，全省煤矿数量减到1053处，全省煤炭行业实现了办矿主体优化、产业集中度提升、资源合理开发、单井规模提高、安全装备水平升级的巨大转变。2002～2011年全省煤炭产量由3.63亿吨增加到8.72亿吨，增长4.09亿吨；全省平均综合煤价由183元/吨增加到596元/吨，增长了413元/吨。

2016年以来，随着国家供给侧结构性改革和"三去一降一补"政策实施，山西省按照党中央、国务院的决策部署，积极推进煤炭供给侧结构性改革，多措并举，实施减量化生产，有效化解过剩产能，严厉打击违法生产，2016年全省煤炭产量回落到8.32亿吨。从2016年2月开始煤炭价格触底企稳，2016年5月之后一路反弹，全省平均综合煤价从最低点263元/吨逐步恢复到2017年440元/吨，增加了177元/吨；2017年全省煤炭产量回升至8.75亿吨，收入增长1548.75亿元。

全省基本形成了北部动力煤(同煤、中煤平朔两个亿吨煤炭集团)、中部炼焦煤(焦煤集团)、东南部无烟煤(阳煤、潞安、晋煤)三大煤炭生产基地。统筹考虑煤炭资源的长期、安全、有效供给,科学合理规划、开采利用好有限的资源,到"十三五"末,我省在13.2亿吨/年产能中,生产煤矿能力12亿吨/年,停建缓建搁置延缓煤矿能力1.2亿吨/年。生产煤矿按照15%的储备系数考虑,实际全省原煤产量约为10亿吨,为山西下一步的经济社会高质量发展奠定了坚实的基础。

可持续发展的核心是发展,但要求在人均能源消耗方面树立节俭理念,尽可能实现物尽其用,避免浪费,千方百计提高人口素质和保护环境的意识,在资源永续利用的前提下进行经济和社会的发展。全省减少煤炭资源浪费,不断提高煤炭回采率。2010年全省矿井采区回采率平均达到80%以上,其中薄煤层达到85%以上、中厚煤层达到80%以上、厚煤层达到75%以上。

同时,大力发展循环经济,以煤炭产业为龙头,形成以煤为主,电力、焦炭、化工、建材建筑、机电修造、商贸服务等产业共同发展的格局。重点推进煤炭产业延伸发展、煤化工链条式发展、煤机装备集群发展、煤炭固废综合循环利用,实现资源开发、环境保护和社会效益协调发展。通过清洁用煤和高效用煤,使所有的原料和能源在这个不断进行的经济循环中得到最合理的利用,真正实现"吃干榨净",从而使经济活动对自然环境的影响控制在尽可能低的程度,高度实现煤炭企业的可持续发展,促进整个行业的协调发展。

行业形象明显改观

由"傻大黑粗"和"事故多发"向"强高富美"和"安全和谐"的转变。

山西煤炭行业一度被贴上"傻大黑粗""小脏乱差"的标签,"私挖滥采""矿难""黑色GDP""煤老板""暴发户"等负面新闻总是与山西联系在一起。经过近十几年的治理、发展,山西煤炭工业甩掉了负面影响的帽子,迈入了"强高富美"的行列。

产业竞争力强——山西省通过不断推进煤炭企业兼并重组整合等一系列有效措施,改变了产业集中度低、生产销售决策过度分散的局面,形成了规模生产经营的优势。同时把发展先进产能作为煤炭供给侧结构性改革的重要举措,扎实推进煤矿安全生产标准化建设,进一步提升了全省煤炭产能先进性,增强了全省煤炭行业的竞争力。2018年底,山西省生产煤矿637座,先进产能达到68190万吨,占到生产总能力的68%,提高了安全供给水平,进一步稳定了煤炭供给,为保障煤炭供应提供了有力支撑。

安全水平高——从20世纪80年代初起,山西"有水快流"的能源化工基地建设方针,使乡镇煤矿雨后春笋般地出现,到21世纪初,开展"关井压产、淘汰落后、资源整合"等工作,全省减少了7000多家小煤矿,百万吨死亡率2000年首次下降到2以下,2005年为0.905,2007年为0.726。但小煤矿仍占到70%以上且矿难频发,小煤矿的百万吨死亡率是国有重点煤矿的17.8倍。2008年实施煤矿兼并重组后,关停小煤矿,扶持建立现代化矿井,煤矿安全生产形势持续稳定好转。2010年煤矿百万吨死亡率下降到0.187,是全国平均水平的1/4,2012年煤炭生产百万吨死亡率下降到0.091。山西率先告别"小煤窑",挺进"大矿时代"。近年来,全省从严从实抓好安全生产,强化落实政府监管责任和企业主体责任,深入推进煤矿重大灾害防治,完成了瓦斯抽采全覆盖工程,全面推行防治水分区管理,2018年百万吨死亡率进一步下降到0.033,保持了全国领先和世界发达国家的水平。安全生产已由影响山西形象的负面标签,转变为安全发展的新亮点。

职工收入增——通过煤炭企业兼并重组整合,从根本上保障了国有资源的收益,煤炭职工收入随着企业效益的提高而不断提高。

矿区环境美——煤炭行业借助国家大力治理环境之机,提高煤炭行

业环保意识,加大治理力度,坚定不移地实施环保绿色发展战略,改变了煤炭行业长期形成的脏、黑、粗、乱形象,职工劳动条件大为改观,和谐美丽矿区展现在世人面前。

行业贡献水平长期居高

煤炭工业既是支撑山西经济发展的脊梁,又是全国经济建设的血脉。

中华人民共和国成立初期,国家的工业化路线确定了山西事实上的能源基地地位。20世纪80年代,在国家"优先发展能源工业"的战略方针指引下,山西省进入了大规模的能源开发建设时期。无论是在社会主义建设阶段,还是在现代化建设发展时期,山西煤炭企业为增强全省经济综合实力,实现兴晋富民,为保障煤炭稳定供给,支撑全国经济持续快速健康发展,做出了巨大的贡献。

中华人民共和国成立以来,煤炭工业始终是山西的主导产业、支柱产业,历年来全省煤炭工业增加值占全省地区生产总值、占工业增加值的比重都很大。"六五""七五"两个五年计划期间,山西全面致力于国家能源重化工基地建设,列入国家的重点建设项目主要集中在煤炭等行业,煤炭工业快速发展,煤炭生产能力扩大。2002年,工业经济动力结构开始转换,煤炭占工业总量的比重达57.8%,山西在全国能源工业基地大省的地位基本形成,意味着山西经济结构"一煤独大"的格局业已形成。煤矿资产占全省国有资产的36%,煤及与煤相关的焦炭、冶金、电力产业占全省工业总产值的70%以上,其中煤、焦约占50%。

2011年,山西煤炭工业增加值占地区生产总值、工业增加值比重均达到峰值,随后逐渐缩小,但即便在"黄金十年期"结束、煤炭市场低迷的2013年, 在山西煤炭工业增加值为3458.6亿元, 占同期地区总产值的27.44%,同比下降3.59个百分点的情况下,对全省规模以上工业经济增长的贡献率仍达57.6%,拉动全省规模以上工业增加值6.1个百分点,煤炭工业实现利润329.6亿元,占全省比重为60.2%。尽管在山西转型发展的趋势下,煤炭工业增加值占山西省工业增加值和GDP比重有所下降,2016年占省工业增加值、GDP比重仍分别为48%、15%。

中华人民共和国成立以来,山西煤炭产业上缴的税费占到全省财政收入的40%以上,2013年煤炭地方税费收入559.6亿元,占地方公共财政收入的32.9%。虽呈下降趋势,但其比重仍占1/3左右,煤炭行业对山西地方经济发展的显著支撑作用由此可见一斑。

煤炭工业的快速发展,引领其下游产业也获得了较大发展。2018年,山西火电装机6628万千瓦(全国排名第六),焦炭产量9256万吨(占全国21%)。在传统煤化工行业,拥有合成氨产能650万吨、化肥产能约1200万吨、甲醇产能约550万吨、聚氯乙烯产能各160万吨、煤焦油加工能力约300万吨。

山西在全国煤炭工业格局中始终具有举足轻重的作用。作为我国重要的煤炭生产、调出和转化区域,山西煤炭开发及利用相关产业的快速发展,对保障全国能源安全稳定供应和推动当地经济社会发展做出了巨大贡献,煤炭及相关产业在山西国民经济建设与社会发展中功勋卓著,谱写了壮丽诗篇。

能源革命的示范引领作用初步显现

山西煤炭工业先行先试走出转型新路径,打造"全国能源革命排头兵"。

山西省委、省政府高度重视煤炭行业的转型发展,经过多年的实践探索,山西煤炭产业转型发展经历了发展理念从模糊到清晰、发展战略从宏观到微观、发展路径从笼统到具体的转变。2010年12月以来,从最初的"以煤为基、多元发展"到推动煤炭行业"六型"转变,最后目标定位到打造"全

国能源革命排头兵"。

2016年以来，山西始终坚持以习近平总书记系列重要讲话精神特别是新发展理念为指引,把创新、协调、绿色、开放、共享发展的要求贯穿于转型升级全过程、各方面,努力创造有质量有效益真金白银的GDP、绿水青山可持续的GDP、老百姓有实实在在获得感和幸福感的GDP。把深化供给侧结构性改革与深化转型综改试验区建设紧密结合起来,作为经济工作的主线,全面推进能源革命等重点领域改革。以深化转型综改试验区建设牵引经济转型升级,用解放思想打开转型综改试验新天地,用先行先试擦亮转型综改试验这个金字招牌,大力培育新动能和新的经济增长点。准备用5年时间为经济转型打好基础,用10年时间为经济转型打造雏形,在15年或者更长一段时间内基本实现转型,努力实现从"一煤独大"到"多元支撑",真正走出一条产业优、质量高、效益好、可持续的发展新路。

山西充分发挥转型综改试验区建设的战略牵引作用,争当能源革命排头兵,构建现代能源体系,顺应能源革命要求,推进煤炭绿色低碳高效开发利用,促进传统产业提质增效和新兴产业大发展,以能源结构优化促进工业转型升级。"减、优、绿"成为近年来山西煤炭行业转型关键词和主旋律。

减:坚定不移化解过剩产能。坚定不移去产能,是煤炭行业脱困转型的关键。供给侧改革以来,2016～2018年,山西累计关闭煤矿104座、退出产能1.13亿吨,退出产能数量全国第一。

优:大力发展先进产能。山西深入推进"机械化换人、自动化减人",2018年底,山西省29座矿井42个综采工作面开展了自动化和电液控升级改造试点,有75座矿井的井下变电所、水泵房实现了自动化无人值守,原有的11座"千人矿井"单班入井人数控制在800人以内,先进产能占到生产总能力的68%,比2016年提高了21个百分点。

绿:走绿色低碳清洁高效之路。精准勘探,实现绿色开采。从煤炭的源头开始,推行煤基矿产的综合勘查、精准勘查与煤炭的绿色开采;优先释放煤炭"科学产能"与"绿色资源量",加大推广和普及绿色开采技术;多元利用,提高煤炭综合利用效率。提高煤炭的分类、分级、分质利用与煤基废弃物的资源化利用水平;提高煤层气开发利用水平和矿井水处理利用水平;对现有煤炭企业进行绿色化改造,提高煤基产业集中度,建设煤基循环经济园与生态工业园,延长煤炭全产业链和深加工,实现煤炭资源的清洁高效开发和综合利用。

近两年,山西煤炭工业投资持续下降,用于煤炭绿色低碳转化、清洁高效利用的投资则持续增长,部分关键技术取得突破,一批重大项目陆续投产。2017年,山西燃煤电厂节能改造1800万千瓦;36个资源综合利用与清洁生产技改项目投入试运行,年可消纳粉煤灰17.4万吨、煤矸石34.1万吨。2018年,山西煤电去产能完成192.8万千瓦,超额完成92.8万千瓦。

2019年5月30日,习近平总书记主持召开中央全面深化改革委员会第八次会议,审议通过《关于在山西开展能源革命综合改革试点的意见》。会议强调,推动能源生产和消费革命是保障能源安全、促进人与自然和谐共生的治本之策。山西要通过综合改革试点,努力在提高能源供给体系质量效益、构建清洁低碳用能模式、推进能源科技创新、深化能源体制改革、扩大能源对外合作等方面取得突破,争当全国能源革命排头兵。这是党中央做出的重大决策,也是赋予山西的重大使命,体现了党对山西工作的充分信任和殷切期望,对山西实现从"煤老大"到"全国能源革命排头兵"的历史性跨越,具有全面、根本、深远的影响,对于带动全国能源革命进程、保障国家能源安全、促进全省经济转型发展具有重大意义。

山西已着手制定《山西能源革命综合改革试点行动方案》及今明两年任务清单等。在省委、省政府的坚强领导下,山西强化改革创新、敢于胜利的自觉与信心,正在以宽广的世界眼光,站在时代前沿,通过体制和政策创新增强能源革命的活力与动力,勇于在全国探路领跑,努力为全国能源

变革提供可复制的经验，必然为全面建成小康社会提供支撑、增添光彩。

煤矿建设成就辉煌

从设计、施工、质检到工程监理等煤矿建设能力不断增强，长期支撑着全省煤炭工业持续健康高质量发展。

煤矿基本建设是煤矿安全生产的前提，也是保障国家能源安全的重要基础。中华人民共和国成立以来，全省从设计、施工、质检到工程监理等诸多方面，都经历了从无到有、从有到强的历程，保证和促进了煤炭产业规模与行业素质、质量效益同步发展。

1953年，山西省工业厅在基建处矿井改造办公室内设立设计科，这是山西地方煤矿系统第一个全省性基建设计专业机构，承担全省地方重点煤矿恢复建设中部分单项工程的设计。1959年4月，山西煤矿设计院（现煤炭工业太原设计研究院）正式成立，这是山西第一个可以独立承担矿区总体、矿井及选煤厂等工程设计任务的综合性煤矿设计机构。改革开放后，山西煤矿采矿工程设计有较大突破。80年代，与综合机械化采煤相适应的倾斜条带式开拓布置已广泛应用，大巷推广胶带输送机，辅助运输采用单轨吊；电子计算机已应用于开采方案优化设计及采区优化设计中，选用穿层石门联合开采各煤层、分区并列式通风等先进设计方案。"十五"时期，煤炭工业太原设计研究院等设计单位在采矿工程设计中，改为"一矿一井一区一面"设计，为实现集约化、规模化生产创造了条件。"十一五"以来，助力煤矿企业兼并重组整合和现代化矿井建设，全省矿井设计不断探索创新"开拓布局集中化、采掘综合机械化、煤溜运输胶带化、辅助运输连续化、主要设备自动化、监控管理智能化、地面布置合理化、节能环保文明化、人文关怀幸福化、技术经济先进化"的新路。2019年，山西煤炭设计单位发展到35家。

矿建和地面施工等方面技术与时俱进，确保了矿建工程项目施工质量和煤矿建设的需求。"八五"时期，山西大型立井施工机械化、现代化技术装备程度明显提高；"十五"时期以后，山西煤矿立井施工现代化技术趋于成熟。"八五""九五"时期，山西煤矿大型斜井施工基本上都采用光爆锚喷机械化作业线，地方煤矿主斜井施工采用综合工程队掘砌平行作业的大断面一次成巷施工方法。"十五"时期以后，山西煤矿井下斜巷施工多采用串车提升，有的斜巷还兼做行人巷道，斜巷运输在井下巷道施工中占有极其重要的位置。平硐（巷）施工在"五五"后期实现了平硐和岩巷施工机械设备和施工工艺配套，形成激光指向、风钻打眼、耙斗装岩机装岩、蓄电池机车调车、滞后掘进面打锚杆、喷混凝土支护的工艺流程，减轻了劳动强度，改善了作业环境。随后，施工技术、施工机械化作业程度持续提高，创新形成了许多关键施工技术。经过70年的发展，山西煤矿建设施工队伍不断发展壮大，到2019年，山西煤矿建设专业施工企业已达到21个，注册职工人数5万多人。

20世纪80年代中期，随着国家自上而下实行工程质量监督制度的实施，山西省级层面组建成立了"山西省煤炭基本建设工程质量中心监督站"，在各矿务局成立矿区站，负责全省统配煤矿建设工程的质量监督管理。1991年11月，山西省原煤炭工业厅成立了"山西省煤炭工程质量监督中心站"，之后各地市陆续成立地方煤炭工程质量监督站，负责全省地方煤矿建设工程的质量监督管理。近十年来，全省完成各类煤炭建设项目工程质量认证649个，80项煤炭工程被评为全国煤炭行业优质工程，59项煤炭工程被评为"太阳杯"工程，35项煤炭工程被评为山西煤炭行业优质工程，28项煤炭工程被评为山西省煤炭行业"三晋杯"工程，42个施工项目被评为山西省煤炭行业安全文明施工工地。目前全省共有各级煤炭工程质量监督机构20个，监督专业人员350余人。

全省建设监理工作正式起步于1991年，以"山西煤炭建设监理咨询公

司"成立为标志。到2010年,监理工作已覆盖全省所有的煤矿建设项目,所监理煤炭建设项目工程的质量合格率达到100%,部分项目的工程质量达到国家、省级及行业优质工程标准并获多项奖。从事煤炭建设工程监理的企业15家,通过严格监督检查、规范质量认证,全省煤炭建设工程质量稳中有升,为煤矿企业安全生产奠定了坚实的质量基础。

山西煤炭基本建设的发展历程,随着煤炭工业的发展,走过了一个从扩张到调整再到转型崛起的过程。1977年前,全省煤矿建设规模小、速度慢,基本建设投资完成最好的是1976年也只有1.64亿元。改革开放后,特别是国家把山西列为能源重化工基地之后,全省煤矿建设投资由1978年的3.27亿元增加到2010年的195亿元。2010年以来,山西基本建设投资始终在高位运行。"十三五"以来,虽然不断优化投资结构,降低了煤炭工业投资比例,但2016～2018年的基本建设平均投资是1950年的4330倍,是1978年的185倍。充足的投资,使山西煤矿建设得以迅速发展。"十二五"以来,全省90万吨/年以上新建矿井(露天)39座,新增设计能力20480万吨;进入基本建设程序进行改建矿井(露天)762座,设计能力70440万吨。在不断扩大煤矿建设规模的同时,选煤厂的建设步伐也持续加快,兴建了一大批选煤厂。全省煤矿"多、小、散、低"的产业格局发生了根本性转变,煤炭工业发生了质的变化,进入了一个全新的发展阶段,煤炭工业的规模化、机械化、信息化、现代化水平明显提高,这都有赖于煤炭基本建设打下的坚实基础,创造了良好的条件。

二、山西煤炭工业发展历程

山西煤炭开采和利用历史悠久,2500多年前春秋战国时期山西发现煤炭并有记载。古代煤炭开采始于汉代,明代山西成为全国最大的产煤地,基本形成中国传统的煤炭开采技术。1907年初山西商办全省保晋矿务有限总公司在太原成立,标志山西近现代煤炭产业的兴起,代表了当时先进的煤炭生产技术水平。

中华人民共和国成立后,山西煤炭工业进入了新的历史发展时期。从1949年到2019年,山西煤炭工业70年的发展经历了中华人民共和国成立初期全面恢复煤矿建设和煤炭生产,产销量跨越增长,一跃成为全国煤炭生产供应中心,全省煤炭工业体系初具雏形;经历了改革开放后从能源基地建设到新型能源和工业基地建设,到煤炭工业健康、可持续发展,到转型升级、高质量发展,再到能源革命争当排头兵的发展历程,是山西煤炭工业由粗放扩张向集约高效、由数量规模型向质量效益型转变提升的历程,是山西煤炭工业由事故频发的高危行业向安全有保障的行业转变的历程,是山西煤炭工业由劳动密集型向技术密集型转变的历程,也是山西煤炭工业由传统能源向绿色开采、清洁利用能源转变的历程。

(一)全面恢复煤矿生产和建设,煤炭工业体系初具雏形

1949~1978年,全面恢复煤炭生产和煤矿建设,产销量跨越增长,一跃

成为全国煤炭生产供应中心，全省煤炭工业体系初具雏形。

中华人民共和国成立初期百废待兴，各行各业亟待恢复生产和建设。煤炭是支撑国民经济发展的重要能源和工业生产的主要食粮，如何尽快恢复煤炭生产，是当时国家一项重大任务。山西作为煤炭大省，党和国家非常重视山西的煤炭生产和供应，在资金、技术、人才、设备等方面给予大力支持，山西煤矿迅速进入全面恢复生产和改建、扩建、新建的历史时期。经过国民经济恢复、"一五"到"六五"时期，山西煤炭的生产技术、装备水平不断提升，煤矿数量大规模增加，煤炭产量和供应量大幅度提高，源源不断地支持全国各地经济建设，成为全国煤炭生产和供应中心，为新中国经济的恢复和快速发展做出了巨大贡献，山西煤炭工业体系初步形成。

1.山西煤炭生产和建设迅速恢复，煤矿数量和煤炭产量大幅增加

（1）1950年，我国进入三年国民经济恢复时期，山西煤炭工业迅速恢复生产

旧中国由于开采技术落后、长期战乱和无序滥采，山西煤矿破坏严重。中华人民共和国成立之初，全国的煤炭生产中心在东部，1950年东北三省和河北省煤炭产量占全国煤炭产量50%以上，山西煤炭产量仅占全国煤炭总产量8.23%。

为了加快煤矿建设和恢复生产，山西省委、省政府选派了一批干部到全省重点煤矿组织生产自救，恢复生产，改造旧煤矿，建立新的生产秩序，激发了广大煤矿职工的劳动积极性。国家在资金、技术、人才、设备等方面大力支持，山西煤矿得到快速建设和恢复。1950年，国家拨给大同、阳泉、潞安等中央直属煤矿3398.2万元，主要用于矿井恢复和环境改造。地方煤矿贯彻"自力更生，以矿养矿，边建边产"的方针，努力恢复和发展生产。通过购置采煤机械、改革采煤方法、推广快速掘进作业法，贯彻安全第一方针，改善煤矿劳动条件，使千疮百孔的旧煤窑迅速改变了面貌。

经过三年恢复和建设,到1952年底,山西省内中央直属煤矿由8处增至15处,原煤产量由1949年的103万吨猛增至392.5万吨;地方国营煤矿由1949年的48处恢复至65处,生产能力达500万吨;在此期间,根据山西省政府制定的《山西省矿业开采管理暂行办法》和政务院制定的《公私营煤矿安全生产管理要点》,对私营的和不安全的小煤窑进行首次整顿,不能保证安全生产的小煤窑一律停产关闭,私营煤矿由1949年的3620处,经过整顿减至1514处,数量减少了58%,而产量由160万吨增至315.8万吨;全省国有煤矿3年完成投资3976万元,1952年末煤炭生产能力达到1105万吨;煤炭工业总产值占全省工业总产值的比重由1949年的26.1%,上升至1952年的33.3%;原煤产量由1949年的267万吨,猛增至1952年的994万吨,年均增长55%,占全国煤炭产量的比重由1949年的8.23%上升为1952年的15.0%。

(2)1953年,我国实施国民经济发展第一个五年计划,山西煤矿开始进入大规模建设时期

根据国家需要和山西的煤炭资源条件,国家燃料工业部和山西省政府按照中央对发展煤炭工业实行"新建与改建相结合,以改建为主,大中小相结合,以中小为主"的方针。一是对大同、阳泉等老矿区进一步扩大生产能力,大同以恢复和改建旧矿井为主,阳泉以建新井为主;二是为了发展炼焦用煤支持钢铁生产,相继成立了义棠煤矿筹备处、轩岗煤矿筹备处、潞安煤矿筹备处;三是1956年将西山煤矿与西铭焦炭厂合并,成立西山矿务局;义棠煤矿筹备处与富家滩煤矿合并,成立汾西矿务局,并将两个矿务局划为中央直属企业,与此同时,省属的霍县辛置煤矿开工建设。

为了加快山西煤矿生产和建设,国家煤炭工业部成立了太原煤矿管理局,作为其派出机构,加强对山西中央直属煤矿的管理,并相继从外省市抽调勘探、设计、施工力量支援山西,成立华北煤田地质勘探局、大同煤矿基建局和太原煤矿基建局等,形成了从勘探、设计到具有矿建、土建、安

装等施工力量的山西煤矿基本建设大军。

这5年来，国家拨给山西煤矿基建投资42614万元，其中拨给中央直属煤矿38537万元，新建、改建和恢复矿井35处，形成生产能力1873万吨；拨给地方国营煤矿4077万元，新建和改建矿井16对，设计生产能力755万吨。至1957年末，地方国营煤矿由65处发展为120处，年生产能力超1000万吨；私营煤矿按照中央"发展生产、繁荣经济、城乡互助、劳资两利"的方针，进行了整顿和改造，全省手工业和农业合作社经营的集体煤矿减到1059处。

"一五"时期，经过大规模地开发建设，增添矿井设备、推广新采煤方法、改革井巷布置、提高采掘运等环节的机械化水平，扩大了矿井能力，山西煤炭工业得到迅速发展。1957年，全省生产原煤2368万吨，比1952年增长138.2%，占全国原煤产量的18.1%，名列全国第一；"一五"累计生产原煤8210万吨，年均增长27.6%，总产值累计201287万元，占全省工业总产值的31.4%。

（3）1958年，我国进入国民经济发展第二个五年计划时期，山西煤矿数量和煤炭产量实现快速扩张

1958年，中央提出"鼓足干劲、力争上游、多快好省地建设社会主义"的总路线，全国掀起"大跃进"热潮。山西煤炭行业贯彻"大中小并举"、"两条腿走路"和"全民办矿"的方针，数月之间小煤矿急剧增加，全省小煤矿由1000余处剧增为4000余处，日产煤炭由4万吨猛增至20万吨。同年，潞安和轩岗煤矿筹备处改称矿务局，泽州煤矿筹备处改称晋城煤矿筹备处，并在辛置煤矿的基础上成立省营霍县矿务局。自此，大同、阳泉、西山、汾西、潞安、轩岗、霍县矿务局、晋城（煤矿筹备处）八大矿务局全部组建，八大产煤基地初具规模，为加快发展山西煤炭工业奠定了基础。

1960年12月，中央提出"调整、巩固、充实、提高"八字方针。山西省委、省人民委员会决定，为确保国家经济建设，支援兄弟省市，努力发展煤炭生产，材料、设备、三类物资、粮食及生活用品等优先供给煤矿生产一线，

全省煤炭行业职工在困难中奋进。1958～1962年,全省完成基建投资8.82亿元,33对恢复、扩建和新建矿井投产,新增生产能力1470万吨。到1962年,中央直属煤矿增到45处,地方国营煤矿增到169处,手工业合作社和社队煤矿1200余处。"二五"期间累计生产原煤1.89亿吨,比"一五"时期增加1.07亿吨,增长76.7%。

(4)1963年,我国国民经济发展进入三年调整期,山西煤炭行业消除"大跃进"影响进行生产调整恢复

山西煤炭为了挽回"大跃进"造成的混乱,继续贯彻"八字方针",缩短基本建设战线,调整采掘比例,重新核定了矿井能力,对简易投产矿井进行环节配套,对失修巷道和设备进行修复,补还亏欠,理顺各种比例关系。在管理方面,恢复和建立规章制度,狠抓劳动纪律整顿,恢复建立以规章制度和质量标准化为中心的企业管理,首次出现一批质量标准化矿井。

1963年,潞安矿务局石圪节矿坚持勤俭办企业,各项技术指标跃入全国煤炭系统先进行列,被国家经委树为勤俭办企业典型,国家煤炭部1964年向全国推广石圪节经验。此间,以发展机械化为中心的技术革命在全省煤炭系统蓬勃兴起,新型滚筒式采煤机组首次在同家梁和官地矿试用成功并在全省重点煤矿推广应用,实现了"采煤机械化,溜子弯曲化,顺槽皮带化,支护金属化",把采煤机械化推向新的发展阶段。1965年,全省原煤产量达到3927万吨,比1962年增长23.5%。

(5)1966年,我国国民经济发展进入第三个五年计划时期,煤炭生产由低位运行到稳步发展

1966年"文化大革命"开始,生产秩序被打乱,煤炭管理、生产建设受到干扰和破坏,在"扭转北煤南运"方针指导下,煤田勘探和基本建设力量大批南调。1966～1968年的3年间,相继从山西省调出3个主力勘探队和4个基建工程处。基建投资由1966年的9155万元锐减为1968年的3006万元,原煤产量和各项技术经济指标大幅度下降。1968年7月,国务院总理周恩

来主持召开了全国煤炭会议,要求抓好煤炭生产。山西广大煤矿职工顾全大局、急国家所急,坚守生产岗位,破除干扰,抓紧生产,到1970年原煤产量回升到5153万吨,比1965年增长35%,"三五"时期累计产煤20250万吨,年均增长7%。

2.随着生产规模的扩大,采煤技术装备和生产力水平不断提高

1971年,我国国民经济发展进入第四个五年计划时期,山西煤炭技术设备和生产力水平大幅提高。1970年,国家煤炭部在江西萍乡矿务局召开全国煤炭会议,提出"老矿挖潜,产量翻番"的口号,山西重点煤矿积极推广使用双滚筒采煤机组,重型可弯曲刮板输送机,强力钢丝绳胶带、吊挂胶带输送机等新设备,不断提高井下运输设备水平。1970年11月,大同矿务局与太原煤研所试制的我国第一套综采支架在煤峪口矿试验成功,跨上了全省机械化采煤的新台阶。1974年,综合机械化采煤正式在大同等矿务局推广应用,采煤工作面从落煤、装煤、运煤、移溜到顶板支护等全部工序实现了机械化。1975年末,全省已发展到13个综机采煤队,初步显示了综合机械化采煤的优越性。与此同时,地方煤矿在资金不足的情况下,进行以改扩建为主的矿井建设和环节改造;通过改革采煤方法、采用电钻打眼、放炮落煤、刮板输送机运输、电绞车提升、轴流式或离心式风机通风,基本淘汰了手镐落煤、人力运输、汽绞车提升等落后生产方式,提高矿井综合生产能力。全省13个统配煤矿形成生产能力4084万吨,地方非统配矿(不含社队矿)形成生产能力1646万吨;1975年全省原煤产量7541万吨,比1970年增长46.34%,比1965年增加3614万吨,增长92.03%。

1976年10月"文化大革命"结束,煤炭生产步入正常。1978年党的十一届三中全会召开,拉开了改革开放的大幕,全省煤炭职工解放思想,振奋精神,以饱满的热情积极投身于煤炭生产建设之中。

1949～1978年,在党中央、国务院的关怀支持下,经过煤炭战线广大

员工的辛勤劳动和无私奉献,山西煤炭工业发生了翻天覆地的变化,初步形成了山西煤炭工业体系。

(1)山西原煤生产和销售实现了跨越式突破,居全国领先

1957年山西生产原煤2368万吨,首次成为全国最大的产煤省。之后,一直处于全国煤炭生产和供应中心;1978年生产原煤9825万吨,比1949年的267万吨增长了35.8倍,年均增长1.23倍,占全国产量的15.0%,比1949年的8.23%提高7.66个百分点;1978年煤炭外调量7298万吨,比1949年的62万吨增长了116.7倍。

山西煤炭运销实现快速发展。中华人民共和国成立初期,山西煤炭运销基本上是以正太铁路运输为主,以石家庄南北为最大销售市场。中华人民共和国成立以后,山西煤炭源源不断地支持全国各地建设,煤炭供应区域不断扩大。1950年,山西煤炭销售377.6万吨,占当年产量99.4%,50年代末,山西煤炭供应扩大到全国21个省、市、自治区,主要供应华北、东北、华东、中南4个大区;1978年,山西煤炭供应范围扩大到全国26个省、市、区,为全国经济建设发挥了重要作用。

从中华人民共和国成立到1978年,山西累计生产原煤11.99亿吨,占全国累计原煤产量79.48亿吨的15.9%;累计外调量8.65亿吨,占全国省际外调量的3/4。

外贸出口从无到有快速扩大。1953年,山西煤炭国外市场恢复,开始承担国家出口煤炭任务,到1978年累计出口1085.87万吨。主要出口到日本、荷兰、罗马尼亚、法国、菲律宾、新加坡、朝鲜、巴基斯坦、孟加拉国、缅甸、澳门、意大利、英国、丹麦、比利时、泰国、马来西亚、美国、中国香港等20多个国家和地区。

(2)山西煤矿发展规模大幅度提高

1949年,中央直属煤矿有5局8矿10对井,年产原煤103万吨,井均产量10.3万吨。经过以老矿区为基础进行恢复、改造和新井建设,到1965年增

至7局33个矿46对井,实际产量2337万吨,井均产量51万吨;地方国营煤矿1949年48处、年产原煤150万吨、井均产量3.1万吨,经过对矿井进行技术改造和改扩建,到1965年增至169处;乡镇(含个体)煤矿由1949年的3620处、年产量14万吨、井均产量38.7吨,经过改造整顿,到1965年为1200处。"五五"时期,山西煤炭工业建设投资由1976年的1.6亿元,增加到1980年的4.66亿元。矿井建设也得以迅速发展,到1980年,全省国家统配煤矿63对矿井,生产能力4685万吨/年;地方国营煤矿发展到186处,生产能力2023万吨;地方非国营煤矿达到1066处,乡镇煤矿2671处,年产原煤4000万吨以上。全省年产量达到1.21亿吨,实现总值23.79亿元。

(3)国有煤矿生产装备技术实现快速发展

20世纪50年代初,煤矿采煤主要是用手镐、大铁锹、人推车等传统方法,50年代末改为电钻、装煤机、刮板输送机、电机车,大量减轻工人劳动强度,大幅度提高了生产效率;60年代使用80型滚筒采煤机,采装运实现了机械化;70年代,试用并推广综机采煤,积极引进、注重吸收,逐步走向综机国产化。国有重点煤矿基本淘汰了手镐落煤、人力运输、汽绞车提升等落后生产方式,趋于矿井大型化、装备现代化、生产集中化,矿井综合生产能力进一步提高。

1978年原煤产量增加到9423万吨,外调出省7298万吨,占全国调出量的70%以上;1979年原煤销售量突破了1亿吨大关,达到1.04亿吨。

(4)职工队伍不断壮大,职工生活不断改善

中华人民共和国成立后,大同、阳泉、西山、富家滩、潞安等煤矿在恢复的基础上迅速发展,到1952年末,职工总数达到3.1万人,到1957年末,6个中直煤矿的职工总数达到9.6万人,地方国营煤矿的职工发展到4.1万人;"五五"末,国有煤炭职工发展到29.8万人。

中华人民共和国成立初期,煤矿工人居住条件极差,除个别大煤矿尚有少量工棚外,大多数矿工住在窑洞,几十个工人挤住一间,黑、脏、臭交

织在一起,尤其是一些小煤矿则连工棚、窑洞也没有,矿工只能就近住宿在农家,以土炕为床,铺的是苇席,盖的是破麻袋片,枕的是炭块。

中华人民共和国成立后,国有煤矿加快建设职工住宅。1949年到1960年,全省统配煤炭企事业、行政单位,累计用于兴建职工住宅的投资为8251.6万元,占同期统配煤矿系统非生产性基本建设投资累计额的68.8%,新增加职工住宅面积179.1万平方米,其中大同、阳泉、西山、汾西4个中央直属矿务局,用于兴建职工住宅的投资累计完成5942.5万元,建成职工住宅面积132.25万平方米。

20世纪70年代开始,新建住宅楼和集体宿舍楼,装配了暖气,增设了厕所、洗漱室等。家属宿舍在一户一套的基础上,有的还配备了卫生间、厨房,安装了上下水管道,极大地方便了职工生活。1961年到1978年18年间,大同、阳泉、西山、汾西、潞安、轩岗、晋城等7个矿务局,用于兴建职工住宅的投资累计868.43万元,占非生产性基本建设投资总数的74.3%。

1978年,煤炭工业部制定了职工宿舍规划要点,山西各矿务局、煤矿在发展生产的基础上注重了职工生活福利设施建设。山西统配7个矿务局(未含霍县矿务局)利用国家投资和自筹资金等办法,建设职工宿舍69.11万平方米,其中家属住宅15.81万平方米、集体宿舍53.3万平方米;地方国营煤矿投资853万元,建设职工宿舍12.43万平方米,煤矿职工居住条件得到明显改善。

1978年,国家统配7局矿区环境建设及生活福利设施普遍达到国家规定标准,部分实现了矿区环境公园化、食堂饭馆化、宿舍旅馆化、澡堂淋浴化;普遍建起了医院、疗养院、俱乐部、职工大学、中小学、幼儿园、文化体育活动中心等,煤矿面貌焕然一新。

(5)煤矿教育从无到有实现了飞跃发展

中华人民共和国成立初期,山西煤矿行业没有一所学校,98%的矿工是文盲。中华人民共和国成立后,在党和政府的领导下,多层次、多规格、

多种形式兴办教育,使煤矿教育从无到有得到飞跃发展。到1978年底,全省已有矿业学院1所、管理干部学院1所、中等专业学校4所、职工中专学校3所、职工大学5所、技工学校8所、中小学校161所。基本形成了包括普通教育、职工教育、技术工人教育的教育体系,为山西煤炭工业培养了大批专业人才。

(6)煤矿机修随着机械装备的使用应运而生并不断改造扩大

中华人民共和国成立前,山西仅有保晋平定分公司、晋北矿务局在永定庄矿设立的修械工厂,西北实业公司矿开办有机械修理工场、铁工场、铸造场、木工厂,只有简单机修设备。中华人民共和国成立后,随着煤矿生产机械化程度的逐步提高,煤矿机修(制)厂的建设逐步成为山西煤矿建设的重要内容,并得到了迅速发展。到1978年, 全省 8 个矿务局共投资7448.7万元,建立了8个机修厂,维修和制造能力超过2万吨;山西省煤管局地方煤矿管理处组织全省各主要产煤地(市),在原有简易煤机修造设施的基础上,改扩建了12个地方煤机厂。

(7)采煤方法不断革新,采掘机械化大幅度提高

古代山西煤矿,长期使用镐、锤、钎、锼、锹等工具采掘。为提高效率,多在工作面下部及两边"刨根凿壕",而后将煤落下运出坑外。这种"刨根凿壕"的掘进方法,在全省具有普遍性。

中华人民共和国成立后,结合推行长壁采煤法,各大煤矿都在大巷两侧布置采区,在采区(盘区)内布置走向长壁工作面,开拓掘进逐步改为打眼放炮。燃料工业部提出"采掘并举,掘进先行"方针后,大同、阳泉、西山等局矿开始编制、执行采掘作业计划和作业规程,采、掘、开工作面按作业规程施行正规循环作业,并执行了交接班制、班前班后会、工程质量检查验收等制度。阳泉、大同矿务局,按照国家技术政策,扭转采厚丢薄、损失资源的开采方法,执行自上而下的开采程序,对矿井采掘部署进行了改革。

1950年5月，大同矿务局同家梁矿马六孩、连万录掘进小组（简称"马连小组"）采用"双孔循环作业法"，至年底创造了手工日进2.08米的新纪录，比中华人民共和国成立前的最高纪录0.45米提高3.62倍，比国家定额0.5米提高3.16倍；1950年下半年，大同、阳泉矿务局开始用手把钎捅眼、明火点黑火药爆破掘进；1951年，大同、阳泉矿务局推广电钻打眼，放炮落煤。巷道以梯形木棚支护，辅以轻轨，半吨木矿车运输。自此，山西煤矿开始了电钻打眼放炮、人工装煤、人力推车的半机械化掘进。大同矿务局创造的"马连掘进法""双孔道循环作业法"，燃料工业部向全国推广。

1953年，富家滩矿南关坑康永祥掘进队，创造平行龟裂法和三角接力掏槽法，掘进每茬炮进度达到2.2～2.5米；大同、阳泉矿务局在重点掘进队配备C-153型装煤机，打破几百年来煤矿人工装载作业方式，矿工开始从笨重的体力劳动中解放出来。马六孩、张万福被选为全省、全国的标兵和劳动模范。

为加快掘进速度，中央统配7局的装煤机由1970年的59台增为1975年的120台，装载机械化程度达到25.68%。到"五五"末，中央统配7局的装煤机增加到381台，装载机械化程度达到50.28%；地方煤矿装煤机59台，雁北地区小峪煤矿装载机械化程度达到100%，平均单进207.93米，为全省煤矿之冠。

（8）煤矿井下运输机械化程度得到快速提升

中华人民共和国成立以前，煤矿井下运输，除人背肩挑之外，主要用拖筐及拖车，开采厚煤层的斜井或平峒多用畜力运输。当时，比较先进的是1907年保晋公司在平定、大同、寿阳、晋城分公司各矿厂，矿井上下铺设道轨用矿车运输，有方形木矿车、铁矿车、平板车等，一直沿用至60年代；场面运输有驴骡驮、轨道和索道运输三种。

中华人民共和国成立后，在国民经济恢复和"一五"时期，大同、阳泉、西山、富家滩等煤矿井上井下主要使用小绞车和无极绳绞车。1954年，阳

泉矿务局开始对无极绳绞车运输进行自动化管理研究和探讨,改革操作方法,取消开绞车司机,由信号工远距离控制。无极绳绞车的使用和管理技术,当时在全国是最先进的,曾专题介绍到苏联等国。无极绳绞车运输成为当时山西煤矿运输的一大特点,至1957年,中直煤矿井下运输绞车达到603台、无极绳绞车184台、电机车59辆、矿车16053辆、刮板输送机917台、链式输送机2台、皮带输送机58部,井下大巷运输机械化程度为91.3%。大同、阳泉、西山、汾西矿务局及潞安、轩岗煤矿大巷运输机械化程度分别达到86.57%、97.32%、86.59%、94.9%、86.84%、77.45%;省、地市营煤矿井下主要大巷为轨道矿车绞车运输,工作面和顺槽巷道为人推或畜力拉车;县营和私营煤矿主要用小拖车运输。

1975年,省煤管局提出"溜子锚链化、顺槽运输皮带化、矿车大吨位化,大巷运输电机车化"目标。这一时期,电力工业发展较快,电网延伸到各县,偏僻地区建成了一批小电厂,县营以上煤矿普及了电力。全省127个县营煤矿使用电绞车或无极绳绞车运输,其中103个矿铺有轨道用矿车运输,24个矿用绞车辅助人力拉胶轮小平车;全省地方国营煤矿共使用运输绞车446台、无极绳绞车243台、调度绞车196台。电机车运输的矿增加到11个,共有电机车82台,矿车16435辆;全省1785个社队煤矿中,使用电绞车的452个矿,人畜力拉小平车的113个矿,其余为小拖运输。

1976年后,全省大、中小煤矿井上、井下运输系统随着矿井的大规模技术改造和改扩建进行了改造和更新,煤矿的装、运、卸工艺迅速提高,效率大幅提高。

(9)山西煤矿安全保障全面提高

中华人民共和国成立前,煤矿安全保障措施非常薄弱,小煤窑几乎没有安全措施,矿难频发。中华人民共和国成立后,1949年11月,燃料工业部召开第一次全国煤矿会议,提出"安全第一"的生产方针,要求各级干部树立安全生产的指导思想,加强煤矿保安工作。1950年3月,山西省工业厅召开全省煤矿安全会议,按照燃料工业部的要求,对不具备安全生产条件和国营煤矿井田内的小煤窑整查封顿,并开始建立工矿安全行政科,负责安全工作。

1951年,燃料工业部颁发新中国第一部《煤矿技术保安试行规程》。1952年1月,燃料工业部颁布《煤矿技术操作规程》,大同、阳泉矿务局制定了《采掘面作业规程》。至此,《安全规程》《操作规程》《作业规程》成为山西煤矿安全生产的"三大规程"。根据政务院制定的《公私营煤矿安全生产管理要点》和山西省政府制定的《矿业开采管理暂行办法》,对公私合营小煤矿进行了首次整顿。不能保证安全生产的小煤窑一律停产关闭,小煤窑由1950年的3620个减少到1952年的1514个。

1954年,煤炭燃料工业部太原煤矿管理局筹备处成立,内设技术安全检查处,负责大同、阳泉矿务局及潞安煤矿安检工作。1956年,大同、阳泉矿务局成立了安全监察局,向各矿派驻安全监察组,安监机构逐步完善。1956年,国务院颁布《工厂安全卫生规程》《工人职员伤亡事故报告规程》。山西省各矿务局、煤矿根据实际情况,拟定了"保安40条""保安60条""停送电保安规程"等实施细则。

山西国营煤矿的安全工作主要是建立健全机构、充实安监人员、装备安全设施和仪器,制定"三大规程"、建立安全技术责任制、领导值班制、安全生产会议制、安全检查制、交接班制、事故分析制、火药雷管管理制、专职放炮员制、探放水制,安装机电保护接地网、漏电保护器安全防护罩等设备,对矿井进行安全鉴定,建立群众性的安全检查网、青年监督岗,开展安全活动日、百日无事故等活动;地方小煤矿配备安全检查员,定期组织安全检查,制订开采规格、敲帮问顶、支柱、处理伞檐、防探水等制度。同时,各类煤矿开展技术培训和安全救护培训,提高职工的技术素质。"一五"时期,全省煤矿安全情况较好,百万吨死亡率逐年下降,1957年比1951年下降了61.8%。

　　"二五"初期,全国"大跃进"开始,山西煤矿为了夺高产,打乱了生产秩序,规章制度被废除,全省安全生产形势严峻。从1961年开始,国务院与煤炭部相继发布了《煤矿保安暂行规程》《关于加强企业生产中安全工作的几项规定》《煤矿企业安全工作条例》《煤矿安全监察条例》。1964年,煤炭部在西山矿务局召开全国安全监察工作经验交流会,推广该局"宋广来安全监察经验"。经过1962～1965年的调整和整顿,山西煤矿安全生产情况又逐步好转,1965年全省百万吨死亡率比1961年下降33.07%。

　　"三五"和"四五"时期。由于"文革"干扰,小煤窑私开乱挖,独眼井大量增加,生产下降,事故反弹。1970年,中央和煤炭部下发了《关于加强安全生产的通知》《煤矿安全生产几项主要制度的暂行规定》《煤矿安全生产试行规程》《小煤窑安全生产暂行规定》。山西各矿务局(矿)相应地制定了《安全生产暂行规定》,严格检查落实;1973年,省煤管局提出搞好"通风管理""消灭瓦斯事故""质量标准化"三项工作;1974年,全面恢复了安全监察机构,开始总结经验,培养典型,狠抓煤矿安全工作;1975年,煤炭部召开全国煤矿安全生产卫生会议,授予阳泉矿务局三矿采煤队"严细成风的硬骨头采煤队"荣誉称号,成为全国"十面红旗"之一;省煤管局还根据煤炭部"两好六消灭""文明生产矿井标准""十要十不准"制度,制定了安全生产28条规定和运输"八不许",为确保山西煤矿安全发挥了重要作用。1978年全省百万吨死亡率6.42,比1949年的14.98下降8.56个百分点,比全国9.44低3.02个百分点,安全生产水平得到大幅度提高。

　　(10)山西煤炭洗选及煤矸石和瓦斯的加工利用初步发展

　　山西煤炭筛选加工最早从1926年保晋公司开始。中华人民共和国成立后,为提高商品煤质量,分级增值,大中型煤矿逐步增设了井上拣矸和选块设施,拣矸选块逐步成为煤炭生产中一道重要工序。1950年西铭矿和白家庄矿分别装备了年拣矸能力120万吨的皮带运输机,进行手工拣矸。之后,煤矿筛选不断扩大,改建新建了一批选煤楼和拣矸机。从1950年到

1978年，全省共建有选煤楼、选煤设施53处，筛选原煤能力达到1.24亿吨，比1950年增加100多倍。

洗选加工。起步于1935年西北实业公司钢铁厂所属焦化厂筹建的一座洗煤楼，主洗设备为木制活塞跳汰机，入洗原煤能力为每小时30吨。中华人民共和国成立后，首先恢复了太原钢铁公司（即原西北实业公司钢铁厂）洗煤楼生产。1956年1月，山西第一座选煤厂——西山矿务局太原选煤厂开工建设。这座选煤厂由波兰设计，全套设备从波兰引进，设计年入洗原煤能力200万吨，为单一跳汰洗选工艺。1959年10月建成投产，入洗西山矿务局所产瘦煤和霍县矿务局所产肥煤，所产洗精煤供炼制冶金焦。当年入洗原煤4.27万吨，生产洗精煤3.06万吨，回收率71.7%，洗精煤灰分由原煤灰分16.7%降为11.9%，上缴利润68.9万元。

从1958年"大跃进"大炼钢铁时期开始，山西先后开工建设了21座选煤厂，到1966年，除辛置选煤厂生产外其余全部停产。1966年，汾西矿务局停建的介休选煤厂恢复建设，设计能力300万吨；1965年12月阳泉矿务局一矿选煤厂竣工试生产，年入洗原煤能力150万吨，采用重介质斜轮选煤工艺。这是全国采用重介质选煤工艺较早的选煤厂之一，也是山西第一座重介质无烟煤选煤厂。

到"五五"末，山西建成并运行的选煤厂有太原、介休、霍县辛置、阳泉一矿、阳泉二矿、石圪节、晋城凤凰山矿7个。1978年，太原、介休、辛置、石圪节4个炼焦煤选煤厂共入洗原煤440.44万吨，生产洗精煤283.12万吨。

矸石利用。1965年，阳泉矿务局建设的一座设计生产能力为2万吨的煤矸石水泥厂开始生产，开创了山西煤矿煤矸石利用的先例。到1975年，利用矸石2275吨，生产水泥8650吨；1970年，阳泉矿务局二矿投资20.2万元建成了一座矸石砖厂，这是山西省第一座矸石砖厂，年产矸石砖450万块，到1985年底，该砖厂累计生产矸石砖5717.92万块，累计处理煤矸石18.06万吨；1977年，西山矿务局机关组织知识青年投资13.56万元创办建

材厂,设计年产矸石砖300万块,投产当年生产矸石砖50万块,利用矸石800吨;1978年,大同矿务局自筹资金12.86万元,建成永定庄矿矸石砖厂,设计年产矸石砖500万块。到1978年,全省先后投产的矸石砖厂累计生产矸石砖7300多万块,利用煤矸石45万多吨。

瓦斯利用。1957年,阳泉矿务局利用顶板穿层钻孔抽放四尺煤层顶板瓦斯试验成功,这是山西对矿井瓦斯综合利用的开始。阳泉矿务局四矿将矿井抽放的瓦斯用作锅炉和坑口食堂的燃料,在四尺煤入风井口建起了以瓦斯为燃料的空气加温站。同时利用矿井瓦斯为原料和燃料,建起一座试验性的碳黑厂,生产灯烟法碳黑,并对瓦斯代替汽油做汽车燃料进行了实验。同时,为化害为利,阳泉矿务局建设了瓦斯抽放供应系统,铺设百余公里的大小管线,供当地居民和矿区职工生活燃用。1975年全矿务局已有3129户家属住宅、1126间集体职工宿舍、20个职工食堂、30个茶炉、3台锅炉用矿井瓦斯取暖、做饭、烧开水。

1977年,阳泉矿务局按照《阳泉矿务局瓦斯利用设计规划方案》,投资2654万元,新建两座5万立方米的储气罐和42座调压站,用气居民约达到5.8万户25.3万人,其中矿区15万人3.4万户。

(11)山西煤炭工业为全省经济发展做出了重要贡献

1950～1957年,山西煤炭工业累计实现利润13257.4万元,其中中直煤矿企业和地方煤矿分别占71.65%和18.35%,全省煤炭工业共上缴税金4827.2万元。

1963～1965年,三年调整期,全省国营煤矿实现利润30640.5万元,年均10213.5万元,上缴税金12640万元,年均4213.3万元,比"二五"时期年均上缴税金3063万元增长37.7%。

1976～1982年,煤炭工业实现利润(利改税之前)32.54亿元,年均46487.03万元,比"三五""四五"时期平均年实现利润增长1.45倍,"五五"时期年均增长为24.21%。

（12）全省煤炭管理体制发生了11次变革

中华人民共和国成立之前，1949年4月太原解放后，9月山西省工业厅成立，内设矿业行政管理处和山西省煤矿公司。矿业行政管理处对山西全省小煤矿实行管理；省煤矿公司直接管理西山、东山、西铭焦炭厂、富家滩等省营煤矿。

中华人民共和国成立后，山西煤炭由中央和地方分级管理。1950～1954年，燃料工业部华北煤矿管理总局管理山西的大同、阳泉矿务局和潞安煤矿，为中央直属企业；地方煤矿由省、地、县三级职能管理机构分级管理。省工业厅为全省煤矿管理职能机构，各专署（市）设立矿业管理科，各县按资源情况在工商科内设立矿业管理股或组。按"统一领导，分级管理"的原则分别管理省营、专（市）营、县营和劳力合伙、私营煤矿。1950年11月，阳泉市成立煤炭工业管理局，这是山西省最早的地市级煤炭管理专门机构。1951年12月，察哈尔省撤销后，雁北专署矿务局归山西省工业厅管辖。1952年6月，山西省煤矿公司撤销，在省工业厅设立煤矿生产管理处，在基本建设处内设矿井改造办公室，原4个省营煤矿由工业厅直管，生产、基本建设业务由煤矿生产管理处和基建处分别管理。

1954年8月，中央撤销各大行政区，华北煤矿管理总局随之撤销。为大规模开发山西煤炭，加强对山西煤矿的管理，10月中央抽调原华北煤矿管理总局120人到太原，成立太原煤矿管理局筹备处。1955年6月，正式成立煤炭工业部太原煤矿管理局，为煤炭工业部派出机构。负责管理大同、阳泉矿务局、潞安、轩岗、义棠煤矿筹备处，以及内蒙古自治区的包头煤矿筹备处。为加强山西焦煤基地的开发和管理，1956年1月国家决定将原山西省工业厅管理的地方国营西山煤矿和西铭焦炭厂合并，成立西山矿务局；将原富家滩煤矿和义棠煤矿筹备处合并，成立汾西矿务局。这两个矿务局上划为中央直属企业，由煤炭部太原煤矿管理局管理。

1957年，山西省工业厅机构改组，撤销各专署工业处，按一厅多局制

设置山西省矿业管理局,按行业归口管理原则,统管全省各类地方煤矿的生产、安全、基建、矿山管理等各项业务。直属企事业单位有:太原东山煤矿、雁北大仁煤矿、阳泉白羊墅煤矿、霍县辛置煤矿、晋城元庆煤矿筹备处和排水队、建井队。山西省工业厅有驻长治、雁北、榆次、忻县专区工业指导小组,指导管理各专区煤矿。

1958年8月,中共山西省委决定撤销山西省工业厅矿业管理局,在太原煤管局内成立山西地方煤矿管理局,管理全省地方煤矿业务。10月,根据中央确定实行地方分权的精神,对经济管理体制进行重大改革。煤炭部下发《关于煤矿企事业单位下放地方管理的通知》,经国务院批准撤销煤炭部太原煤矿管理局,下放大同、阳泉、西山、汾西矿务局和轩岗、潞安煤矿筹备处归山西省领导,组建山西省煤矿管理局。之后,各专(市)、县也逐步完善了煤炭工业管理机构。至1959年9月,省煤矿管理局直辖大同、阳泉、西山、汾西、潞安、轩岗、霍县7个矿务局,以及晋城煤矿筹备处、山西省洗选工程公司、山西煤矿设计院、山西省煤矿科学研究所、太原煤矿学校。至此,山西省形成了由省煤矿管理局直接管理的7个矿务局、1个煤矿筹备处,及各专(市)、县管理的各类地方国营、集体煤矿协调发展的格局。

1959年10月,中央和国务院下发了《关于若干煤矿企业实行以中央为主双重领导的决定》,决定指出:省(陕西省除外)、区煤炭工业的行政管理机构(厅、局)实行以中央领导为主的管理体制以后,应当成为煤炭部和省人民委员会双重领导的机构。对中央企业的管理以煤炭部为主,对地方企业的管理以省人民委员会领导为主。确定山西以煤炭部管理为主的煤矿企业为大同、阳泉、西山、汾西、潞安、轩岗6个矿务局和晋城煤矿筹备处。霍县矿务局以及其他地方煤矿的管理以山西省人民委员会领导为主。

1963年3月,根据煤炭部《关于统一部直属的各省煤矿管理机构名称的通知》,山西省煤矿管理局又改名为中华人民共和国煤炭工业部山西省煤炭工业管理局,实行煤炭部和山西省人民委员会双重领导体制,一班人员,两块牌子、两个公章。

1966年"文化大革命"开始后,煤炭管理秩序出现混乱,3月,中国人民解放军进驻山西省煤炭工业管理局实行军管。局机关职能处室合并为调查、生产、宣传3个组,下属各矿务局相继实行军管,并成立革命委员会。1967年11月成立山西省煤炭系统领导小组,对全省煤炭工业实行业务领导,1969年8月,山西省革命委员会生产组下设11个办公室,山西省煤炭系统领导小组与电力、化工合并,组建为煤电化办公室,管理全省煤炭、电力、化工行业。9月,省地方煤矿管理局撤销,地方煤矿管理业务由煤电化办公室统一管理。

1970年1月,山西省革命委员会决定成立山西省煤炭化工局,6月,燃化部对煤炭工业管理体制作了调整,将原煤炭部和山西省条块结合管理的7个矿务局的人、财、物管理权限下放,由山西省实行块块管理。1971年又将潞安、晋城矿务局的人、财、物管理权限下放所在地市,产、供、销仍由山西省煤炭化工局统一管理。地市煤炭管理机构随省管理体制和名称的改变也改为煤化局。

1973年10月,为了加强地方煤矿管理,在省煤炭化工局内成立地方煤矿管理处,负责全省地方煤矿的业务管理。同时,为发展集体煤矿,解决煤炭短途集运和外销问题,成立山西省非金属矿业公司,隶属于山西省手工业管理局,负责全省集体煤矿短途集运汽车队和煤炭集运站的管理。同年12月,山西省革命委员会正式下文,将阳泉市南庄煤矿、雁北地区小峪煤矿、太原市东山煤矿、劳改局荫营煤矿、西峪煤矿寨沟井5个煤矿(井)的建设及产、供、销、业务上划省煤炭化工局统一管理,人、财、物、党、工、团仍由所在地市管理。至此,山西省形成了中央原直属的大同、阳泉、西山、汾西、潞安、晋城、轩岗7个统配矿务局和霍县矿务局、东山、南庄、小峪、荫营、西峪6个地方统配局矿。

1975年3月,山西省决定分别设置省煤炭工业和化学工业管理局,同

年10月,山西省又决定将1971年下放地(市)管理的晋城、潞安、轩岗3个矿务局收归山西省煤炭工业管理局管理,连同大同、阳泉、西山、汾西4个矿务局的基本建设、生产计划、财务、销售、物资供应都由山西省煤炭工业管理局管理。党务工作接受所在地(市)的领导,局级干部的任免以山西省煤炭工业管理局为主,与所在地(市)党委协商,经省委任免。其他地方管理的统配煤矿及非统配地方国营煤矿,集体所有制煤矿的管理体制不变。1976年4月,山西省非金属矿业公司划归山西省社队企业管理局,改称山西省矿业公司。

1978年10月,山西省决定将山西省煤炭工业管理局的基建处和地方煤矿管理处升格为局级建制,改称为基本建设局和地方煤矿管理局,分别管理全省统配煤矿的基本建设和全省各类地方煤矿。

(二)加快改革开放和能源基地建设,争当能源革命排头兵

1978~2019年,山西加快改革开放,推进能源基地建设;加快煤炭工业高质量发展,推进能源革命争当排头兵。

1978年,党的十一届三中全会作出了改革开放的重要决定,为我国带来了伟大的历史性转折,也给山西煤炭工业带来历史性巨变。这40年的风雨历程,路途艰辛;这40年的发展变化,翻天覆地;这40年来,山西煤炭产业大军用自己的智慧和双手,写下了煤炭发展的壮丽篇章。

1.加快能源基地建设,各类煤矿大规模快速发展

从1978年改革开放以来,山西煤炭工业步入了新的发展阶段。山西省根据国家能源基地建设的总要求和全省经济社会发展的总目标,制定了山西能源基地建设规划,按照这个总体规划,山西煤炭工业成功地进行了近20年的大规模开发和建设,实现了快速发展。

（1）贯彻"八字方针"，向机械化要产量要效益

改革开放初期，山西煤炭行业贯彻中央提出的"调整、改革、整顿、提高"八字方针，进行拨乱反正和工作重心转移，全省煤炭产业进入了持续、稳定、健康发展的新时期。统配煤矿依靠科技进步发展生产力，向机械化要产量、要效率。大同、阳泉、西山、汾西、潞安、晋城6个矿务局普遍采用综合机械化采煤，综采设备由1975年的13套增加到1980年的65套。掘进机械化也相应得到发展，1979年煤炭工业部从英、日、匈等国引进综掘机100套，拨给山西40套，改变了山西打眼放炮掘进方式，提高了矿井综合生产能力；地方煤矿坚持"以矿养矿、分期改造、由小到大、逐步提高"的发展方针，从1980年开始，利用经济煤收入，对县以上60个重点煤矿和74个一般煤矿进行改扩建，提高了生产能力。多数县营以上煤矿实现机械提升和胶带、无极绳、电机车运输，改革采煤方法，乡镇煤矿经过整顿，也逐步提高了抗灾能力。全省煤矿企业产量和效益迈上新的台阶。

（2）国家、集体、个人一起上，大中小各类煤矿竞相快速发展

"六五"和"七五"时期，是山西煤炭工业快速发展时期。1980年，党中央和国务院作出建设山西能源基地的重大决策，极大地鼓舞了全省人民。国务院和山西省政府组织200多个单位1400余名专家，对建设山西能源重化工基地进行深入的研究和论证。在此基础上于1983年2月编制出《山西能源重化工基地建设综合规划》，提出到20世纪末山西原煤产量达4亿吨的目标。确定对现有生产矿井进行改扩建和技术改造，充分发挥老矿区的作用，在老矿区内或其周围建新井，发挥老矿区在人力、物力、设施等方面支援新井建设的作用；重点建设一批新基地（如古交、平朔等），加快新井建设步伐；大力发展洗选加工、综合利用和坚持铁路先行等8条方针；从开发布局上确定了包括大同、宁武和平朔、常村新区在内的动力煤基地，建设沁水煤田的阳泉、晋城无烟煤基地和西山、霍西煤田，以及河东煤田中、南段的炼焦煤基地的方略。

为了解决全国煤炭供应短缺问题,煤炭部1983年4月发布了《关于加快发展小煤矿八项措施的报告》,6月发布了《关于进一步放宽政策、放手发展地方煤矿的通知》,11月又发布了《关于积极支持群众办矿的通知》。1984年8月山西省人民政府下发了《关于进一步加快发展地方煤矿的暂行规定》,《规定》指出,为加快地方煤矿的发展,实行国家、集体、个人一齐上;广开渠道,多方筹集资金,鼓励群众集资联办,允许个人投资办矿,欢迎外省市、港澳同胞投资办矿,保护投资者利益。全省地方乡镇煤矿像雨后春笋般快速发展,很快成为山西煤炭工业的半壁江山,山西形成了以国有重点煤炭大型企业为主体、众多地方煤矿共同支撑的煤炭工业体系。

1986年,全省89个产煤县(区)共有地方非国统煤矿6724个(不包括二轻、军办矿),其中地方国营煤矿210个,乡镇煤矿6459个,共生产原煤1.23亿吨。在89个县(区)中,年产百万吨以上的县(区)37个,产煤1.12亿吨,占全省地方非国统煤矿产量的90.7%,其中,年产300万吨以上的12个县(区),200~300万吨的11个县(区),100~200万吨的14个县(区)。同时,扩大对外开放,积极引进资本、技术、设备和管理经验,进一步促进工业技术进步和管理水平的提高。1984年山西利用外资建设的第一座大型矿井、年生产能力300万吨的古交西曲矿井和选煤厂建成投产,被李鹏总理誉为"古交精神"。1985年中(国)罗(马尼亚)以补偿贸易方式合作开发的设计年生产能力120万吨霍县白龙矿井和年入洗原煤能力180万吨的选煤厂开工建设。

(3)扩大开放,我国首个中外合资大型现代化露天煤矿落户朔州

1979年1月底,时任中共中央副主席、国务院副总理邓小平访问美国,他在宴会上见到美国西方石油公司董事长哈默博士时,热情邀请他来中国投资办企业,参与中国的经济建设,向世界释放了我国实行对外开放方针的积极信号。此后,哈默博士多次来我国考察洽谈平朔矿区的合作开发事宜。以此为契机,平朔矿区的开发建设列入了党中央、国务院的重要议

事日程。在中美双方合作开发平朔安太堡露天煤矿项目的许多关键节点上，邓小平同志多次作出重要批示，并5次会见哈默博士，对项目给予了巨大的关怀和支持，推动和促成了中美双方共同投资6.49亿美元，兴建了年产1533万吨的平朔安太堡露天煤矿，并于1987年9月建成投产。这是我国首个利用外资数额最大、现代化程度最高、世界上最大的中外合作建设的露天煤矿。平朔安太堡露天煤矿作为国家改革开放引进外资的重大项目，是邓小平同志亲自引进、亲自洽谈的中美合资项目，李鹏同志5次视察平朔矿区并亲自为安太堡项目开工剪彩。胡耀邦、江泽民、万里、乔石、李瑞环、张德江、宋平、邹家华等党和国家领导人先后视察平朔矿区。中美合作的安太堡露天煤矿建成投产，推动了中国煤炭工业露天开采技术一步跨越30年，被誉为中国改革开放的"试验田"。

（4）全面推行承包经营责任制，安全技术管理水平快速提升

1984年10月，《中共中央关于经济体制改革的决定》发布后，1985年山西统配煤矿对煤炭工业部实行产量、盈亏、基建6年总承包，并采取了与总承包相配套的一系列改革措施：对企业实行简政放权；工资分配实行吨煤工资含量包干和百元产值工资含量包干；基本建设实行项目招标承包、包建制；用工制度实行农民轮换工和协议工制度等。执行上述政策坚持了"包死基数、确保上交、超收多留、歉收自补"的原则。承包的六年中，原煤产量以年递增6%的速度增长，全员效率以年递增7.6%的速度提升，百万吨死亡率降到1以下，1990年为0.7；在经营管理中推行内部承包、内部核算、内部银行、经营调度"四位一体"的经营机制，加快了机械化、标准化、现代化进程，提高了企业整体素质。潞安、晋城、大同、阳泉、汾西5个矿务局相继按部颁标准建成现代化矿区。晋城矿务局率先在全行业晋升为国家一级企业，潞安矿务局通过了一级企业预验收。晋城、大同、潞安先后获全国企业管理最高奖——"金马奖"。阳泉、西山、汾西、轩岗、霍州矿务局晋升为国家二级企业和省级先进单位。1990年全省7个统配矿务局采煤机

械化程度达到94.03%,其中综合机械化采煤(综采)程度达62.25%,矿井运输、提升、排水、通风全部实现机械化。

随后,全省地方煤炭企业推行了承包经营责任制。改革开始向深层次发展,扩大了企业的自主权,增强了企业自我改造、自我发展的能力,促进了企业由单纯生产型向生产经营型转轨。地方国营和乡镇重点煤矿进行了一系列改革,干部由委任制改为选聘制,固定工改为合同工,固定工资改为浮动工资,实行政企职责分开等,企业增添了活力,提高了效益。全省原煤产量于1985年突破2亿吨,达到2.14亿吨,5年增长76.86%;乡镇煤矿在国家支持下,异军突起,蓬勃发展,煤矿安全、技术、管理水平进一步提升。1988年乡镇煤矿原煤产量突破1亿吨,占全省总量的42%。1990年全省煤炭产量达到2.86亿吨,比1985年增长33.64%。

(5)促进"两个转变",推行"三条线"管理

1990年,山西煤矿企业有中央直属统配、地方统配、非统配地方国营、集体、个体、中外合作经营6大类型。中央直属统配煤矿有大同、阳泉、西山、汾西、潞安、晋城、轩岗7个矿务局及平朔煤炭工业公司;地方统配矿有霍州、东山、南庄、固庄、荫营、西峪,小峪、王坪8个局(矿);有282处(含军办64处)非统配、地方国营煤矿和6314处集体、个体所有制煤矿,遍布于全省6地5市88个县(区)。

进入20世纪90年代,山西煤炭行业贯彻落实党中央"抓住机遇,深化改革,扩大开放,促进发展,保持稳定"的指导方针,坚持以提高经济增长质量和效益为中心,大力实施科教兴煤战略,全面推行人事、工资、分配三项制度改革,实行煤炭生产、基本建设、多种经营三个主体均衡发展的方针。以实现"经济体制和经济增长方式两个根本转变"为目标,大力推行"三条线"(煤炭生产、基本建设和多种经营)管理,依法整顿煤炭运销秩序,狠抓安全目标责任制的落实,努力改善职工生活,物质文明和精神文明建设同步推进,均取得可喜成绩。"八五"时期(1991~1995年),全省先

后建成投产了8个年生产规模400万吨以上的矿井和一批相配套的选煤厂，陆续建成了22处高产高效矿井（其中部特级3个，省部级19个）和一批质量标准化矿务局，地方国有和乡镇煤矿建成了170多个质量标准化矿井和49个文明生产矿井。全省年产百万吨以上的综采队达23个。1995年，全省煤炭产量达到3.32亿吨，调出煤炭1.85亿吨，上缴利税32亿元，上缴能源发展基金29亿元，上缴水资源补偿费4.17亿元。

（6）实施科教兴煤战略，加快高产高效矿井建设

制定出台了一系列切实有效的改革措施，"抓安全、促效益、上水平、创一流"成为改革的主旋律。潞安矿务局自主研发成功世界领先的"综放技术"（综采放顶煤技术），被中央领导誉为"潞安采煤法"；大同矿务局厚煤层自动铺联网液压支架及配套设备项目荣获国家科技进步一等奖；大同、潞安、晋城、西山4个矿务局和平朔煤炭工业公司，先后获得煤炭工业部授予的"国有重点煤矿科技进步十佳企业"称号；晋城、潞安、大同矿务局和平朔煤炭工业公司相继荣获"中国企业管理优秀奖"——"金马奖"；阳泉矿务局综合治理瓦斯的安全生产管理经验在全国煤炭系统推广。各矿务局和地市煤管局积极推进产业产品结构调整，狠抓第三产业和多种经营，取得重大成效。1997年，国有重点煤矿多经三产经营总额达到44亿元，占到企业生产经营总值的27%，从业人员达到12万人；地方国有煤矿多经三产的发展步伐也进一步加快，多经三产产值以每年近20%的速度递增。1997年，全省已拥有煤炭科研、设计机构20多所，专业人员3000余人，拥有地质勘探队5万余人，煤机制造厂家20多处，矿山救护队30多个。

1997年，全省各类煤矿发展到历史最高峰10971座，原煤产量从1977年的8754万吨增加到1997年的3.3亿吨。占全国产量比例由15.9%提高到24.9%；外调量从6536万吨增长到1.93亿吨，增长195.56%。煤炭产量和外调量分别占到全国的1/4和3/4，煤炭工业总产值、利税均占全省工业企业的37%，基本实现比80年代初翻两番的目标。

2.迎难而进,控总量、稳增长,全力推进关井压产、安全整治和采煤方法改革

进入"九五"以来,特别是1998年,受亚洲金融危机的影响和前度时期高强度的开发,全国煤炭产量严重供大于求,煤炭市场持续疲软,山西煤炭企业"多、小、散、乱"的弊端集中显现,大量的中小煤矿停限产,全省煤炭行业出现销量下降,价格下滑,货款巨额拖欠,企业简单再生产难以为继,职工工资没有保障的严重困难局面,全省外欠煤炭货款达100多亿元,不少企业外欠煤款超过全年的销售收入。1998年7月,国务院做出了将国有重点煤矿下放地方管理的重大决策,打破了条块分割的管理体制。1998年下放我省的国有重点煤炭企业有7户,分别是大同、阳泉、西山、汾西、潞安、晋城、轩岗7个矿务局。同时,山西煤炭工业管理局所属的事业单位也一并下放。面对煤炭工业面临的困难形势,结合大同等7个矿务局和事业单位下放的实际,山西省委、省政府,多次召开专题会议,相继研究出台了一系列振兴山西煤炭工业的政策措施,采取了一系列迎难而进,稳增长、渡难关的重大举措。

(1)联合销售、联合清欠,共渡难关

面对煤炭市场供大于求、欠款巨大、亏损增加、工资减少的严峻局面,煤炭企业特别是国有重点企业,陷入更加艰难的困境。大同矿务局当时在岗职工10万多人,下岗职工近1万人,离退休职工4.7万人,另有集体企业职工4万多人,职工和家属加起来50多万人。问题非常多、衰老矿井多、亏损严重、债务沉重、被欠货款多(1998年达22亿元)、职工生活困难、企业办社会负担重等等。大同矿务局当时的口号是"人人二百三,共同渡难关",一个月干部职工每人只发230元,工人们的生活极度困难。在这种情况下,全省由省级领导分别带队到欠款多的省份和钢铁、电力等企业催收货款。尽管我省采取了不给钱不发煤的一些措施,但对关系民生的发电、钢铁和城市供热等大户还得保证供应。山西省委、省政府提出"统一领导,联合竞争,优质廉价,占领市场"的指导思想。1998年5月成立山西晋华煤炭运销有限公司,对秦皇岛下水煤炭统一管理;1998年9月成立山西煤炭销售联合办公室;2001年10月,山西焦煤集团有限责任公司成立,这是山西煤炭工业改革进程中的一个里程碑。之后,煤炭企业相继转换经营机制,各统配矿务局均改制为国有独资公司,由有计划的市场经济向全面市场化经营转换。

(2)坚定不移实施"关井压产"

1998年全国煤炭总量过剩与市场需求低迷的矛盾更加突出。11月,国务院出台了"关井压产"的宏观调控举措,山西省委、省政府坚决贯彻执行国家关井压产、控制产量、扩大出口等政策。在认真总结经验的基础上,确立了"理顺管理体制,重申发展规划,调整发展政策,制定整顿方案"的指导思想。经过全省上下努力,从1998～2003年,全省共取缔和关闭非法、布局不合理小煤矿6192座,淘汰了一批落后的、安全没有保障的矿井,压减产能11725万吨。产量连续两年下降,1998年比1997年下降7.55%,1999年比1998年下降24.81%。通过关并压产、总量控制和开展安全专项整治,山西煤炭生产集中度得到进一步提高,国有重点煤炭企业产量占全省总产量的比重呈上升的态势,地方煤炭工业生产集约化程度也大幅提高。

2001～2003年,依据国家实施的资源枯竭煤矿关闭破产政策,全省先后关闭破产了轩岗矿务局,大同的白洞、永定庄、挖金湾、王村、大斗沟、雁崖等6个矿,山西焦煤的白家庄、水峪、两渡、张家庄、曹村、白龙、南下庄等7个矿,阳泉集团的四矿、五矿,潞安集团的石圪节矿和晋城集团的王台铺矿。大同煤矿集团公司整体收购轩岗矿务局破产后的资产,重组为大同煤矿集团轩岗煤电公司。随着一批资源枯竭的国有重点煤矿相继进行政策性破产重组,在一定程度上为国有重点煤炭企业减轻了负担。

（3）全面开展煤矿安全专项整治

2001年1～4月，全国发生重大、特大事故118起，死亡891人。在这些重大、特大事故中，乡镇煤矿和国有煤矿矿办小井的事故占绝大多数。为遏制煤矿事故多发的势头，扭转煤矿安全生产工作面临的严峻形势，切实维护人民群众生命财产安全，2001年7月国务院办公厅下发了《关于关闭国有煤矿矿办小井和乡镇煤矿停产整顿的紧急通知》国办发明电（2001）25号，决定从《通知》下发之日起，立即关闭国有煤矿矿办小井，所有乡镇煤矿（含国有煤矿以外的各类小煤矿）一律停产整顿。

一是矿办小井立即停止生产，2001年6月30日以前关闭。山西、吉林、黑龙江省也必须在2001年9月底前全部关闭矿办小井。国有煤矿要对各自的矿办小井严格清理，凡与个人联营或者实行个体承包的，要立即解除联营合同或承包合同；凡国有煤矿经营者和政府公职人员在矿办小井参股入股的，要立即退出，并进行清理；违法违纪的，一律依法予以查处。

二是全国所有乡镇煤矿，一律停产整顿。凡国有煤矿矿区范围内的各类小煤矿，一律予以关闭；凡采矿许可证、煤炭生产许可证、营业执照、矿长资格证四种证件不全的，以及生产高硫高灰煤炭的，一律予以关闭；凡不具备基本安全生产条件的，如独眼井、没有采用机械通风的、没有合理排水系统的、没有使用专用防爆电气设备的、没有使用矿井人员升降专用容器的矿井以及高瓦斯矿井和煤与瓦斯突出矿井没有完善的监测手段和措施的，只要符合一个条件的，一律予以关闭；经整顿达到安全生产条件的合法乡镇煤矿，经检查验收，并由检查验收人员、当地县级人民政府负责人、煤矿安全监察人员签字后，才能恢复生产。

三是吊销有关证照。对于应该关闭的矿办小井和乡镇煤矿，有关部门要事先吊销采矿许可证、煤炭生产许可证和营业执照。

四是关闭矿办小井和乡镇煤矿停产整顿工作由各省、自治区、直辖市人民政府统一领导。关闭矿办小井工作由国有煤矿组织实施；乡镇煤矿停产整顿、关闭非法及不符合安全生产条件小煤矿工作由地（市）、县级人民政府组织实施。

山西省委、省政府按照国办发〔2001〕25号明电、68号文件要求和国务院统一部署，先后多次召开会议专题研究部署煤矿安全整治工作，建立了省、市、县三级煤矿安全整治领导组及办公室，并制定了一系列政策措施。省政府以第151号令公布了《山西省乡镇煤矿安全生产规定》，省煤矿安全专项整顿领导组办公室制定下发了《山西省乡镇煤矿停产整顿复产验收标准》《山西省乡镇煤矿恢复生产工作程序》《山西省乡镇煤矿恢复生产安全规程》。同时，根据国家煤矿"安全生产20条"规定，结合全省煤矿安全生产和专项整治存在的突出问题，提出山西深化煤矿安全专项整治的16条措施，并以省政府决定下发实施，进一步指导和推动了全省煤矿安全整治向深化、巩固、提高转变。

2003~2004年，全省先后出动2万多人次，组织开展了多次大规模、拉网式煤矿安全大检查大督察和整顿治理。各级各部门和煤炭企业多渠道筹集资金，加大安全投入，认真整改，全行业共投入煤矿安全整治资金近30亿元。到2004年9月底，全省建立瓦斯监测监控系统的煤矿达到2841个，约占应建煤矿的71.71%，并实现了矿、县、市、省四级联网。矿井安全装备水平逐年提高，安全防范能力进一步增强。

2004年随着煤炭市场趋紧，针对已关闭矿井死灰复燃和私挖乱采抬头的现象，及时下发了《关于加大对非法生产煤矿打击力度的紧急通知》，组织各级煤炭纠察队逐个对应关未关煤矿和已关闭煤矿进行拉网式排查。全省各级煤炭纠察队利用五一、十一放假的时机，出动近万人次开展明察暗访，对违法违规生产矿井进行了现场处罚，对50个应关未关矿井严格按"关井六条标准"进行关闭。经过几年的深化安全整治，全省取缔和关闭了非法、布局不合理以及不符合基本安全生产条件的小煤矿6751个，百万吨死亡率逐年下降，2000年为1.85、2001年为1.66、2002年为1.24、2003

年为1.18、2004年为0.98。全省煤矿百万吨死亡率出现了连续五年下降、安全形势持续好转的新局面。煤炭经济增长质量和效益进一步提高,煤炭产销量、企业效益和职工收入同步增长,全行业生产力水平大幅提升。

（4）全面推进地方煤矿采煤方法改革

从1998年开始关井压产、乡镇煤矿安全专项整治,山西省地方煤矿虽然总数从近万座减少到2003年底的4267座,煤炭行业经济效益有了明显提高,煤炭工业形势稳定好转,但产业集中度低、生产力水平低、井型规模小的局面仍然没有得到根本改变。9万吨/年以下矿井占到全省地方煤矿井数的76.7%,安全事故频发,乡镇煤矿发生事故起数和死亡人数分别占全省煤矿的75%左右,已成为制约全省煤炭工业可持续发展和安全生产的主要障碍。这部分矿井存在采煤方法落后、资源浪费严重、安全隐患多、重大事故时有发生等问题。由于全省大部分乡镇集体煤矿位于国有大矿周边,煤层埋藏浅,60%的矿井储量在300万吨以下;投资主体为村、乡镇集体或个人,投资少,设备简陋,工艺简单,采煤方法不规范。大多为巷柱式、房柱式、残柱式,甚至有部分煤矿存在以掘代采现象,且大部分矿井仍采用人力、畜力、三轮车运输,采区回采率低,仅有20%～30%,资源回收率不到15%,这无疑加快了生产矿井的报废。同时,大部分矿井不具备两个安全出口,工作面没有达到负压通风,存在多工作面、多掘进头同时作业现象,再加上通风管理基础工作薄弱,通风系统紊乱现象大量存在,安全管理无保障,存在重大安全隐患,重特大事故无法从根本上杜绝,因此推进采煤方法改革已势在必行。

采煤方法改革已成为关系到全省煤炭工业可持续发展的头等大事,是提高经济效益和资源回收率、实现安全生产的有效途径,是提高全省煤炭工业整体竞争力和发展民用工业水平的必由之路。在全面深入、广泛调研的基础上,2004年4月,山西省煤炭工业厅出台了《关于推进全省煤矿采煤方法改革的实施意见》,明确了全省采煤方法改革的目标、原则和要求。

总体目标:进一步加大全省煤矿技术改造力度,积极推广应用新技术、新工艺、新设备、新材料,坚决淘汰落后生产力,提高全省煤炭工业整体发展水平。凡井田内有300米×300米实体块断煤田的矿井,必须实现壁式开采;9万吨/年的矿井必须实现采煤方法改革;9万吨/年以下具备资源条件的要通过采煤方法改革改造提升为9万吨/年以上矿井。到2005年底全省所有具备采煤方法改革条件的矿井全部实现采煤方法改革,实现正规布置、壁式开采,并符合以下基本条件:①工作面负压通风;②工作面有两个畅通的安全出口;③资源回收率符合国家有关规定;④以采煤方法改革为中心,促进提升、运输、通风、排水、供电等生产系统及装备都有明显提高。

采改原则:坚持技术进步的原则;坚持集中生产、高产高效的原则;坚持提高机械化水平的原则;坚持因地制宜的原则。

采改要求:①各级政府和各级煤炭工业局加强领导,以县为单位制定采煤方法改革方案,并报省局审定。鼓励和支持采煤方法改革矿井引进先进技术和装备;②以煤矿为单位编制《采煤方法改革设计》,采改设计应技术先进、设计规范、内容翔实、环节配套、设备选型合理、投资概算经济准确;③采煤方法改革矿井要制定顶板控制、矿井通风等相应的安全措施,坚持正规循环,以风定产原则;④采煤方法改革矿井要注重选用先进的技术和装备,提高机械化程度;⑤各矿井以采煤方法改革为中心,全面提升矿井的生产技术水平、管理水平、安全水平和综合素质。通过采煤方法改革要减少入井人数、降低工人劳动强度、改善井下安全生产环境、提高劳动效率和经济效益。

为此,山西省政府2004年4月27日在临汾市召开了全省煤矿采煤方法改革现场会,对采煤方法改革进行了全面部署。全省各市相应制定了采煤方法改革工作方案,明确了2004年2200个煤矿、2005年1000个煤矿进行采改的具体工作目标。

经过一年来的努力,到2004年底,全省有2256个矿井进行了采煤方法改革,占全省煤矿矿井总数的53.8%,其中地方乡镇煤矿有41个矿井实现了综采。晋城、长治实现正规壁式开采比例达到70%以上,临汾、阳泉、吕梁、晋中达到50%以上,其他市达到10%以上。全省实施采煤方法改革后,9万吨/年以下矿井占全省地方煤矿总数的比例由采改前的76.7%下降到39.1%;采区回采率由不到30%提高到70%左右,平均单井产能达到15万吨/年以上,安全保障能力明显提高。大部分乡镇煤矿由手工落煤、不支护、人力和畜力运输,通风不成系统,发展到现在大部分已实现了机械运输、生产和通风系统基本合理、支护完善,部分乡镇煤矿实现了机械化开采。全省已有10个矿井实现了综合机械化采煤、101个矿井实现了悬移支架放顶煤、4个矿井实现了高档普通机械化采煤、1个矿井实现了普通机械化采煤、227个矿井实现了单体液压支柱采煤、69个矿井实现了金属支柱采煤。

到2005年底,全省投入资金200多亿元,所有具备条件的矿井完成了采煤方法改革,实现了采掘工作面正规布置、壁式开采,工作面全负压通风,矿井具备了两个畅通的安全出口,矿井的提升、运输、通风、排水、供电等生产系统及装备水平显著提高。通过采煤方法改革,整体提高了山西地方煤矿的生产力和规模化经营水平。创建了一批管理现代化、大型化的骨干矿井,全面提高了全省地方煤矿的安全保障能力和采掘机械化水平,资源回收率提高两倍多,实现了传统产业的新型化。

(5)积极推进公司制改制和企业集团规模化经营

为了鼓励和规范大集团、大公司收购兼并改造地方小煤矿行为,2004年11月山西省煤炭工业局出台了《关于大集团大公司收购兼并改造地方煤矿有关事项的通知》,从办矿、建设、生产、销售、安全管理、财务管理,以及统计等方面做了要求和规定,促进大集团、大公司"做大、做强、做优、做实"。国有重点煤炭企业按照现代企业制度的要求,加大产权制度改革力度,在建立健全法人治理结构、构建母子公司体制、建立有效制衡机制的基础上,加快了由生产经营型向资本运营型转变,在体制创新、市场融资等方面都取得了实质性进展。8户国有重点煤炭企业除轩岗矿务局开始实施破产重组外,其余7户全部完成了公司制改革,其中西山煤电在国内成功上市,融资18.69亿元;阳泉国阳股份公司也成功上市;大同煤业、潞安环能、晋城蓝焰3家股份公司上市辅导工作基本结束。

2001年8月30日,山西省政府以晋政函〔2001〕296号文件批复同意组建山西焦煤公司;同意以西山煤电集团公司、汾西矿业集团公司、霍州煤电集团公司为主体,组建山西焦煤公司。2004年9月,山西焦煤重组山西焦化集团公司;2003年,以大同煤矿集团公司为核心,整合晋北地区市属地方国有煤炭生产和运销企业,重组了新的大同煤矿集团公司。依据国家实施的资源枯竭煤矿关闭破产政策,轩岗矿务局依法破产,由大同煤矿集团公司整体购并轩岗矿务局破产后的资产,重组为大同煤矿集团轩岗煤电公司。新组建的同煤集团公司在构建母子公司体制、建立现代企业制度,统一销售、强化企业内部管理,盘活存量资产、优化配置资源等方面发挥了积极作用。

山西省煤炭运销总公司、山西省煤炭进出口集团公司紧紧围绕做实做强目标,加大收购兼并、联合改造地方煤矿的力度。山西省煤炭运销总公司收购、参股控股地方煤矿8个,经过改扩建之后,生产能力由270万吨/年提高到840万吨/年,新增570万吨,煤炭运销企业经营方式由流通型向实体型加快转变;地方煤矿企业通过联合改造和大公司、大集团的收购兼并,经营规模和竞争实力进一步增强,其中兰花实业、沁新煤焦、离柳焦煤、三元煤业、经坊煤业等一批区域性地方煤炭企业集团公司初具规模,并且进入了2004年全国煤炭百强企业之列,逐步成长壮大。

(6)大力开展科技攻关和技术创新活动

通过煤炭企业积极研发地质勘探、设计施工、煤机制造等领域的新技

术和不断吸收、消化国内外先进技术，推陈出新，先后取得了一批科技成果。1998～2001年全省煤炭行业共有65项被评为省部级科技进步奖，其中获省部级特等奖2项，一等奖2项，二等奖43项，三等奖18项。大同、西山、潞安、晋城等国有重点煤炭企业连续两年被评为全国煤炭行业"科技进步十佳企业"。煤矿采掘机械化程度不断提高，到2001年国有重点煤矿采掘机械化程度分别达到98.2%和88.9%，其中综采机械化程度为89.32%，综掘机械化程度为42.9%，处于全国领先水平。

（7）推进依法办矿，依法管理

2001年3月1日，《山西省煤炭管理条例》正式实施，标志着山西煤炭行业管理步入法制化轨道。紧接着又相继出台了《山西省煤炭生产许可证管理制度》《关于对全省煤矿煤炭生产许可证进行全面管理整顿并进一步加强审查和监督管理的决定》《关于省直有关部门和社会团体（公司）开办的煤矿企业实行"属地管理"有关事项的通知》和山西省人民政府办公厅《关于严格开办煤矿和矿井改扩建审批的通知》，规范了煤炭生产许可证的管理，明确了新建、改扩建矿井的审批权限和条件。同时坚持"能力置换原则"，鼓励发展30万吨/年以上规模矿井，关闭9万吨/年以下小煤矿，从根本上解决小煤矿过多、事故频发的状况。2004年，全省百万吨死亡率首次降到1以下，低于全国平均水平2.12个百分点。

（8）加快发展煤矸石综合利用

1984年，国务院批复国家计委、煤炭部《关于发展煤矸石发电问题的报告》，山西的煤矸石发电项目陆续上马。1990年，全省煤矸石综合利用项目年处理煤矸石283万吨，占当年排放量的28.5%；2000年利用矸石600万吨，2005年为1192万吨；建成煤矸石、中煤和煤层气电厂52座，总装机容量超过3300兆瓦，年发电量190亿千瓦时，年消耗煤矸石等低热值燃料3500万吨；建成煤矸石砖厂21座，生产能力约16亿块/年，年消耗煤矸石和粉煤灰1000万吨。

（9）加快发展煤炭洗选产业

1978年改革开放后，山西开始加快发展煤炭洗选产业。1985年，山西入洗原煤520万吨，1995年达5297万吨，10年增长10倍。随着国家要求煤矿配套建设洗煤厂政策的进一步推进，2004年，全省在建选煤厂34座，设计能力7250万吨/年，其中设计能力在120万吨/年及以上的大型、特大型选煤厂23座，建设规模6850万吨/年。随着华晋焦煤沙曲煤矿150万吨/年、煤气化东河煤矿90万吨/年、沁新煤业60万吨/年等一批重点洗选项目的建成投产，新增煤炭洗选能力600万吨/年以上。到2004年底，全省洗（选）煤厂已达800余座，煤炭洗选能力近3亿吨，原煤入洗（选）率由1999年的33%提高到56%，其中国有重点煤炭企业提高到90%。

（10）加快发展煤化工产业

1981年8月，煤炭工业部与山西省人民政府合营的全国第一个煤炭综合利用大型联合企业——太原煤炭气化公司在太原成立。1984年12月该公司焦化厂建成投产，成为涵盖煤炭生产、洗选、焦化、城市供气、煤化工、输气管线、煤气灶具仪表产业的联合企业，开创了全国煤炭企业向煤焦（气）化产业延伸的先河；1998年，山西兰花煤炭实业集团接收晋城市第一化肥厂，并改制为兰花科创股份公司化肥分公司，实施4万吨合成氨、6万吨尿素技术改造，成为晋东南地区第一家尿素生产企业；2003年8月，晋城无烟煤矿业集团与山西丰喜肥业集团合作成立山西晋丰煤化工有限责任公司，开始实施在国内并购煤化工企业，加大投资力度开发煤化工产业；同煤集团、潞安集团、焦煤集团、阳煤集团也先后兼并化工企业和上新的化工项目，到2005年，全省煤（焦）化工产业建设取得了新进展，主要化工产品有焦炭、尿素、甲醇、煤焦油、苯、活性炭、煤气、聚乙烯醇、丁二醇、过氧化氢、三聚氰胺、包膜尿素、BB肥等。同时，国有重点煤炭企业集团规划建设的14个循环经济园区167个项目落地开发。

1997~2004年这一阶段，山西煤炭行业按照"建设新型能源和工业基

地"的战略部署,积极应对市场变化,坚持以传统产业新型化、新型产业规模化,全面提高煤炭产业发展水平为目标。在采煤方法改革、关闭淘汰落后、资源整合、关小建大、整顿调整等方面狠下功夫,促进煤矿安全生产的稳定好转和煤炭经济增长方式的转变。

煤炭产销结构进一步优化。煤矿数量从历史高峰10971座减少到4389座,原煤产量从3.3亿吨增长到4.96亿吨,占全国煤炭总产量的25%,其中国有重点和地方国有煤矿产量比重占到全省煤炭产量的63.01%,比2003年的59.44%提高了近4个百分点,乡镇煤矿产量比重占36.99%,比2003年下降了3.54个百分点;外调量从1.93亿吨增长到3.55亿吨,占全国煤炭净调出量的70%以上;煤炭出口4397万吨,占全国煤炭出口总量的52.35%。

矿井规模不断扩大。2004年底9万吨/年以上的矿井占全省地方煤矿总数的60.90%,比2003年提高了37.6个百分点,有1245个9万吨以下矿井能力提升到9万吨/年以上。大中型矿井建设加快,2004年底,全省煤炭行业矿井建设244对,建设规模15237万吨/年,设计能力在120万吨/年及以上的大型、特大型矿井28对,建设规模为8820万吨/年。华晋焦煤有限公司沙曲矿井300万吨/年等一批重点项目已建成投产,新增煤炭生产能力1000万吨/年以上。

煤炭价格回升,效益提高。国有重点煤炭企业吨煤综合平均售价226.68元(不含增值税),同比提高51.63元。效益大幅度提高,全省煤炭销售收入累计完成1189.58亿元(含税),同比增加402.35亿元,增幅为51.11%;全省煤炭行业上缴税收175.42亿元,占全省税收的37%。职工收入增加,国有重点煤炭企业在岗职工人均年收入为20566元,同比增加5106元,增幅为33.02%(不含平朔、太原煤气化)。

非煤产业快速发展。国有重点煤矿非煤产业完成生产经营总额超过100亿元,同比增长17%;实现利润1亿元,同比增长40%,比2000年翻了一番。

煤矿安全保障能力提高。2004年,全行业认真贯彻国家煤矿安全生产

20条规定和山西省深化煤矿安全专项整治的16条措施，努力构建煤矿安全长效机制，推进全省煤矿安全整治向深化、巩固、提高转变。2004年底，全省建立瓦斯监测监控系统的煤矿达到3418个，占应建煤矿的86.10%，其中，临汾、长治、太原三个市100%。同时，加强对瓦斯监测监控人员的培训，省市两级陆续举办了30多期培训班共3000多人，保证了瓦斯监测监控系统网络的有效运转，防范方式以人防为主向技防为主转变；组织各级煤炭纠察队出动近万人次，逐个对应关未关煤矿和已关闭煤矿进行拉网式安全大排查，严厉打击非法生产，关闭了不具备基本安全生产条件的小煤矿97座，其中吊销事故煤矿3座；下发了《煤炭生产安全费用提取和使用管理办法》，进一步加大煤矿安全投入，安全形势逐年好转。

3.实施煤矿整合重组和煤炭工业可持续发展，全省煤矿生产进入机械化大矿时代

"十一五"初期，山西省按照科学发展观的总体要求，以科学发展观统领煤炭工业发展全局，按照国务院《关于促进煤炭工业健康发展若干意见》，以及《山西省"十一五"规划纲要》和建设山西新型能源和工业基地的战略部署，统筹煤炭工业与相关产业协调发展，统筹煤炭开采与资源环境协调发展，统筹矿区经济与地域经济协调发展，全面推进煤炭经济增长方式转变，全面推进煤炭工业转型发展、安全发展、和谐发展。下大气力提高煤矿机械化水平，实现地方煤矿由炮采向机采综采转变；下大气力提高产业集中度，实现由多、小、散、乱的粗放型向集团化集约型转变；下大气力提高核心竞争力，实现大型煤企向煤与煤电、煤化工等煤基多联产循环多元转变；下大气力提高行业贡献率，实现山西由煤炭大省向经济强省转变；下大气力把山西煤炭工业建设成为产业集中度高、技术装备水平高、资源回收率高、加工转化能力高、安全保障水平高和环境保护好，成为全省乃至全国"五高一好"的强势行业。

这一时期,正是煤炭供求偏紧,煤价上涨的"黄金十年期",更是整合重组、淘汰落后产能强度最大的时期,也是山西煤炭工业发展历程中脱胎换骨全面提质巨变的重要时期;是在全国煤炭工业改革发展中产生重大影响的时期,也是对推进全国煤炭工业改革发展起到重要示范带动作用的时期。

(1)率先在全国开展煤炭资源整合和有偿使用

山西省从1998年通过关井压产和2001年煤矿安全专项整治到2005年,全省煤矿总数已大幅减少,但由于历史原因,煤炭行业"多、小、散、乱"的格局仍然是制约全省煤炭产业规模发展和优化升级的"瓶颈"。煤炭生产中存在粗放经营、资源消耗高、浪费大、安全事故频发、矿山环境保护措施不到位、矿区生态环境恶化等问题。针对这些依然存在的突出问题,山西省委、省政府审时度势,2005年提出在全省推行煤炭资源整合和有偿使用,大力推动全省煤炭经济走上集约发展、循环发展、高效益发展和可持续发展的良性轨道。

山西开展煤炭资源整合和有偿使用工作起步较早。2004年4月,山西省人民政府下发《山西省人民政府关于继续深化煤矿安全整治的决定》,就提出对现有煤矿进行"资源整合,能力置换,关小建大,有偿使用"的原则和意见。同年5月,省政府就把临汾市作为资源整合和有偿出让的试点,临汾的实践为2005年全面推进全省资源整合和有偿使用工作积累了经验。

2005年6月,山西省政府结合本省实际,按照国务院在山西进行的煤炭工业可持续发展试点政策研究的精神和《国务院关于促进煤炭工业健康发展的若干意见》,以及临汾试点实践,下发了《山西省人民政府关于煤炭企业资源整合和有偿使用的意见》(晋政发〔2005〕20号)。8月,省国土资源厅、省煤炭工业局、山西煤矿安全监察局共同制定出台了《山西省推进煤炭资源整合和有偿使用实施方案》。该方案对资源整合和有偿使用工作的指导思想、基本原则、实施范围、工作方式、目标任务、方法步骤、时间安排等提出了具体的实施办法。

指导思想：按照科学发展观的要求，以"建设大型煤炭基地、大型煤炭企业集团、高标准现代化矿井"为重点，以"资源整合关小上大、能力置换、联合改造、淘汰落后、优化结构"为方针，通过"政府引导、部门配合、科学规划、龙头带动"的方法，推进煤炭企业资源整合和有偿使用，切实做到合理利用和有效保护资源；通过对煤炭资源实行有偿使用或资本化管理，切实维护矿产资源国家所有权益和实现资源价值，切实保护采矿权人、投资者、农村集体、农民的既得利益，并有效解决新旧采矿权双轨制问题，理顺采矿权与经营权的关系，从而促进煤炭产业持续、健康、稳定发展。

基本原则：科学规划的原则、关小改中上大的原则、有偿出让和市场配置资源的原则、明晰产权的原则及有效保护资源原则。

主要目标：省政府确定了"11396"控制指标，即：新增资源面积、新增生产能力均不得超过原矿区总面积和原生产总能力的10%，煤矿数量要减少30%以上，重点产煤县生产能力在9万吨/年以下的小型煤矿全部淘汰，实施资源整合后矿井资源回收率必须达到60%以上。

到2010年，大型煤炭基地内的小型煤矿数量减少70%，全省30万吨/年以上矿井煤炭产量占到总产量的90%以上，全省要形成2个亿吨级生产能力的特大型煤炭企业集团、1～3个5000万吨级以上生产能力的大型煤矿企业集团。

到2015年所有小型煤矿全部淘汰，全省煤矿个数控制在2000个以内。全省煤矿全部实现资源有偿使用，建立产权归属明晰的现代企业制度进度。

时间要求：2006年6月底前，要完成首批60个主要产煤县（市）资源整合和有偿使用方案的编制、报送及审批工作；2006年底全省煤炭资源整合和有偿使用工作全面完成。

范围和方式：资源整合以县（市）现保留的矿井为基础，通过煤矿之间合并井田、联合改造，以及对已关闭矿井的剩余资源、零星边角资源进行

整合,提高单井生产能力和技术水平,并按照现代企业制度的要求,明晰产权关系;鼓励省内国有重点煤炭企业、地方国有骨干煤矿和其他大中型煤炭深加工企业对地方中小煤矿实施联营、兼并、参股、控股、收购,并进行改造及资源整合,实现低成本扩张,组建大型煤炭企业集团;同时规定对于重点产煤县年生产能力不达30万吨的单座煤矿不允许增层、扩界;在山西境内,经省煤炭资源整合和有偿使用工作领导组办公室核准予以保留的煤矿,属于有偿使用范围,对其已占用资源及所整合资源主要以变现方式征收采矿权价款,进行采矿权有偿出让,实现资源由无偿到有偿的根本性转变。

2005年8月8日,省政府在太原召开了"全省推进煤炭资源整合和有偿使用工作会议",全面开始在全省开展煤炭资源整合和有偿使用工作。省政府成立了"山西省煤炭资源整合和有偿使用工作领导组"及领导组办公室。领导组办公室设在省国土资源厅,由省国土厅、省煤炭局、山西煤监局组成。会议强调,决不能吃祖宗饭、断子孙路,决不能允许煤矿开采"多、小、散、乱"的格局继续下去,必须走资源整合和规模集约化生产的道路;要求各市严格掌握和完成省政府确定的"11396"控制指标。会后,各市、县都成立了煤炭资源整合和有偿使用工作领导组及办公室,大力推进煤炭资源整合和有偿使用工作;2006年2月,省政府公布了《山西省煤炭资源整合和有偿使用办法》(省政府第187号令),进一步规范全省煤炭资源整合和有偿使用,提高依法行政水平,确保了煤炭资源整合和有偿使用工作扎实有序地进行。

经过一年多的努力,全省资源整合和有偿使用工作取得了显著成效。到2006年底,全省60个主要产煤县和31个非主要产煤县(市)的《煤炭资源整合和有偿使用工作方案》,全部经省煤炭资源整合和有偿使用工作领导组批准,并由"省整合办"下发了核准意见。通过实施资源整合和关闭淘汰,全省由整合前的4389座煤矿(井)最终保留3026座煤矿(井),其中单独保留煤矿(井)2318座和整合保留煤矿708座,共整合压减和关闭淘汰1363对矿井,全省压减矿井比例达到了31%;整合后矿区总面积6829平方公里,规划总生产能力59459万吨/年,分别较整合前增加5.5%和1%;主要产煤县不再保留年生产能力9万吨以下的煤矿,非主要产煤县不再保留年生产能力3万吨及以下的煤矿,完成了省政府确定的"11396"工作目标。

采矿权价款征收取得历史性突破,矿产资源国家所有权益得到具体体现。2006年底,全省11个市已对2622座保留煤矿征收了采矿权价款,累计入库203.74亿元,其中2006年入库167.03亿元,2005年入库28.26亿元,2004年入库8.44亿元。

换发"四证"工作顺利推进。省整合办于2006年4月3日下发了《关于对煤炭资源整合和有偿使用工作中换发、颁发煤矿证照有关问题的通知》,对采矿许可证、煤炭生产许可证、安全生产许可证、营业执照四证的换证范围、方法、程序、资料时限等作出了明确要求。到2006年底,全省单独保留煤矿已换发采矿许可证1230座,整合煤矿已划定矿区范围400座,全省煤炭资源整合和有偿使用工作不断深入发展。

全省煤炭资源整合和有偿使用工作虽然取得明显成效,煤炭企业"多、小、散"的局面得到进一步改观。但整合后全省尚有煤矿3000余座,其中30万吨以下煤矿仍有2000余座,占到60%多;大矿中开小矿、开采煤层上下重叠、超层越界的问题还很突出,离集约发展、内涵发展、综合高效发展的目标还有很大差距。因此,全省在继续推进煤炭资源整合和有偿使用工作的同时,进一步开展以兼并、联合、重组为主要方式深化煤炭资源整合,实施大集团战略。支持全省五大煤炭集团、重点煤矿对本矿区内和周边中小煤矿就地兼并重组,恢复资源的整体性;引导煤矿企业与煤炭深加工企业联营、联合,延伸煤焦化、煤电化、煤电冶等产业链,实现煤炭资源一体化开发,提高资源利用率;鼓励重点产煤县的重点煤炭加工转化项目整合一定区域内的中小煤矿和资源,加快现阶段资源整合和有偿使用工

作的推进力度。按照《国务院关于同意深化煤炭资源整合有偿使用制度改革试点实施方案的批复意见》，从2007年4月起，全面启动全省近200座国有统配煤矿和市营以上煤矿的有偿使用。

（2）率先在全国实施煤炭工业可持续发展试点

山西煤炭资源丰富，对全省经济发展的贡献高居各行业之首，但同时，由于长时间、大规模、超强度开采，也显现出煤炭资源过度消耗和损失浪费严重、经济增长方式粗放、经济结构单一、生态环境承载力弱、转型困难等矛盾和问题。2006年4月19日，国务院133次常务会议决定在山西省开展煤炭工业可持续发展政策措施试点工作。国函〔2006〕52号文件正式批复了《关于在山西省开展煤炭工业可持续发展政策措施试点的意见》，明确提出了试点工作的六大主要任务，即强化煤炭行业管理，完善煤矿安全生产机制，深化煤炭企业改革，推进资源市场化管理，建立煤炭开采综合补偿和生态环境恢复补偿机制，完善煤炭企业转产、煤炭城市转型发展长效机制，探索煤炭工业实现可持续发展的有效途径。

2007年2月，经国家发改委、财政部分别批复，省政府出台了《关于开展煤炭工业可持续发展政策措施试点工作的总体实施方案》，批准山西省从2007年3月1日起开征煤炭可持续发展基金，同时停征能源基地建设基金。4月2日，山西省委、省政府在太原隆重召开了山西省煤炭工业可持续发展政策措施试点动员大会。

国务院决定在山西省开展煤炭工业可持续发展试点这一"煤炭新政"，主要包含四项经济政策:征收煤炭可持续发展基金、有偿出让煤炭资源矿业权、提取矿山环境治理恢复保证金和提取煤矿转产发展基金。山西省人民政府第203号令公布了《山西省煤炭可持续发展基金征收管理办法》，从2007年3月1日起，山西对煤炭开采企业征收煤炭可持续发展基金。基金征收额=适用煤种征收标准×矿井核定产能规模调节系数×原煤产量。全省统一适用煤种征收标准为:动力煤5～15元/吨、无烟煤10～20元/

吨、焦煤15~20元/吨。根据基金使用分配方案,50%的基金用于跨区域生态环境治理,包括治理煤炭开采造成的水系破坏、大气污染、植被破坏、水土流失、生态退化及土地破坏和沉陷引起的地质灾害等;30%的基金用于资源型城市、产煤地区转型和重点接替产业发展支持,主要包括支持资源型城市和产煤地区的重要基础设施建设,以及符合国家产业政策要求的装备制造业、材料工业、旅游业、服务业、特色农业发展等;20%的基金用于解决因采煤引起的社会问题,包括分离企业办社会职能、棚户区改造以及与煤炭工业可持续发展关系密切的科技、教育、文化、卫生和社会保障等社会事业的发展问题。随着这一政策的实施,煤炭工业对全省经济社会的贡献将不断加大。

根据财政部《关于批复〈山西省煤炭可持续发展基金征收使用管理实施办法(试行)〉的函》的精神,山西省政府于2007年3月公布实施《山西省煤炭可持续发展基金征收管理办法》、10月下发了《山西省煤炭可持续发展基金分成入库与使用管理实施办法(试行)》。对煤炭可持续发展基金的征收组织、征收对象、征收标准、征收分成入库,以及征收监督检查都作了明确规定。确立了可持续发展基金征收管理的框架制度,建立了相互监督、相互制约"三位一体"的"管、征、查"征管组织体系。征收管理部门—省财政厅,负责基金试点的政策制定和征收管理;征收实施的主要部门—省地方税务局,负责基金的具体征收工作;征收实施的协助部门—中国(太原)煤炭交易中心、山西煤炭运销集团公司、山西省焦炭集团公司,分别协助查验或查验补征铁路、公路外销和炼焦用煤各环节基金的缴纳情况;征收稽查部门—省财政厅煤炭基金稽查局,负责对基金征收管理的全方位稽查。2007年3月至2011年12月底全省累计征收基金778.5亿元,煤炭基金稽查局追缴入库基金15.6亿元。

煤炭可持续发展基金使用按照"规划先行,统筹安排,分级管理,专款专用,国库集中支付"的原则管理。省财政部门负责基金收支预算管理,省

发改部门负责基金安排使用的综合平衡和投资计划管理，省政府相关行业、领域主管部门依据部门职责负责本行业、本领域项目的组织和实施。根据省发改委编制、省政府审定、省人大批准的煤炭可持续发展基金项目投资计划，执行并下达支出预算。2007年以来，省级煤炭可持续发展基金支出总预算483亿元，其中跨区域生态环境治理、转型转产发展和解决因采煤引起的社会问题三大投向累计安排404亿元。

从2007年10月至2011年12月，全省煤矿转产发展资金提取113亿元，使用21亿元；矿山环境恢复治理保证金共提取220亿元，使用110亿元，其中省属以上国有煤炭开采企业提取煤矿转产发展资金86亿元，使用17亿元；提取矿山环境保证金165亿元，使用95亿元。煤矿转产发展资金政策的实施，为企业的转产发展提供了资金保障，为企业跨行业发展创造了条件，增强了企业的市场竞争力和发展后劲；矿山环境恢复治理保证金政策的实施，为企业更好地履行社会责任创造了条件。同时，改变了长期以来，煤炭开采企业对生态环境的破坏全部由政府买单的不合理现象，减轻了政府投资治理生态环境的资金压力，初步取得了一定的经济效益和社会效益。

按照国务院《关于在山西省开展煤炭工业可持续发展政策措施试点的意见》，山西省制定出台了《山西省开展煤炭企业转产煤炭城市转型政策试点实施方案》《关于促进资源型城市可持续发展政策的实施意见》，编制实施了《山西省煤炭工业循环经济推进计划（2008～2012）》，形成了一整套科学发展、转型发展战略思路，构建起具有山西煤炭特色的循环经济发展模式。为了确保规划的全面落实，对全省煤炭工业循环经济发展的基础、面临的机遇与挑战进行了全面分析和论述，确定了发展煤炭循环经济的主要任务和重点建设项目，制定了推进计划实施的保障措施，并选择确定了发展煤炭循环经济园区作为实施重点，加快了建设步伐。全行业投资640亿元，建设了循环经济园区20个，全省煤炭循环经济园区初步形成，其中国有重点14个园区已成为煤炭工业新的经济增长点。14个园区分别是同煤集团塔山工业园区,焦煤集团古交煤电材、汾阳焦化、兴县工业园区,阳煤集团贵石沟和开发区工业园区,潞安集团屯留、高河、潞城、东古工业园区,晋煤集团寺河、成庄、赵庄、长平工业园区。具有代表性的同煤集团塔山工业园区、焦煤集团古交工业园区、阳煤集团贵石沟工业园区、潞安集团屯留工业园区、晋煤集团寺河工业园区已初具规模,成为煤炭工业转型发展的样板和新的经济增长点。焦煤集团古交循环经济园区古交电厂二期进入商业运行;阳煤集团煤层气综合利用工业园区5万吨煤层气液化项目开工建设;潞安产出了全省第一炉高纯度多晶硅,形成了垂直一体化全产业链条;同煤集团以"煤—甲醇—聚甲醛—聚甲醛产品""煤—甲醇—烯烃"两条产业链为主的煤化工园区建设加快;潞安、阳煤、晋煤集团的一批煤化工项目相继建成,潞安煤制油园区成为全国循环经济示范园区,潞安集团成为全国循环经济试点企业;山西煤运集团向生产销售、新型能源、多业并举的实体转型。煤炭循环经济园区典型示范作用和规模经济效益充分显现。园区经济的布局与循环经济的发展,推进了大批项目的建设。

建设了一批转型标杆项目。有现代煤化工、多晶硅、光伏产业等重点工程,有潞安180万吨煤基多联产、同煤40亿立方米煤制天然气项目。全行业已初步形成以肥、醇、炔、苯、焦油为主的煤化工产业链,煤制甲醇、煤制烯烃和煤制油等现代煤化工产业格局已经形成。全省煤炭企业控股焦炭产能5000万吨/年,合成氨和尿素、甲醇、二甲醚产能突破1500万吨/年,潞安、晋城2座煤基合成油示范项目建成投产,油品产能达26万吨/年。

推进了一批煤炭资源综合利用项目。2010年全行业已建成煤矸石、中煤和煤层气(瓦斯)电厂67座,装机规模587万千瓦,分别比"十五"期间增加56座和497万千瓦,增长5倍和6.5倍。年消耗煤矸石等低热值燃料1061万吨,发电利用瓦斯4.15亿立方米;建成煤矸石、粉煤灰水泥厂7座,形成

产能350万吨/年,年利用煤矸石、粉煤灰88万吨;建成煤矸石砖厂48座,全年产砖35.5亿标块,年利用煤矸石900万吨;粉煤灰砌块厂11座,全年产砖12亿标块,年利用粉煤灰236万吨;高岭土、铝矾土等与煤伴生资源的开发利用也初具规模。

促进了一批煤层气开发利用项目。"十一五"以来,全省煤矿煤层气(瓦斯)抽采总量达到了184.7亿立方米,利用量达到71.2亿立方米,形成地面年抽采能力18亿立方米。2011年,瓦斯抽采量达48.3亿立方米,同比增加30.1%,利用量20.7亿立方米,同比增加28.5%。晋城煤业集团建成全国最大的高浓度煤层气抽采利用基地和世界最大的煤层气发电厂,潞安集团建成全国首家低浓度瓦斯发电站。

发展了一批煤机制造项目。大型煤炭企业以采掘装备成套化为重点,加强与国内外企业合作,加快打造煤机产业基地进程。晋煤集团"煤机制造金匠园区项目"开工奠基,国内煤机装备制造业巨头三一重工与太原经济技术开发区签约投资10亿元建设山西煤机工业园,山西煤运集团与美国艾尔吉公司正在合作建设洗煤设备制造项目。山西煤炭进出口集团加强轮对项目研发,自主研发能力进一步提高。潞安环能集团与太矿集团合作,成功研制出2500千瓦世界最大功率采煤机,列入中国名牌行列,930千瓦、1800千瓦电牵引采煤机分别获全国煤炭十大科技新产品、国家重点新产品奖,成为煤炭企业结构调整、实现转型的范例。

有序推进煤炭现代高端服务业。山西煤炭学院筹建、山西煤炭职业技术学院和雁北煤校示范院校建设、中煤保险正式运营,以教育、物流、金融、保险等为主的现代服务体系正在形成;全省煤炭行业还通过并购、投资等途径,积极发展装备制造、汽车、交通运输、生物制药、房地产、现代物流、金融保险、旅游服务、生态农业等产业。

(3)率先在全国大规模推进煤炭资源整合、煤矿兼并重组

山西是我国产煤供煤大省,是国家能源重化工基地。中华人民共和国

成立以来，一直承载着保障国家能源供应和能源安全的任务。既要履行保障国家的能源稳定供应和确保安全生产的双重使命，还要承载不可再生资源的保护和矿区生态环境修复的历史重任。改革开放以来，山西多次对不符合产业政策的各类小煤矿进行关井压产、资源整合和安全整治，矿井数量大量减少，规模不断扩大，安全生产状况总体上趋向好转。但是由于受特定历史时期生产力发展水平制约和其他因素的影响，仍然存在一系列的问题。

第一，重组整合前山西煤炭工业存在问题

一是煤炭工业发展水平偏低。2008年，全省2598座煤矿中，30万吨以下的小煤矿占70.42%，其中15万吨及以下的小矿占59.08%，各类矿井平均单井规模只有33万吨，明显偏小；大集团、大公司占全省煤炭产量的比重不到50%，产业集中度偏低，稳定保障全国煤炭需求的能力不足；矿井布局散乱，小矿见缝插针，大矿无法施展，大量小煤矿多数采用落后的炮采方式，全省采煤综合机械化程度仅为24.8%。

二是资源浪费、生态环境破坏严重。小煤矿的资源回采率只有15%左右，2008年，全省煤矿采空区面积超过5000平方公里，每年新增塌陷区面积近百平方公里；煤矸石堆存量超过11亿吨，占地已近1.6万公顷；粗放采煤严重破坏地下水资源，导致全省1678个村庄81万多人吃水困难，小煤矿的粗放开采甚至掠夺式开采，对生态环境造成了严重的破坏。

三是重特大事故频发。煤矿重组整合前，山西煤矿每年发生死亡10人以上的重特大事故13起左右，几乎都发生在中小煤矿。2007年，全省乡镇煤矿的事故死亡人数占到全省煤矿死亡人数的70%，百万吨死亡率是国有重点煤矿的17.8倍。2008年，虽然全省进一步加大了对中小煤矿督查和隐患排查力度，但全省乡镇煤矿的事故死亡人数仍占到全省煤矿死亡人数的61.09%，百万吨死亡率是国有重点煤矿的7.25倍。

四是滋生腐败，腐蚀干部，严重损坏山西形象。"多、小、散、乱、差"的

煤炭产业发展模式,导致大量小煤矿和非法"黑口子"的存在,既腐蚀了一些党性、意志不坚定的干部,又使管理部门很难准确掌握全省煤炭的实际产量,导致税费流失严重。据有关部门统计,那几年仅税费一项全省就少征收100多亿。很多小煤矿少投入甚至不进行安全投入,安全基础薄弱,安全保障能力差,安全生产事故频发。这些年,每发生一次重特大安全事故,我省要处理五六十名干部,严重影响干部队伍稳定,进而影响全省经济社会发展及和谐稳定。

煤炭在山西既是产业问题、经济问题,又是社会问题、民生问题,同时还关系到全国能源供应和能源安全。山西省委、省政府面对全省煤矿"多、小、散、乱、差"和资源浪费、环境恶化、重特大事故频发、滋生腐败等严重问题,按照党的十七大精神和学习实践科学发展观的要求,按照国务院批准山西进行煤炭工业可持续发展政策措施试点的要求,按照国务院安委办《关于制定煤炭整顿关闭工作三年规划的指导意见》(安委办〔2006〕19号)提出的"争取用三年左右时间,基本解决小煤矿发展过程中存在的数量多、规模小、办矿水平和安全保障能力低、破坏和浪费资源严重、事故多发等突出问题"的要求,按照国家14部委出台的《关于深化煤矿整顿关闭工作的指导意见》,进一步提出的"小煤矿淘汰关闭一批、资源整合扩能改造一批、大集团兼并重组一批"的要求,按照国务院《关于促进煤炭工业健康发展的若干意见》中关于坚持发展先进生产能力和淘汰落后生产能力相结合的要求,依据国家煤炭产业政策,结合山西煤炭行业存在的突出问题,痛定思痛,立足省情,顺应民意,以壮士断腕的决心和勇气,在全国率先全面开展了大规模的煤炭资源整合和煤矿兼并重组。

2008年9月,山西省政府出台了《关于加快推进煤矿企业兼并重组的实施意见》,2009年初,山西省政府下发了《关于进一步加快推进煤矿企业兼并重组整合有关问题的通知》(晋政发〔2009〕10号),全省新一轮煤炭资源整合、企业兼并重组进入了实施阶段。

第二,煤矿重组整合的原则、措施

一是理清思路、确定原则,确保兼并重组整合健康有序推进。重组整合工作的总体思路是:按照"总量适度、优化布局、改善结构、提升水平"和"关小上大、产能置换、有序建设"的原则,通过大型煤矿企业兼并重组中、小煤矿,形成以大型煤矿企业为主的办矿体制;通过科学整合,合理布局,关小建大,扩大单井规模,提高煤矿安全保障程度,提升煤矿整体开发水平。在重组整合工作中,始终注意把握的四个原则是:坚持政府协调指导和市场作用发挥相结合;坚持煤矿企业重组整合与煤炭开采秩序治理整顿相结合;坚持上大改中与关小和淘汰落后产能相结合;注重发挥省内外国有大企业作用与注重发挥民营骨干企业作用相结合。

二是科学规划,明晰目标,确保兼并重组整合符合国家煤炭产业政策要求。根据国家在山西省建设晋北、晋中、晋东三个大型煤炭基地和18个矿区的总体规划,结合全省煤炭资源赋存、矿井布局、企业结构等情况,制订了《煤矿企业重组整合总体规划》;参照国家拟出台的《开办煤矿企业准入管理暂行规定》中晋陕蒙地区现有煤矿企业的准入条件规定,拟定了山西省煤矿重组整合的预期目标是:重组整合后全省保留1000座矿井,90万吨/年以上矿井要达到70%以上,且全部实现以综采为主的机械化开采;煤矿企业规模原则上不低于300万吨/年,实现山西煤炭工业的跨越发展。

三是扶优汰劣,因地制宜,确保兼并重组整合符合煤炭工业先进生产力发展方向。按照国家的煤炭产业政策要求,结合全省大型煤矿企业的资本、人才、技术、管理等优势,以先进生产力标准和建立现代企业制度为目标,提出了重组整合的办矿主体:①大力支持大同煤矿集团、山西焦煤集团、阳泉煤业集团、潞安矿业集团、晋城无烟煤集团和中煤平朔公司等大型煤炭生产企业作为主体,兼并重组中小煤矿,控股办大矿,建立煤炭旗舰企业,实现规模经营;②允许山西煤炭运销集团公司、山西煤炭进出口集团公司等省属煤炭生产经营企业作为主体兼并重组整合地方中小煤

矿,建立煤源基地;③具备一定生产规划的地方骨干煤矿企业在市人民政府申报,经省人民政府批准后,也可以作为主体,兼并重组相邻中小煤矿;④鼓励电力、冶金、化工等与煤炭行业相关联的大型企业以入股的方式参与煤矿企业兼并重组。

四是明确整合模式,兼顾各方利益,确保重组整合工作和谐推进。明确了以市、县(区)为单位,以资源为基础,以资产为纽带,以股份制为主要形式,通过企业并购、协议转让、联合重组、控股参股等多种方式,由大型煤炭生产企业兼并重组中小煤矿,国有企业之间的兼并重组,采用资产划转的方式;非国有之间或非国有与国有之间煤矿企业的兼并重组采用资源、资产评估作价入股或补偿退还;资产处置坚持依法评估、协商协调;采矿权价款补偿在退还企业剩余资源量采矿权价款的同时,再给予经济补偿,做到了被兼并煤矿、当地群众、整合主体、地方政府都满意。

五是围绕目标、因势利导、排难而进,确保兼并重组整合顺利推进。省委、省政府对煤矿企业兼并重组整合工作高度重视,始终把宣传发动、统一思想贯穿整个工作的全过程。多次分片区召开推进会、方案对接会,加强指导、积极引导;多次召开专题会议,研究全省煤矿兼并重组整合工作的目标、思路、措施,并进行动员安排部署;多次召开各市市长和各大集团负责人会议,听取汇报,督促推进,协调解决重组整合工作中出现的困难和问题;利用各种媒体反复宣传国家煤炭产业政策,科学发展观要求,煤矿企业兼并重组整合的重大意义、政策措施,为顺利推进兼并重组整合工作创造了良好的舆论环境和社会氛围。

六是强化组织领导,明确责任主体,确保兼并重组整合工作按期完成。省政府成立了省长任组长、副省长任副组长,省煤炭、发改委、国土、财政、国资、监察、工商、环保、煤监等部门为成员单位的领导组。领导组办公室设在省煤炭厅,并明确了各市(县)人民政府是兼并重组整合的责任主体,负责本行政区域内煤矿企业兼并重组整合;企业是推进实施的主体,要在各级党委和政府的领导下,积极主动地推进和实施;在煤矿兼并重组整合工作中,省煤矿企业兼并重组整合工作领导组主要是制定政策措施,搞好服务协调。领导组及办公室坚持从原则、目标、政策层面进行审查各市的兼并重组整合方案。省领导组各成员单位实行集中受理,联合办公,按照制定的审批工作流程图,简化审批办理程序,层层落实责任,限时办结。

七是完善配套政策,确保煤矿兼并重组整合规范实施。①明确了参与兼并重组企业的范围。参与兼并重组的煤矿企业包括山西省境内现有的各种所有制煤矿企业,也包括中央在晋和省外的煤矿企业;②明确了新增资源的范围。兼并重组整合的煤矿企业以原煤矿井田边界为界,上、下组煤统一考虑。兼并重组煤矿之间的夹缝资源和零星边角资源及关闭矿井的可利用资源参与整合;③明确了保障地方合理既得利益的政策。力求做到被兼并煤矿、当地群众、整合主体、地方政府等各方满意。明确兼并重组后的煤矿企业要在被兼并企业当地注册设立子公司。不仅税收、费用等上缴渠道不变,另外还要承担相应的社会责任,继续按照工业反哺农业、以煤补农的方针,支持当地新农村建设和公益性事业;④明确了必须高度重视生态环境治理。涉及自然保护区、森林公园、风景名胜区、重点泉域的,一律不新增资源、不扩生产能力、更不布置新井;兼并重组后矿井的整合改造要严格执行建设项目与环境保护"三同时"的规定;⑤明确了兼并重组后煤矿企业资源采矿权价款的处置意见。省政府以晋政办发〔2008〕83号文下发了《关于煤矿企业兼并重组所涉及资源采矿权价款处置办法》,对兼并重组整合涉及的资源采矿权价款处置提出了明确意见。

八是加强监管,纪检、监察部门全过程参与,全过程监督,确保阳光操作。实施推进煤矿企业兼并重组整合是山西煤炭行业的重新洗牌,是利益格局的一次重大调整。为了预防腐败行为发生,创造一个公开透明的工作环境,纪检、监察部门及煤焦领域反腐败专项斗争办公室对煤矿企业兼并重组整合工作实行了全过程参与。加强了监督检查,并结合我省煤矿重组

整合工作实际,先后出台了《关于开展煤矿企业兼并重组整合工作专项监督检查的通知》《关于在煤矿企业兼并重组整合工作中加强纪律约束防止发生违纪问题的若干规定》《关于对我省煤矿企业兼并重组整合工作进行监督检查的通知》等,有效地遏制了"打招呼、找关系、走后门"等现象,形成了风清气正的良好工作氛围。

通过煤矿重组整合,山西煤矿"多、小、散、乱、差"的产业格局发生了根本性转变,全省煤炭工业发生了质的飞跃,进入了一个全新的"大矿"时代。煤炭工业规模化、机械化、信息化、现代化水平明显提高,为全省经济结构调整、转型跨越发展起了主导带动作用、示范带头作用和基础支撑作用。

第三,煤矿重组整合的作用

一是产业水平明显提升。矿井数由2008年底的2598座压减到1053座,70%的矿井规模达到90万吨/年以上,30万吨/年以下的小煤矿全部淘汰,平均单井规模由30万吨/年提升到100万吨/年以上,保留矿井全部实现机械化开采。

二是产业集中度明显提高。办矿主体由2200多家减少到了131家,单独保留38座矿井,形成4个年生产能力亿吨级和3个5000万吨级以上的煤矿企业。

三是办矿机制明显优化。形成了以股份制为主要形式,国有民营并存的以现代企业制度运行的办矿格局,其中:国有企业办矿占20%、民营企业办矿占30%、混合所有制的股份制企业办矿占50%。

四是矿业秩序明显好转。通过重组整合,关闭淘汰近1500处矿井,矿井压减比例60%,30万吨/年以下的小煤矿全部淘汰,不具备办矿能力的企业全部退出,办矿的主体企业更加健康,煤矿"多、小、散、低"格局得以根治。通过科学规划,按照"上下组煤要统一考虑、整合煤矿周边不宜新设矿业权的零星边角资源、深部资源优先配置给整合主体煤矿"等原则合理配置资源,彻底解决了"楼中楼"和大矿矿区范围内存在小矿的问题。资源配置进一步优化,矿业权设置、矿井布局更趋合理,资源回收率进一步提高,矿业开发秩序明显好转,实现了资源的有序、集约高效开采。

五是煤炭资源回收率大幅提高。所有矿井实现了机械化开采,彻底改变了小煤矿采厚丢薄、吃肥弃瘦,只掘不采或以掘代采,破坏、浪费、丢失资源的状况,保护了煤炭资源,实现了资源的集约高效开采。

六是安全保障能力明显增强。重组整合煤矿通过建设改造,机械化、信息化水平得到大幅度提升,安全保障能力大幅提高,煤矿事故起数、死亡人数、煤炭百万吨死亡率重组整合前的2008年为117起、275人、0.423,重组整合后的2011年为54起、74人、0.085,2018年为28起、30人、0.033,全省煤矿安全生产形势持续明显好转,从根本上提高了安全生产水平。

七是可持续发展能力明显增强。全省煤炭资源回收率和循环利用率、原煤洗选加工率、主要污染源治理达标率、煤层气(瓦斯)抽采和利用量都得到显著提高。

八是行业贡献率大幅提高。2010年,煤炭销售收入5441亿元,比上年增长44.48%,比2005年增加3706亿元,增长2倍多;煤炭工业增加值2400亿元,比上年增长45.28%,比2005年增长2.5倍。煤炭工业增加值占全省工业增加值的比重达到55.8%,比2005年增加17个百分点;全年利税实现1136亿元,比上年增长35.24%,比2005年增加784亿元,增长2倍。上缴税费816亿元,比上年增加224亿元,增长37.84%,比2005年增加623亿元,增长3倍多,上缴税费占全省财政收入的比重达到45.08%,比2005年增加20个百分点。

全省煤矿企业兼并重组整合工作之所以取得重大成果,关键在于:一是在决策部署上符合中央加快转变发展方式的要求和山西省总体发展战略;二是在推进时机上抓住了国际金融危机倒逼机制带来的机遇,迎难而上;三是在组织领导上责任明确,形成了工作合力。坚持把市县党委、政府作为组织领导的主体,把企业作为推进实施的主体,调动了两个方面的积极性;四是在具体操作上讲究政策和方法。坚持以先进生产力的标准和现

代企业制度的理念推进，坚持用具体明确的政策来指导；五是整体效果上努力做到兼并方、整合主体、地方政府、当地老百姓四个满意；六是舆论引导上积极应对，把握得当，及时正面引导，努力营造良好的社会环境。

全省煤矿企业兼并重组整合工作得到了党中央和国务院的充分肯定。2009年12月4～5日，习近平、李克强、刘云山、李源潮、吴邦国、温家宝、贾庆林等7位中央领导同志分别做了重要批示，对山西煤炭资源整合煤矿兼并重组工作给予充分肯定；国务院副总理马凯（时任国务委员、国务院秘书长）在十一届全国人大第三次代表大会期间与山西代表团座谈时，将山西省煤矿企业兼并重组整合效果高度概括为"四个保护"（即保护国家的煤炭资源，保护人民生命财产安全，保护生态环境，保护了干部），给予了高度评价；原国家发展改革委副主任、国家能源局局长张国宝高度赞扬山西省委、省政府推动煤炭资源整合、煤矿兼并重组是壮士断腕之举；国家发改委、国家能源局和山西省政府在京举办了新闻通气会，向国内60余家媒体全面通报山西省煤炭资源整合、煤矿兼并重组工作成果，宣传山西省的经验做法；2011年，国务院总理温家宝视察山西时指出："山西近几年煤炭资源整合、煤矿兼并重组取得重大成果，这不仅对资源的合理开发利用、对环境保护具有重要意义，而且对促进安全生产发挥了重要作用。"

（4）以标准建设为抓手，提升煤矿管理水平

根据兼并重组后的实际情况，山西开始大力实施标准化管理。从2012～2015年，省煤炭工业厅出台了《山西省煤矿管理标准》《山西省煤矿现代化煤矿矿井标准》《山西省煤矿办矿企业标准》《山西省煤矿建设标准》《山西省煤矿建设施工管理标准》《山西省煤矿企业安全质量标准化标准》等"六个标准"，规范了煤矿安全、建设生产、经营管理等方面的要求，通过严格核查，严把投产验收关口，促进全省煤矿管理面貌发生了根本变化。

在生产技术管理方面，先后出台了关于水力开采、储量和回采率、露天煤矿、配采、特殊条件开采、生产布局、煤矿图纸交换等一系列管理办

法、制度、规定。从矿井开拓部署、采掘布局、系统优化、新技术应用、能力管理、生产组织、采煤方法、开采条件、回采率管理、监督检查等方面做出了明确规定，为我省进一步加强煤炭生产管理、技术装备水平更新、提高资源回收率、保证安全生产奠定了基础。

（5）一方有难，八方支援，奋力抗击冰雪灾害

2008年1月，我国南方地区出现低温雨雪冰冻灾害，这场灾害来势凶猛，范围大、时间长、危害严重。1月中旬，大面积低温雨雪冰冻气候持续恶化，沪昆线中断，湘黔、京广、焦柳线一度中断，造成大量客货列车受阻，京沪、京九线也运输不畅，大量旅客滞留在公路、铁路途中。华中、华东、西南很多输电线路因覆冰倒塔、断线，电力设施损坏，故障频繁、连续跳闸，主网架遭破坏，最严重的是贵州、湖南、江西、广东、广西、湖北等省，其中贵州电网解列为三片运行，湖南郴州、江西赣州、广西桂林与主网解列运行，个别地区全部停电。灾区群众生活、重点行业、铁路交通、通信等用电受到严重影响。本来就十分紧张的电煤更是雪上加霜，全国电煤库存急剧下降，1月下旬直供电网平均库存只够7～8天（正常水平这时应维持13～15天），全国存煤低于警戒线3天的电厂有90多个，国家电网范围内缺煤停机2200多万千瓦，南方电网范围内缺煤停机1200多万千瓦，17个省市出现了拉闸限电和大面积停电。在这严峻时刻，胡锦涛总书记亲赴大同、秦皇岛考察煤炭生产和运输供应问题。1月28日，国务院成立了煤电油运和抢险抗灾应急指挥中心，协调解决煤电油运和抢险抗灾重大问题。山西省作为煤炭大省，义不容辞地承担了多产煤、多供煤的任务。当时正值春节期间，山西省的国有重点煤矿和中央在晋煤炭企业，113个生产矿井中除了11个中小型矿井，因大雪封山封路存煤较多，按法定假日放假检修外，其余都坚持正常组织生产。全省地方234座年产30万吨以上的地方煤矿中，节日期间有65个正常生产，其余春节后立即复产。全省地方煤矿复产时间平均比以往提前20天左右。2008年2月1～25日，山西省日均产煤为111万吨，比

上年同期增加36.4万吨,增长49%,比1月份日均增长34.8%。

按照胡锦涛总书记来山西考察时的指示精神,省委、省政府提出在支援抗灾救灾保电煤期间,山西省煤炭铁路运输日装车不少于18000车。加强煤矿、铁路及电力企业协调、沟通,及时组织装车,快装快运;充分利用春节期间客运减少的空隙突装突运电煤;对70户重点电厂的告急用煤,优先抢装抢运。根据电煤计划合同和2月份新增的重点电煤计划,及时安排电煤铁路新增量120万吨、合同计划提前执行200万吨,共比原计划量增加了320万吨。电煤补充计划随到随批,快速审批,1~25日,共办理电煤补充计划800多万吨。1~25日,全省通过铁路外运煤炭3140万吨,同比增加229万吨,增幅7.90%,合同兑现率为122%,比同期日均增加9.2万吨,比上月日均增加16万吨,其中电煤2177万吨,同比增加631万吨,合同兑现率为117%。对灾情较重的浙江、安徽、江西、湖南、湖北五省累计发运电煤365万吨,完成月均发运计划299万吨的121.8%,超过月均合同发运计划进度141.2%,山西省北部供华北地区京津唐重点电厂月度重点合同已于本月15日基本兑现,截至25日实际发运136.8万吨(月均合同85.5万吨)。

响应国家一方有难、八方支援的号召,对本不由山西省供应的贵州、重庆、广西等省区的电煤供应予以大力支持。截至本月25日,山西省焦煤集团向贵州省电煤紧缺的4个电厂(国电贵阳、国电凯里、华电清镇、华电大龙)抢运电煤1321车,共8.6万吨。在16日国家发改委召开关于供重庆广西电煤抢运会议之后,山西迅速安排布置,将任务分解到国有大型煤炭企业,并积极组织安排,17日已经开始装车发运。华能、华电、大唐、国电等49家企业纷纷来信来函对山西煤炭战线的支持表示衷心感谢。

2008年2月1~25日,全省煤炭铁路日均装车量达到21707车,比日装18000车的目标超装3707车,比1月份日均增加2511车,增长13.08%;比上年同期日均增加1411车,增长6.95%,共发运煤炭3737.9万吨。

在这一阶段,山西原煤产量连续上"台阶",分别在2005年突破5亿吨,

2007年突破6亿吨,2010年突破7亿吨,2011年突破8亿吨,2012年突破9亿吨,2014年达到历史峰值9.77亿吨。改革开放40年,山西保持了36年原煤产量全国第一的地位。从2005年到2015年,煤矿数量由4389座减少到1078座;原煤产量从4.96亿吨增长到9.75亿吨;占全国产量比例稳定在1/4左右;外调量从3.55亿吨增长到6.6亿吨,居全国产煤省之首。

(6)生态治理和环境友好型矿区建设力度加大

"十一五"以来,省政府安排195.22亿元煤炭可持续发展基金,用于跨区域生态环境综合治理。2007年以来煤炭企业累计提取矿山环境恢复治理保证金200亿元,用于矿区生态环境综合治理;全行业完成造林107万亩,比"十五"增加90万亩,矿区绿化面积11629万平方米,比"十五"增加10395万平方米,同煤大唐塔山煤矿、潞安余吾煤业、晋煤寺河煤矿等12个煤矿被列为国家级绿色矿山试点;采空塌陷区治理和土地复垦面积42.2平方公里。2015年,以煤矸石为主的固体废弃物综合利用率达到60%;采煤沉陷区全部治理,新建矿山破坏土地复垦率100%;历史遗留矿山开采破坏土地复垦率达到45%以上;矿井水复用率达到90%以上;洗煤废水闭路循环率100%。初步构建起以道路绿化为网络,三区绿化为依托,工业广场、园林景区、公共绿地建设为亮点的绿化格局。今日矿区,绿色满园、三季有花、四季常青、渣山披绿,已形成了座座绿树成荫的健身游乐园。大同煤矿集团、西山煤电集团、阳泉煤业集团、晋城煤业集团等400多个矿(厂)区单位被全国绿化委员会、山西省委省政府、省绿化委员会授予造林绿化模范单位和先进单位。2007年全行业有20名矿工和家属荣获"感动中国矿工"称号,40个单位、84名个人被评为全国煤炭工业"先进集体""劳动模范"和"先进工作者"。

(7)加大矿区棚户区改造和建设力度

"十一五"以来,全省棚户区改造累计新建住房715.61万平方米,9.53万户矿工喜迁新居,告别了低矮潮湿的棚户区,住进宽敞明亮、水电暖齐

全、公共服务设施基本配套的新居。全省涌现出一批以西山马兰矿、潞安王庄矿为代表的花园矿区和绿色矿区。煤炭企业在岗职工年平均收入2011年突破6万元,现在煤炭企业在岗职工平均工资8万元左右,职工生活水平大幅提升。

(8)国有重点煤矿工伤保险全覆盖

"十一五"以来,山西率先启动省属国有重点煤矿工伤保险统筹,参保率100%;率先在全省煤矿为井下全部职工建立煤矿井下意外伤害保险;率先建立煤矿井下工亡职工子女就学救济基金制度,2597名学生享受到救济,就学救济金和互助金总额达1100多万元;率先在全国开展了尘肺病专业防治工作,建成了同煤等4个尘肺病治疗中心,对井下采掘一线的12.7万名职工进行了尘肺病普查和健康检查,对230余名患者进行了临床灌洗治疗,同煤集团矿工尘肺病发病率由70年前的46.6%下降到现在的5%以下;率先实行困难职工家庭"就业帮扶"制度,帮扶困难家庭3100多户;潞安成为全国唯一连续12年蝉联"安康杯"竞赛优胜杯的企业。全省煤矿社会保障取得突出成效,走在全国前列。

山西多年来不断完善"以煤补农""以矿帮村"的长效机制,不断加快文化矿区建设和精神文明建设。把矿区建设得天更蓝、地更绿、水更清、空气更清新、环境更宜人,让矿工生活得更精神、更尊严、更文明、更和谐,更美好。

4.推进煤炭工业转型升级高质量发展,争当全国能源革命排头兵

2014年6月13日,习近平总书记在中央财经领导小组第六次会议上提出了能源革命"四个革命",山西作为全国重要的能源基地、煤炭生产大省,认真贯彻落实习近平总书记关于能源革命重要讲话精神,推进全省煤炭产业高质量发展,争当全国能源革命排头兵,这是顺应全国能源发展大势的必然选择。这一时期,全省以开展能源革命综合试点为抓手,狠抓煤

炭管理体制改革、煤炭供给侧结构性改革，在"减、优、绿"三方面狠下功夫，着力构建清洁低碳、安全高效的现代能源体系，在争当全国能源革命排头兵的新征程上阔步前进。

（1）积极全面地推进深化煤炭管理和改革

山西作为全国重要的能源基地，煤炭大省，如何贯彻落实总书记重要讲话精神，怎样实施能源革命？山西煤炭工业经过长期快速发展，在满足国家能源需求和本省经济发展取得巨大成就、做出巨大贡献的同时，也产生了一些，如产能过剩矛盾、采煤遗留问题、安全生产隐患、资源出让漏洞、行业管理体制弊病等问题，还存在煤炭生产、消费、供给、科技管理等多方面与可持续发展要求不相适应等问题，再加上新常态下煤炭产业面临的发展环境和条件发生的显著变化，比如能源结构低碳化、绿色化的替代效应等等。同时，从2013年到2015年山西煤炭工业遇到了近10年来最大困难，煤炭经济运行处在困难的时刻。面对这些问题，解决的办法只有改革，这就要求山西煤炭工业必须全面深化改革，全力推进煤炭革命，加快煤炭产业发展方式转变，实现转型创新和高质量可持续发展。这是贯彻落实习近平总书记关于能源革命重要讲话精神的具体行动。

2015年1月25日，山西省委、省政府出台了《关于深化煤炭管理体制改革的意见》，从资源配置、行政审批、生态治理、企业改革、权力约束、法治建设等重点环节提出了明确的要求，成立了由省长担任组长的省领导小组，办公室设在省煤炭厅，从2015年起分三年部署了10个方面32项具体的改革任务。

第一，深化煤炭管理体制改革的目标、措施、任务

改革的目标是：到2017年基本实现煤炭管理体制和管理能力现代化。即：①市场对资源配置的决定性作用得到充分发挥。充分尊重市场在资源配置、要素流动、价格发现等方面的功能作用，激发企业内生动力和市场活力，促进煤炭产业集约发展、科学发展；②政府作用得到更好发挥，依法

规范行政行为,综合运用行政、经济、法律手段,转变职能,简政放权,加强煤炭领域发展规划、宏观调控、行业监管、社会民生、生态保护和恢复治理等;③企业主体地位得到充分尊重。全面落实企业自主权,完善现代企业制度,为企业创造公平竞争的发展环境,使企业真正成为自主经营、独立发展的市场竞争主体;④权力运行得到有效制约和严格监管。坚持治标与治本相结合,把权力关进制度笼子,通过改革体制、创新机制、完善制度、强化监督,依法严厉打击煤炭领域的腐败行为,形成"不敢腐、不能腐、不想腐"的长效机制;⑤煤炭管理实现科学化、规范化。强化法治思维和法治方式,进一步完善涉煤法规体系,厘清政府、企业和市场的关系,依法规范权力边界,实现经济效益最大化和管理效率最优化。

实施改革的政策措施是:①2020年前,全省原则上不再新配置煤炭资源;②2020年前,除"关小上大、减量置换"外,不再审批建设新的煤矿项目(含露天矿);③严格执行控制煤炭产能增长的产业调整政策;④停止审批年产500万吨以下井工改露天开采项目;⑤全面推进煤炭资源一级市场招拍挂;⑥2017年前基本解决现有采煤沉陷区受灾群众的安居问题。

改革的十项任务是:①推进资源配置市场化改革;②深化行政审批管理改革;③规范煤矿建设和生产秩序;④强化环境保护监管和生态恢复治理;⑤加强煤矿安全监管;⑥创新销售服务体制;⑦构建煤炭现代市场体系;⑧积极推进煤炭企业改革发展;⑨完善权力运行的监管制度;⑩加强煤炭行业法治建设。

第二,全省煤炭行业落实改革措施,开展具体工作

稳步推进煤炭资源市场化改革。一是全面推进煤炭资源一级市场招拍挂。2015年12月25日省政府下发了《山西省煤炭资源矿业权出让转让管理办法》(晋政发〔2015〕53号),创新了资质管理,拓宽了探矿权人权益,实行了总量控制,全面推进了煤炭资源一级市场招拍挂。二是强化矿业权二级市场的调控监管。省国土厅编制了《山西省国土资源交易规范》,起草了

《山西省矿业权交易实施细则（试行）》，积极推进并实现煤炭探矿权、采矿权二级市场，依法流转进场交易，强化了矿业权二级市场的调控监管。三是积极推进共伴生矿业权一体化配置。省国土厅将煤铝共伴生资源综合勘查开采的主要内容纳入《山西省煤炭资源矿业权出让转让管理办法实施细则》中，积极推行共伴生矿业权一体化配置。四是加强了煤炭资源的可持续供给。省国土厅编制了《山西省煤炭资源地质勘查实施方案（2016～2020年）》，印发了《山西省煤炭储量动态管理工作机制》《山西省国土资源厅关于加强矿产资源节约集约与综合利用的指导意见》，建立健全了全省煤炭储量动态监管制度，推动全省煤炭储量动态监管工作进一步规范化、制度化，进一步提高了全省资源保障能力和综合利用水平，加强了煤炭资源的可持续供给。

积极深化煤炭行政审批管理改革。一是大力精简审批事项。2015年8月27日，省政府出台了《山西省煤炭行政审批制度改革方案》，通过采取取消、整合、下放、纳入部门日常管理和改由煤矿主体企业实施等举措，将原有的煤矿建设项目63项审批事项精简为38项，精简率达39.7%。大力推动涉煤审批事项的精简和改革，推进涉煤领域简政放权，省编办（省审改办）坚持能取消的坚决取消、该下放的一律下放的原则，对包括涉煤事项在内的行政审批项目等事项进行全面清理。二是实行了涉煤行政权力事项清单管理制度，省编办将涉煤领域的权力事项清单作为工作重点，编制了涉及煤炭领域生产安全、运营经营、资质资格等方面的行政职权事项，以及涉煤的行政处罚、行政强制、行政确认等行政职权事项清单并公布，接受社会监督，让权力在阳光下运行。三是优化审批流程，省政府出台了《山西省煤矿复产复建验收管理办法》，进一步规范了全省煤矿复产复建验收工作，加强了煤矿安全生产监督和管理，维护了煤矿生产建设秩序。省煤炭厅制定了《进一步优化全省涉煤行政审批流程工作方案》，并下发省直涉煤有关单位和部门；制定了《山西省煤矿建设项目竣工验收办法》，取消了

从业人员准入及用工管理、紧急避险系统验收,将职业病防护设施、通风、瓦斯抽采及防突专项,井下民爆物品库,档案验收(重大建设项目)等专项验收并入项目竣工验收,进一步规范了全省煤矿建设项目竣工验收管理。对涉煤审批的中介服务事项进行了全面清理,编制了涉煤审批的中介服务事项清单,上报了省政府。四是改革煤炭监管证照,取消了省煤炭厅负责的《煤炭生产许可证》《煤矿矿长资格证》《煤矿矿长安全资格证书》;保留了省国土资源厅负责的《采矿许可证》、山西煤监局负责的《安全生产许可证》和工商部门负责的《营业执照》3类证照;进一步优化了煤炭监管证照办理程序,《采矿许可证》《营业执照》《安全生产许可证》办理时限进一步缩短。五是理顺了建设管理职能。省编办印发了《关于理顺煤矿建设管理职能的通知》,将省发改委牵头负责的煤矿初步设计审查和竣工验收事项移交省煤炭厅,将省煤炭基本建设局承担的相关行政审批和安全监管职能划回省煤炭厅,实现从初步设计、基本建设、竣工验收、生产经营、安全监管等由省煤炭厅统一归口管理。

切实强化环境保护监管和生态恢复治理机制。一是实行了严格的环境保护制度。省环保厅合理调整审批权限,简化了环评流程,执行了环评公示制度,完成了生态红线的划定工作;严格执行建设项目环评制度,强化了违法违规建设矿井的环保监管;开展了矿山生态环境保护与恢复治理督查工作,打击了涉矿企业的环境违法行为,积极推进矿山生态环境保护与恢复治理工作。二是加快建立生态补偿机制。省环保厅成立了山西省环境污染损害司法鉴定中心,开展了环境污染造成的环境损害司法鉴定工作;进一步健全我省生态补偿机制,提升生态修复治理的多元化投入水平。省农村人居办积极开展了采煤沉陷区治理搬迁工作,与省发改委共同与国开行对接,进一步拓展资金筹措渠道解决确有困难的市、县配套资金问题;与省国土厅联合出台农村地质灾害治理搬迁税费减免、货币补偿、用地保障等政策,进一步灵活安置补偿方式。

积极推进煤炭企业改革、改制。一是完善现代企业制度。2016年,省政府制定印发了《关于深化国企国资改革的指导意见》《省属国有企业发展混合所有制经济的实施意见》《山西省国有企业分离办社会职能的实施意见》,作为新一轮国企国资改革的纲领性文件,深入推进全省国企国资改革全面展开。二是积极推进股权结构多元化,积极推动省属国有企业整体上市或主营业务上市,并以上市为契机,加大引入战略投资和财务投资者,加快省属企业股权多元化;推动新上项目引进非公资本,在新上项目设立的公司中混合所有制企业比例超过60%,在焦煤集团、阳煤集团、潞安集团等煤炭企业的二级及二级以下子公司层面选择主业处于充分竞争行业和领域的商业类混合所有制企业开展员工持股试点工作。三是深入推进煤电一体化深度融合。全省20万千瓦及以上主力火电企业中,80%以上已实现煤电联营,形成了"煤控电、煤参电、电参煤、组建新公司"等四类煤电联营模式;省调主力发电企业中,未实现股权联营的发电企业,全部与省内煤炭企业签订了长协合同,全省现役主力火电企业煤电一体化运营机制已经形成。四是按照《关于深化国企国资改革的指导意见》,加强党的领导,完善了法人治理结构。集团层面全部实现党委书记、董事长"一肩挑"。五是2017年7月山西省政府组建了山西省国有资本投资运营有限公司(国有独资),注册资本500亿元,由省国资委等部门和省属企业划转注入的国有股权组成,是集煤炭、能源、冶金、电力、装备制造、基础设施建设、消费等多领域于一体的省级国有资本投资运营平台。六是强化企业管理,建设大数据监管平台,严控企业非主业投资,引导企业投资更加注重质量和效益,强化出资人、外派监事会和审计、巡视协同监管制度。出台了《省属企业领导人员在国企改革中履行行为规范》,为企业领导人员在国企改革过程中的行权履职行为亮明了政策红线;出台了《关于全面深入推进总法律顾问制度建设的意见》,全面推进依法治企,坚持市场化选人改革,推进省属企业经营班子任期制和契约化管理。

努力完善权力运行的监管制度。一是完成了煤炭领域清费立税工作。煤炭资源税改革顺利实施,国定、省定收费项目清理规范任务已经落实到位,取消、降低和规范收费项目共14项;市县乡各种乱收费项目全部取消,违规收费已经退还;全面落实资源税改革政策,确定我省煤炭资源税率为8%;建立和完善了省、市、县资源税收入共享机制;建立了行政事业性收费项目目录公开制度;及时在省财政厅外网公布相应目录清单,并实行动态化管理,提高了收费透明度,主动接受社会监督。二是革除权力设租寻租空间。省编办编制了涉煤行政职权的责任清单,实现权责对等,有权必担责;编制了每项涉煤行政职权的廉政风险防控图,明确预警防控措施,有效遏制以权谋私、权力滥用、权力"任性";省政府出台《关于深化行政审批制度改革加强事中事后监管的意见》,明确要求省直各涉煤审批部门要对取消、下放和转为日常工作的涉煤审批事项,建立健全事中事后监管制度;出台《关于规范省政府部门行政审批行为改进行政审批有关工作的实施意见》,开展涉煤行政审批违规和滥用审批权问题专项整治。

六是不断促进煤炭行业法治建设。一是全面清理涉煤法规规章和规范性文件。2015年,省煤炭厅清理涉煤规范性文件414件。在此基础上,省法制办对全省涉煤地方性法规、规章及规范性文件进行了清理,共清理520件,其中,地方性法规4部、省政府规章6部、涉煤规范性文件510件。二是修订完善煤炭地方性法规规章。完成了《山西省煤炭管理条例》的修改工作,并于2016年1月20日省十二届人大常委会第二十四次会议通过。完成《山西省安全生产条例》的修订工作,并于2016年12月8日,由省十二届人大常委会第三十二次会议审议通过。

第三,全面深化煤炭管理改革的成果

一是有效解决了政府、市场、企业三者协调"一个问题",该归政府监管的政府严格监管,该归市场调节的回归市场调节,该属企业负责的还给企业负责,是从根本上改善煤炭市场供需关系的重大举措。二是有效调整了政府宏观调控和简政放权、转变职能"一个关系",是构建现代化煤炭产业发展新体系,确保煤炭良性发展环境的治本之策。三是有效促进了煤炭生产力"一个动力",解放和增强了煤炭创新发展的新动力。四是有效落实了企业是市场的主体"一个地位",激发了煤炭市场的新活力。五是有效地保障了煤炭工业可持续发展"一个发展",是从深层次解决影响煤炭工业可持续发展的管理体制问题,保障全省煤炭产业绿色低碳,造福山西、贡献全国的长久之计。

2015年7月20日,国务院办公厅下发《关于对全国第二次大督查发现的典型经验做法给予表扬的通报》,深化煤炭管理体制改革作为山西唯一上榜的地方工作典型经验做法,受到了国务院的通报表扬。

(2)扎实有效地实施煤炭供给侧结构性改革

从2012年开始,全国煤炭产能严重过剩、价格持续大幅下跌、煤炭行业许多矛盾问题叠加显现,企业亏损严重、职工收入下降、安全投入不足、隐患加大等以及对全国经济发展和社会稳定造成了很大压力,严重影响煤炭可持续发展的突出问题。究其原因,供需矛盾突出是基础,政府、行业、企业管理落后是关键,清洁高效利用问题没有真正解决是根本,同时国际大宗商品价格持续走低也对煤炭行业陷入困境产生了重大影响。

2014年习近平总书记提出推进供给侧结构性改革的论述。2015年中央经济工作会议对推进供给侧结构性改革作了全面深刻阐述,明确提出"宏观政策要稳、产业政策要准、微观政策要活、改革政策要实、社会政策要托底",要求着力"去产能、去库存、去杠杆、降成本、补短板",把煤炭行业列为重中之重。2016年2月,国务院出台了《关于煤炭行业化解过剩产能实现脱困发展的意见》,提出了积极稳妥化解煤炭过剩产能与结构调整、转型升级相结合的一系列政策措施,推动煤炭行业扭亏脱困升级和健康发展。山西省委、省政府高度重视,认真贯彻落实党中央、国务院关于推进供给侧结构性改革工作的安排。省政府成立省领导小组,加强组织领导,

扎实有效推进全省煤炭供给侧结构性改革各项工作。4月24日出台了《山西省煤炭供给侧结构性改革实施意见》，全面贯彻了中央关于供给侧结构性改革和煤炭行业扭亏脱困精神，突出结构性改革，充分发挥改革的集成效应，从8个方面30项任务入手，配套出台了32个实施细则，明确了每项改革任务的发展路径、推进措施、时间节点、改革成效，确保改革积极稳妥顺利进行。

第一，化解煤炭过剩产能，推进减量置换、减量重组，在"减"字上狠下功夫

科学有序地推进化解煤炭过剩产能。山西省煤炭工业厅结合实际，坚决贯彻习近平总书记提出的"山西推进供给侧结构性改革的主要任务是落实煤炭去产能"精神，按照省委确定的坚持去产能与发展先进产能相结合，与产业优化升级相结合，与解决重组整合遗留问题相结合的要求，提出"试点先行、一矿一策、先易后难、有序推进"的工作思路，积极与国家有关部委沟通，编制了《山西省煤炭行业化解过剩产能实施方案》，并与国家部际联席会议签订了目标责任书，省钢铁煤炭化解过剩产能实现脱困发展领导小组与相关市和集团采取"一矿一签"和"三方共签"的方式，逐矿签订目标责任书，把去产能任务责任落实到市、县和煤炭企业。

在去产能过程中，始终注重了"五个坚持、五个结合"：坚持淘汰落后与发展先进产能相结合，促进产业优化升级。坚决淘汰落后产能，无效产能。按照法治化、市场化的要求通过关闭退出灾害严重、资源枯竭、技术装备落后，不具备安全生产条件、不符合煤炭产业政策的煤矿，缓解产能过剩矛盾，保障供需平衡，为发展先进产能腾出空间，促进新旧动能转换，推动全省煤炭产业结构调整优化升级；坚持整体推进与重点突破相结合，稳步开展工作。坚持因地制宜原则，国有重点煤炭企业率先实施，整体推进全省煤炭去产能工作。通过化解过剩产能，促进企业优化组织结构、技术结构、产品结构，创新体制机制，提升综合竞争力，推动全省煤炭行业转型

升级;坚持企业主体与社会保障相结合,稳妥安置职工。把职工安置作为化解过剩产能工作的重中之重,通过实施"一企一策"、拓展"四个渠道"(实行就业补贴和内退政策,支持企业稳定现有岗位;成立专门劳务公司,对接外部转移就业;搭建职工"双创"平台,鼓励职工自主创业;参照零就业家庭等帮扶政策,托底援助困难人员),积极稳妥有序安置职工;坚持市场倒逼与政府支持相结合,有效处置债务。运用法治化和市场化手段化解过剩产能,企业履行化解过剩产能的主体责任,政府督促实施到位并给予资金奖补和政策支持;坚持内部督导与外部公开相结合,强化监督落实。建立健全目标责任制,把各市、各集团公司化解过剩产能目标落实情况列为落实省委、省政府重大决策部署监督检查的重要内容,加强对化解过剩产能工作全过程的监督检查。省政府相关部门组织开展专项督查,并对任务完成情况进行验收,主动及时将化解过剩产能任务进展情况向社会公示,通过报刊、广播、电视、互联网等方式,广泛深入宣传化解煤炭过剩产能的重要意义和经验做法,加强政策解读,回应社会关切,形成良好的舆论环境。

稳步推进煤炭减量置换。山西省煤炭工业厅把推进新建项目、资源整合煤矿建设作为重点,积极争取国家政策支持。会同省发改委起草了《山西省煤炭产能置换指标市场化交易指导意见》,积极帮助企业落实产能置换指标,加快置换方案批复。到2018年底国家累计批复我省40座新建煤矿产能置换方案,产能1.96亿吨;省内累计确认了158座资源整合建设煤矿置换方案,产能1.54亿吨。煤矿企业按照市场化、法治化方式进行减量重组。

积极推进煤矿减量重组。山西省煤炭工业厅把解决60万吨/年以下煤矿退出和资源整合遗留问题作为重点,引导煤炭企业采用市场化、法治化方式实施减量重组,鼓励60万吨/年及以上的煤矿参与减量重组。2017年12月26日,省政府出台了《关于推进煤矿减量重组的实施意见》,积极推进减量重组工作,促进产业结构优化升级。截至2018年6月底,省属五大集团

和9个市上报了减量重组整合方案,并转送相关厅局开展审查工作,相关厅局密切配合及时反馈了24个减量重组包的审查意见。全省力争2020年底前60万吨以下煤矿基本退出。

千方百计做好职工分流安置工作。职工安置是化解过剩产能工作的重中之重,坚持企业主体作用与社会保障相结合,细化措施方案,落实保障政策,切实维护职工合法权益。全力做好就业安置工作,充分尊重职工、全力依靠职工推进改革。安置计划不完善、资金保障不到位以及未经职工代表大会或全体职工讨论通过的职工安置方案,不得实施。积极支持企业通过转型转产、多种经营、主辅分离、辅业改制等方式,多渠道分流并妥善安置富余人员。鼓励企业利用现有场地和资源培育创业孵化基地、创业园区等扩大就业的新载体。同时,加强了独立工矿区就业困难人员就业援助,对符合就业困难条件的人员及时提供就业援助服务。

积极推进分离办社会。2017年,省委、省政府印发了《关于深化国企国资改革的指导意见》和《山西省国有企业分离办社会职能的实施意见》,要求2017年底前医保封闭运行的国有企业基本纳入所在市社会统筹,2018年实现规范纳入,全省各级人社部门积极推动省属国有煤炭企业医疗保险、工伤保险和生育保险实行属地社会管理。省人社厅出台了《关于加快推进医保封闭运行国有企业医疗和生育保险纳入社会统筹管理工作的通知》,规范了纳入政策。省编办印发了《关于山西省煤炭工业社会保险中心划转省人力资源和社会保障厅管理的通知》,将省煤炭工业厅经办的省属国有重点煤矿等企业的工伤保险基金及管理职能移交省人力资源和社会保障厅统筹管理。

全面建立了煤炭社保体系。"十二五"期间,全行业工伤保险参保人数由2011年的56.35万人增加到2015年的59.39万人。井下意外伤害保险参保人数由2011年的34万人增加到2015年的40.1万人。累计赔付工亡残职工人数5353人,意外险支出1.98亿元。

符合条件人员可实行内部退养。省人社厅等八部门制定了《关于做好化解煤炭钢铁行业过剩产能职工安置工作实施意见的通知》，对内部退养政策规定作出了细化，同时，省人社厅对内退政策加强了宣传培训，进行了详细解读，使内退政策深入企业、深入职工。同时，省人社厅积极督促协调各大煤炭集团制定了关于职工内退的相关规定，企业在办理内退时能严格掌握标准和程序，内退工作平稳进行。

山西省通过减量置换、减量重组和千方百计安置分流职工，煤炭去产能工作取得了积极成效。2016~2018年，全省3年共关闭煤矿104座，退出过剩产能1.13亿吨，退出数量全国第一。3年来，国家对山西煤炭去产能工作给予了充分肯定。2016年11月，国家部际联席会议验收抽查组三句话高度评价山西省化解煤炭过剩产能工作：一是高度重视、组织有力；二是真抓实干、真去真退；三是程序总体齐全、验收基本规范。2017年山西去产能工作扎实有效，被国家列为免检省份。2018年5月3日，国务院办公厅发布通报对山西化解煤炭过剩产能工作予以督查激励。

第二，加快煤炭科技创新，大力发展优质产能，在"优"字上狠下功夫

加大科技创新力度。从2011～2017年，全省煤炭行业共获得国家、省级以上科技进步奖673项，排全国省市之首；推进了科技减人提效。省煤炭厅深入推进"机械化换人，自动化减人"，制定并下发了我省《单班入井超千人矿井科技减人行动方案》《煤矿减人提效工作方案》，并推进实施。经过2016年、2017年两年的努力，2017年底，全省11座"千人矿井"单班入井人数已控制在900人以内，单班入井人数700人以上900以下的煤矿减人提效有序推进。2018年底，11座"千人矿井"单班入井人数控制在800人以下；提高了煤炭科技和装备水平。全省350个井下变电所、136个水泵房实现了自动化无人值守，全省29座矿井35个综采工作面进行了自动化和电液控升级改造试点。

持续提高煤炭先进产能占比。山西把一级标准化矿井和安全高效矿

井建设作为主要途径,狠抓先进产能建设工作。全面推进标准化达标创建工程,按照国家要求,通过开展煤矿对标创建、对标提升"两项工程",推动标准化建设。2018年全省169座生产煤矿达到了国家一级安全生产标准化等级,占全国一级标准化煤矿的38%,为全国第一。大力推进特级安全高效矿井工程。2016~2017年度,全省433座生产煤矿被评为国家二级及以上级安全高效矿井,占全国安全高效矿井48.05%,其中特级292座、一级113座、二级28座,分别占全国安全高效矿井的53.68%、40.65%、35.44%,居全国第一。先进产能建设取得了积极成效。2017年末,全省登记公告生产煤矿568座,产能9.08亿吨/年,平均单井规模159.8万吨/年;2018年底,全省生产煤矿637座,生产能力99980万吨/年,先进产能68190万吨,占生产总能力达68%。

从2015年到2018年,煤矿数量由1078座减少到978座,产能由14.63亿吨减少到13.82亿吨。

第三,推动煤炭绿色开采,加强生态环保工作,在"绿"字上狠下功夫

"绿"就是推动煤炭绿色开采,提高煤炭清洁供给水平,是积极推广绿色清洁开采技术,积极开展煤矸石充填返井试点,从生产源头减少煤矸石产出量。同时,积极探索保水开采和煤与瓦斯共采,限制和降低煤炭开采对生态环境的破坏;积极分类处置与各类保护区重叠的煤矿,全省与自然保护区和泉域重点保护区重叠的81座煤矿中,少部分重叠的68座煤矿完成了退出保护区变更登记,1座煤矿正在进行变更,全部或大部分重叠的12座煤矿已完成注销采矿许可证。

加强生态环保工作。一是加强煤质管理。省煤炭工业厅制定出台《煤炭生产销售质量管理办法》,严肃整改开采高硫煤层的煤矿,严格管控高硫高灰民用散煤销售。二是积极加快煤矿洗选煤厂建设,提高原煤洗选率,2018年原煤洗选率达73%,高于全国平均水平1.2个百分点。三是落实大气污染防治行动计划,省煤炭厅制定下发《关于限制销售硫分高于1%

灰分高于16%民用散煤的通知》《关于进一步做好全省劣质煤销售管控工作的通知》，促进了大气污染治理措施的落实；严格落实建设项目环保"三同时"制度，从煤矿建设源头把好环保关。"十二五"期间全行业有11个煤矿被列入第二批国家级绿色矿山试点。全省煤炭系统完成造林13.8万亩，绿化面积1614.74万平方米。

设立山西煤炭清洁利用投资基金。成立了煤炭清洁利用投资基金理事会，成立了山西煤炭清洁利用投资公司，广泛进行项目调研；省财政厅和中信银行积极联系，联合省属七大煤炭企业共同发起设立500亿元山西煤炭供给侧结构性改革发展基金，并积极推进子基金设立。

第四，持续加强煤矿安全监管，深化重大灾害防治和安全培训，在安全上狠下功夫

进一步强化了政府监管责任。省煤炭工业厅严格实行事故煤矿停产整顿和事故警示教育制度，继续实施安全生产约谈、事故煤矿约谈等一系列行之有效的制度，加大诫勉和督促力度；不断加大安全执法检查力度，相继组织开展了"十排查、十整治"煤矿防治水专项整治行动、煤矿安全大检查、"反三违"专项行动、"打非治违"专项行动等检查工作，强化了全省煤矿安全执法检查；下发了《山西省煤炭工业厅关于进一步规范煤矿安全监管五人小组管理机构及理顺管理模式的通知》，加强了"五人小组"对安全的监督管理。

督促煤矿企业落实主体责任。省煤炭工业厅坚持指导和倒逼相结合的方法，督促煤矿企业落实主体责任。一方面督促指导全省煤矿配备"六大员"，设置安全生产管理机构，配齐配强满足工作需要的安全管理和工程技术人员，建立健全各级负责人、各部门、各岗位安全生产责任制，健全完善并严格落实安全生产规章制度，推动企业"五落实五到位"。另一方面强化监管手段，通过倒逼机制进一步推动企业主体责任落实。实施事故煤矿整顿恢复机制，对发生事故的煤矿一律停产停建，进行整顿；实行"不放

心煤矿"挂牌管理制度,通过采取重点监管和公开曝光等手段,促进企业改进安全管理;强化事故警示教育,通过召开警示教育会、制作警示教育片,用事故教训推动安全生产工作。

不断完善煤矿安全生产制度。制定了《关于贯彻落实省委省政府推进安全生产领域改革发展实施意见的实施方案》,推动煤矿安全生产改革发展;出台了《煤矿复产复建验收基本条件》,进一步规范全省煤矿复产复建验收工作;下发《关于在全省推行煤矿分类安全监管的指导意见》,将全省煤矿分成ABC三类,实行分类监管。

持续深化煤矿重大灾害防治。①在瓦斯治理方面,实施了瓦斯抽采全覆盖工程,建立煤炭规划区、准备区和生产区"瓦斯三区联动"立体化抽采模式,全面完成了86座矿井、100万米瓦斯抽采管路改造,推进全省专用排瓦斯巷整改,全省31座矿井的52个回采工作面全部完成整改。出台煤矿盲巷管控预防窒息事故十项措施、煤矿瓦斯等级鉴定办法、煤矿瓦斯抽采达标等一系列瓦斯防治、抽采措施。加大瓦斯抽采利用力度,全省瓦斯(煤层气)抽采量2016～2018年连续三年突破100亿立方米,占全国60%以上,居全国首位。其中:2016年抽采量为107.5亿立方米,利用量为60亿9立方。2017年抽采量为115亿立方米,利用量为70亿立方。2018年全省煤层气(含井下瓦斯抽采)产量达到120亿立方米,年均增长12.15%;②在水害防治方面,全面推行了防治水可采区、缓采区、禁采区"三区"管理,全省正常生产建设煤矿全部实现了分区管理;③在顶板管理方面,制定了《山西省煤矿顶板管理规定》,加强技术管理、质量管理、监测监控,全面规范煤矿顶板管理工作。

积极构建安全风险分级管控和隐患排查治理双重预防机制。全面实施了"双预控"机制,督促煤矿企业健全完善隐患排查治理制度,推动安全生产关口前移,强化针对性管控措施,提升煤矿安全生产预控能力。2014年全省开展了煤矿隐患排查治理行动,共组织247个排查组,历时8个月,对全省1078座煤矿进行了三轮检查,整改了一大批事故隐患,进一步提升了全省煤矿安全生产水平。

进一步强化了安全培训,大力开展了安全培训和职业教育,不断推动安全生产工作。"十二五"期间省煤炭工业厅共组织培训主要负责人和安全生产管理人员11.13万人,培训煤矿特种作业人员41.74万人,培训煤矿班组长7.47万人,培养中专及以上专业人才22.2万人,从业人员素质进一步提高。2016年,共组织培训煤矿主要负责人637人,安全生产管理人员18621人,培训煤矿特种作业人员4.9万人次。指导企业开展从业人员培训共计17.4万人次。继续开展了煤矿关键岗位中等教育,举办了新《煤矿安全规程》培训。2017年培训考核"三项岗位"人员92259人次。组织开展安全监管执法和群众安全监督员培训500余人次。继续开展了煤矿关键岗位职业教育,入学注册11766人。到2017年共举办了四届中国技能大赛——"晋煤杯"全省煤炭行业职工职业技能大赛,进一步夯实了安全生产基础。

加大安全投入力度。2018年争取中央煤矿安全改造投资资金4亿元,省级配套7999万元。

通过不懈努力,全省煤矿安全生产形势总体保持稳定。2018年全省煤矿共发生安全事故28起、死亡30人、百万吨死亡率0.033,百万吨死亡率比2017年下降56.16%,比全国平均百万吨死亡率0.092低65.6%;从2015年到2018年,死亡人数、较大事故起数、重大事故起数、百万吨死亡率连续实现了"四下降",全省煤矿安全生产形势稳定向好,煤矿安全生产处于历史最好水平。

第五,探索构建煤炭现代市场体系,加强煤炭经济运行调节,在煤炭经济运行质量上狠下功夫

进一步创新交易方式。中国(太原)煤炭交易中心优化煤炭价格指数,创新煤炭第三方电子商务平台,完善交易平台功能,实现了煤炭网上电子交易;大力推进煤炭交易大数据建设,积极推进区域性煤炭交易分市场建

设和交收仓库建设,积极引导和鼓励煤炭企业上线交易,进一步提升了金融服务功能,扩大金融业务规模,煤炭交易方式得到重大进步和创新。

进一步健全物流体系。积极推进省属重点煤炭集团成立专业化煤炭物流企业,建设铁路专用线、物流园区、仓储配送中心,建设智慧物流体系;积极推进煤炭物流项目建设,扎实推进新建朔州至准格尔铁路、北同蒲线韩家岭至应县增建四线工程;京原铁路太原局管段电气化改造工程、南同蒲铁路侯马至风陵渡段电气化改造工程,加大了科技创新和人才培养力度,全力推动各项关键技术攻关;不断加强对煤炭物流市场的监督管理,煤炭物流标准化建设工作稳步推进,全力保障全省煤炭物流体系建设。

创新金融支持方式。推动全省煤炭企业债券市场融资,加快推进国有煤炭企业整体上市或核心业务资产上市,大力推动煤炭企业赴"新三板"挂牌融资;积极创新金融产品,与银行开展合作,创新开展煤炭订单融资、应收账款融资、票据池融资、仓单质押融资、供应链融资服务,大力支持煤企兼并重组,建立煤炭企业债券发行备案、监测、预警三项工作机制。

建立煤炭经济运行新机制。2015年4月中国煤炭工业协会山西、陕西、内蒙古三省和神华、中煤集团,建立了"三省两公司"煤炭经济运行协商机制,促进煤炭经济平稳运行;2016年5月山西建立了全省炼焦煤和无烟煤稳定运行协商机制,实施统一的营销策略、统一调整价格等措施,实现了全省煤炭价格的动态稳定。同时,在建立价格发现和传导机制以及建立战略储备制度方面也开展了积极的探索。

严格煤矿生产能力管理。2016年3月,山西省政府出台了《关于加强全省煤矿依法合规安全生产的紧急通知》,4月省煤炭工业厅下发《关于全省煤矿依法合规严格按照新确定生产能力组织生产的通知》,对全省所有生产煤矿进行了生产能力重新确定和公示。制定了《煤矿生产能力等要素登记公告管理办法》,严格煤矿生产能力及生产要素登记公告管理,全省生产煤矿实现了100%及时登记公告,对部分公告档案与实际严重不符、证照过期、不具备生产条件的煤矿予以取消其公告。截至2018年6月底，全省登记公告生产能力的生产煤矿597座，能力94665万吨/年。

加强煤炭经济运行调节。根据煤炭市场变化，定期分析全省销量、库存、价格情况，及时协调解决出现的问题；引导企业开发适销对路的新产品，与电力等用户签订了长协合同，建立了长期稳定的战略合作关系；积极推动落实分煤种、分区域的协商机制，整体维护了煤炭企业的利益。

深化煤炭供给侧结构性改革的系列举措持续发力，促进了全国煤炭供求关系改善，全省煤炭经济稳定运行向好发展。全省煤炭价格结束了从2011年5月到2016年4月连续59个月下跌局面，扭转了行业效益从2014年7月到2016年9月连续26个月亏损局面。2016年，全行业实现利润16.9亿元，扭亏为盈；2017年全行业实现利润320.02亿元，同比增加303.07亿元。2018年全省原煤产量9.26亿吨，同比增加5112万吨，增长5.8%；商品煤销量8.27亿吨，同比增加3511万吨，增长4.44%；煤炭盈利534.27亿元，同比增加101.12亿元，增长23.34%，实现了产量、价格、效益"三提升"，进一步推动了山西煤炭产业结构调整和优化升级，为山西经济实现由"疲"转"兴"做出了积极贡献。

（3）实施能源综合管理，开启能源革命新征程

2018年10月，在国家新一轮机构改革中，撤销山西省煤炭工业厅组建山西省能源局。省能源局作为省政府的直属机构，主要承担原省煤炭工业厅行业管理职责，省发展和改革委员会的能源管理职责，省经济和信息化委员会的节能降耗、能源管理职责。山西省能源局的组建，是省委、省政府落实中央关于党政机构改革重大政治决策的重要内容，对推进全省能源高质量发展具有重大里程碑意义。

2019年，山西煤炭工业将继续坚持以供给侧结构性改革为主线，以打造全国能源革命排头兵为目标，以开展能源革命综合试点为抓手，以提高发展质量和效益为中心，以狠抓项目落地见效为重点，以基础设施建设补

短板为突破,构建清洁低碳、安全高效的现代能源体系,全面拓展转型发展新局面。

第一,实施能源综合管理的重点"七新五提升"

七新:一是开启煤炭"减""优""绿"发展新征程,加快建设煤炭绿色开发利用基地。二是构建煤层气产业开发利用新格局,加快建设国家非常规天然气保障基地。三是打造电力产业健康发展新态势,加快建设电力外送基地。四是集聚能源发展新动能,加快建设多元化能源供应体系。五是落实绿色低碳发展新要求,推进能耗总量和强度"双控"。六是探索能源颠覆性技术新突破,加快建设煤基科技成果转化基地。七是提升能源革命合作共赢新高度,加快建设能源革命交流与合作平台。

五提升:一是提升党建工作质量。二是提升全面从严治党能力。三是提升能源行业干部队伍建设水平。四是提升"放管服效"水平。五是提升统筹谋划能力。

1978～2018年,在这40年改革开放时期,山西以煤为基,多元发展,煤炭产业从加快能源基地建设的快速发展,到全力推进煤矿关井压产、安全整治的健康发展,到不断推进煤炭行业整合重组的可持续发展,再到全面推进煤炭工业转型升级、高质量发展,争当全国能源革命排头兵,山西煤炭工业走过了一条披荆斩棘、开拓创新、砥砺奋进、硕果满枝的辉煌之路。

第二,山西煤炭工业取得的辉煌成果

一是山西煤炭产业集约化水平跨越式提升,煤炭工业实现了华丽转型。2018年全省矿井数量978座, 比历史最高峰1997年的10971座减少91%;全省办矿主体由2200多家减少到169家,年产30万以下矿井全部淘汰;建成年产120万吨及以上大型煤矿396座,占全国1200座的33%,产能9.54亿吨,数量和产能分别占全省的40.5%和69%。山西小、乱、差、散煤矿全部关闭, 煤炭开采秩序全面优化。特别是2010年煤炭资源整合重组之后,山西煤炭产业集中度跨越式提升,大型煤炭企业居全国之最。已形成4

家年生产能力亿吨级的特大型煤炭企业、3家年生产能力超5000万吨级的大型煤炭企业、11座年生产能力千万吨级的矿井。2018年中国十强煤企山西占40%。

二是山西煤炭工业步入高质量发展阶段，煤炭产供能力大幅提高。2018年山西原煤产量9.26亿吨，比1978年8754万吨增加9.15倍，年均增长22.9%，占全国煤炭产量36.8亿吨的25.2%；从1978年到2018年40年累计生产原煤182亿吨，占全国累计原煤产量的23%，占全国煤炭产量的比重比1979年提高了15.3个百分点；煤炭年产量从1978年到2018年间保持了36年全国第一、四年全国第二。

2018年山西煤炭外调量6亿多吨，比1978年的6536万吨增加10倍，外调量历史最高年2014年达到6.6亿吨；从1978年到2018年40年间煤炭外调量累计达到122.4亿吨，占全国外调量近3/4。

2018年山西有164座煤矿评为国家一级标准化煤矿，占全国一级标准化煤矿的38%，居全国第一；山西煤炭行业以供给侧结构性改革为突破口，全面落实煤炭"减""优""绿"三字方针，提高生产质量，不断推进产业转型升级。从2016年以来三年退出落后产能总量全国第一；2018年全省有生产煤矿637座，生产能力99980万吨/年，其中先进产能68190万吨，占生产总能力的68%。

三是装备技术智能化水平跨越提升，领先发展。山西煤炭企业在长期艰苦的煤炭生产实践过程中坚持科技创新，从引进消化吸收到自主研发创新，再到自主设计制造；从采掘运输机械与技术到支护装备与技术，再到安全装备与技术；从智能化采掘技术与装备到综采综掘成套装备与技术，再到智能化千万吨级特大型综采成套装备与技术和薄煤层综采智能化无人开采成套装备与技术等等，实现了跨越式的发展。1978年前全省除国家统配矿采掘使用机械化设备外，其他煤矿尤其是中小煤矿几乎没有采掘机械化设备。2008年全省煤矿资源整合重组前，全省中小煤矿采煤综

合机械化程度仅24.8%，掘进机械化程度只有25%，资源回采率15%左右。
到2018年，山西矿井生产100%全部实现综采和安全监控智能化，91%的
矿井实现了掘进机械化；煤炭资源回收率提高到80%以上；全省矿井综采
工作面自动化改造和机房无人值守正在推进建设并取得良好效果；千万
吨级高效综放关键技术、煤巷快速掘进技术取得突破，全省11座千人矿井
单班入井人数已控制在800人以内。

到2018年底，全省煤矿978座，其中国有独资煤矿135座，占13.8%；国
有控股的混合所有制煤矿578座，占59.1%；民营及民营控股煤矿265座，占
27.1%。

四是通过重组整合，山西煤炭跨越到"大基地、大集团、大煤矿"时代。
2008年山西率先在全国开展煤炭资源整合煤矿重组整合，到2011年，山西
省煤矿"多、小、散、乱"的产业格局发生了根本性转变，煤炭工业发生了质
的变化，进入了一个全新的"大基地、大集团、大煤矿"时代。产业水平、产
业集中度、安全保障能力明显提高，采矿秩序明显好转，能源基地的地位
进一步巩固，对全省经济结构调整、转型跨越发展起到了主导带动作用、
示范带头作用和基础支撑作用。时任国家副主席习近平和国务院副总理
李克强等7位中央主要领导同志都做过重要批示和充分肯定。

五是全面开展煤炭综合利用，循环多元转型发展取得重大成就。山西
高度重视煤炭循环综合利用，全省煤炭资源循环利用率、原煤洗选加工
率、主要污染源治理达标率、煤层气（瓦斯）抽采和利用量都将得到显著提
高，煤炭工业的可持续发展能力明显增强，为全省经济由资源依赖型向创
新驱动型转变打下坚实基础。

2017年底，全省建成了煤矸石综合利用电厂45家，煤矸石新型墙材企
业327家，煤矸石陶瓷生产企业45家，其他煤矸石利用企业21家，据不完全
统计，2017年产出矸石1.3亿吨，综合利用8800万吨，利用率67.7%；全省煤
层气输气管覆盖全省11个市，建成了80余座瓦斯发电厂。通过采取瓦斯集

输、压缩(CNG)、液化(LNG)、发电、民用等多种方式开展利用。其中,晋煤集团形成了瓦斯发电机组107台、运行瓦斯发电装机容量209兆瓦的瓦斯发电集群,年利用瓦斯4亿多立方米。

全行业投资640亿元,建设了循环经济园区20个,其中国有重点14个园区已成为煤炭工业新的经济增长点,初步形成全省煤炭循环经济基本格局。通过综合利用和循环经济的发展,建设了一批具有现代煤化工、多晶硅、光伏产业等重点转型标杆项目,推进了一批煤矸石、煤层气、粉煤灰、高岭土、铝矾土等煤炭资源综合利用项目,推进了以教育、物流、金融保险、装备制造、交通运输、生物制药、房地产、旅游服务、生态农业等为主的煤炭现代高端服务产业。

2018年,山西原煤洗选率达到73%,比1978年全国平均水平的16.7%提高4.37倍,比山西煤炭整合重组前的2008年原煤入洗比重提高15个百分点,洗煤闭路循环率达到100%;煤炭行业综合利用电厂总装机容量4314万千瓦,比1978年全省总装机容量212.48万千瓦增长近20倍;煤化工年生产规模超过6000万吨,煤层气产量达120亿立方米,居全国首位;从1978到2018年40年来,全省煤矸石综合利用率由5%提高到67.7%、矿井水复用率达到95%以上并100%实现达标排放、新建矿山破坏土地复垦率达到100%。

据"十二五"统计,全省煤炭行业非煤项目投资累计投资2689亿元,比"十一五"增加1624亿元;非煤收入4.22万亿元,比"十一五"增加3.69万亿元。煤炭行业非煤经济已经成为煤炭经济的重要组成部分,煤与非煤产业齐头并进的发展新格局已经形成。

六是安全保障跨越发展,百万吨死亡率降至双零。山西省始终把生命至上,安全第一摆在重要日程,出台了各项安全措施和预防安全考核办法,加大安全执法检查力度,解决打击私挖乱采,加强对小煤矿的监管,加大对生产人员的安全培训,并通过生产技术进步和设备的更新换代,经过

40年的努力,安全形势明显改善。2018年,山西省生产安全事故死亡人数30人,比1978年死亡631人减少601人,下降95.25%;百万吨死亡率为0.033,比1978年百万吨死亡率6.42下降6.39个百分点;比历史最好水平2016年的0.053,下降37.74%。2018年安全形势创自有统计以来山西煤矿安全生产最好成绩,达到世界发达国家水平。

七是全面开展多种形式教育培训,煤炭人才队伍素质明显提升。山西率先在全国改招工为招生,倡行校企结合,建成省、市、县、企四级培训网络。省煤炭工业学校改制为山西省煤炭职业技术学院,各类煤矿企业,实施人才战略,坚持社会普通教育和自办专业教育相结合,培养高、中级人才队伍和安全生产技术普及教育相结合,形成了多层次全方位的教育网络。山西煤炭管理干部学院升为山西能源学院,山西煤炭职业技术学院、大同煤炭工业学校等行业内大中专学校成为全省煤炭专业人才教育基地。启动实施了百万职工培调工程,努力为职工成才创造条件,一批技术精湛的工人技师脱颖而出。

八是绿色开采和谐发展,清洁化水平和职工生活明显提升。从90年代末开始,山西煤炭行业坚持"人与自然相和谐,现代化矿井建设与园林式企业发展相统一"的原则,全面推进"六大造林绿化工程"建设。2008年以来,全省恢复治理矿山362座,矿山地质环境恢复治理面积近600平方公里,矿区土地复垦率达到50%以上。到2015年,潞安集团已完成绿化覆盖面积489.07万平方米,栽植各种树木15万余株,乔灌木3万余株,绿篱760万平方米,完成矿区自营公路、通道、街道造林绿化10.07万平方米,完成矸石山治理绿化面积达57.97多万平方米;中煤平朔集团公司,自建矿以来,恢复治理矿山投资50多亿元,土地复垦4万亩,复垦区绿化土地2.5万亩,土地植被覆盖率达95%以上,生活区绿化率达47%。

随着煤炭绿色开采和煤炭工业高质量发展,职工生活和工作环境不断改善、职工收入不断提高。2017年,全省煤炭行业在岗职工102.65万人,其中煤矿在岗职工68.56万人,生产煤矿在岗职工60.19万人。2017年国有重点煤炭企业在岗职工年均收入8万元左右;国有重点煤炭集团已基本完成棚户区改造,职工都喜迁新居。

在全国率先启动省属国有重点煤矿工伤保险统筹,参保率100%;率先建立井下工亡职工子女救济金制度和井下职工尘肺病治疗中心;全省煤矿全部为井下职工建立了井下意外伤害险。

九是山西积极推进能源革命建设,能源革命迈出了坚实的步伐。2014年,习近平总书记提出"四个革命、一个合作"的能源革命战略思想。山西作为煤炭能源大省,几年来在习近平总书记战略思想指引下,持续推进"四个革命、一个合作"迈出了坚实的步伐。

山西省委在认真落实国发42号文件的基础上,结合本省行动计划,印发《打造能源革命排头兵行动方案》,从能源供给革命、能源消费革命、能源技术革命、能源体制革命、能源对外合作等方面提出一系列举措,推进能源革命在全国率先破题,发挥引领作用,摁下了能源转型"快进键"。

"放管服效"改革效果明显。2015年以来,审批事项大幅精简,审批流程不断优化,精简、合并、取消、下放、部分下放审批事项32项。建立和完善行政审批服务承诺制、限时办结制等效能建设管理制度,实现了"窗口集中受理、一站式服务",严格做到"平台之外无审批""场所之外无交易"。积极推进社会信用体系建设和行政审批"互联网+政务服务",提供"全程网办"服务。

加快推动煤炭转型升级,能源供给质量持续改善。积极化解煤炭过剩产能,推进煤炭减量置换和减量重组,率先实行减量化生产,压减产量占全国压减量40%左右,退出总量全国第一,先进产能占全省生产总能力68%。

加快煤炭绿色开采,推进煤矿从机械化、自动化、信息化向智能化开采发展,打造煤炭无人(少人)智能开采新模式,煤炭生产效率和智能化水

平得到进一步提升。

不断加快发展清洁能源，向绿色多元领域迈进。全省加快推进煤层气、风电、光伏、氢能等清洁能源和新能源发展。不断加快晋电外送通道建设，实施"煤电并举"。2018年跨省跨区市场交易电量增加127亿千瓦时，全年外送927亿千瓦时，同比增加152亿千瓦时，运行燃煤发电机组全部实现超低排放改造。实施煤改电惠民工程，从根本上优化能源消费结构。2018年全省完成80万户煤改电、煤改气和集中供热改造任务，全省热电联产集中供热率近70%，城市集中供热普及率超过90%。2017年，全省单位GDP能耗下降3.37%，二氧化碳排放下降3.9%，超额完成年度目标。

十是顺应全省煤炭工业发展大势，煤炭管理体制不断创新改革。40年来，全省煤炭工业随着经济发展和国家、省级机构体制变化，经历了十次大的改革。

第一次，1978年中央和国务院作出把山西建成能源重化工基地的战略决策后，为了发挥山西煤炭资源优势，调动煤炭工业的积极性，1979年，经山西省人民政府批准，组建了山西省地方煤炭工业管理局。全省地方国营煤矿企业（包括6个地方统配局矿）由省地方煤炭工业管理局和各地（市）、县煤炭工业管理部门，按分级管理的原则，从生产、安全、建设、勘探、设计、经营、教育培训等方面实行职能管理，干部及党务工作仍实行块块管理，对集体所有制煤矿进行业务归口管理；随着农村各项经济政策的逐步推行和落实，山西省集体煤矿发展迅速，煤矿企业及产量在山西煤炭工业中所占比重急剧增长。为了加强对集体煤矿的管理，1979年12月，山西省决定由山西省社队企业管理局和山西省地方煤炭工业管理局对全省社队煤矿企业实行双重领导。山西省社队企业管理局所属的山西省矿业公司，在原管理全省小煤窑集运车队和煤炭集运站的基础上，具体负责社队煤矿的管理工作；1980年，山西省人民政府决定，除矿山行政管理（审批矿权）和煤炭销售的分配计划仍由山西省地方煤炭工业管理局统一管理外，全省社队煤矿从生产计划、生产技术、安全生产、基本建设、教育培训等管理工作以及贯彻办矿方针、政策等,全部由山西省社队企业管理局下设的山西省矿业公司进行管理。各地(市)县社队企业管理局也设置了相应的管理机构。至此,全省煤炭工业形成了山西省煤炭工业管理局管理大同、阳泉、西山、汾西、晋城、潞安、轩岗7个矿务局,山西地方煤炭工业管理局管理霍县矿务局等6个统配局(矿)和非统配地方国营煤矿(含对手工业集体煤矿的业务归口管理),山西省社队企业管理局(通过矿业公司)管理全行业社队煤矿的体制。这一体制的确立,在当时条件下对于充分调动各类煤矿的积极性,扬长避短,发挥各自优势,建设山西能源重化工基地,发挥了一定的作用。是年5月,省委决定将山西省地方煤炭工业管理局改为二级局,仍单列编制,隶属于省煤炭工业管理局。6月,山西省成立地方煤炭对外贸易公司,隶属于山西省进出口委员会,负责管理全省出口煤炭事宜。

　　第二次,1983年山西省在管理体制改革中,将山西省煤炭工业管理局改为山西省煤炭工业厅,为省政府的职能机构。山西省地方煤炭工业管理局为厅属二级局。大同等7个统配矿务局由山西省煤炭工业厅直接管理,霍县矿务局等6个地办统配局(矿)和非统配地方国营、手工业合作社煤矿由地方煤炭工业管理局管理。全省社队煤矿仍由山西省人民公社企业管理局(即原社队企业管理局)下设的省矿业公司管理。为了加强山西省煤炭资源的管理,是年10月,省委、省政府决定成立山西省煤炭资源管理委员会(简称"煤资委"),并设立办公室,专司统一划分和审批各类煤炭企业煤炭资源、协调统配和地方煤矿在开采中发生的资源归属问题,调处和裁决采矿权属和矿界纠纷;制定有关煤炭资源开发方面的地方性法规,贯彻国家有关法令、法规并监督其执行情况。是年,为加强对出省煤炭的统一管理,在山西省经济委员会下设山西省煤炭运销总公司,各地(市)设立分公司,在总公司统一领导下,组织全省地方煤炭的外运销售;1984年,山西省煤炭工业的管理体制为:山西省煤炭工业厅直接管理大同等7个统配矿

务局;山西省地方煤炭工业管理局管理霍县矿务局等6个地方统配局(矿)和地方国营(含军办、手工业)煤矿;山西省人民公社企业管理局管理全省社队煤矿;山西省煤炭资源管理委员会管理全省煤炭资源的占用;中国煤炭进出口总公司山西分公司管理全省煤炭出口业务。

第三次,1985年初国家煤炭工业部、山西省人民政府共同签署了《关于山西统配煤矿管理体制改革问题商谈纪要》,向财政部提交了《关于山西统配煤矿管理体制改革问题的报告》。山西省煤炭工业厅及其管理的大同、阳泉、西山、汾西、潞安、晋城、轩岗等7个矿务局和山西煤矿基本建设局(含所属机械施工处),山西煤田地质勘探公司、山西煤矿机械厂,山西煤矿设计院、山西煤炭管理干部学院、山西煤矿安全技术培训中心、山西煤炭职工中心医院、山西煤炭环境保护监测站等,按1984年底在册人数全部上划煤炭工业部管理;山西省煤炭工业厅改为国家煤炭工业部山西煤炭工业管理局,为国家煤炭工业部的派出机构,统一管理山西(除同煤以外)的部属企事业单位;所有上划单位的党务工作仍接受所在地党委统一领导;1985年9月,山西省政府撤销山西省地方煤炭工业管理局和山西省矿业公司,新组建山西省煤炭工业厅,行使全省各类地方煤炭工业管理职能,各地(市)和产煤县组建煤炭工业管理局。

第四次,1994年国务院批复了国家煤炭工业部、山西省政府提请的《关于改革山西煤炭工业管理体制问题的请示》。批复要求,按照政府转变职能、政企分开和理顺中央与地方关系的原则,确定煤炭工业部和山西省对山西煤炭工业的管理职责。将煤炭工业部所属的山西煤炭工业管理局和山西省人民政府所属的煤炭工业厅合并为一个机构,挂两个牌子,受煤炭工业部和山西省人民政府双重领导。一个牌子为山西煤炭工业管理局,是煤炭工业部派出机构;一个牌子为山西省煤炭工业厅,是山西省人民政府的职能部门,列入政府序列。批复确定:山西国有重点煤矿的主要领导干部(党政正职),由煤炭工业部负责任免(大同矿务局和平朔矿领导干部仍按原规定的权限管理),煤炭工业部任免这些干部时,事前要征求山西省人民政府的意见;国有重点煤矿的党政副职领导干部由山西省级煤炭管理机构任免,并报煤炭工业部、山西省政府备案。批复要求,山西省煤炭工业管理体制完成此次改革后,山西国有重点煤矿产权仍归中央政府所有。为了有利于统一协调产、运、销关系,山西煤炭的运、销由国家统一调度平衡,按照国家计划安排,由山西省级煤炭管理机构具体组织实施。国家对山西国有重点煤矿的生产、调运等具有最高的协调权和调度权。是年,中央编制委员会办公室、山西省委、省政府以中编委〔1994〕82号和晋发〔1994〕27号文件下发通知,确定山西煤炭工业管理局和山西省煤炭工业厅为一个机构,两块牌子。既是煤炭工业部的派出机构,又是山西省人民政府的职能部门,是山西境内各类所有制煤矿和各种隶属关系的煤炭企业的行政主管部门,接受煤炭工业部和山西省政府双重领导;1995年12月14日煤炭工业部办公厅、山西省人民政府办公厅印发了《山西煤炭工业管理局、山西省煤炭工业厅职能配置内设机构和人员编制方案》。《方案》确定山西煤炭工业管理局、省煤炭厅机关设17个职能处(室、局)、直属机关党委和派驻的审计处及纪检(监察)机构。山西省煤炭资源管理委员会(简称"煤资委")挂靠在新的煤炭机构。

第五次,1998年国家撤销煤炭工业部,将原中央直属7个矿务局统配煤矿全部下放山西,实行人、财、物统一管理。将原煤炭工业部直属和直接管理的国有重点煤矿,以及原随煤矿一起上收、为煤矿服务的各类企事业单位一并下放地方管理。财政部划转资产总额433.77亿元,负债总额275.22亿元,所有者权益158.55亿元;劳动工资和社会保险基金划转。划转在职职工36.55万人,离退休职工11.35万人;企业应提工资总额41.76亿元,实提工资34.98亿元,工资总额35.82亿元;事业单位工资总额2190万元;养老保险基金余额6.06亿元。原煤炭工业部与各煤炭企事业单位的债权债务,由国家煤炭工业局负责继续清理。

第六次，2000年山西省委下发了《山西省人民政府机构改革方案》，将原煤炭工业部直属的山西煤炭工业管理局改组为山西煤矿安全监察局，山西省煤炭工业厅更名为山西省煤炭工业局，划为山西省经贸委的部门管理机构。山西煤矿安全监察局为国家煤矿安全监察局直属机构，实行国家煤矿安全监察局与山西省政府双重领导，以国家煤矿安全监察局为主的管理体制。7月，山西省政府办公厅印发《山西省煤炭工业局职能配置、内设机构和人员编制方案》，确定了省煤炭工业局10项职责。9月，山西煤矿安全监察局、山西省煤炭工业局正式挂牌。山西煤矿安全监察局全面行使国家赋予的职责；山西省煤炭工业局全面行使山西省人民政府赋予的职责，负责全省煤炭行业管理。

第七次，2002年山西省设立省安全生产监督管理局，与山西煤矿安全监察局合署办公，负责全省煤矿安全管理职能。2004年，全省煤矿安全管理职能重新划归山西省煤炭工业局。2005年，国家煤矿安全监察局下发《关于煤矿安全监察办事处更名为监察分局的通知》，山西煤矿安全监察局下设的西山、大同、阳泉、长治、临汾、吕梁6个煤矿安全监察办事处分别更名为太原、大同、阳泉、长治、临汾、吕梁煤矿安全监察分局。

第八次，2007年按照国务院下发的《关于在山西省开展煤炭工业可持续发展政策措施试点的意见》，针对全省煤炭管理职能分散、规划管理弱化、行业准入标准低等问题，提出了理顺煤炭管理体制，科学确定职能，充实和加强煤炭行业管理力量，健全和完善管理制度，优化政策环境，加强对煤炭生产、安全、建设、经营全过程的监督管理。制定印发了《山西省煤炭工业可持续发展政策措施试点工作总体实施方案》。中央编办4月5日下发了《关于山西省理顺煤炭工业管理体制实施意见的批复》，批复同意山西省煤炭工业局由原属省经济委员会管理的机构改为省政府直属机构。随后，省委办公厅、省政府办公厅下发了《关于调整煤炭工业管理体制的通知》，将山西省煤炭工业局由原属省经济委员会管理的机构改为省政府直属机构,明确为实施全省煤炭行业管理和煤矿安全监管的职能部门。

第九次,2009年国家新的一轮机构改革启动,中央办公厅、国务院办公厅批复了山西省委、省政府上报的《山西省人民政府机构改革方案》。《批复》明确提出对山西煤炭管理机构再行调整:"组建煤炭工业厅,为省政府组成部门,将原煤炭工业局职责、经济委员会有关煤炭工业方面的职责,整合划入煤炭工业厅,不再保留煤炭工业局。"《批复》下达后,省政府召开第49次常务会议,明确"要充分利用政府机构改革时机,进一步加强和理顺省、市、县三级煤炭工业管理机构"。为了明确煤矿相关人员安全培训考核发证职责,经山西省人民政府请示,中央编办〔2009〕111号函答复:"煤矿主要负责人,安全生产管理人员安全资格及特种作业人员(含煤矿矿井使用的特种设备作业人员)操作资格考核发证工作由山西省政府明确一个部门统一负责"。是年11月山西省人民政府办公厅印发《山西省煤炭工业厅主要职责、内设机构和人员编制规定》,一是省煤炭工业厅"按省政府规定权限,审批、核准煤炭企业技术改造类固定资产投资项目";二是将原省经济委员会负责的煤炭运销和煤炭经营资格证管理职责划给省煤炭工业厅,明确与中国(太原)煤炭交易中心委托与被委托的关系,实现了煤炭行业管理部门对煤炭运销工作统一管理;三是将原省劳动保障行政管理部门负责的煤炭行业劳动用工管理职责授权省煤炭工业厅管理;四是增加了省煤炭工业厅对煤炭资源矿业权设置的初审权;五是明确省煤炭工业厅负责全省煤矿职工教育培训工作,统一负责矿长资格、煤矿主要负责人、安全管理人员安全资格的考核发证;六是加强全省煤矿安全监管职责,落实省煤矿安全管理相关厅(局)际联席会议制度、煤矿安全联合执法制度、煤矿事故约谈制度和督促煤矿企业对重大危险源的安全管理与监控;七是界定了部门职责,明确了相应责任,规定"省煤炭厅负责全省煤矿安全监管工作,分解下达设区的市和国有重点煤炭企业安全生产控制指标,并进行考核;省安监局对全省煤矿安全生产工作实施综合监管"。

经过2009年煤炭管理体制新一轮改革调整，煤炭行业管理部门实现了由偏重煤炭生产管理到对全省煤炭生产、建设、经营、安全实施全过程监督管理的转变；实现了由多部门行政审批、证照管理到省煤炭工业厅主要负责的转变；形成了以省煤炭工业厅为主，安全、资源、环保等管理部门各司其职、分工明确、衔接配合的煤炭行业宏观管理格局。随着省级煤炭工业管理体制的调整，全省各产煤市、县煤炭行业管理体制调整，也按照省政府的要求和机构改革的方向，确定职责，设置机构，理顺体制。

截至2010年底，全省11个产煤市除运城市煤炭工业局与安全生产监督管理局合署办公外，太原、大同、朔州、忻州、阳泉、晋中、吕梁、临汾、长治、晋城10个市均单独设置煤炭工业局，对煤炭工业实行行业管理。84个产煤县(区、市)按照县级政府机构改革的部署，统筹煤炭管理机构的设置，其中34个单独设立煤炭工业局，47个与同级安全生产监督管理局合署办公，3个与同级经委合署办公；直属国家煤矿安全监察局的山西煤矿安全监察局在全省11个市，由2000年设立时的6个安监办事处，几经调整更名，设置了10个煤矿安全监察分局(临汾市、运城市合设一个分局)，行使煤矿安全监察职责。

第十次，2018年10月在国家新一轮机构改革中，撤销了山西省煤炭工业厅，组建山西省能源局。省能源局作为省政府的直属机构，主要承担原省煤炭工业厅行业管理职责、省发展和改革委员会的能源管理职责、省经济和信息化委员会的节能降耗、能源管理职责。山西省能源局的组建，是省委、省政府落实中央关于党政机构改革重大政治决策的重要内容，对推进全省能源高质量发展具有重大里程碑意义。

沧海横溢，百舸争流

70年，山西煤炭走过了恢复、建设、改革和发展的艰难历程，谱写了一曲曲感天动地的惊魂赞歌，绘就了一张张战天斗地的非凡画卷，取得了巨变70年的辉煌成就。

巨变70年，山西煤炭始终坚持党的领导。70年来，山西煤炭所以能取得辉煌的成就，一条弥足珍贵的根本经验就是高举中国特色社会主义伟大旗帜，坚持党的领导，始终听党话跟党走，信念不变，方向不偏。70年来，从社会主义改造到计划经济体制向市场经济体制的转变，从矿井数量多、单井规模小、装备水平低到矿井数量少、单井规模大、装备水平高，从煤炭产供能力由267万吨扩大到近10亿吨，从国家统配统销煤炭到取消全省所有公路煤焦运销站点，从煤炭综合利用由"一枝独大"巨变为"综合利用多元发展"，从"千疮百孔黑煤窑"到"绿色生态园林文明矿山"，从不顾资源和环境单纯煤炭开采供应到资源节约和环境友好型的可持续发展，从注重数量型发展到实施煤炭供给侧结构性改革、推进煤炭转型高质量发展等等，不同的历史时期不同的发展阶段，山西煤炭人矢志不渝、信念坚定，始终把党的主张内化于心、外化于行，变成发展的动力和激情。山西煤炭改革发展靠的是党的领导、党的号召和党的政策，是党的政策发展了山西煤炭、壮大了山西煤炭、辉煌了山西煤炭。

巨变70年，山西煤炭始终坚持改革开放。中华人民共和国成立到1978年，山西煤炭通过近30年的发展，完成了全省煤炭工业体系基本形成的历史任务。十一届三中全会后，春天的故事传遍全国，山西煤炭敞开胸怀拥抱世界、接纳世界，一路高歌猛进，在改革开放的浪潮中自强崛起。1987年9月，在邓小平同志积极倡导、8次过问下，中美合作兴建的当时世界最大的露天煤矿——年产1533万吨的平朔安太堡露天煤矿在山西建成投产，被誉为中国改革开放的"试验田"。之后，山西煤炭工业贯彻落实党中央"抓住机遇、深化改革、扩大开放、促进发展、保持稳定"的指导方针，一鼓作气，坚定不移地扩大改革开放。兄弟省份鲁能集团、淮南煤矿，央企神华、中煤、华润等煤炭主体企业陆续进驻山西，以企业并购、协议转让、联合重组、控股参股等形式开发经营山西煤炭，山西煤炭形成了以股份制为

主要形式、国有民营并存的现代企业制度运行的办矿格局。

回顾山西煤炭管理机构和体制改革，回顾山西煤炭成功应对亚洲金融危机、国际金融危机的艰难历程，回顾山西勇于在全国率先开展煤炭资源整合和有偿使用，率先实施煤炭工业可持续发展试点，率先大规模推进煤炭资源整合、煤矿兼并重组，其中一条制胜的法宝就是坚持改革开放。正是坚持了改革开放，才使山西煤炭能够自如应对复杂多变的国内外环境；正是坚持了改革开放，才使山西煤炭在市场经济的摔打搏击中越打越坚强，越摔越壮大。正是坚持了改革开放，才使山西煤炭经历了从计划经济到市场经济的转轨，从粗放扩张到集约高效的转型，从建设全国能源基地到建设新型能源基地再到高质量发展和争当能源革命排头兵的升华。

巨变70年，山西煤炭始终坚持科技创新。山西煤炭实现从人背肩扛、畜力拉运到人工炮采再到机械化、自动化、信息化、智能化采掘的演进过程，其中贯穿的一条红线就是坚持科技创新，始终如一改进装备。70年来，从1949年大同矿务局生产排水改用变压器代替补偿起动器，到2018年阳煤集团与德国HB布朗公司合作研制中国首台套szd1000/1710转盘式工、转、破一体机，山西煤炭人始终在研发、引进、消化和吸收煤炭技术，一些创新技术项目填补了国内外煤炭技术项目空白，引领了中国乃至世界煤炭技术发展。70年来，从1951年太原机器厂制造的第一台国产割煤机在大同煤矿进行首次试验，到成功举办18届"太原煤炭工业技术装备展览会"，山西煤炭装备水平不断提高。正是靠煤炭装备技术水平的持续创新，山西煤炭始终引领国内外煤炭发展潮流。

巨变70年，山西煤炭始终坚持矿工为本。人是生产力中最重要的因素。70年来，山西煤炭始终把百万矿工对美好生活的向往作为最大的工作目标，促使山西煤矿教育实现了从无到有的快速发展，促使煤炭产业大军由农民挖煤工发展到专业型人才队伍；大规模推进矿山环境治理和生态文明建设，不断改善矿工生活条件，全力推进棚户区改造，促使矿工生活质量发生了翻天覆地的变化。特别是始终怀着敬畏生命、敬畏责任、敬畏制度的情怀,宁听骂声、不听哭声,健全煤矿安全生产管理制度,持续改进矿井采煤方法,制定出台安全、操作和作业规程,如履薄冰、如临深渊,履职尽责,千方百计保护广大矿工兄弟的珍贵生命。从六七十年代一起起惨痛的群死群伤的煤矿事故到2018年全省煤矿百万吨死亡率达到0.033,创造了山西自有统计以来最好的煤矿安全生产成绩,摘掉了"煤黑子"称号,使矿工转变为令人羡慕的职业,使山西煤矿安全生产由矿难频发发展到世界发达国家水平。

巨变70年,山西煤炭始终坚持文化引领。文化是根,文化是魂。70年来,山西煤炭始终坚持以正确的舆论引导人,以高尚的情操塑造人,以劳模的精神鼓舞人,构建了煤炭精神的指示标塔,创造了丰富的煤炭精神财富,为山西煤炭改革发展提供了强大的精神动力和良好的文化氛围。60年代,潞安矿务局石圪节矿坚持勤俭办企业,被国家经委树为勤俭办企业典型,煤炭部向全国推广石圪节经验,周恩来总理在中南海亲切接见了山西潞安石圪节煤矿矿长等"五面红旗"代表。"特别能吃苦、特别能战斗、特别能奉献"的石圪节精神在全国煤炭行业得以弘扬。进入新时代,山西煤炭人创造了"忠厚吃苦、敬业奉献、开拓创新、卓越至上"的山西煤炭精神,高度概括了山西煤炭工人朴实无华、厚德载物的高尚情怀,集中反映了山西煤炭工业艰苦奋斗、忠诚为国的精神风貌。随着时代的变迁,随着山西煤炭工业的发展,山西煤炭文化、山西煤炭精神还将与时俱进、不断充实、丰富内涵,必将成为鼓舞百万煤炭职工推进煤炭改革创新的强大精神力量。

船到中流浪更急、人到半山路更陡。70年发展历程,山西煤炭有挑战更有机遇,有困难更有希望。宏观经济上,世界大国能源摩擦不断,市场风险突显。我国能源对外依存度不断攀升,能源供需总体宽松与个别品种区域性、时段性供给紧张局面并存,保障能源安全挑战加剧;产业发展上,全球能源清洁低碳发展成为主流,山西煤炭清洁高效利用问题突出,能源转

换效率低。这些挑战都需要我们冷静对待，保持定力，增强工作预见性。

展望未来，山西煤炭将以习近平新时代中国特色社会主义思想为统领，继往开来，坚定走煤炭"减、优、绿"之路，开启煤炭高质量发展新征程，昂首阔步奋进新时代。

奋进新时代，就是要遵循好一个思想。2014年，习近平总书记在中央财经领导小组第六次会议上提出能源消费革命、供给革命、技术革命、体制革命和加强国际合作的"四个革命、一个合作"的能源革命战略思想，这是从国际视野和国内环境着眼作出的重大战略决策，必将推动全国能源产业发生革命性巨变。习总书记强调指出，我们正在压缩煤炭比例，但国情还是以煤为主，在相当长一段时间内，甚至从长远来讲，还是以煤为主的格局，只不过比例会下降，我们对煤的注意力不要分散；我国煤炭资源丰富，在发展新能源、可再生能源的同时，还要做好煤炭这篇文章。作为山西煤炭行业，最需要深刻理解能源革命的重要思想内涵，就是要通过技术革命，实现供给和消费的革命，就是要实现绿色高效供给，清洁低碳利用，就是要通过推动煤炭（能源）革命实现革命兴煤。煤炭是我国最丰富、最经济、最可靠的能源，其在我国能源供给中的主体地位不会改变。山西是全国的煤炭产供大省，过去的70年为全国经济建设和社会发展做出了巨大的贡献，在今后一定时期，山西煤炭大省的地位也不会改变，山西煤炭对全国能源供给的支撑作用不会降低，加之居中的区位优势、良好的品种优势和在山西本省经济社会发展中的重要地位和作用，必须按照能源革命的内涵要求，继续做好煤炭这篇大文章，实现由煤炭（能源）革命到革命兴煤的转变。

做好煤炭大文章，就是要当好能源革命排头兵，搞好能源综改试点。这是山西煤炭人的誓言，也是山西煤炭人的信念，更是山西煤炭人的行动。这是担当，也是责任，更是使命。事实上，山西煤炭从2016年起已经开始全面贯彻落实总书记的战略思想，并取得了化解煤炭过剩产能重大成就。山西煤炭要继续深化总书记这一重要战略思想，坚定目标，继续化解煤炭过剩产能，发展煤炭先进产能，建成若干智能化煤矿试点和生态友好矿区试点，成为全国煤炭转型升级的"山西样板"，为全国推进能源革命提供可复制、可推广的"山西经验"。

为全面贯彻落实习近平总书记视察山西重要指示精神，中共山西省委印发了《打造能源革命排头兵行动方案》，确定山西要构建煤、电、气和新能源等互补的能源供给体系。要求煤炭要坚定不移地走"减、优、绿"之路，积极推进先进产能提升工程、安全高效开采工程和资源综合利用工程三大工程。积极推进煤炭生产装备数字化和生产过程智能化建设，建成一批世界一流的自动化、智能化、现代化的矿井，构建绿色高效安全的现代煤炭生产开发供给体系。积极推进全循环、多联产的煤炭循环经济链和煤炭经济园区的建设。构建以资源化、减量化、再利用和高端化、多元化为特征的煤炭产业循环发展的新型工业体系。积极推进以煤炭绿色高效安全开发供给和利用为中心的技术、人才、培训、装备、保险、物流、交易、信息等现代服务业，构建支撑全省煤炭乃至全国煤炭工业高质量和健康可持续发展的现代服务体系。

前不久，习近平总书记主持召开中央全面深化改革委员会第八次会议，会议审议通过《关于在山西开展能源革命综合改革试点的意见》，作为全国首个能源革命综合改革试点，我们要通过综合改革试点，努力在提高能源供给体系质量效益、构建清洁低碳用能模式、推进能源科技创新、深化能源体制改革、扩大能源对外合作等方面取得突破，要把山西建成煤电气和新能源并举的绿色供给、清洁利用的综合能源基地，争当全国能源革命排头兵。山西煤炭一定会抢抓这一千载难逢战略机遇，大胆进行探索和尝试，创新开展煤炭革命综合改革试点，打造资源型地区可持续发展的新典范，为中国的能源转型升级提供山西经验，贡献山西智慧。

巨变70年，山西煤炭成就辉煌。

奋进新时代，山西煤炭前景广阔。

手工刨煤

综采机械化采煤

人工提煤

提煤储运自动化

人工运煤

运煤机械化

三、山西煤矿建设硕果累累

煤炭生产,建设先行。中华人民共和国成立70年,山西煤炭建设发展的历程,是一个全面坚持基本建设程序,按客观规律办事,科学布局,全面规划,依法组织,有序发展的过程,是一个从扩张到调整,再到走向转型崛起的过程。在行业机构建设、制度建设、队伍建设、施工建设、质量建设、监理建设等各个方面都取得明显成效,并形成一套完整的现代化煤矿建设运行体系,特别是煤矿建设的科学设计、新技术、新工艺、新材料、创新管理的全面推广和应用,极大地促进了煤矿建设的快速发展。

中华人民共和国成立至改革开放前,主要是保证矿区、矿井接替和企业规模发展,促进煤炭生产技术水平提升,保障国民经济建设对煤炭的需求。1978年党的十一届三中全会确定了以经济建设为中心的国策方针,山西煤炭基本建设推进煤炭技术进步和规范制定相关政策,规范建设程序,鼓励大中小煤矿同时改造建设;1998年,煤炭市场疲软,山西煤炭基本建设趋于低潮,为了帮助煤炭基本建设企业渡过难关,经省委、省政府同意,山西省煤管局基本建设局成立了山西省煤炭筑路大军指挥部,率领全省煤炭基本建设广大干部职工开赴石太高速、京大高速、夏汾高速,投入到山西高速公路建设中,发扬了山西煤炭基本建设队伍不怕苦、不怕累、特别能战斗的精神,圆满完成了省委、省政府交给的修路任务。

2001年,随着市场需求拉动,煤炭需求不断增大,我省煤炭基本建设项目逐步恢复和增加。2005年开展煤炭资源整合和有偿使用,特别是2008

年以来，山西全面推进煤矿企业资源兼并重组整合，全面推进煤矿规模化、机械化、信息化、现代化建设，使全省煤炭基本建设进入历史高潮。同时，根据山西煤炭基本建设的实际，建立健全了各项规章制度，完善了基本建设监管机制，规范了煤炭建设市场秩序，保证了项目建设的顺利进行，全省煤炭基本建设步入法制化、规范化的轨道。

中华人民共和国成立70年来，山西煤矿建设施工队伍不断发展壮大，到2019年，山西煤矿建设施工企业发展到21个，其中一级资质16家，注册职工5万多人；煤矿建设投资不断扩大，全省煤矿建设投资由1978年的3.27亿元增加到2010年的195亿元；2010年以来，山西基本建设投资处于高位运行，2016～2018年的基本建设平均投资是1950年的4330倍，是改革开放前1978年的185倍；煤炭专业设计单位不断增加，从中华人民共和国成立初期只有一个全省性基建设计专业机构，发展到现在的35家煤炭专业设计单位；工程质量监督和煤炭监理实现煤矿建设项目全覆盖，全省现有各级煤炭工程质量监督机构20家，各类监督专业人员350余人。煤炭建设工程监理企业15家，为促进全省经济持续健康发展做出了重大贡献。

（一）煤矿建设能力明显提高，建设项目越来越大

中华人民共和国成立后，在国民经济恢复时期，根据国家"全面恢复，重点建设"的方针，对大同、阳泉、潞安3个中直煤矿11对矿井和西山、富家滩两个省营煤矿的4对矿井进行了重点恢复和建设。

1953年起，国民经济进入"一五"建设时期，山西中直煤矿恢复和新建矿井27对，设计能力1413万吨/年，投产11对。连同恢复时期结转的4对矿井，共增加能力756万吨/年，共完成投资1764.81万元（含期内在建矿井项目完成投资）。

1958年，山西煤矿建设在"大跃进"形势下，规模急剧膨胀。中直矿务

局共开工新建矿井57对,设计能力4101万吨/年,其中56对是在1958年和1959年两年内一哄而起开工的。56对矿井中有43对在1959年和1960年先后停建,造成严重的经济损失。5年间投产新建矿井7对,投产续建矿井12对,新增能力778万吨/年。

1958年和1959年,省、地(市)营煤矿开工新建矿井19对,设计能力568万吨/年。

三年经济调整期间,汾西矿务局柳湾平硐和阳泉矿务局北头嘴四尺斜井相继建成投产,分别增加能力30万吨/年和45万吨/年。1965年,开工新建汾西矿务局高阳立井,设计能力120万吨/年,到1973年建成投产,共完成投资6247.33万元。与高阳立井同年开工新建的晋城矿务局凤凰山斜井,设计能力150万吨/年,于1970年建成投产,完成投资5743.15万元。

1966年至1975年的第三、第四个五年计划期间,由于"文化大革命"的干扰、冲击,山西煤炭工业基本建设管理机构被撤销,已经恢复和健全起来的建设程序遭到严重破坏。根据国家"扭转北煤南运"指导思想,75%的基建施工队伍调往南方支援"三线",致使山西煤矿建设规模缩小,速度减慢。10年中,中直煤矿开工新建矿井3对,恢复建设矿井1对,设计能力共480万吨/年,完成投资近1.26亿元。

1966~1975年,山西地方国营煤矿先后开工新建矿井17对,设计能力372万吨/年。因管理混乱,违反基本建设程序,地质资料不清,设计简单,加之投资不足,材料供应困难等,大部分矿井建设周期长,浪费严重。

1978年,中共十一届三中全会以后,特别是国家把山西列为能源重化工基地,煤矿建设投资由1976年的1.6亿增加到2010年的195亿元,使山西煤矿建设得以迅速发展。

自2010年以来,截至2018年年底,全省共完成兼并重组整合矿井建设446座,能力42 615万吨/年;建成新建矿井17座,矿井规模总量8230万吨/年。矿井新增规模从小到大、从弱到强不断发展,综合实力和保障能力显

著增强，有力保证了我省煤炭生产的延续发展和国家经济建设对山西煤炭的需求，为山西经济社会的快速发展起到了积极的支撑作用。

1.推进现代化矿井建设，综合效应逐步显现

随着三大煤炭基地建设规划的逐步实施，以及全省大集团和大型煤炭工业园区建设战略的推进，同煤塔山（1500万吨/年）、同煤同忻（1000万吨/年）、同煤麻家梁（1000万吨/年）、阳煤寺家庄（500万吨/年）、晋煤寺河（1080万吨/年）、赵庄（600万吨/年）、潞安高河（600万吨/年），以及中煤王家岭（600万吨/年）、平朔东露天（2000万吨/年）等一批特大型矿井建成投产，后起新秀的晋能集团、山西煤炭进出口集团实力表现不俗，晋能忻州王家岭煤矿（500万吨/年）、河曲旧县露天（300万吨/年）相继建成。我省大同、平朔、西山、阳泉、汾西、霍州、晋城、潞安等大型矿区的建设格局基本形成。现代化大型矿井的建设，进一步解决了我省煤炭工业产业集中度低、产业技术水平低、综合竞争力不强、煤矿安全生产形势差、资源环境破坏严重突出、煤炭及相关产业发展不平衡等问题，推动了山西煤炭产业结构的优化和循环经济的发展。与此同时，地方煤矿积极进行升级改造，上水平，上档次，兰花实业、沁新煤焦、离柳焦煤等一批区域性地方大型煤矿和煤炭企业集团公司的建设也已形成规模，进入了全国煤炭百强企业之列，为地方经济的发展做出了较大贡献。

2.推进结构调整，实现以煤为基多元发展

2008年以来，在党中央、国务院的正确领导下，在国家有关部委的指导和大力支持下，省委、省政府紧紧抓住国际金融危机蕴含的机遇，以壮士断腕的决心和勇气，采取强有力的措施，推进煤炭资源整合煤矿兼并重组，通过重组整合、全省煤矿"多、小、散、低"的产业格局发生了根本性转变，全省煤炭工业发生了质的变化，进入了一个全新的发展阶段，煤炭工

业的规模化、机械化、信息化、现代化水平明显提高。通过煤矿企业兼并重组使得全省煤炭产业水平明显提升，矿井数由2008年底的2598座压减到1053座,70%的矿井规模达到90万吨/年以上,30万吨/年以下的小煤矿全部淘汰,实现了资源的集约高效开采。同时办矿企业由2200多家减少到了130多家,形成4个年生产能力亿吨级和3个5000万吨级以上的煤矿企业。以股份制为主要形式的现代企业制度格局基本形成,资源配置进一步优化、矿业权设置、煤矿布局更趋合理,矿业秩序明显好转。截至2018年底,全省共完成兼并重组整合矿井建设446座,能力42 615万吨/年。

3.推进供给侧结构性改革,促进行业优化升级

为深入贯彻落实党中央、国务院关于化解煤炭过剩产能的总体部署,坚定走煤炭"减""优""绿"之路,按照山西省委、省政府"打造能源革命排头兵"工作要求,全省煤炭建设行业全力配合,把去产能与发展先进产能相结合、与促进产业结构调整相结合、与行业转型优化升级相结合,扎实稳妥推进化解煤炭过剩产能工作。自开展两轮化解煤炭过剩产能工作以来,截至2018年底,全省累计退出煤矿104处,三年退出产能1.13亿吨。同时,为积极推进优势先进产能逐步释放,一批新建项目,如晋城东大煤矿、焦煤庞庞塔煤矿在完成化解过剩产能任务后,获得建设项目核准,陆续开工建设。

4.推进行业规范管理,提升安全保障能力

随着国家各种法律法规的不断健全和完善,煤炭基本建设的法律法规也逐步建立健全,依法建设,依法监管,是煤炭建设行业健康发展的必然要求。2010年以来,根据山西煤炭建设的实际,建立健全了各项规章制度,完善了基建工作监管机制,规范了煤炭建设市场秩序,保证了项目建设的顺利进行,全省煤炭基本建设步入法制化、规范化的轨道。随着煤矿建设安全

监管职责进一步明确,安全监管责任进一步落实,煤炭企业施工现场管理、安全质量标准化建设、安全隐患排查治理、事故应急预警等制度逐步建立健全,安全管理水平得到全面提升,夯实了安全基础,全省煤炭建设安全形势持续好转,为加快煤矿建设速度,提高建设质量提供了强有力的保障。2018年全省建设矿井累计发生事故2起,死亡3人,事故起数比2010年减少7起,下降了77.7%;死亡人数比2010年减少47人,下降了94%。

5.新建矿井项目越来越多、规模越来越大

"六五"时期,中直统配煤矿开工新建矿井项目10个,新增设计能力2430万吨,期内完成投资66179.12万元;山西地方国营煤矿开工新建矿井项目12个,新增设计能力501万吨,期内完成投资12024.9万元;"七五"时期,地方煤矿开工新建矿井项目17个,新增设计能力431万吨,期内完成投资6483万元;"八五"时期,新建矿井投产项目13个,新增设计能力1416万吨,期内完成投资25.48亿元;"九五"时期,新建矿井投产项目23个,新增设计能力534万吨,期内完成投资8.51亿元;"十五"时期,新建矿井30万吨/年以上投产项目11个,新增设计能力2740万吨,完成投资96.8亿元;"十一五"时期,30～90万吨/年以上新建矿井(露天)投产项目38个,新增设计能力5540万吨,完成投资194.89亿元;"十二五"时期以来,90万吨/年以上新建矿井(露天)39座,新增设计能力20480万吨,其中:已建成投产项目17个,新增设计能力8230万吨。

6.扩建矿井及资源整合项目生产能力扩大

1978年中共十一届三中全会以后,为适应全国工作中心转移到经济建设上来的需要,山西煤矿在对矿井环节改造补套(不增加能力)的同时,把矿井增能扩建作为煤矿基本建设的重要任务。

到"五五"时期末的1980年底,山西中直煤矿7个统配矿务局续建投产

了"四五"期间开工的10对扩建矿井,净增能力500万吨/年。同时,新开工扩建矿井3对,总设计能力由396万吨扩大到885万吨,净增489万吨/年;1979年和1980年,地方国营煤矿新开工扩建矿井53对,设计能力由998万吨/年扩大到1858万吨/年,净增860万吨/年,共完成投资2.9亿余元。

"六五"时期,为实现山西能源重化工基地建设的战略目标,山西中直7个矿务局,在积极开发新矿区、建设新矿井的同时,续建投产了由"五五"时期结转的4对扩建矿井,即阳泉矿务局二矿、汾西矿务局柳湾矿井、西山矿务局杜儿坪矿井和潞安矿务局五阳矿井,净增设计能力579万吨/年;新开工扩建矿井8对,总设计能力由930万吨/年扩大到2025万吨/年,净增设计能力1095万吨/年,概算投资97520万元;地方国营煤矿新开工扩建矿井15对,总设计能力由611万吨/年扩大到1275万吨/年,净增设计能力664万吨/年,完成概算投资10569万元。

"七五"时期,地方国营煤矿新开工扩建矿井16对,总设计能力由459万吨/年扩大到942万吨/年,净增设计能力483万吨/年,完成概算投资13671万元。

"八五"时期,开工扩建矿井17对,总设计能力由717万吨/年扩大到1520万吨/年,净增设计能力803万吨/年,完成概算投资11.52亿元。

"九五"时期,开工扩建矿井20对,总设计能力由225万吨/年扩大到560万吨/年,净增设计能力335万吨/年,完成概算投资4.01亿元。

"十五"时期,开工扩建矿井42对,总设计能力由255万吨/年扩大到1569万吨/年,净增设计能力1314万吨/年,完成概算投资12.58亿元。

"十一五"时期,煤矿扩建投产矿井182对,设计生产能力由3246万吨/年扩建到19104万吨/年,净增生产能力5858万吨/年,完成扩建投资167.07亿元。建成投产的这182对矿井扩建项目,有64对是续建投产"十五"时期及之前开工的矿井。其余118对矿井均为"十一五"时期开工即建成投产,占期内投产扩建矿井总数的65%。

这一时期山西煤矿投产的182对矿井,包括国有重点煤矿矿井7对,共净增生产能力370万吨/年,完成投资7.94亿元;潞安矿业集团1对,即:潞宁矿井,净增生产能力60万吨/年,完成投资1.6亿元;晋城无烟煤矿业集团2对,即:成庄矿井和寺河矿井,共净增生产能力900万吨/年,完成投资36.45亿元。其余175对矿井为地方煤矿,其中:太原市13对,净增生产能力246万吨/年,完成投资5.84亿元;大同市1对,净增生产能力105万吨/年,完成投资5.3亿元;朔州市32对,净增生产能力1350万吨/年,完成投资46.72亿元;忻州市10对,净增生产能力102万吨/年,完成投资2.14亿元;阳泉市8对,净增生产能力249万吨/年,完成投资8.61亿元;吕梁市9对,净增生产能力241万吨/年,完成投资3.77亿元;晋中市27对,净增生产能力605万吨/年,完成投资22.36亿元;长治市38对,净增生产能力629万吨/年,完成投资12.18亿元;晋城市7对,净增生产能力282万吨/年,完成投资3.63亿元;临汾市30对,净增生产能力666万吨,完成投资10.95亿元。

"十二五"时期以来,山西推进煤炭资源整合、煤矿兼并重组,使煤矿"多、小、散、低"的产业格局发生了根本性转变,进入了一个全新的发展阶段,煤炭工业的规模化、机械化、信息化、现代化水平明显提高。通过煤矿企业兼并重组使全省煤炭产业水平明显提升,矿井数由2008年底的2598座压减到1053座,进入基本建设程序进行改建矿井(露天)762座,设计能力70440万吨;其中:已建成投产项目446座,设计能力42615万吨,在建及停缓建项目316座,建设规模27825万吨,概算投资1698.15亿元,已经完成投资760.23亿元。

7.选煤厂建设项目建设步伐加快

中华人民共和国成立后,山西在不断扩大煤矿建设规模的同时,加快了选煤厂的建设步伐。1956年1月,西山矿务局太原选煤厂开工,设计年入洗原煤能力200万吨。该厂由波兰人民共和国承担设计并提供全部设备,于1959年10月投产,完成投资3200万元。选煤工艺流程为单一跳汰式,主、再选配合;煤泥不设浮选,直接回收,产品为焦精煤,为山西第一座现代化大型炼焦煤选煤厂。

1958年,在"大跃进"形势下,选煤厂建设项目陷入盲目。这一年,太原玉门选煤厂、潞安矿务局石圪节矿选煤厂和汾西矿务局介休选煤厂相继动工。其中玉门选煤厂设计年入洗原煤能力30万吨,1959年停建;石圪节矿选煤厂设计年入洗原煤能力30万吨,1959年底投产,完成投资120.3万元,1961年停产;介休选煤厂设计年入洗能力150万吨,1962年停建,造成一定的浪费、损失。

1959年,山西有18座选煤厂开工建设。其中,霍县矿务局辛置矿选煤厂于当年10月建成投产,设计年入洗原煤能力60万吨,完成投资112.61万元,投产初期年入洗能力只有21万吨;其余17座选煤厂,有7座于当年和1960年先后停建,有10座虽于当年和1960年先后投产,但1961和1962年亦先后停产。

1962年,阳泉矿务局一矿选煤厂开工建设。该选煤厂项目由北京矿业学院和阳泉矿务局设计处共同设计,设计年入洗原煤能力240万吨。由煤炭工业部第七工程处施工,1965年12月10日竣工投产,投产能力150万吨/年,完成投资491.59万元。这是山西最早的重介质选煤厂。

1964年,太原选煤厂开工扩建,扩建设计由北京煤矿设计院完成。同年,晋城矿务局凤凰山矿选煤厂和大同矿务局同家梁矿选煤厂开工建设。

1965年,介休选煤厂恢复建设,1970年第一期工程竣工投产,形成年入洗原煤能力150万吨。1968年,阳泉矿务局二矿选煤厂开工建设,设计能力为年入洗原煤150万吨。1978年1月1日投产,完成投资1067.91万元。这是山西第一座采用集成电路自动控制的重介质选煤厂。

"六五""七五"时期,山西国家统配煤矿和规模较大的地方煤矿选煤建设项目,逐年增加。1981年,阳泉矿务局四矿选煤厂开工建设,年设计入

洗原煤能为150万吨,概算1451.99万元。1986年1月投产,完成投资834.06万元。

1982年,阳泉矿务局一矿选煤厂开工扩建,设计年入洗原煤能力由150万吨扩大到450万吨。到1986年12月建成投产,完成投资3704万元。投产于1978年的阳泉矿务局二矿选煤厂于1982年开工扩建,设计年入洗原煤能力由150万吨扩大到450万吨,概算投资4999.39万元。

1983年底,投产于1958年的西山矿务局太原选煤厂开工扩建,设计年入洗原煤能力由200万吨扩大到300万吨。这项扩建工程是为了保证国家重点建设项目——上海宝山钢铁公司焦化厂投产而进行的,1984年竣工投产,完成投资1875万元,成为山西省第一个采用重介质旋流器精选的焦煤选煤厂。

1983年10月,西山矿务局古交矿区镇城底矿选煤厂、西曲矿选煤厂和太原煤炭气化公司晋阳选煤厂开工建设,设计年入洗原煤能力分别为150万吨、300万吨和180万吨。其中镇城底矿选煤厂于1986年11月建成投产,完成投资3453.6万元;西曲矿选煤厂于1987年10月建成投产,完成投资13792.5万元;晋阳选煤厂于1990年6月建成投产,完成投资1.5亿元。是年,地方国营荫营煤矿选煤厂(180万吨/年)和临汾选煤厂、道美选煤厂(均为60万吨/年)开工建设,其中,临汾选煤厂于1988年建成投产,完成投资2077万元;道美选煤厂至1990年底仍在建设中。荫营煤矿选煤厂于1986年随矿井扩建,把设计年入选能力扩大到240万吨,概算投资3581万元,至1990年底仍在建设中。

1984年,地方国营洪洞县选煤厂和灵石县(南王中)选煤厂开工建设,设计年入洗原煤能力均为60万吨。其中洪洞县选煤厂于1989年建成投产,完成投资2527.98万元;灵石县选煤厂至1990年底仍在建设中,已完成投资2043万元。是年7月,平朔露天煤矿选煤厂与安太堡露天矿同时开工建设,设计将安太堡矿年产1533万吨原煤全部入洗,1987年9月与安太堡矿同时建成投产。该选煤厂是中美合作建设的国内最大的现代化选煤厂。

1985年,阳泉矿务局贵石沟煤矿(五矿)选煤厂开工,设计年入洗原煤能力400万吨,概算投资5638.25万元;1986年,霍县矿务局于2月、4月和10月相继开工建设3座选煤厂;1988年,山西开工新建选煤厂6座。即大同矿务局燕子山矿选煤厂,设计年入洗原煤能力450万吨;古交矿区马兰矿选煤厂和屯兰矿选煤厂,设计年入洗原煤能力分别为400万吨和60万吨;潞安矿务局常村矿选煤厂,设计年入洗原煤能力400万吨;吕梁地区孝义选煤厂,设计年入洗原煤能力60万吨;吕梁地区汾阳选煤厂,设计年入洗原煤能力30万吨。其中燕子山选煤厂于1989年底建成投产,完成投资985.4万元;马兰选煤厂于1990年建成投产,完成投资7529万元,其余4座均在建设中。

1989年,山西开工新建选煤厂4座。即大同矿务局四台沟矿选煤厂和晋华宫矿选煤厂,设计年入洗原煤能力分别为500万吨和315万吨;西山矿务局古交矿区东曲矿选煤厂,设计年入洗原煤能力400万吨;晋城矿务局古书院矿选煤厂,设计年入洗原煤能力300万吨。至1990年底,这4座选煤厂均在建。是年,1970年建成投产的晋城矿务局凤凰山矿选煤厂开工改扩建,设计年入洗原煤能力由150万吨扩大到400万吨,增加250万吨,至1990年底仍在建设中。

"八五"时期的5年,山西煤炭系统建成投产新建、扩建选煤厂10座。开工建设的晋城矿务局寺河煤矿选煤厂(设计入洗原煤能力400万吨/年)、阳泉矿务局三矿选煤厂(设计入洗原煤能力360万吨/年)、霍州矿务局李雅庄选煤厂(设计入洗原煤能力150万吨/年),至期末仍在建设中。

"九五"时期,山西国有重点煤矿(原国家统配煤矿)建成投产新建、扩建选煤厂9座;"十五"时期,山西煤炭系统有21座新建选煤厂建成投产,设计入洗原煤能力2030万吨/年,完成投资13.59亿元;"十一五"时期以来,随着国家环保要求,对煤矿环保要求也越来越严,在煤矿建设的同时,必须

建设配套选煤厂，山西省各煤炭企业开工新建、扩建了一大批选煤厂，有些至今仍在建设。据不完全统计，仅阳泉市郊区建有玉祥、融聚鑫等中型矿井选煤厂10座，建有小型选煤厂达305座；除运城市煤炭系统无洗煤厂项目外，其余10个市共建有洗煤厂537座（含在建），设计入洗原煤能力3.95亿吨。

（二）煤矿设计水平不断提升，新理念新技术大力推广

1.采矿工程设计既规范有序又不断创新

1949年中华人民共和国成立之初，大同和阳泉两矿务局计划科内设有设计股，对本矿务局恢复或新建矿井项目的采矿工程进行简单设计；在施工现场边调查、边设计、边施工。大部分中小矿井建设，由建设单位自行提出简单的施工方案，自己施工。采矿工程设计内容，已经涉及审查地质资料，确定井田，核算储量；选择井口位置，井筒类型，开采水平及巷道，采区布置；设计井筒、井底车场、硐室、大巷、采区巷道及车场；确定采煤方法、采掘机械选型、运输及通风方式、灾害预防措施；确定施工组织及劳动组织，提出各种施工图及概、预算。

1953年以后，山西省中直煤矿新建和恢复矿井，均按照燃料工业部颁发的《第一个五年计划期间煤矿矿井设计技术方向》进行设计。山西中直煤矿的采矿工程设计主要由北京煤矿设计院等省外设计单位承担。大同、阳泉两矿务局和西山、富家滩、潞安煤矿的设计科（股）、处，承担本局、矿简单的工程设计任务。

1966～1975年，山西中直大型矿井的新建、改扩建设计，开始采用岩石大巷、岩石上下山、采区石门、岩石集中顺槽、煤层群联合开采的开拓方式，并加大采区工作面尺寸，有的工作面跨上山或采区石门布置，有的布置为倾斜长壁工作面，并合理布置溜煤、行人、运料等斜巷和硐室。在井巷

断面设计上，从实际需要出发适当加大断面；在支护方式选择上，广泛采用金属支柱、锚杆等。在运输方式设计中，采用大容量底卸式矿车或胶带输送机。1966年，由山西煤矿设计院承担的大同矿务局云冈立井（设计能力270万吨/年）设计，是山西特大型矿井设计首例。这项设计在1981年煤炭工业部和国家建委组织的优秀设计评奖中获金质奖。

1976年"文化大革命"结束，国民经济发展进入"五五"时期，山西煤矿建设规模扩大。

"五五"时期，山西煤矿建设规模扩大。1978年，煤炭工业部修改并重新颁发煤矿设计规范；"六五"时期，煤炭工业部于1981年颁发《煤炭工业设计工作暂行条例》，理顺了"文化大革命"期间被搞乱的设计秩序。山西省地方煤矿设计公司和乡镇煤矿设计公司于1982年和1983年相继成立；各矿务局和地（市）煤炭工业管理部门设计力量也得到相应增强，山西煤矿采矿工程设计有较大突破。与综合机械化采煤相适应的倾斜条带式开拓布置已广泛应用，大巷推广胶带输送机，辅助运输采用单轨吊；电子计算机已应用于开采方案优化设计及采区优化设计中，选用穿层石门联合开采各煤层、分区并列式通风等先进设计方案。

"七五"时期，煤炭工业太原设计研究院在采矿工程设计中，为适应山西煤矿综合采煤机械化的发展，根据山西煤层赋存条件，采取利用沟谷坡地有利地形选择风井、分区通风、分区建设、分区投产的设计模式；灵活地选择倾斜长壁采煤方法，在水平大巷两侧直接布置顺槽和工作面，大巷直接装车，省去上、下山准备巷道、减少运输环节，减少辅助运输人员劳动强度，避免盘区石门或上、下山开拓中煤溜返运。

"八五"时期，1992年，煤炭工业部作出《关于加快建设高产高效矿井的决定》，并提出了总体目标。国务院1993年1月以国发〔1993〕2号发布了《关于制止小煤矿乱采滥挖确保煤矿安全生产意见》，能源部修订并颁发了《煤矿安全规程》（1992版），1994年煤炭工业部修订并颁发了自1978年

以来的第二版《煤炭工业矿井设计规范（GB50215-94）》，1994年1月发布了《建设高产高效矿（井）暂行管理办法》，煤矿设计全面贯彻集中化、机械化、多做煤巷少做岩巷和技术经济合理化的设计原则。山西煤炭工业管理局所辖统配煤矿矿井设计多由煤炭工业太原设计研究院承担。

山西建设特大型矿井是中国矿井开拓技术上的重大突破。"八五"时期，山西设计特大型矿井的煤层条件主要是煤层倾角在12度以下，煤层厚度在2米以上。井筒垂深小于350米、地质条件比较简单的矿井，广泛选用坡度17度以下强力胶带主斜井和坡度18～27度串车提升副斜井开拓方式；井筒垂深大于350米的矿井，开始选用大型立井提煤箕斗、配置定量装载装置的主立井和多绳摩擦轮提升副立井（支架整体下井）开拓方式；根据地质条件、煤层条件和提升设备发展现状，平硐开拓、主斜井副立井或主斜井副平硐综合开拓方式也比较普遍，由此而创造了矿井建设速度快、投资省、质量好、工期短的国内新纪录。

"八五"时期，煤炭工业太原设计研究院设计的潞安矿务局常村煤矿，在国内首次将回采工作面顺槽长度设计超过2000米，回采工作面长度确定为220米，减少了回采工作面搬家次数；在国内特大型矿井设计中首次采用当时国际先进的绳式卡轨车和内燃机单轨吊车作为采区辅助运输设备，工人下井后乘坐电机车、卡轨车和单轨吊不需步行就可到达工作面，提高了生产效率。（常村煤矿矿井设计于2000年，荣获全国煤炭行业第九届优秀工程设计一等奖和全国优秀工程设计金质奖）。

"九五"时期，受东南亚金融危机影响，山西煤炭行业整体疲软，煤炭市场需求不旺、煤价下滑、商品煤库存量大，国家采取了"关井压产、关小上大、淘汰落后"的宏观调控政策。煤矿设计向大型矿井倾斜，并遵循"投入少、见效快"的设计原则。这一时期首次在汾西矿业集团中兴矿井（井型60万吨/年）设计采用带式输送机主斜井井筒一侧敷设架空乘人装置升降人员并取得成功；首次在晋城亚美大宁矿井（井型400万吨/年）近水平中厚煤层开采设计中,引进连续采煤机成套设备及工艺并取得成功。

"十五"时期,随着全国煤炭市场复苏,煤炭设计市场趋旺,煤炭工业太原设计研究院等全国各大煤炭设计院,在山西省域采矿工程设计中,与时俱进、实施改革。大型及特大型矿井在井田开拓方式方面,开始选择7度以下缓坡副斜井、装备无轨胶轮车辅助提升,力求减少使用易发事故的斜井矿车轨道提升方式。改为"一矿一井一区一面"设计,实现集约化、规模化生产。大同煤矿集团(原大同矿务局)塔山矿井,设计规模1500万吨/年,是当时世界上设计规模最大的单井口出煤矿井,实现了煤炭资源利用的低消耗、低排放、高效率,体现了"绿色、环保、转型、高效"的特点,实现了资源综合利用的最大化。设计突破传统设计理念,在选择国内外前沿设备等方面实现了创新设计,为今后安全高效矿井的设计提供了新的设计理念。(该矿井设计于2011年,荣获全国煤炭行业第十五届优秀工程设计二等奖)。

"十一五"以来,国内煤炭市场需求旺盛,根据国务院国发〔2005〕18号《国务院关于促进煤炭工业健康发展的若干意见》,山西省人民政府要求全省煤矿企业通过兼并重组整合,平均单井规模提高到120万吨/年以上,实现集约化、规模化、自动化、信息化发展;山西省在大型及特大型矿井采煤工艺选择方面,薄煤层开采选择引进刨煤机成套设备和国产综采设备开采工艺,彻底淘汰了资源浪费严重的短壁高冒式采煤法和落后的炮采、普采、高档及新高档普采放顶煤工艺。

根据国家安全监管总局、国家煤矿安监局2010年8月安监总煤装〔2010〕146号文《关于建设完善煤矿井下安全避险"六大系统"的通知》,山西省在矿井设计中健全完善井下安全避险"六大系统"(监测监控系统、人员定位系统、紧急避险系统、压风自救系统、供水施救系统和通信联络系统)设计内容。潞安矿业集团(原潞安矿务局)常村矿井率先设计建成了山西省首个井下永久避难硐室,提高了煤矿应对灾害的能力。

煤炭工业太原设计研究院设计的麻家梁矿井，井型1200万吨/年，首次在煤层厚表土、深埋藏条件下选择大直径主立井、装备大吨位外动力卸载箕斗提升煤炭，选择大直径副立井、装备特制罐笼升降无轨胶轮车辅助提升，实现了矿井从地面到井下工作面的无轨、单一化、不转换辅助运输系统。

山西省矿井设计继续突破传统观念的束缚，不断探索创新"开拓布局集中化、采掘综合机械化、煤流运输胶带化、辅助运输连续化、主要设备自动化、监控管理智能化、地面布置合理化、节能环保文明化、人文关怀幸福化、技术经济先进化"的安全高效现代化矿。

2.机电工程设计不断向"四化"迈进

山西省煤矿机电、机制工程设计，是中华人民共和国成立以后逐步发展起来的。1950~1955年，山西煤矿井型小，机械装备程度低，供电条件差，地面生产系统简单。井下生产系统仅有小型绞车、风机、水泵等机械设备，机电、机制工程设计随采矿工程设计同时进行。

20世纪50年代末，山西地方国营重点煤矿的机电、机制工程设计仍很简单，只提出设备的型号、台数，作为工程概（预）算及采购设备的依据；50年代末到60年代中期，山西中直煤矿的机电、机制工程设计技术进步较大。到60年代中期，山西地方煤矿管理局设计勘探室在中小矿井设计中，提出矿井提升、运输、排水、通风、采掘等主要设备型号、台数，并绘出设备配备图、供电系统图；70年代，山西大型立井提升机械选用多绳提升机。山西煤矿设计院（现为煤炭工业太原设计研究院）为轩岗矿务局刘家梁立井设计的多绳提升机为第一例。制动设备选用由低频机组电控发展到金属电阻、可控硅动力制动；通风设备选型一般为离心式风机；排水设备已选用"无底阀"水泵；井下运输虽仍采用7~10吨架线电机车，但架线电压已达550伏，并采用成套硅整流设备，架线采用GLCA系列钢铝线；矿井供配电设计,采区电压由380伏加大到660伏,变压器由油浸式改为移动式,井下断路器由多油式发展为少油式,地面高低压配电设备由单柜、屏式发展为成套变电站;地面储装设施,普遍选用大直径大容量圆筒仓,取代了小容量的矩形煤仓或半地下煤库等;70年代末期到80年代末期,山西煤矿机电、机制设计进步较快。在提升设备设计选型中,大型立井选用多绳提升机;大型斜井一般选用高强度钢丝芯胶带输送机。其电控技术选择,经历绕线电动机金属电阻—频敏电阻—顺序控制器二进制编码—鼠笼电动机液压联轴器—可编程序控制器的发展过程,现代化程度不断提高。

1978年,煤炭工业部修改颁发煤矿设计规范以后,"五五"期末至"六五"期末,随着山西煤矿采掘机械化程度的逐步提高,大型煤矿机电、机制设计进步较快。在提升设备设计选型中,大型立井选用多绳提升机;大型斜井一般选用高强度钢丝芯胶带输送机。其电控技术选择,经历绕线电动机金属电阻—频敏电阻—顺序控制器二进制编码—鼠笼电动机液压联轴器—可编程序控制器的发展过程,现代化程度不断提高。

"五五""六五"时期,矿井排矸设备设计,随大型矿井和选煤厂建设,选用2.2立方米、3.4立方米两种双道牵引式三面翻矸设备。环境保护设计,同矿井设计同步进行;"七五"时期,山西煤矿机电、机制工程设计与科学研究相结合,在大同、西山(古交)、潞安、霍县等矿区大型选煤厂电气控制工程设计中,广泛采用工业微机——可编程序控制器;在大型矿井大功率主副井提升设备中成功地采用了交流变频控制技术;在变电工程弱电控制设计中,采用晶体管继电保护、微机选线"四合一"控制技术,采用大容量有载调压变压器、隔离变压器、单相接地电容电流补偿变压器,实现了自动检测和自动补偿;"七五"时期煤矿供电设计已向大型化现代化发展。煤炭工业太原设计研究院设计的古交矿区马兰矿工业广场变电所设计为110千伏,两个回风井内变电所设计为35千伏,在国内煤矿属首例。110千伏变电站按3台主变压器设计,单台容量达67000千伏安,并采用平行双母

线结线系统;35千伏变电所采用GBC-35户内成套开关柜布置;110千伏变电所直流电源设计采用固定式铅酸蓄电池,操作中采用浮充方式供电。

"八五"时期,随着科技进步,产品不断地更新,山西煤矿机电装备设计显现出向"重型化、大型化、智能化、一体化"发展的趋势,机电装备选型设计原则也由"经济适用性"向"高可靠性、高配置、高起点"转变。提升机电控制完成了由落后的继电器控制方式向先进的PLC控制系统的转变,数字化控制逐渐进入提升机控制领域。煤炭工业太原设计研究院1998年获得国家专利的《可控硅编码及变频电源电控装置》,可控硅编码PLC控制,能够完成接触器8～12级启动,替代了体型大、声振高的接触器和事故多的继电器,首套专利产品在潞安矿务局王庄矿副斜井提升机一次运用成功,该项专利技术先进、安全可靠,在山西乃至全国极具推广价值。

山西煤矿压风设备选型依旧以活塞机为主。排水系统大多采用吸入式离心式泵站,排水设备多选择MD型耐磨离心多级水泵。20世纪90年代初期,小型矿井通风设备,继续普遍选用价格相对便宜的4-72离心通风机,中型较大规模的矿井设计中多采用2K型、1K型、KZS型轴流风机,规模大且配置较高的矿井选用了气动性能良好的GAF类轴流风机。20世纪90年代后期,FBCDZ防爆对旋轴流通风机发展迅速,由于其安装简便、工期短的特点,在中、小型矿井中广泛采用。到20世纪90年代后期,在煤矿生产安全第一的设计理念下,110千伏、35千伏电源架空线路甚至重要负荷的10千伏电源架空线路均设计全线架设避雷器。煤矿模拟程控调度通信系统逐步被数字程控调度通信系统取代,大中型煤矿基本装备了安全监控系统。

在压风设备选型设计方面,2000年以后,国外著名螺杆空压机品牌相继进入中国,其良好的性能、完善的保护、高度机电一体化产品,得到山西煤矿设计的重视,选型设计开始广泛选用螺杆空压机。到2010年,山西煤矿的空压机已经完成从活塞机到螺杆机的更新换代。山西煤矿压风系统设计均选用地面集中供气方式，压风设备规格按同时满足正常生产及抢险救灾用气量要求进行选型计算。2010年，矿井设计增加了井下压风自救系统设计内容，井下各采掘工作面、紧急避险系统均设置压风自救设施。在排水设备选型设计方面，2000年以后，山西煤矿井下大多数新设计排水泵房，均设置了排水自动化控制系统，实现了排水泵房无人值守。

2001年起，山西煤矿通风设备选型设计，HOWDEN生产的ANN型动叶可调矿用轴流通风机进入中国市场，以技术性能先进、保护完善、安全可靠在国内特大型矿井中得到应用；沈阳航空发动研究所生产的AGF轴流风机也由于其稳定的性能，极具竞争力。至2010年，山西煤矿通风设备选型设计形成了中、小型矿井由FBCDZ防爆对旋轴流通风机统治，大型、特大型矿井AGF、GAF、ANN型风机竞争的格局。通风设备选型的变化，不仅体现在风机的类型上，在控制、监测与传动上也有很大的发展，2000年以后，通风设备选型均配备了风机在线监测系统，可实时监测风机性能参数。一些对自动化要求较高的矿井，还实现了风机自动启停、倒换功能。随着电子技术、微电子技术、控制技术的发展，变频调速技术在煤矿通风机上被设计采用，取得了很好的经济效益。

2001~2010年，随着电子信息技术在煤矿机电设备中的应用，山西煤矿机电机制工程在提升设备设计方面，变频技术日臻成熟，原有的串电阻调速方式，逐渐被变频调速技术所取代，提升机电控设备经历了串金属电阻、直流控制、交—直—交变频控制及交—交变频控制的发展过程。

"十五"时期以来，立井提升设备发展有较大突破，设备趋向大型化、重型化。最大滚筒直径达6.7米，拖动电动机功率发展到最大至单机9000千瓦。特大型提升机中普遍采用交流变频器供电、同步电动机拖动，全数字交—直—交或交—交变频电控系统。提升制动系统不断更新，普遍配置恒减速液压站。立井操车设备淘汰了落后的电动链式推车设备，广泛采用节能高效的机电液一体化的销齿操车设备，实现了进罐笼推车，大大提高

了操车效率。井口、井底缓冲装置由楔形木罐道发展到解锁方便、更加安全的摩擦盘式和钢带式缓冲托罐装置。罐道由钢轨罐道或组合钢罐道发展到重量更轻、性能更好的冷弯方管罐道。一些安全设施开发成功,如钢丝绳在线监测装置、防过卷装置等,确保矿井提升安全。

随着矿井大型化对现代化程度要求的提高,机电机制工程设计在矿井设计中所占比重越来越大,在特大型矿井主要设备选型设计中"高可靠性、高配置、高起点"成为首要设计原则,由煤炭工业太原设计研究院设计的大同煤矿集团麻家梁矿井在主、副立井提升设备选型时,这一原则得到了充分体现。

在煤矿用带式输送机选型设计方面,2001～2010年国家先后颁布了《煤炭工业带式输送机工程设计规范(MT/T5030-2003)》《带式输送机工程设计规范(GB50431-2008)》《煤矿用钢丝绳芯阻燃输送带(MT668-2008)》,北京起重运输研究所新编制了《DTII(A)型带式输送机设计手册》,一大批新设备、新技术和新工艺,在山西煤矿机电机制设计中得到应用。在条件适宜的大型矿井,煤矿用带式输送机的设计向长距离、大运量、高强度、大倾角方向发展,并开始使用钢丝绳芯胶带接头在线检测装置和断带保护装置,以确保带式输送机安全可靠。矿井井上、井下使用的高强度带式输送机全部采用DTII(A)型带式输送机。软启动装置除继续使用CST可控软启动装置外,国产高速轴液黏软起动装置和MST机械软启动传动装置也开始广泛使用。随着变频技术的发展,交直交高、低压变频调速装置在主井带式输送机得到推广。

在矿井地面生产系统设计中,具有筛分效率高、能力大特点的博后筛、大倾角带式输送机和双齿辊强力破碎机开始大量推广使用。在地面储装设施设计方面,随着国家环保要求不断提高和矿井井型的大型化,露天储煤场已被全封闭储煤场和大直径圆筒仓取代;储煤仓直径和容量也日渐大型化,除了普遍应用直径21～22米的万吨筒仓外,还开始采用净直径

30米、储量达2～3万吨大型圆筒仓。在地面装车设备选择方面,国产定量斗装车设备和动态电子轨道衡在大型矿井铁路装车系统已经完全取代其他装车系统;公路装车系统淘汰了普通公路电动装车闸门,普遍采用防窜仓电动装车闸门;继而采用防窜仓电液动装车闸门和静态电子汽车衡配合、国产定量斗和静态电子汽车衡配合、定值皮带快速装车系统和静态电子汽车衡配合三种装车设备,能够对运煤车辆进行快速装车,并对原煤进行定值、称重、计量控制,大大地提高了装车效率。

在矿井排矸系统设计中,根据国家新的环保政策,三面翻矸设备堆矸石山排矸方式被淘汰,发展为汽车排矸,分层填埋荒沟,并用黄土分层覆盖,上层植树绿化。

在矿井供配电设计中,矿井供配电设备向大型化、智能化发展。煤炭工业太原设计研究院设计的大同煤矿集团麻家梁矿井110千伏变电站,主变容量2×63兆伏安,大同煤矿集团东周窑矿井副井场地110千伏变电站,主变容量2×50兆伏安,主井场地35千伏变电站,主变容量2×25兆伏安,上述两座矿井110千伏变电站仅服务于本矿井,规模之大,在国内煤矿居首位。

由于现代化大型、特大型矿井采掘设备的大型化、重型化和自动化,生产采区用电负荷猛增,向井下供电方式发生变化,由以往地面变电所以双回电源向井下主变电所供电后,再经主变电所供至采区变电所的分级供电方式,发展为由地面变电所分别以双回电源向井下主变电所、采区变电所多回路分区供电方式。

在井下供配电设计中,少油断路器被隔爆兼本安型高压配电装置取代,该配电装置设有真空断路器、微机保护装置,可与煤矿井下电力电网监控系统连接实现远程自动控制及监测,实现井下变电所无人值守管理。井下变压器均采用矿用隔爆干式变压器,低压馈电开关、磁力起动器实现了真空化,同时由高压配电装置、多绕组变压器和多电压多回路组合开关

组成的矿用隔爆型负荷中心,在大型采煤工作面得到广泛应用。掘进工作面局部通风机采用双电源供电,正常工作的局部通风机采用专用开关、专用电缆及专用变压器的三专供电方式。变频调速技术在采煤机、刮板输送机及胶带输送机等设备上得到推广。矿用隔爆兼本质安全型多回路组合真空启动器开始普遍应用。在矿井生产系统工艺控制设计方面,井上下各生产系统、地面锅炉房及井下水处理系统等,均开始采用PLC及DCS进行集中控制,提高了煤矿自动化控制水平。

在矿井通信与安全监控设计中,山西煤矿通信逐步实现由单一有线通信模式向"有线通信为主、无线通信为辅、多种通信方式互联互通"模式的转变,监测监控则实现由单一系统向多系统转变,由多系统并存向系统集成转变,煤矿管理的信息化水平逐步提升。山西省煤矿逐步装备了无线通信系统、人员定位系统、数字广播系统等,并实现了井上与井下通信联网、有线与无线通信联网、调度与广播通信联网。全省煤矿不仅全部安装了先进的安全监控系统,而且围绕采煤、掘进、提升、通风、运输、排水、地面生产系统等矿井主要生产和辅助生产系统,设置了众多监测监控系统。众多分散独立的监测监控系统的设置,使得数据采集及管理任务变得繁重,在这种情况下,煤矿综合监控网络得以迅速发展,千兆冗余工业以太网作为主干传输平台已得到广泛认同,已在山西煤矿装备使用,实现了煤矿监测监控的系统集成,即综合自动化。随着信息技术的发展,煤矿综合监控智能化将成为发展趋势。

3.地面建筑工程设计应用技术成熟、工艺优化

20世纪50年代至60年代初,山西煤矿地面建筑开始依据地基岩土资料进行设计,采集地基岩土资料,使用手摇钻机和三角钻架。回转钻进时,使用φ50毫米钻机,用麻花钻头提取土样。破碎卵(块)石粒度较大的地层,使用KA—2M300型钻机。由于建筑物主体项目设计技术要求较高,山

西煤矿设计院(现煤炭工业太原设计研究院)依靠自己的力量,进行大胆的探索。

60年代后期至70年代初期,地面建筑设计采集地基岩土工程资料,逐步淘汰手摇钻机、三角钻架,开始采用XU—100型液压钻机。这种液压钻机,将柴油机、水泵组装在一个底座上,操作方便,油压给进,大大减轻劳动强度;可回转、冲击两用。继这种液压钻机之后,相继采用无锡探矿机械厂生产的SH—30型工程钻机和DPP—100型汽车钻机,钻探操作和搬迁都十分方便。随着地层岩土钻探设备的更新和技术进步,取土器、取样器、测试仪器也日臻完备。山西煤矿设计院(现煤炭工业太原设计研究院)完成的大同矿务局云冈矿筒仓工程设计,获得成功。该院继而参加煤炭工业部组织的筒仓设计调研小组,参与全国筒仓设计规范编制工作,并在筒仓设计试验研究方面获得部级奖。该院在其他地面建筑设计中,提出矸石地基的设计方案,利用回填矸石作地基获得成功。

"五五"至"六五"时期,煤炭工业太原设计研究院在煤矿地面建筑工程设计中致力于新技术开发、研究和应用取得成果。在采集地基岩土工程资料时,采用无锡产G2型汽车钻机,冲击钻探和回转钻探逐步向现代化发展;采用N10轻便触探设备,为准确地掌握建筑物地基浅部土层和垫底以下土层分布力学性质创造条件;同时,对架装式油压静力触探设备进行革新改造,以翻斗车装载油压静力触探配静力触探自动记录仪,并采用载荷试验设备、静力触探车、自动落锤标准贯入设备和动态电阻应变仪、六线测振仪、工程强震仪、磁式传感器、调弦频率计等先进的岩土设计技术装备,为地面建筑工程设计技术进步奠定了基础。

煤炭工业太原设计研究院在地面建筑物设计中,把科研和设计实践结合起来,加快了设计技术进步。采用正倒圆锥壳筒仓结构设计,使筒仓结构计算更趋向合理化;采用预制装配壳顶筒仓设计,既便于施工又节约模板;在九度强震区地面建筑抗震设计中,结构选型、布置以及抗震结构

计算和设计措施等,都获得成功。"六五"时期中,山西煤矿地面建筑工程的预应力结构、双钢筋结构、钢网壳结构、空间结构等设计技术,都在设计实践中逐步提高,"双层地基理论"在较弱地基基础计算与处理设计中,已付诸定量运用。

"七五"时期,煤炭工业太原设计研究院已设计大跨度(14×18米~49×100米)网壳、组合网壳屋盖结构10座(已建成7座),其中为稷山县选煤厂设计的52.8米直径单层球面形网壳,总用钢量36.6吨,采用嵌入式毂节点,为国内首创。

"八五"时期,随着国外先进设备的引进,煤矿地面生产系统的主要特点是设备大型化和装备集成化,煤矿地面建筑的高度更高、跨度更大、储量更多。1994年建成投产的潞安矿务局常村矿井地面建筑设计的一大特点是引进了现代大型钢井架技术代替传统的钢筋砼井塔结构,大大缩短了土建工程占用井口的建造时间,加快了矿井建设速度。"八五"时期,为配合大秦专用铁路快速装车系列配套工程,煤炭工业太原设计研究院在大秦铁路沿线山西境内雁北地区南窑、金沙滩、上深涧等地,相继设计了一批净直径21米、单仓容量1万吨、跨线式定量斗原煤筒仓,将贮、运结合在一起,并利用下部空间布置为由定量斗、液压闸门、电子秤、传感器、自动控制室及液压车间组成的三层综合车间,卸料量每小时达4000吨,大大超过一般筒仓的卸料量。

"九五"时期,山西煤矿地面建筑设计进入了调整阶段,大型煤矿建设工程减少,建筑结构设计规范重新修订,传统的施工图手工绘制被计算机辅助设计替代。煤炭工业太原设计研究院一方面加强对空间结构、轻钢结构和煤矿特种结构的研究,另一方面利用研究成果积极开拓新的设计领域。该院编写的《贮仓结构设计手册》于1999年12月由中国建筑工业出版社正式出版发行,为筒仓结构在全国煤炭、冶金、粮食等行业的普及和推广起到了很好的推动作用。

　　"十五"时期,钢结构在山西乃至全国煤矿地面建筑设计中的应用越来越广泛。煤炭工业太原设计研究院迅速将钢结构设计领域的技术研究成果转化成生产力。2003年该院设计的潞安矿业集团司马矿井钢井架工程,填补了山西省大型钢井架设计的空白。该工程于2009年荣获全国煤炭行业第十四届优秀工程设计三等奖。该院参加了国家行业标准《网壳结构技术规程》(JGJ61-2003)的编制工作,该规程已于2003年正式颁布实施,使网壳结构设计在全国范围内得以推广应用。

　　"十一五"以来,山西煤矿地面建筑工程设计为了满足和适应现代化大型、特大型矿井要求,设计技术取得突破性提高。煤炭工业太原设计研究院设计的钢结构胶带输送机栈桥跨度超过了60米,钢结构立井井架的高度超过了70米,地面储煤棚的跨度达到了120米,钢结构及空间结构技术的广泛应用提高了山西煤矿地面建筑的技术水平,该院地面建筑设计水平已居于国内煤炭行业领先水平。

　　煤炭工业太原设计研究院在岩土工程设计研究方面更加成熟,桩基工程"桩端胶囊式后注浆灌注桩新工法""组合型复合地基新加固方案""土体侧限围封加固地基""土钉墙支护坡体设计与施工方法"等多项新设计技术的研究及应用,均属国内首创的先进性技术,在煤炭勘察领域发挥了引领作用。

　　山西省煤炭设计队伍坚持立足煤炭行业向全社会开放的原则,已在广东、广西、湖南、新疆、北京、天津等15个省、市、自治区承担了跨行业不同建设项目的设计,为煤炭系统及其他工业民用建筑做出了贡献。

4.设计单位快速发展

　　1953年,山西省工业厅在基建处矿井改造办公室内设立设计科,承担全省地方重点煤矿恢复建设中部分单项工程的设计,这是山西地方煤矿系统第一个全省性基建设计专业机构。

1958年,山西省工业厅矿业管理局并入太原煤矿管理局,局内设立了设计勘探室,拥有专业技术人员30人。

1959年4月,经过一年多筹建,山西煤矿设计院(现煤炭工业太原设计研究院)正式成立,这是山西第一个可以独立承担矿区总体、矿井及选煤厂等工程设计任务的综合性煤矿设计机构。设有采矿、机电、机制、选煤、土建等专业设计部门,拥有职工250人。

1964年,煤炭工业部正式颁发了《煤炭工业设计规范》,山西煤矿设计工作逐步走向正规。随着新技术新设备的采用,中直煤矿最大矿井设计能力已达120万吨/年,采煤工作面设计长度已达120米,顺槽设计长度达600米,运输大巷设计沿走向、顺主要煤层(或在其下)布置,以采区或盘区方式设计开采;通风方式一般均按中央并列或对角式设计,回风大巷与运输大巷并行布置;煤层群开拓方式多以分水平方式设计;在井巷断面设计上,参照苏联井巷设计及有关规程,选取下限参数;井底车场选用简单的尽头环形;巷道支护设计除沿用木支架或砖石砌碹外,已选取石墙木梁或金属梁及预制混凝土支架;在采区上下山及顺槽布置上,均采用沿煤层开凿、双巷掘进、贯眼连通方式。地方国营煤矿,参照设计规范,在有地质资料的矿区,矿井设计能力已超过21万吨/年,采矿工程设计初步配套。

1966年,由山西煤矿设计院(现煤炭工业太原设计研究院)承担的大同矿务局云冈立井(设计能力270万吨/年)设计,是山西特大型矿井设计首例。这项设计在1981年煤炭工业部和国家建委组织的优秀设计评奖中获金质奖。

1978年,煤炭工业部修改并重新颁发设计规范,1981年又颁发《煤炭工业设计工作暂行条例》,理顺了"文化大革命"期间被搞乱的设计秩序。在这10年中,山西煤矿采矿工程设计有较大突破。与综合机械化采煤相适应的倾斜条带式开拓布置已广泛应用,大巷推广胶带输送机,辅助运输采用单轨吊;电子计算机已应用于开采方案优化设计及采区优化设计,选用穿层石门联合开采各煤层、分区并列式通风等先进设计方案。

同年，山西煤矿设计院（现煤炭工业太原设计研究院）完成古交矿区西曲矿井（设计能力300万吨/年）设计，采取两个水平，条带开拓，倾斜长壁和走向长壁开采。在水平大巷两侧沿倾斜或走向垂直布置回采工作面，省去盘区石门和上下山；采取胶带机运输，两个进风平硐、两个进风斜井、4个回风斜井，分区通风；将"三废治理"工程与主体工程同时设计；采用日处理水量2880立方米的矿井排水处理站处理污水，以石灰浆和黄土覆盖矸石山，被国务院副总理李鹏誉为"古交精神"，荣获国家优秀设计金质奖。

1981～1990年，煤炭工业太原设计研究院在采矿工程设计中，为适应山西煤矿综合采煤机械化的发展，根据山西煤层赋存条件，采取利用沟谷坡地有利地形选择风井，分区通风、分区建设、分区投产的设计模式；灵活地选择倾斜长壁采煤方法，在水平大巷两侧直接布置顺槽和工作面，大巷直接装车，省去上下山准备巷道、减少运输环节，减少辅助运输人员劳动强度，避免盘区石门或上下山开拓中煤流返运。这一时期，大同矿务局燕子山矿、四台沟矿，西山矿务局古交矿区马兰矿等大型矿井均采用了这种布置方式。1985年在古交矿区东曲矿井（井型400万吨/年）初步设计修改中，将开拓方式由平硐明斜井改为平硐暗斜井，将原4个水平开拓改为两个水平开拓；省去1对明斜井、1个大型井底车场，少掘1对暗斜井；采用多风井分区通风，倾斜条带长壁采法，胶带、矿车联合运输，双翼出煤，使矿井总集中化指标达到69.29%。在太原煤炭气化公司嘉乐泉矿井设计修改中，从资源赋存条件出发，调整采区位置，改盘区石门上下山布置为沿煤层掘上下山，改矿车运输为胶带输送机运输，将采区煤仓与井底煤仓合并，节约工程量34.4%，缩短工期8个月，节约投资400万元，使94%巷道工程为煤巷，提高了矿井机械化程度，1987年9月投产，第二年实际产量即超过设计能力27%。这一设计于1990年获全国煤炭行业部级优秀工程设计二等奖，获1991年国家级优秀工程勘察设计铜质奖；2010～2019年，随着

煤矿行业的快速发展,山西煤炭设计单位也快速增加,到2019年山西煤炭设计单位已有35家。

(三)施工机械化水平提升,施工效率、工程质量屡创最佳

1.井巷施工现代化趋于成熟

（1）立井施工

中华人民共和国成立初期，山西煤矿在恢复建设中除修复使用旧有的少量凿岩机外,凿井主要靠人力,以锤、钎、锹为主要施工工具。1953年以后,立井施工技术和施工方案均得到较快发展与提高。

"二五"时期和三年经济调整期间,立井施工技术有较大进步。1958年开工的阳泉矿务局一矿北头嘴丈八副立井,采用正规循环作业法施工,金属井架,用金属井圈临时支护,并设置保护盘和工作盘两层吊盘掘砌,平行作业。同年8月,潞安矿务局王庄矿在进、回风立井施工中,成功地采用了"沉井法"通过表土含水层。

1973～1974年，光爆锚喷施工技术在大同矿务局同家梁矿风井和阳泉矿务局一矿北头嘴张化沟风井施工中先后应用。这两个井虽因初次采用这一新技术,设备不配套,技术不熟练,月进度只四五十米,但为以后进一步推广、提高奠定了基础。

"四五"后期,大同、阳泉矿务局在立井施工中推广20项施工经验,即：①多台风钻打眼、打直眼;②大直径药卷爆破;③多台抓岩机同时装岩;④无壁座多头快速砌井;⑤地面预注浆堵水;⑥溜灰筒下混凝土、活底桶下料石;⑦正规多循环;⑧多工序平行交叉作业;⑨按循环图表、爆破图表、工序指示图表作业;⑩无抱杆整体起升井架;⑪"两条龙"下罐道和单钩下双罐梁;⑫大型设备分部组合、整体安装;⑬多工序、多工种平行流水与立体交叉作业;⑭混凝土中加早强剂;⑮多班交叉作业;⑯使用预制构件;⑰

综合工作队;⑱使用钢筋混凝土井架和罐道梁;⑲采用小型设备打井,减少井筒吊装设备;⑳表土层施工推行"超前小井降低水法"、"强力掩护筒法"及"无压气掩护帽沉井配合水枪扬砂器法"。在施工中开始使用伞形钻架、环形钻架、大抓岩机、高扬程吊泵、金属模板、激光指向。施工机械化程度有所提高。

这一时期地方煤矿立井施工,仍沿用风钻打眼,电雷管硝铵炸药爆破,人工装岩,吊桶提渣,木棚临时支护,料石砌碹,掘砌单行作业,电力吊泵排水,局部通风机送风。料石砌碹时有的仍做基础"葫芦",木井架,手动稳车悬吊保护盘、水泵、风筒等。

国民经济发展进入"五五"时期,山西煤矿建设大型立井施工向机械化施工迈进。1978年11月开工的阳泉矿务局二矿南风立井,采用"三大一深"(3.5米直径的大型绞车、0.4立方米容量的大抓岩机、2立方米容量的大吊桶,深孔爆破)施工法和光爆锚喷施工技术;"六五"时期,阳泉矿务局立井筒施工通过瓦斯层时,淘汰黄土封闭的落后方法,采取大风量通风和打钻孔抽放瓦斯两种先进技术;"七五"时期,山西煤矿立井施工不断采用高新技术。1986年9月19日~10月31日,大同矿务局四台沟工程处和山东省龙口矿区工程处合作,成功地在四台沟矿(500万吨/年)特大型矿井副立井施工中同时采用"帷幕法"和"注浆法"两种特殊施工方法,顺利地通过了第四系砂卵石表土层和风化壳。

经过"八五"时期的稳定发展,至"九五"时期的1997年,阳泉矿务局承担施工的大阳泉煤矿鑫泉15号煤坑为解决矿井通风问题,在小野沟施工立井,采用钢结构井架、手动稳车、悬吊保护盘、风钻打眼、矿用硝铵炸药毫秒雷管爆破、1立方米吊桶绞车提升、局扇压入式通风、电力吊泵排水。装岩仍采用人工,在表土层及岩石松软层进行了混凝土浇碹,其余地段以锚喷支护。该立井直径2.6米,断面5.3平方米,井筒垂深114米。这是阳泉郊区煤矿首次采用较先进技术施工井型较大的立井。阳泉矿务局一处五五

队创下立井施工172米/月的全国纪录。

进入21世纪,山西地方煤矿立井施工,井口直径增至4~5米。2003年5月,阳泉市郊区鸿泰煤矿、保安煤矿,均采用了立井方式开拓,旧街煤矿改扩建也由斜井开拓改为斜井、立井混合方式开拓。这些立井施工技术和设备,主要为井筒激光指向、多台7655凿岩机配以环形钻架、FJD-6型伞形钻架打眼,直眼、深孔、大直径药卷、水胶炸药、毫秒雷管、光面爆破法,全断面一次爆破,容量0.4~0.6立方米的大型回转式抓岩机装岩,滚筒直径2~3米绞车、1~3立方米吊桶提升,托架或座钩式矿车排矸,搅拌机搅拌混凝土、输料管下料,紧跟工作面锚喷临时支护,二次混凝土永久支护,采用Ⅳ型或Ⅴ金属井架,高扬程吊泵排水。月进度在120~150米之间。

21世纪前10年,山西大型立井施工,机械化、现代化技术装备程度明显提高。2003年6月,潞安煤业集团司马矿井施工,采用了表土厚流砂层冻结施工技术、主副立井井筒注浆防治水技术等先进施工工艺。根据司马矿主副井地层特点,采用一次冻全深方案,冻结深度设计为148.1米。冻结施工工艺为:设备(钻机)安装—冻钻钻孔施工(包括冻结孔、测温孔、水文孔)—冻结钻孔验收(终孔测斜)—下管(同时地面冻结站安装)—对(焊)接—打压试验—开机冻结—冻结交圈后开始井筒掘进施工。司马矿副立井井筒掘进通过冻结段后,施工至150米时,突遇含水层出水,导致井筒掘进严重受阻,经测定涌水量为25立方米/小时,决定采用先注浆堵水后掘进通过的施工方法。

"十五"以后,山西煤矿立井施工现代化趋于成熟,施工装备一般为2~3米单滚筒或双滚筒绞车,1.5~3立方米吊桶,坐钩式自动翻矸,汽车排矸,激光导向,0.8~1.0米风筒,2×30或2×75对旋风机,电子计量自动上料搅拌机搅拌混凝土,输料管下料,高扬程水泵排水,伞钻或7655型、YT-28型人工抱钻打眼,毫秒延期雷管引爆,水胶炸药或4号岩石防水炸药,深眼光面爆破,支护逐渐从锚喷往混凝土浇筑方向发展。

2004年9月1日,阳泉煤业集团一矿杨坡堰采区回风立井,由宏厦一建矿建工程第一分公司承建,首次采用立井短段掘砌混合作业机械化配套施工方法。井筒全深500.6米,井筒净直径6.0米,施工中采用了"五大一深"(大绞车、大吊桶、大模板、大抓岩机、大搅拌机;伞钻凿岩,深孔爆破)掘砌混合作业方式,科学组织施工。2004年9月和12月平均月进分别达到了90米、108米,创宏厦一建立井单进最高纪录。自动计量混凝土搅拌站的使用,提高了混凝土配合比的准确性,缩短了砼浇筑时间;使用悬吊稳车的集中控制,简化了人工操作程序,增强了吊盘、模板升降的准确性,使短段掘砌混合作业工序轮换加快,缩短了空帮时间,保证了施工的安全,发挥了机械化配套施工的优势。

(2)斜井施工技术持续稳定推进

在三年经济恢复和"一五"时期,开凿斜井井筒采用先打小导硐再刷大挑顶二次成巷的施工技术。"二五"时期,斜井施工机械化程度和施工技术有所提高;"四五"时期,斜井施工开始推广光爆锚喷技术。1973年,阳泉矿务局一矿北丈八斜井恢复建设南斜风井时首次采用了这种新技术。"五五"时期,斜井施工逐步形成光爆锚喷机械化作业线,大型矿井井巷逐步淘汰了料石砌碹的笨重施工方式。其配套机械和工艺为:激光指向,多台气腿式凿岩机打眼,全断面毫秒雷管一次爆破,耙斗装岩机装岩,箕斗大绞车提渣,U形矿车排矸。光爆锚喷技术在全面推广的基础上得到新的发展。"六五"和"七五"时期,斜井施工大力推广机械化配套作业线经验,使大断面机械化优选强化配套,施工机械化程度高、速度快、劳动强度低、效率高、经济合理、安全可靠,同时,成功地采用"注浆法"堵水,解决了斜井穿过流砂层的难题。

"七五"末,山西大中型斜井井筒施工中,光爆锚喷支护技术得到全面推广,施工工艺不断改进,取得良好效益。1987年施工的西山矿务局古交矿区马兰矿北二暗斜井,采用加深加密锚杆加厚喷的方法,有效地控制了

黏结力不强的松散岩体。各施工单位可灵活合理地选用适应不同构造条件的锚喷技术,如单锚单喷、加网锚喷、加筋加深锚喷、锚索等。古交矿区,自1979年8月第一座大型矿井开工到1989年应用光爆锚喷支护的井巷工程量占74%,基本上实现了光爆锚喷化。该矿区采用这一支护技术,井巷掘进工程量比砌碹支护减少20%,单头进尺比砌碹支护提高70%。地方国营重点煤矿在井巷施工中普遍应用了光爆锚喷施工技术。大同矿务局工程处六队在全国比武中获得第四名。

"八五""九五"时期,山西煤矿大型斜井施工基本上都采用光爆锚喷机械化作业线。光爆锚喷技术,使用的锚杆趋于统一化,由倒楔式锚杆、钢筋砂浆锚杆、钢丝绳砂浆锚杆、金属楔缝式锚杆转为螺纹钢锚杆。在此期间,尤其是在1990～2000年之间,阳泉矿区地方煤矿斜井施工技术又有了较大突破和发展。2000年之后,随着煤矿生产能力的提高,以及阳泉矿区煤层赋存条件,矿井开拓方式逐步转化为立井开拓,斜井开拓技术趋于稳定;地方煤矿主斜井施工采用综合工程队掘砌平行作业的大断面一次成巷施工方法。

21世纪前10年,山西煤矿施工斜井的装备和施工方法基本上处于稳定状态,大都是55千瓦调度绞车提升,1.0～1.5立方米U型矿车运输,0.6立方米或0.9立方米耙岩机装岩,7655风钻或YT-28风钻凿眼,锚喷支护。2004年,盂县清城联营煤矿设计能力45万吨,主副斜井均采用了光爆锚喷新技术,月进度80余米,提高了斜井开拓进度。2005年5月施工的永定庄矿材料暗斜井月进185米。

"十五"以后,山西煤矿井下斜巷施工工艺基本沿用传统施工工艺,而斜巷运输在井下巷道施工中占有极其重要的位置,斜巷多采用串车提升,有的斜巷还兼做行人巷道。按《煤矿安全规程》370条要求,斜巷内使用串车提升时必须装设常闭斜巷跑车防护装置,保证斜巷提升安全,防止各类运输事故发生。宏厦一建和河利尔公司经过1年的研究,于2010年成功使用了ZDC30-1.89型矿用斜巷防跑车保护装置。该装置由主控柜(含电控箱及信号箱)、控制开关、收放绞车、柔性挡车栏、传感器组成。采用可编程控制器PLC控制,使用光电编码器测量位移和速度,挡车栏提升方式采用电机驱动。采用日本松下FP-X系列可编程控制器作为控制核心,光电编码器作为测距传感器。

(3)平硐(巷)施工技术不断提高

中华人民共和国成立后的"一五"时期,在部分新建矿井平硐施工中,开拓手段、规模及效率均较旧中国有很大的进步;60年代中期,煤炭工业部总结了全国的16项平硐(巷)施工经验(简称16推),山西各大矿务局和地市重点煤矿迅速推广了这些经验。重点开拓队设备配套,形成了机械化作业线。配套设备和工作方式为:风钻打眼,爆破落岩,铲斗后卸式装岩机装岩,蓄电池电机车调车。滞后掘进面一段距离砌碹,挖砌水沟,铺永久轨道。各工序有的平行作业,一次成巷,月进尺达到百米左右。

1973年,光爆锚喷施工技术在大同、阳泉矿务局试用。阳泉矿务局一矿在断面为15.5平方米的北丈八南北翼回风巷施工时,以锚喷支护代替钢木支护和料石砌碹,顺利地通过了砂岩、松软岩层、无炭柱和节理发达的岩层破碎地带,最高月进318米。

"五五"时期,山西煤矿平硐和岩巷施工机械设备和施工工艺配套,形成激光指向、风钻打眼、耙斗装岩机装岩、蓄电池机车调车、滞后掘进面打锚杆、喷混凝土支护的工艺流程,减轻了劳动强度,改善了作业环境。中直7个矿务局光爆锚喷巷道长度已占岩巷总长的20%。中共十一届三中全会以后,执行开放搞活的方针,提高了施工技术装备。1980年,从联邦德国萨尔茨吉特公司引进的包括双臂履带式钻车,1立方米侧卸式装岩机,链板输送机和胶带转载机的综掘设备,用于古交矿区西曲矿南翼983大巷施工,共掘进771米,最高月进85米。是年,又从该公司引进SRM-330型掘进机,用于西曲矿井北翼大巷施工,因该机只适用于掘进半煤岩巷,4个月后

转给潞安矿务局王庄矿。地方煤矿的岩巷施工除重点矿采用光爆锚喷外，县营和乡镇煤矿普遍为一次成巷料石砌碹支护，月进30米左右。

"六五"期间，统配煤矿的平硐和平巷施工技术进一步提高。试用全断面岩巷掘进机，施工速度进一步加快。1982年3月，大同矿务局工程处一队在同家梁矿309石门施工中，采用光爆锚喷技术，耙斗装岩机装岩，月进尺达到267米。雁北地区小峪煤矿王坪平硐对上海煤研所研制的EJ-30型全断面岩巷掘进机进行工业性试验，结果表明，该机具有掘进巷道表面光滑、利于支护、安全可靠、效率高等特点。

"七五"时期，随着山西煤矿大型、特大型矿井建设项目的增加，平硐(巷)施工机械化作业程度进一步提高。1986年由上海重型机器厂制造的5米直径全断面岩巷掘进机组在东曲矿东平硐使用。到1988年6月累计进尺2039米，最高月进202米，最高日进12.7米，工程全部合格，优良品率56%，主要技术性能达到设计要求。汾西矿务局工程处二队在平硐施工月进度创全国纪录;1994年后，国家煤炭工业部基建司为大同矿务局装备了一套机械化作业线，其设备有液压钻车，履带侧卸式装岩机，8吨电瓶车，转子V型喷浆机，35千瓦风机，最高月进达到88米。

2009年4月至11月，阳泉煤业集团公司宏厦一建矿建工程第一项目部在阳泉煤业集团公司一矿北丈八南北翼瓦斯管联络巷施工中应用了侧装机配皮带运输系统。采用这一工艺施工，无钢丝绳摩擦，减少耙岩机主副绳摩擦，操作简单，降低机械设备伤人事故率。优化施工工序。巷道施工不留底，一次掘全高，一次爆破成型。优化巷道成型。皮带连续运转，使煤头少留或者不留积煤，巷道两帮得到及时支护。提高循环进度，提高工程质量，两帮上帮网紧跟煤头，下帮网及时跟进，巷道成型控制在规定范围内，工程质量明显提高，工程质量优良率达85%，缩短工期110天，节约工程费220万元。

（4）露天矿坑剥离工艺先进

山西露天煤矿建设，曾在1958年和1959年相继筹建晋城矿务局晓庄露天煤矿（设计能力年产90万吨）和大同矿务局朔县露天煤矿（设计能力年产450万吨）。但这两个露天矿都只进行了部分开工前的准备工作，尚未进行矿坑剥离即因不具备技术、资金和设备条件而停建。

1985年，中国与美国合作经营的平朔安太堡一号露天矿开始建设，年设计能力1533万吨。1985年5月安太堡露天矿与冶金工业部第十三冶金公司及水电部第三和第十三工程局签订矿坑剥离施工合同后，小型机械即进入施工现场，为液压铲作业准备矿坑剥离工作面。1985年6月26日、27日，第一台单斗容积为15立方米液压铲和两台载重154吨后卸式汽车相继

露天采掘作业现场图

繁忙的露天采剥现场

开入工地;7月1日开工典礼完毕,正式拉沟剥离,施工机械主要为单斗挖掘机和汽车,154吨大型卡车运出第一车土。1985年底,共有液压铲3台、154吨大型卡车13台、8吨卡车8台投入施工。

1987年9月10日,平朔安太堡露天矿首采区完成6185万立方米剥离量。在矿坑剥离施工中,共投入由国外引进的大型采剥及附属设备420台,主要有15立方米斗容的H241型液压铲10台、载重154吨的170D型后卸式汽车107台、450马力推土机34台、钻机11台。这些设备全部由平朔露天煤炭公司接运,在设备厂家指导下进行设备组装。剥离施工工艺,采用内外排土场结合、分层分区剥离,工程优良率达到98.6%。安太堡露天矿剥离开采工艺采用单斗挖掘机—自卸卡车—推土机间断工艺。根据平朔露天矿的地质勘探报告,其岩石硬度较大,需要进行穿孔爆破。

在剥离施工中,安太堡、安家岭露天矿,根据推荐的开采工艺,黄土层剥离,采用液压挖掘机或前装机挖掘,用自卸卡车运输,采用端工作面上装车,台阶水平分层,台阶高度15米,采用分次采装的方式,每次挖掘的高度为2~3米,降段6~7次完成一个台阶高度。4号煤层顶板以上岩石剥离台阶为自营剥离台阶,采用单斗挖掘机——自卸卡车间断工艺进行剥离,台阶水平分层,标准台阶高度15米,采掘方式为单斗挖掘机采装,自卸卡车运输,采用端工作面平装车,挖掘机"之"字形采掘。4号煤与9号煤夹层剥离台阶选用单斗挖掘机——自卸卡车间断开采工艺,台阶倾斜分层,标准台阶高度15米,实际台阶的高度根据4号煤与9号煤夹层岩石厚度调整台阶的高度。如遇台阶高度超过15米或"三角"区段,则利用推土机辅助作业。采掘方式为单斗挖掘机采装,自卸卡车运输,采用端工作面平装车,挖掘机"之"字形采掘。9~11号煤层间岩石与11号煤层划分为一个台阶,混合爆破,爆破后爆堆分为两个采幅,每个采幅宽度20米(1/2采掘带宽度),用推土机配合992前装机将第一个采幅爆堆上部的岩石倒入采空区,然后将11号煤采出,随后再进行第二个采幅的采掘。

2.机电设备安装安全高效

1949年中华人民共和国成立初,大同矿务局首先成立"矿井排水队",配备50人,担负恢复生产矿井排水机电设备的安装施工任务。这是山西煤矿建设史上第一支机电设备安装专业队伍。1954年,以这一排水队为基础,组建大同煤矿机电安装公司,在鞍钢技术人员帮助下,利用手摇稳车、固定地滑轮,成功地将自制井架竖立在煤峪口3号井上。

1958年,阳泉矿务局三矿主副立井,采用地面组装,以两组抱杆8台5~8吨稳车起吊,空中铆焊连接,后支腿与井架用普通螺栓连接固定方法,分别安装了高35米和21米钢井架。1959年,大同煤矿建井公司机电安装队成立,其他矿务局的机电安装队伍也进行了扩充。60年代初,山西煤矿机电安装队伍大量精简,施工任务大幅度压缩。"三五""四五"时期,由于"文化大革命"干扰,煤矿机电安装工程时有时无。

"五五"末,随着山西煤矿建设规模逐步扩大,采煤技术不断进步,煤矿建设施工中机电设备安装技术相应提高。1979年,阳泉矿务局安装施工队在阳泉安装一矿北丈八和北四尺主提升斜井的钢芯胶带输送机时,采用了硫化接头新工艺,接头破断力达到了标准要求。是年,在阳泉矿务局一矿安装北丈八副立井井架时,解决了远距离组装和井架整体移动的难题,减少了空中作业,提前工期15天,节约资金1万元。

"六五"时期,1981年,汾西矿务局基建工程处安装队安装柳湾矿主斜井胶带输送机时,成功地采用硫化接头法,黏接了日本产钢丝绳芯胶带,破断力达到178吨,超过国家规定标准。是年,大同矿务局工程处安装队在碾子沟立井井筒设备安装时,使用6层吊盘同时安装罐梁、罐道、梯子间、风管、水管等获得成功;管线连接淘汰了传统的法兰盘连接法,广泛采用了套筒、密封圈、压盘、螺栓、螺母组成的"快速接头法"。阳泉矿务局在二矿改扩建工程和贵石沟丈八井施工中,共使用这种快速接头6083副,安装管路3.647万米,节约钢材36.4吨,节省投资13.6万元。其他各矿务局的安

装施工队伍，已可以独立完成技术标准较高的煤矿机电设备安装施工任务。西山矿务局西铭矿1800米自动化控制钢丝绳胶带输送机，阳泉矿务局二矿1000米钢丝绳芯强力胶带输送机，古交矿区西曲矿储煤场MDQ15050型堆取料机和引进日本及美国产的入选能力300万吨/年选煤厂跳汰机、振动筛、过机、压滤机以及微机自动控制系统，阳泉矿务局二矿离心式JKD2800×6型落地式多绳摩擦轮绞车等安装施工都获得了成功。

"七五"时期，随着矿井机械化程度的提高，机电设备安装施工量加大。为保证机电设备安装工程，缩短工期，潞安矿务局常村矿、大同矿务局四台沟矿、雁北地区王坪矿，先后应用网络技术编制施工组织设计，使机电设备安装与井巷工程施工实现一体化管理，促进了矿建施工管理科学化。

1991年，山西焦煤集团汾西矿业集团完成了水峪煤矿35千伏变电所设备安装。1991年9月12日、10月5日，阳泉煤业集团五矿选煤厂450万吨/年主厂房机电安装"混煤、末精煤装车系统"机电设备安装工程先后竣工；9月23日，阳泉煤业集团公司贵石沟中央风井两台直径3.15米高效轴流风机安装工程顺利竣工。1991～1995年，山西焦煤集团汾西矿业集团在高阳扩建井施工中，首次采用胀管技术，安装了集中供热4×20吨散装锅炉。

1992～1994年，大同矿务局第一工程处安装队分别对大同矿务局煤峪口矿、忻州窑矿的两台滚筒直径3.5米的苏制提升机进行了技术改造。在对提升机主轴装置更换施工中，依据原有减速机主轴水平数据，结合设备自身挠度、操作容差度和标准数据要求，提前精确测算实际安装标高和水平值，使各项安装技术数据通过一次性试车即满足要求，保证了施工工期的提前完成。

1996年8月，阳泉矿务局三矿选煤厂8.0MT/a系统进行改扩建，至1997年3月底将200多台重约1600吨的设备全部安装完毕，并进行了调试。是年10月，太原煤炭气化集团嘉乐泉矿井完成副斜井绞车、主斜井皮带、井下中央变电所、主排水泵、主排水管网、主扇风机的设备安装。其中主斜井胶带输送机型号为SMJ-SJ型钢丝绳芯胶带输送机；长度754米，带宽1.0米；电动机功率315千瓦，电压6千伏；井筒倾角17度。1996～1997年，大同矿务局第一工程处安装队还对煤峪口、永定庄、白洞、忻州窑、云冈，特别是同家梁矿的立井井筒，相继进行了改造和检修施工。除采用传统的吊盘、吊笼施工外，在其上改装伸缩、折叠施工平台，以满足现场施工条件和工期要求，完善井筒施工工艺。1998年，汾西矿务局完成了柳湾煤矿兑镇——柳湾35千伏输电线路及5号35千伏变电所设备安装。

2001～2002年，山西焦煤集团霍州煤电集团（原霍州矿务局）回坡底矿的井下中央水泵房安装，排水、洒水安装，主井强力皮带安装；李雅庄矿主扇改造；回坡底洗煤厂排矸系统、输煤系统、装车系统安装；三交河洗煤厂的排矸系统、输煤系统、装车系统安装；吕梁山煤电公司方山木瓜矿、店平矿的主井皮带带宽1.2米，电机功率280千瓦主井强力皮带安装先后竣工；2002年1月4日，阳泉煤业集团（原阳泉矿务局）二矿选煤厂31.6吨盘式加压过滤机系统加压仓吊装成功。

2004年，阳泉市燕龛煤炭集团公司程庄煤矿安装2台GAF-28型主扇风机，修建了10千伏配电室。2004年11月10日至2005年1月底，大同煤矿集团大唐塔山煤矿有限公司主平硐强力胶带输送机安装工程建设完工。该输送机胶带型号（阻燃）ST4000，水平机长3522.046米，带宽2米，提升高80.917米，1600千瓦×3电机驱动；罗克韦尔生产的CST1950千伏减速器；德国西伯瑞生产的SHI107盘型液压制动器；ZLY-03-400胶带自动液压拉紧装置；启动方式为CST软启动方式。该工程在施工过程中大量采用平行交叉作业方式，大大缩短了施工工期。

2005年大同煤矿集团公司大唐热电厂最大的输煤系统施工，在350吨钢栈桥的组装中，创下了月加工200吨的纪录。在钢栈桥吊装中，成功使用300T和250T汽车吊，将总重34吨，长度25.4米的最大跨栈桥安全吊装至最

高点47.2米的规定位置。

2007年，设计年生产能力1500万吨大同煤矿集团公司大唐塔山特大型矿井——盘区(盘道)风井2台主扇、二盘区风井2台主扇建成投入运行。该机采用丹麦豪顿华公司AJN-3600/2000N型和ANN-3200/1600B型风机，风叶自动调节，电机功率1900千瓦和3200千瓦。大同煤矿集团公司马脊梁矿主斜井胶带输送机进行了皮带更换。该输送机斜长750米，坡度16度，带宽1.4米。施工采用在地面全长硫化热补黏接皮带，拉退旧皮带的同时带入新皮带。采用这一施工方法只用了4天半即完成了停产更换皮带施工。

2007年10月~2008年8月，大同煤矿集团公司对集团进行热网改造。该工程管线采用热安装方式平行作业施工，管道采用氩电联焊接，管道焊缝根部进行氩弧焊封底焊接，焊口填充采用电焊。管道所有焊口进行百分之百X射线探伤，合格后进行缩口保温，电预热后直埋。直埋管道的接口采用热熔套连接加热缩带收口聚氨酯发泡的方式。管沟回填采用机械结合人工回填，回填压实密度为95%以上。

2007年10月~2008年12月，寺家庄矿井(设计生产能力500万吨/年)技改机电安装工程完成，包括：副立井井筒装备工程(井筒直径8.0米、井深445米)，中央回风井井筒装备工程(井筒直径8米、井深425米)。

2008年5月开工的阳泉煤业集团五矿中央胶带大巷安装工程，11月竣工，安装带宽1.2米的皮带输送机采用YB45DS3-4型隔爆异步电动机，功率3×400千瓦，额定电压6千伏。是年开工建设的大同煤矿集团麻家梁煤矿到2010年12月初，主、副井筒进入机电工程安装阶段。施工期间，正值零下20多度的寒冬，工期紧、任务重、构件复杂、未预留梁窝(梁窝多而且较大)、井壁异常坚固、非标梁全为焊接的H型钢梁(梁大且重)，层间距较小，给安装带来了极大的挑战。该工程采用"标准段和梯子间安装—管路安装—电缆敷设—硐室设备下放—非标段安装"的安装程序，管路安装采用从下往上的方法，电缆敷设采用同侧同放原则，硐室设备依据安装图依次下放,经过70多天的紧张施工,圆满完成安装任务。

2010年,大同煤矿集团铁峰煤业公司上仓胶带走廊施工中,一段跨越电气化铁路专运线,采用500T和250T汽车吊配合吊装,是全省煤矿建设施工中采用的最大汽车吊。

2010年,高110米、重1438吨的麻家梁煤矿主立井井架成功合拢。该井架为A型双斜支撑式提升钢井架,采用空间框架结构,不仅结构复杂,而且其高度和重量均创亚洲之最。主井架组立后采用400吨大型履带吊进行抱杆拆除和天轮吊装两项作业,比计划进度提前了10天,矿井主提升机安装施工为瑞典ABB公司提供的JKMD-5.7×4落地式多绳摩擦提升机及电控,电机功率7000千瓦,提升容器为72吨箕斗,单斗提升量达45吨,最大提升速度13.73米/秒,提升能力1520吨/小时为全国最高。

3.地面工程施工逐渐向技术型转变

中华人民共和国成立后,在三年经济恢复和"一五"时期,山西煤矿地面工业建筑工程还不甚完善。绞车房、头灯充电室、配电室及简易的储装系统建筑,仍以砖木结构为主;装火车煤仓大都为半壁滑坡式,用料石砌成。且土建施工皆靠人力,脚手架外挂"安全网",脚手架多为麻绳绑扎竹竿而成。

"二五"和三年经济调整期间,中直煤矿地面工业建筑有所发展,已有选煤厂、选煤楼、装火车吊仓等,并采用了装配式钢筋混凝土结构,开始使用简单机械施工;"三五"和"四五"期间,山西煤矿地面工业建筑工程施工技术逐步提高。滑模施工法被山西大中型煤矿地面建筑广泛应用。这一时期,地方重点煤矿在技术改造时,配合铁路专用线因地制宜地利用地形,建筑了地下埋入式、簸箕式、吊仓式等煤仓。

"五五"和"六五"时期,地面工业建筑工程的地基处理、垂直提升、水平运输、工程结构等方面技术水平都迅速提高。汾西矿务局成功地采用了

"网架平行滑移法"，在1980年全国地面建筑施工技术经验交流会上作了介绍。垂直提升、水平运输设备也由"龙门架"发展为"红旗吊"和大型塔吊；地基处理已普遍采用"灰土桩加固法""碎石震冲桩加固法"和"钢筋混凝土灌注桩基法"。

"六五"时期，1981年，阳泉矿务局在四矿选煤厂主厂房施工中，对大跨度钢桁架应用了整体吊装技术，采用分挂起吊、高空连接技术，一次安装成功；1983年，阳泉矿务局二矿在福利楼施工中，首次使用18米跨度后涨法预应力双坡薄腹屋面梁，采用千斤顶涨拉、抱杆提升、大型钢筋网点焊、粗钢筋对焊、预应力钢筋冷拉、预留孔道抽芯、孔道注浆等工艺技术获得成功；1985年，在古交矿区西曲矿选煤厂主厂房基础施工中，针对冲积风化软弱地层，采用了"碎石震冲桩加固法"处理地基，以直径30厘米钢管电动震冲机，打孔1088个，最深孔19米，充填碎石，以机械震动挤密，承压能力达到每平方米22吨。

1985年，全省煤矿地面建筑工程中采用网架结构的项目达到32项，施工面积5万平方米。各矿务局工程处都建有预制件厂，机修厂、大型车间、仓库等建筑物的梁、柱、屋架、屋面板等，均采用钢筋混凝土预制件，现场吊装，加快了施工速度。

"七五"时期，山西煤矿地面建筑工程施工技术有较大提高。古交矿区马兰矿选煤厂原煤煤仓，成功地采用了"滑升模板"施工法。具有施工工艺简单、速度快、工期短、造价低、荷载承载能力强等优点。

1991年，汾西矿务局水峪矿13层家属住宅楼施工，针对工程主体设计为部分剪力墙与框架相结合的结构，采用组合钢模板拼装定型法及框架硬架支模法的施工方案现浇混凝土与预制板安装同步到位，成型好，施工速度快。同时在施工设备上，使用了有轨行走式塔吊，为提高工程进度创造有利条件。是年7月，大同矿务局基建施工设备租赁站拆除云冈矿地面储煤仓50米长落煤走廊，首次采用控制爆破技术获得成功。

1994～1995年大同矿务局新六区南区住宅工程采用砖混结构,预制屋面板,垂直运输采用龙门架、塔吊,合理安排施工工序,按时完成了施工任务。

1996～1997年大同矿务局和平街平房区改造成住宅区工程采用砖混结构,预制屋面板,垂直运输采用龙门架、塔吊,针对一些长期困扰用户的质量通病,特别是屋面与卫生间的渗漏、地面空裂等影响使用功能的质量问题,施工管理从施工角度进行调查研究,采取有效预防措施,对消除质量通病进行严格控制。

2005年,山西晋城无烟煤矿业集团在赵庄选煤厂浓缩池施工中,采用砼输送灌砼,连续浇灌,一次成功,创造了晋城无烟煤矿业集团土建工程一次砼浇注量最大、池壁不渗不漏,中途不留施工缝的纪录。

2006年4月,山西焦煤集团第二职工医院住院部(Ⅳ区),设计为9层,局部10层,1～4层部分柱子、梁、剪力墙采取了增大截面灌浆料加固法;部分梁采取了黏钢加固法及植筋加固法。是年,山西晋城无烟煤矿业集团在赵庄矿职工5号和6号单身楼施工中,采用大板胶合板代替钢模板,既保证了现浇混凝土楼板的质量,又降低了工程成本,使两栋各12 588平方米的六层单身楼仅用半年时间就得已竣工。

2007年,西山煤电集团公司汇景花园小区剪力墙、框架柱施工采用了大型定型模板,梁板支模采用竹胶板,提高了施工效率,减少了支模人工的使用,实现了清水混凝土的施工效果。是年,山西晋城无烟煤矿业集团在寺河矿多功能报告厅施工中,采用碳纤维布加固技术,对梁柱进行加固改造,使张弦梁张拉长度达40.82米,创晋城无烟煤矿业集团土建工程最长单梁施工之最。

2008年3月,西山煤电集团西山矿区矿山急救中心工程,地下1层,地上15层,总高度为73.55米,建筑面积为40 793.45平方米,框架结构。施工中采用剪力墙、框架柱支模采用组合钢模板,梁、板支模采用竹胶板,有效

地提高了拆模后混凝土表面平整度，使梁板混凝土达到了清水混凝土的效果，同时节省了梁板混凝土表面的抹灰面。混凝土施工采用商品混凝土和泵送技术，于2009年9月19日竣工移交，2009年被评为太原市结构优质工程，2010年被评为太原地区优良工程。

2010年，由山西西山金信建筑有限公司承建的建北高层住宅小区1号、2号楼开工建设，该工程地下2层，地上33层。标准层高2.9米，建筑面积均为25489.46平方米。地基为冲击成孔后压浆灌注桩，施工过程中基础模板采用组合钢模板和竹胶合板，用钢管及木方作支撑；标准层墙柱模采用定制大钢模板；梁板模板采用封塑竹胶合板快拆体系支模。混凝土采用HBT-80·16型输送泵输送，钢筋采用直螺纹连接。是年，柳林碾焉煤矿有限责任公司原煤仓、产品仓及矸石仓工程，桩基采用XR280C型旋挖钻机，完成单仓37根灌注桩施工，为地上构筑施工创造了良好环境。晋城无烟煤矿业集团在寺河矿二号井锅炉房施工中，遇到采空区，采用水泥粉煤灰注浆充填处理办法，共打注浆孔24个，总进尺935米，充填小碴骨料600立方米，注浆总量2400立方米。西山煤电集团官地矿办公楼位于矿山采空区之上，施工中，基础采用钢筋混凝土灌注桩，桩端要求持力层为粗砂岩层，桩长在22～28米，桩径1～1.2米。根据地质勘察资料，持力层位于两个煤层下方，大部分桩将穿过一层或两层煤矿采空区，采空区有部分巷道积水。灌注桩采用旋挖钻机成孔，共浇注57根桩，经检验全部合格。

（四）矿建工程质量监督不断加强，优质获奖项目不断增加

1984年9月，国务院印发了《国务院关于改革建筑业和基本建设管理体制若干问题的暂行规定》（国发〔1984〕123号），要求"改革工程质量监督办法，在各地和各行业设立工程质量监督站，对本地区和本行业建设工程质量进行监督检查"。随后，国务院各相关部门开始在各自的监管领域自

上而下实行工程质量监督制度，各行业的建设工程质量监督站在各级行政管理部门的直接领导下陆续成立，并全面承担起了工程质量监督管理工作。

1985年，煤炭部按照国务院的要求，成立了煤炭建设工程质量监督总站，由煤炭部基建司管理，同时下发了《在各煤炭局（省厅）试行建立煤炭基本建设工程质量监督机构的决定》（煤基字〔1985〕690号），要求各省和各矿区设立煤炭工程质量监督站，随后，各省煤炭行政管理部门和各矿务局陆续组建成立了工程质量监督站，形成了"国家总站+省中心站+矿区站"的三级管理体制。煤炭部撤销后，这一体制被完整保留，一直延续到现在。

1.煤炭工程质量明显提升

2009～2018年间的十年，是山西省煤炭工程质量中心站正式成立的第一个十年，也是我省煤炭工程质量工作有记载以来的第一个十年，是我省煤炭价格跌宕起伏的十年，更是全省煤矿企业兼并重组整合工作热火朝天开展，推进煤炭工业转型、安全发展、和谐发展的关键十年。十年来，在全省工程质量监管人员的共同努力下，通过严格监督检查、规范质量认证，全省煤炭建设工程质量稳中有升，为煤矿企业安全生产奠定了坚实的质量基础。

十年间，全省共完成各类煤炭建设项目工程质量认证649个，其中：2009年认证27个，2010年认证23个，2011年认证44个，2012年认证58个，2013年认证87个，2014年认证119个，2015年认证91个，2016年认证78个，2017年认证55个，2018年认证67个。

十年间，全省共有80项煤炭工程被评为全国煤炭行业优质工程，59项煤炭工程被评为"太阳杯"工程，35项煤炭工程被评为山西煤炭行业优质工程，28项煤炭工程被评为山西省煤炭行业"三晋杯"工程，42个施工项目

获山西省煤炭行业安全文明施工工地。其中:潞安集团高河煤矿600万吨/年矿井建设项目、同煤集团同忻矿1000万吨/年矿井建设项目获得国家建设工程质量最高奖——"中国建设工程鲁班奖";2012年17项煤炭工程被评为全国煤炭行业优质工程,10项煤炭工程被评为"太阳杯"工程;2013年9项煤炭工程被评为全国煤炭行业优质工程,9项煤炭工程被评为"太阳杯"工程,9项煤炭工程被评为山西煤炭行业优质工程,6项煤炭工程被评为山西省煤炭行业"三晋杯"工程;2014年11项煤炭工程被评为全国煤炭行业优质工程,6项煤炭工程被评为"太阳杯"工程,8项煤炭工程被评为山西省煤炭行业优质工程,8项煤炭工程被评为山西省煤炭行业"三晋杯"工程,11个施工项目获山西省煤炭行业安全文明施工工地;2015年6项煤炭工程被评为全国煤炭行业优质工程,5项煤炭工程被评为"太阳杯"工程,6项煤炭工程被评为山西省煤炭行业优质工程,5项煤炭工程被评为山西省煤炭行业"三晋杯"工程,9个施工项目获山西省煤炭行业安全文明施工工地;2016年8项煤炭工程被评为全国煤炭行业优质工程,8项煤炭工程被评为"太阳杯"工程,4项煤炭工程被评为山西省煤炭行业优质工程,5项煤炭工程被评为山西省煤炭行业"三晋杯"工程,7个施工项目获山西省煤炭行业安全文明施工工地;2017年13项煤炭工程被评为全国煤炭行业优质工程,9项煤炭工程被评为"太阳杯"工程,4项煤炭工程被评为山西省煤炭行业优质工程,4项煤炭工程被评为山西省煤炭行业"三晋杯"工程,15个施工项目获山西省煤炭行业安全文明施工工地;2018年16项煤炭工程被评为全国煤炭行业优质工程,14项煤炭工程被评为"太阳杯"工程。

2.煤炭建设工程质量监督机构不断发展壮大

1985年12月,按照煤炭部的要求,原山西煤炭工业管理局下发了《关于成立省工程质量中心监督站及各矿务局工程质量监督站的通知》,省级层面组建成立了"山西省煤炭基本建设工程质量中心监督站",在各矿务局成立矿区站,负责全省统配煤矿建设工程的质量监督管理。

1991年11月,原山西省煤炭工业厅组建成立了"山西省煤炭工程质量监督中心站",之后各地市陆续成立地方煤炭工程质量监督站,负责全省地方煤矿建设工程的质量监督管理。

2003年,山西省煤炭工业局决定,"山西省煤炭基本建设工程质量中心监督站"和山西省煤炭工程质量监督中心站合并,作为山西省煤炭工业局基本建设局一个内设处室(质监站),对外独立开展工作,主要负责全省煤炭建设工程的质量监督管理工作。

2009年,山西省编办以晋编办字〔2009〕319号文正式批准成立"山西省煤炭工程质量监督中心站",正处级建制;2011年以晋编办字〔2011〕88号文明确中心站的职能及编制,主要职责任务是:承担全省煤炭建设工程质量监督管理工作,定编16人,内设三个科室,即:综合科、工程科、监督科。

目前,我省共有各级煤炭工程质量监督机构20个,其中省级监督机构1个,地市及集团公司监督机构19个。原省煤炭工业厅设省煤炭工程质量监督中心站,全省11个地市中有10个设立了地方煤炭工程质量监督站(运城市未设立监督站,授权临汾地方站负责该市的煤炭工程质量监督工作),省属国有重点煤炭集团公司设立了9个矿区建设工程质量监督站。全省监督机构共有各类监督专业人员350余人。

(五)监理资质不断提升,保障优质建设作用显著增强

1988年7月25日,建设部发布《关于开展建设监理工作的通知》,明确提出要建立建设监理制度。建设监理制作为工程建设领域一项改革措施,旨在改变陈旧的工程管理模式,建立专业化、社会化的建设监理机构,协助建设单位做好项目管理工作,以提高工程建设水平和投资效益。11月28日,建设部颁发《关于开展建设监理试点工作的若干意见》,决定建设工程

监理制度先在北京、上海、南京、天津、宁波、沈阳、哈尔滨、深圳八市和能源、交通、水电、公路系统进行试点。

1991年4月1日,山西省城乡建设环境保护厅印发《山西省工程建设监理试行办法》。本月,山西煤炭工业管理局以统晋煤基字〔1991〕第168号文呈报,由中国统配煤矿总公司办公厅1991年4月12日以〔91〕中煤总厅字第67号文批准设立"山西煤炭建设监理咨询公司",为独立核算、自负盈亏的全民制所有企业,具有法人资格,隶属于中国统配煤矿总公司山西公司,接受总公司基本建设局业务领导,负责山西及华北地区煤炭建设项目的矿建、土建、安装和矿区配套设施的建设及同类建设工程的监理和咨询业务。山西煤炭建设监理咨询公司是山西省煤炭行业成立第一家煤炭监理公司,经费来源于所承担的建设项目监理费和咨询服务费。

1995年2月9日,煤炭工业部根据建设部《监理工程师资格考试和注册试行办法》的要求和煤炭建设监理工作的实际情况,制定《煤炭建设监理工程师资格考试及注册实施细则》,自1995年3月1日起施行。4月25日,煤炭工业部印发《关于批准首批煤炭行业监理工程师资格的通知》(煤规字〔1995〕第200号),批准太原煤炭设计院中太工程建设监理公司4人、山西煤炭建设监理咨询公司9人获得全国煤炭行业监理工程师资格。

5月11日,山西省建设厅以《关于批准山西省第一批考试确认监理工程师资格人员名单的通知》(晋建监字〔1995〕183号文),批准中太工程监理公司7人、山西煤炭监理公司1人,取得山西省监理工程师任职资格。同日,山西省建设厅以《关于批准山西省第二批免试确认监理工程师资格人员名单的通知》(晋建监字〔1995〕184号文),同意省监理工程师考试委员会的审查意见,批准全省77人免试取得山西省监理工程师任职资格,其中山西中太建设监理公司12人,山西煤炭工程监理咨询公司9人。是年12月6日,煤炭工业部《关于公布1995年度煤炭建设监理单位资质等级的通知》(煤规字〔1995〕第627号),山西煤炭建设监理咨询公司取得原煤炭工业部颁发的煤炭甲级监理资质(建〔煤〕监资字第9501号)。1995年底,山西省煤炭建设工程监理企业主要有:成立于1991年的山西煤炭建设监理咨询公司,矿山工程资质等级为甲级;成立于1992年的大同煤炭建设监理有限责任公司,矿山工程资质等级为乙级;成立于1993年的煤炭工业部太原设计院中太工程建设监理公司,矿山工程资质等级为乙级。

1997年1月30日,山西省建设委员会下发晋建监字〔1997〕43号文,按照建设部《工程建设监理单位资质管理试行办法》,山西煤炭建设监理咨询公司被定为乙级监理资质。5月20日,煤炭工业部下发《关于公布1997年度煤炭行业建设监理单位资质等级的通知》(煤基字〔1997〕第272号文),根据《煤炭工程建设监理单位资质管理试行办法》和煤炭行业建设监理工作发展的需要,对有关煤炭建设监理单位进行了资质核验工作,全省经核验后的69家煤炭建设监理单位的资质等级予以公布。其中,煤炭工业部太原设计院中太工程建设监理公司为甲级(建〔建〕监资字第97120号),山西省煤炭建设监理公司煤炭为甲级(建〔煤〕监资字第9501号),山西省煤炭建设监理公司煤炭为甲级(建〔煤〕监资字第9705号),1992年12月成立的大同煤炭建设监理公司为乙级(建〔煤〕监资字第9711号)。6月煤炭工业部基本建设司编制《煤炭建设监理及建设项目管理法规汇编》,在煤炭建设监理单位基本情况表中,煤炭行业获得注册监理工程师资格人员,煤炭工业部太原设计院中太工程建设监理公司有11人,山西省煤炭建设监理咨询公司有13人。7月31日,山西省建设委员会下发《关于公布1997年山西省建立工程师职业资格考试合格人员名单的通知》(晋建监字〔1997〕377号文)中,山西省煤炭建设监理咨询公司有8人,山西省煤炭建设监理有限公司有6人。1998年2月9日,煤炭工业部印发《关于公布第三批获得煤炭行业建设监理工程师资格人员名单的通知》(煤基字〔1998〕第39号),按照《煤炭建设监理工程师资格考试及注册实施细则》,经考核确认,煤炭工业部太原设计研究院中太工程建设监理公司监理工程师有19人、山西省煤炭

建设监理咨询公司监理工程师有13人、山西省煤炭建设监理公司监理工程师有9人。

1999年7月2日，山西省建设委员会下发《关于批准山西省第三批监理工程师资格的通知》（晋建监字〔1999〕206号），山西省建委同意山西省监理工程师考试委员会的审查意见，批准山西省煤炭建设监理咨询公司监理工程师44名。

2002年7月16日，山西省煤炭建设监理咨询公司取得建设部颁发的房屋建筑工程监理甲级、矿山工程监理甲级资质。

据山西省建设监理协会2010年资料，截至2010年末，山西省从事煤炭行业监理工作的人员3864人，工程监理人员3333人，其中，取得全国注册监理工程师资格的397人（矿山工程专业240人），其他注册人员190人，取得煤炭行业注册监理工程师资格的162人、山西省注册监理工程师资格的702人。

山西省从事煤炭行业监理工作的注册监理工程师、注册设备工程师、煤炭行业监理工程师、山西省监理工程师计3864人，其中，高级职称者602人、中级职称者1733人、初级职称者886人。

到2010年，全省煤炭建设监理有6家大公司和20多家分公司。监理工作覆盖全省所有的煤矿建设项目，在承担并完成省内外大中小型煤矿建设工程、房屋建筑工程及市政等主要工程的监理任务的同时，逐步涉入公路、铁路、电力、冶炼、石化等工程监理项目。已延伸到与煤炭产业相关的煤矸石电厂、煤化工、煤建材、煤层气、焦化冶炼、煤炭运输等工程，发挥了煤炭监理专业特长。所监理煤炭建设项目工程的质量合格率达到100%，部分项目的工程质量达到国家、省及行业优质工程标准并获多项奖，监理行业内外的工程建设项目186个，实现监理产值21368.33万元。截至2019年，山西省从事煤炭建设工程监理企业发展到15家。

(六)煤矿建设方针程序日益完善,指导作用明显增强

1949年中华人民共和国成立后,根据国家"为国民经济的全面好转而奋斗"的方针,山西煤矿建设确定了"全面恢复,重点建设"的指导思想,集中财力、物力对收归国有的煤矿进行恢复建设,重点放在了大同矿区、阳泉矿区和潞安煤矿、西山煤矿、富家滩煤矿。

在中国共产党领导下,山西煤矿建设纳入了国民经济建设计划。无论新建项目还是改扩建项目,均依照企业隶属关系报批立项,进行项目设计,并按建设类型报请主管部门审查批准,而后依照批准的概算下达投资、组织施工,工程竣工经验收后移交生产,形成了一套完整、科学的基本建设程序。

"一五"时期,山西煤矿建设根据国家"大规模进行新矿井和选煤厂的建设,继续进行原有矿井的改建扩建,充分发挥现有生产矿井潜力"的方针,坚持新建和改建相结合,以改建为主;大中小相结合,以中小为主的原则。确定继续重点建设大同、阳泉、潞安等老矿区,加快开发西山、富家滩、轩岗矿区,以满足国家交通运输及冶金、电力、机械工业对动力煤、无烟煤、焦煤等煤种的需求。

"二五"时期,1958年5月中共八大二次会议提出了"中央工业与地方工业同时并举,大型工业与中小型工业同时并举,洋法生产与土法生产同时并举"的一整套"两条腿走路"发展工业的方针。

"三五""四五"时期,山西煤矿建设遭到"文化大革命"的干扰和破坏。独立设置的山西省煤炭工业管理局基本建设局被撤销,建设管理由生产部门代管;根据国家关于"扭转北煤南运"和"支援三线建设"的指导思想,山西省近75%的煤矿施工队伍被调往南方;煤炭工业管理机构及设计单位大部分技术人员被下放到农村;全省煤炭基本建设工作处于停滞状态。

　　国民经济建设进入第五个五年计划时期(1976～1980年,称"五五"时期),特别是1978年中共十一届三中全会后,经过拨乱反正,山西煤矿基本建设管理步入正轨。山西煤矿矿井建设,坚持以矿井改建、扩建为主,新建为辅,大、中、小矿井相结合的方针,通过企业整顿,完善机构,充实队伍,为"六五"时期山西能源重化工基地建设全面铺开打下了基础。

　　根据"规划指导、论证先行、整体起步、协调发展"的基本指导思想,确定了山西煤炭工业基地建设的八条方针:一是坚持有计划、有重点地对现有矿井进行技术改造,充分发挥现有企业的作用。二是加快新井建设,缩短建设周期,充分发挥投资效益,前十年(1980～1990年)要为后十年(1991～2000年)发展做好准备。三是坚持大、中、小型矿井相结合的建设原则,选择一些小型矿井早建成、早达产、早受益;大型矿井要因地制宜确定规模,可以分期建设,分期投产;也可以多开口、多摆头一次建成。四是首先安排在老矿区内或其周围建新井,发挥老矿区人力、物力和设施的作用,支援新井建设,节约投资,缩短工期,早日达到设计能力。五是大力发展煤炭洗选加工和综合利用,改变产品结构。现有生产矿井要补建扩建选煤厂;新井要和选煤厂同步建设,同步投产。六是优先开发动力煤及无烟煤,满足国家动力和化肥工业的需要;焦煤开发应根据国家钢铁工业的发展适时安排。七是煤炭基地建设必须坚持铁路先行的原则,国家根据晋煤外运的需要安排铁路改建、新建,增加运输能力;改造扩建煤矿储装设施,适应大吨位直达运煤专列的需要。八是坚持基建程序,按客观规律办事,地质勘探必须有计划安排,严格执行包括地质勘探、可行性报告研究、设计、施工准备、施工、竣工、验收、投产等各阶段的建设程序。

　　依照以上方针,"六五""七五"时期的10年间(1981～1990年),山西煤矿建设管理逐步向科学化、规范化迈进。根据《中华人民共和国环境保护法》,大型煤矿建设要主体工程和环境保护工程同时设计、同时施工、同时投产。中直煤矿建设管理相继采取了"三包三保""项目包建""招标投标"

"经营承包""设备招标""利润包干""目标成本管理""百元产值工资含量包干""质量监督""设备租赁"等改革措施,促进和强化了山西中直煤矿基本建设管理工作。山西地方煤矿贯彻"扶持、整顿、联营、改造""统筹规划,合理布局"的方针,对重点煤矿进行改扩建,提高单井规模,提高机械化装备程度,实现各环节生产能力平衡配套;对乡镇煤矿,选择交通条件好、资源可靠的矿井进行改扩建,形成一批骨干矿井。

山西煤矿建设工作始终执行国家颁布的《中华人民共和国矿山安全法》,矿山建设工程的安全设施必须和主体工程同时设计、同时施工、同时投入生产和使用;不符合矿山安全规程和行业技术规范的,不得验收、不得投入生产。

（七）煤矿建设管理顺势变革

1.管理机构顺势变革

1954年，燃料工业部煤矿管理总局在大同矿务局原基本建设处的基础上成立华北煤矿第一基本建设局,隶属煤矿管理总局直接领导。

1956年12月,根据煤炭工业部统一部署,东北煤矿第一基本建设局调入山西与太原煤矿管理局内的基建处共同组建煤炭工业部太原煤矿管理局基本建设局,负责管理山西省境内中直煤矿的建设施工,下设办公室、企业室、设计室、技术室、工程管理室、财务室共50人。这是山西中直煤矿系统第一个全省性的基本建设管理机构。

1978年，国家加快了山西煤炭工业的建设步伐，西山矿务局古交矿区、阳泉矿务局贵石沟矿区、大同矿务局燕子山矿区相继列为国家煤炭工业的重点建设工程。为适应山西煤炭工业建设的需要,加强山西省煤炭工业基本建设的管理，山西省煤管局基建处于1979年改为山西省煤炭工业管理局基本建设局,下设设计科、机电科、安检科、工程科、财务科、基地办

和调度室等专业科室,成为山西统配煤矿基本建设的管理机构;山西省地方煤管局负责省地方国营煤矿基本建设管理;山西省乡镇企业管理局(山西省矿业公司)负责省内乡镇煤矿的基本建设管理。

1983年,根据中央军委命令,基建工程兵42支队成建制就地改编。山西省人民政府以晋政发〔1983〕18号文同意42支队师部并入山西省煤管局基建局,为地师级单位,人员编制143人,进一步加强山西省统配煤矿基本建设的管理。1984年,由于管理体制改革,山西省煤管局基建局变更为山西省煤炭厅基建局。1985年山西省煤炭厅基建局随原山西省煤炭厅等单位划归煤炭部直属,变更为煤炭工业部山西煤管局基本建设局,负责山西统配煤炭的基本建设管理工作。山西省地方煤管局与山西省矿业公司合并成立山西省煤炭工业厅,负责全省地方煤矿基本建设管理工作。1985年,全省各地市都相继成立了煤炭工业管理局,各市煤矿基建业务由各市煤炭工业管理局内设基建部门承担。

1995年,在国家政府机构改革中,山西省煤炭工业厅、山西煤炭工业管理局合并为一套班子两块牌子,原煤炭工业部办公厅以煤厅字〔1995〕第155号文批准山西煤炭工业管理局基本建设局为准地师级单位,人员编制为30人,负责山西统配煤炭的基本建设管理工作。山西省煤炭局厅规划处负责全省地方煤矿基本建设管理工作。

1998年7月,按照国务院办公厅国发〔1998〕22号《国务院关于改革国有重点煤矿管理体制有关问题的通知》,山西煤炭工业管理局基本建设局随同山西煤炭工业管理局及大同矿务局等17家煤炭企事业单位下放到山西省地方管理。国家煤炭工业局(原煤炭工业部)和山西省人民政府又以煤办字〔1998〕440号《关于印发国有重点煤矿管理体制问题商谈纪要的通知》,进一步明确基本建设局由山西煤炭工业管理局管理,仍然负责山西统配煤炭的基本建设管理工作。随着机构改革,2002年5月,山西省煤炭工业局和山西煤矿安全监察局联合以晋煤办发〔2002〕218号文,明确山西煤炭工业管理局基本建设局划归山西省煤炭工业局管理。2002年12月,山西省机构编制委员会以晋编字〔2002〕42号文,明确将"山西煤炭工业管理局基本建设局更名为山西省煤炭工业局基本建设局",人员编制30人。2003年山西省煤炭工业局晋煤人发〔2003〕162号下发《关于山西省煤炭工业局基本建设局职能配置、内设机构和人员编制方案的通知》,负责全省煤矿的基本建设管理工作。

2008年6月,省编制办公室以晋编办字〔2008〕181号文,同意将山西省煤炭工业局基本建设局人员编制增加为40人,为副厅级事业单位;阳泉煤业集团成立基建管理中心,晋城无烟煤矿业集团成立了发展建设局,分别负责本集团公司煤矿基本建设。2009年省煤炭工业局撤销,成立省煤炭工业厅,山西省煤炭工业局基本建设局归属省煤炭工业厅管理,负责全省煤矿基本建设工作。

2012年省编委会以晋编字〔2012〕15号《关于印发山西省煤炭基本建设局主要职责内设机构人员编制的通知》确定基建局主要职责六项,全部为行政审批及监管职能,人员编制40人。内设办公室、项目处、建设施工处、财务处、安全监督管理处,负责全省煤矿基本建设管理工作。

2.建设队伍不断发展壮大

中华人民共和国成立初期,大同、阳泉两矿务局在计划科内设置设计股,对本矿务局恢复和新建矿井项目进行简单设计,或组织由专业技术人员、老工人、局矿领导组成的"三结合"设计小组,在施工现场边调查、边设计、边施工,施工方案由建设单位提出后自行组织施工。

1953年,大同矿务局基建处组建了建井、土建、机电设备安装3个公司;阳泉矿务局基建处组建了建设工程公司;经过1963年到1965年的调整,山西大同、阳泉、西山、汾西、潞安、晋城矿务局均有建井工程处或建井工程公司;1965年,煤炭工业部将全国的煤矿基本建设队伍上划为部直接

管理,并进行全国统一编号;1967年,煤炭工业部第七工程处外援施工队伍陆续返回阳泉。同年,煤炭工业部直属的"煤八处"下放西山矿务局,改称西山矿务局建筑工程处;1968年3月,煤炭工业部将"煤七处"1800人调往江西省开发新矿区,其余人员调入阳泉矿务局新组建的"桃河公路工程指挥部",承担桃河大桥、公路和二矿选煤厂的施工任务,"煤七处"在阳泉矿务局设有"留守处",负责处理遗留事宜及阳泉职工与家属的生活问题。

1970年,燃料化学工业部将驻晋城的"煤十一处"大部分调往甘肃。同年,驻介休的"煤十二处"赴晋城矿务局,与"煤十一处"留守人员成立晋城矿务局工程处,为矿务局自营工程处。同年,驻大同矿务局的"煤六处"下放大同矿务局为自营工程处,称大同矿务局工程处;1972年,燃料化学工业部将驻汾西矿务局的"煤九处"下放汾西矿务局为自营工程处,称汾西矿务局基建工程处;1973年,大同矿务局工程处抽调50多人支援轩岗矿务局刘家梁矿基本建设施工。轩岗矿务局从各矿抽调力量,与大同矿务局支援人员成立"刘家梁矿建设指挥部";1976年,驻潞安矿务局的"煤十处"下放潞安矿务局为自营工程处,称潞安矿务局工程处;1977年,轩岗矿务局将"刘家梁矿建指挥部"改为矿务局工程处,为自营工程处。至1977年末,山西中直煤矿7个矿务局均成立了自营工程处,连同地方统配霍县矿务局工程处,共拥有施工人员1.97万余人。

自1978年开始,国家加快了山西煤炭工业的建设步伐,西山矿务局古交矿区、阳泉矿务局贵石沟矿区、大同矿务局燕子山矿区相继列为国家煤炭工业的重点建设工程。为适应山西煤炭工业建设的需要,1978年,中央军委从各矿区抽调工程技术人员,新组建基建工程兵42支队434团开进古交矿区。原煤炭工业部直属的七十二、七十三工程处(即原从山西洗选工程公司成建制调往贵州六盘水矿区的第一、第三工程处)抽调部分施工力量组成煤炭工业部"建安七处",也开进古交矿区。晋城矿务局工程处成建制调往古交矿区。是年,基建工程兵422团开进大同矿务局燕子山矿区、新组建的基建工程兵423团开进阳泉矿务局贵石沟矿区。3个新矿区的基本建设相继拉开了序幕。

1980年，基建工程兵42支队的405团和401团开赴古交矿区，分别承担西曲矿地面建筑和镇城底矿开工前期工程。是年，为支援山西煤矿重点建设，在煤炭工业部统一协调下，邯郸煤矿设计院、重庆煤矿设计院、沈阳煤矿设计院、西北建筑设计院、西安煤矿设计院、北京煤矿设计院、平顶山煤矿设计院、武汉煤矿设计院等8个煤矿设计单位先后来山西，与山西煤矿设计院共同进行山西煤矿矿区总体和矿井、选煤厂等工程项目设计。至1983年，共完成阳泉、潞安、汾（西）孝（义）、乡宁、离（石）柳（林）矿区总体设计5部，提交可行性研究报告10部，完成各类项目初步设计59部。

1983年，根据古交矿区马兰矿井建设需要，煤炭工业部与核工业部协商，决定抽调湖南核工分院所属711、712、715、716矿的部分人员组成"西山矿务局马兰矿建工程处"1000人，于年底开进古交。是年，核工业部二十五公司也由湖南开赴古交矿区，参加马兰矿建井施工。根据中央军委命令，基建工程兵42支队成建制就地改编。其中在古交矿区施工的434团改编为西山矿务局古交矿区第一工程处，405团改编为西山矿务局古交矿区第二工程处，401团大部和403团一部分改编为西山矿务局古交矿区第三工程处；在大同燕子山矿区施工的406团（原422团）全部和403团一部分，改编为大同矿务局燕子山工程处，在阳泉矿务局贵石沟矿区施工的423团改编为阳泉矿务局第三工程处；中国人民解放军基建工程兵42支队（正师级建制）撤改后，经山西省人民政府以晋政发〔1983〕18号文批准42支队师部与山西煤管局基本建设局合并，为地师级建制，人员编制143人，归煤管局领导，进一步加强了山西中直煤矿基本建设的管理和领导。是年，山西煤炭工业管理局基建施工设备租赁站改为山西煤矿基建机械施工处，由古交迁到太原，为山西煤炭工业管理局基本建设局的直属单位。

1985年，在大同矿区四台沟矿施工的大同矿务局工程处进行了改编，

将矿建施工队伍改编为大同矿务局四台沟工程处，继续承担四台沟矿建井施工任务；将土建和机电设备安装施工队伍改编为大同矿务局建筑安装工程处，承担矿务局工业、民用建筑工程的施工任务。1987年，为适应雁北地区地方煤矿发展的需要，地区煤炭工业管理局组建了雁北地区煤矿建井公司，拥有职工317人。

1990年，古交矿区马兰矿井移交投产后，西山矿务局马兰工程处改称西山矿务局古交矿建工程处。霍州矿务局将局工程处的土建、机电设备安装施工队伍和建井施工队伍分开，组建了霍州矿务局建筑安装工程处和霍州矿务局建井工程处。到1990年末，中直及地方统配煤矿共拥有自营工程处19个，在册职工（固定工、合同制工、临时工）42395人。至2010年，经国家对施工企业重新考核整顿，山西负责煤矿基本建设业务的各集团公司自营工程处均改制为公司；经过70年的发展，山西煤矿建设施工队伍不断发展壮大，到2019年，山西国有及个企股份制煤矿建设施工企业已达到21个，注册职工人数51323人。

纵观70年山西煤炭建设发展历程，是一个全面坚持基本建设程序，按客观规律办事，科学布局、全面规划、依法组织、有序发展的过程，为支撑全省煤炭工业高质量发展，促进全省国民经济持续快速健康发展做出了重要贡献。

四、山西煤炭运销管理与时俱进

中华人民共和国成立以来，山西省煤炭运销管理体制紧紧围绕我国经济体制改革和煤炭供求关系的变化，与时俱进，不断进行体制机制的调整、改革和创新，积极采取有效措施，为保障煤炭供给、稳定煤炭价格、维护煤炭市场供需平衡发挥了重要作用，为保障全国国民经济发展对山西煤炭的需求做出了重大贡献。

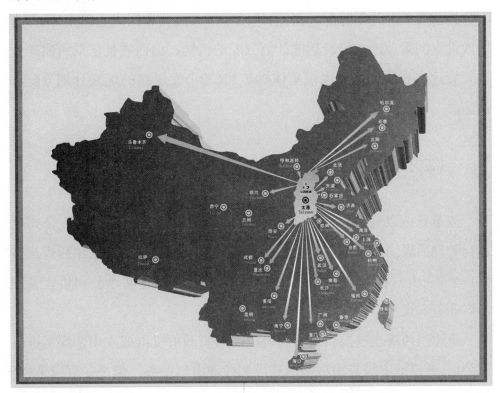

山西省地方煤炭销售流向图

（一）煤炭运销高度集中，确保国家煤炭供应

在山西煤炭全面恢复生产和煤矿建设时期，主要是由国家、省政府经济综合部门和行业管理部门实行计划管理，统一调运，保证全国煤炭供应。经过30年的发展到80年代初期，山西在国有统配矿归国家煤炭部管理、其他地方国有、乡镇集体煤矿归地方政府管理的管理体制下，形成了煤炭部直属的山西煤炭工业煤管理局负责管理大同、西山等7个统配矿务局，其煤炭运销、煤炭铁路外运计划由山西煤炭工业管理局分配处统一计划分配和调运的格局。

1979年，山西省政府批准成立了山西省地方煤炭工业管理局，内设煤炭运销处，负责管理7个地方统配煤矿和21个有铁路专运线的地营煤矿及其他县营煤矿的计划分配和调运，这是中华人民共和国成立以来，山西省首次设立的管理地方煤炭运输计划分配的机构；山西省社队局所属矿业公司管理全省2700多个乡镇集体煤矿和122个发煤站的煤炭计划分配和调运。

（二）适应经济体制改革，煤炭运销实行公司化管理

改革开放以后，随着经济体制改革，实行国家统一计划调配、公司化运行管理的煤炭运销体制。为此，山西省政府适时批准成立了山西煤炭进出口公司、山西省煤炭运销总公司，根据政府授权，这两个公司负责管理出口业务和煤炭运销。

组建山西煤炭进出口公司。1980年，经省政府批准成立山西煤炭进出口公司，开展地方煤炭出口基地建设和代理出口业务。但是一直以来，全国煤炭出口业务由中国煤炭进出口公司独家经营。国家为打破煤炭出口

独家经营的管理体制,1988年授权五矿、中信、工商联、康华、华能等6家公司代理山西地方出口煤炭业务。一年后,国家有关部门又取消了这5家公司的煤炭经营出口权,煤炭出口权重新由中国煤炭进出口公司独家经营;1992年7月初,国务院为调动山西产煤大省的积极性,批准"八五"后三年,每年由山西省煤炭进出口公司自营出口200万吨地方煤炭,开始了自营和代理双轨运行。1995年12月国务院下发《关于同意山西省继续自营出口地方煤炭的批复》(国函〔1995〕103号),对《山西省人民政府关于我省继续自营出口地方煤炭的请示》(晋政发〔1995〕74号)进行批复:一是"八五"期间,作为我国重要的商品煤生产基地,山西省自营出口地方煤炭取得了较好的成绩。为了支持山西省利用煤炭资源优势发展本省经济,国务院同意"九五"期间山西省继续自营出口地方煤炭。数量安排原则上以1995年的出口实绩为基数,按全国煤炭出口增长的比例同步增加,每年安排的具体数量在全国煤炭订货会上平衡后确定。二是鉴于目前国际煤炭市场供大于求,竞争十分激烈,而我国铁路运输能力和港口能力又十分紧张,为保证主营渠道的出口,山西省应从国家大局出发,首先保证中国煤炭进出口总公司统一代理出口煤炭的供货数量。三是为保持我国传统出口煤炭市场的稳定,山西省自营出口煤炭不得以低价竞销方式挤占中国煤炭进出口总公司原有的出口煤炭市场,并应严格执行外经贸部《煤炭出口经营管理暂行规定》(〔1993〕外经贸管发第159号),在出口价格和市场等方面接受中国五矿化工进出口商会的协调。1995年12月"山西煤炭进出口公司"更名为"山西煤炭进出口集团公司";2001年经山西省政府批准实现了煤炭铁路运输计划单列,2003年取得煤炭内销经营权,是全国4家具有煤炭出口经营权的出口企业之一。2008年4月2日,公司整体改制为山西煤炭进出口集团有限公司。

组建山西省煤炭运销总公司。1983年11月,为了适应山西能源重化工基地的建设,解决和缓和煤炭产运销方面的矛盾,协调路矿关系,解决煤

炭运销多头管理、煤矿争车皮、争计划的问题,提高运输效率,保障煤炭供应,山西省人民政府批准成立了"山西省煤炭运销总公司"(晋政发〔1983〕147号),编制80人,由省煤炭工业厅、地方煤炭局、社队企业局矿业公司管理运销的部门组成。省政府授权,主要负责统一管理全省地方国营煤矿和集体所有制煤矿的运销工作以及能源基金的收缴。主要任务是:对全省地方煤矿生产的煤炭通过铁路运输的,实行统一计划、统一销售和运输;统一组织使用管理全省地方煤矿铁路运输专用线设施,并对煤炭集运站进行规范化建设和改造;统一组织煤炭的短途集运,办理铁路发运煤炭的货款结算,收取加价款和服务费;统一组织管理汽车外运煤炭工作,统一组织出省煤炭购销管理站;统一组织省内工业、市场用煤的申请、分配、管理工作;做好煤炭产品的质量管理和计量工作,有计划地扩大煤炭的加工转化,提高经济效益。根据地方煤炭矿藏偏僻、矿点分散、远离铁路、交通不便的特点和运销业务经营管理的需要,到1992年省煤炭运销总公司在全省组建了12个地市分公司和103个县(区)公司,职工4.2万名。

1992年下半年,为扩大晋煤外运的辐射面,省煤炭运销总公司相继成立了广州公司、上海公司、宁波公司、南京公司、日照公司、天津公司、西安公司等7个省外公司。同时开始组建省内公路交易市场,建立了大同、雁北、晋中、阳泉、长治、晋城等地市煤炭交易市场,为公路煤炭出省销售、省内企业用煤、统配矿、军办矿和系统外收购地方煤提供了有效的管理和服务手段。

1993年8月28日,在国家计委、经贸委指导下,由山西省人民政府与原煤炭部、内贸部、铁道部、交通部等单位共同发起组建的国家级煤炭商品交易市场——中国太原煤炭交易市场正式开业运营,是当时国内最大的煤炭主产地、主销地市场。市场内设综合部、交易部、铁路运销部、财务结算部、信息部、党总支办公室等职能部门;1994年7月,山西省人民政府下发"晋政发〔1994〕23号"文件,批准中国太原煤炭交易市场并入山西省煤炭运销公司。在山西省内11个地市设有11个分市场性质的"煤焦交易部"，省外设有北京、郑州、青岛、华东、上海、宁波、广州7个煤焦交易部。交易方式为省、地分层管理，年度集中交易与日常交易相结合，市场煤炭合同交易订货电子商务系统网络与各地煤焦交易部联网运作。承担的具体业务职能是：负责组织山西省公路出省煤，山西省省内工业、生活用煤，铁路计划外出省煤合同交易订货业务；管理省内用煤日常业务工作；编印发行《太原煤炭交易市场行情》信息刊物，为政府有关部门和煤炭产运需企业提供价格行情信息服务。到2002年，交易市场累计组织供需双方入市合同交易订货煤炭6亿余吨，煤炭合同订货交易业务遍及全国20余个省、市、自治区。

2007年7月，为了进一步加强对山西煤炭运销管理，山西省人民政府批准成立了山西省煤炭运销集团有限公司。该集团公司由国资委和11个市国资委共同出资，在原山西省煤炭运销总公司的基础上重组改制组建的集团。集团下设11个市级子公司，98个县级子公司、25个控股企业、165座煤矿、114个铁路集运站、53个出省煤焦管理站、284个煤焦销售营业站、79个储配煤场、69个煤炭交易大厅、1家上市公司，员工达到8万人。

2013年5月，山西煤炭运销集团与山西国际电力集团合并重组成立了晋能集团，开启了煤电一体、绿色发展、建设一流综合能源集团的发展之路。

（三）强化政府对煤炭运销统一管理和宏观调控

1985年国务院办公厅《转发煤炭部、山西省人民政府关于实行煤炭行业归口管理简政放权意见的通知》（国办发〔1985〕36号），国务院批准煤炭部、山西省人民政府《关于实行煤炭行业归口管理简政放权的意见》，一是实行煤炭行业归口管理，克服多头领导的弊端。在大同矿务局等七个统

配局矿收归煤炭工业部管理以后,恢复山西省煤炭工业厅,对全省煤炭行业实行归口管理。按照统筹、协调、监督、服务的方针,对全省各类不同所有制性质的煤炭企业,包括煤矿、发运站、运输站等,在资源划分、办矿审批、生产技术指导、安全监督、专项资金使用、专用设备材料供应、煤炭运销计划以及其他各种服务工作方面,实行统一规划,分级管理,所有制不变,互相不得平调。山西省的其他煤炭管理机构均应撤销。地(市)和重点产煤县是否设立管理机构由山西省确定。二是下放办矿审批权,克服手续烦琐、互相扯皮的弊端。今后,在地(市)、县国营煤矿井田范围内办矿,分别由地(市)、县主管部门审批。在国营煤矿井田范围以外的块段上开办乡镇集体和个体煤矿,由县主管部门审批。省资源管理委员会负责制定全省煤炭资源的总体规划、矿区划分,并协调解决统配矿与地方矿、地区与地区之间的矛盾。三是改进煤炭的运销管理,克服层层克扣的弊端。地方煤矿在完成国家上调煤任务后,其余煤炭允许自行运销,除上缴国家规定的税金外,收入全部归煤矿企业。承担运销任务的车队、发煤站只应收取合理的运杂费和管理费。任何行政机关、公司不得在国家规定的政策以外乱收费、乱摊派。实行上述改革以后,可以克服目前管理中的某些混乱状况,有利于资源管理,统一计划,产、供、销平衡;便于做到政企分开,责权利统一;还可以精简机构,集中人才,提高效能,加强煤矿的生产和安全管理。

1986年5月,针对煤炭产量增加过快、存煤增多、资金呆滞、原材料浪费严重、事故频繁、经济效益下降等状况,山西省人民政府下发《关于加强煤炭产运销管理的通知》(晋政发〔1986〕25号)。1986年5月,山西省经济委员会下发《关于公路出省煤炭的暂行管理办法》《关于省内电厂烧用地方小窑煤的暂行管理办法》《关于统配煤矿收购地方小窑煤的暂行管理办法》(晋经能字〔1986〕336号)。

1988年,山西煤炭工业管理局成立了山西统配煤炭经销公司,与该局分配处合署办公,一套机构、两块牌子,负责统配煤矿与部、局直属企业所产煤炭的运输、销售工作。1989年1月,山西省物价局下发《关于同意山西统配煤炭经销公司经营的计划外煤炭向用户收取服务费的批复》(晋价重函〔1989〕1号),该公司开始向这些煤炭用户收取服务费;2000年,山西煤炭体制改革,山西煤炭工业管理局分配处和山西统配煤炭经销公司划归山西省煤炭工业管理局,仍负责部、局直属企业日常煤炭铁路计划管理工作;2002年成立了山西省煤炭销售办公室,该公司和销售办公室合署办公;2003年,该公司更名为山西统配煤炭经销总公司,负责部、局直属煤炭企业铁路煤炭销售的计划归口管理工作;2012年在省直厅局直属国有企业改革中划转至山西煤炭运销总公司(后改为晋能集团),2017年山西统配煤炭经销总公司由全民所有制企业改制为山西统配煤炭经销有限公司,成为晋能集团全资控股企业。

1992年,山西省人民政府下发《关于全省煤炭运销系统管理体制的通知》(晋政发〔1992〕66号),明确全省地方煤炭运销系统管理体制,由现行的块块管理为主,改为条块结合,以条为主。1994年《国务院关于改革山西煤炭工业管理体制问题的批复》(国函〔1994〕19号),成立统一管理的山西省煤炭工业管理机构,山西省煤炭运、销由国家统一调度平衡,按照国家计划安排,由山西省省级煤炭管理机构具体实施,国家对山西国有重点煤矿的生产、调运等具有最高的协调权和调度权。

(四)开展煤炭经营秩序大整顿

1993年,山西省对煤炭经营秩序进行了一次大规模整顿。1993年之前,在山西境内各行各业,包括军队、武警、公检法都在参与煤炭经营,山西省的煤炭经营秩序十分混乱,一方面不能保证国家重点行业、重点企业煤炭的稳定供应,另一方面造成省内煤炭经济利益大量流失。1993年6月份开始,为治理整顿全省煤炭产运销秩序,在省委、省政府的领导下,省煤

炭领导组、省煤炭运销检查组和各有关部门组织力量,先后下发了晋政发〔1994〕94号、〔1995〕9号、〔1996〕136号等一系列治理整顿的文件,省、地、县三级都成立了煤炭领导组,在全省范围内自上而下进行了全面清理整顿。全省煤炭运销秩序开始好转,初步控制了煤炭利益大量流失的局面,全省煤炭经营管理监督逐步走上正轨。通过1994~1996年对全省境内发煤站、发煤单位的清理整顿,全省共关停了107个布局不合理、经营混乱、手续不健全的发煤站点,取消了582个不合格的发煤单位,并在全国率先施行了煤炭经营许可证和发运许可证制度。经省、地、县三级审批,全省共保留了发煤站点463个并颁发了煤炭发运许可证,保留了经营发运单位475个,并颁发了煤炭经营许可证,改善了全省煤炭运销秩序。

为适应社会主义市场经济发展的需要,进一步理顺煤炭产运销秩序,省政府下发《山西省人民政府关于进一步加强煤炭产运销宏观管理的通知》晋政发〔1994〕94号基础上,又下发了《山西省人民政府关于进一步加强煤炭产运销宏观管理的补充通知》晋政发〔1995〕9号。针对煤炭产运销管理中存在的问题提出具体要求。一是全省煤炭生产要坚持贯彻"以销以运定产"的方针,实行煤炭产运销一本账管理,严格控制生产总量。省煤炭厅(局)组织煤炭运销企业与煤矿签订产销合同,煤矿合同内生产的煤炭运销企业保证销售,合同外生产的煤炭,一律不准安排销售和运输;产量与工资总额挂钩,对统配煤矿产销率低于98%的每超产1吨煤,省煤炭厅(局)扣减工资总额吨煤5元。对地方矿产销率低于98%的地市每超产1吨煤,省计委减少返还地市的能源基地建设基金吨煤5元;同时省政府和各地市、省煤炭厅(局)签订限产压库目标责任书,进行考核奖罚。二是执行煤炭挂牌价,制止压价倾销。中国太原煤炭交易市场要根据市场行情按季度制定并公布全省煤炭挂牌价,供需双方根据挂牌价在合同上议定的成交价在执行过程中不得随意降价。三是煤炭货款结算执行商业汇票结算办法,及时结算货款,做到新账不欠。谁造成新的拖欠,谁负责、处理谁。切实做到"不给钱不发煤,不进票不发煤,不还账不发煤"。四是全面进入煤炭流通领域,抓好煤炭经营。要搞煤炭大经贸、大流通、大市场。在进一步完善中国太原煤炭交易市场的基础上,在煤炭集散地、主销地设立分市场和储煤场,产销直接见面,减少中间环节,保护用户和煤炭生产企业的利益。五是全力抓好地方煤炭出口工作,积极开拓国际市场,组建产销一体化的山西煤炭进出口集团公司,走集团化、实业化、国际化的道路,并设立出口煤发展基金。六是加强军队煤矿移交地方铁路外运量的计划管理和专项基金的收取。为了加强对原军队煤矿计划各项基金的收取,保证国家财政和地方财政的收入,决定成立山西煤炭、焦炭调运办公室,对铁路运量计划外的煤炭和全部焦炭运输进行统一协调。办公室由省经贸委、省煤炭厅(局)、省冶金厅、省乡镇局、省煤运总公司派员组成,隶属省政府煤炭领导组领导,办公室设在中国太原煤炭交易市场。对实际占用军队煤矿的铁路外运量,每吨原煤按35元、每吨精煤按52.5元的收费标准进行收费,由省煤运销总公司汇总后交省计委,其中40%由省计委掌握用于全省基本建设,60%按季划拨省经贸委掌握,用于工业企业的技术改造。七是各级煤炭运销公司进一步加强对地方发煤站费用收取的管理。地方发煤站和地方煤矿按规定每吨原煤以35元、每吨精煤以52.5元收取费用,并按规定渠道足额上缴省煤炭运销总公司。同时对煤炭部、煤管局直属公司的铁路外运出省计划,由山西省煤炭运销总公司按每吨原煤20元、每吨精煤30元进行收费上缴省计委后,按确定的比例分配使用。八是在省政府煤炭领导组下设煤炭稽查队。煤炭稽查队由省计委、省经贸委、省物价局、省审计局、省工商行政管理局、省煤炭厅、省煤炭运销总公司共同派员组建,对煤炭限产压库,煤炭、焦炭运销,煤炭、焦炭价格,各项收费等进行执法执纪方面的稽查。

1995年,山西省人民政府下发《关于成立山西省煤炭焦炭调运办公室的通知》(晋政办发〔1995〕13号),办公室在省煤炭领导组的统一领导

下,由省经贸委、省煤炭厅(山西煤管局)、省冶金厅、省乡镇局、省煤炭运销总公司等单位派员组成。办公室设在中国太原煤炭交易市场交易部。主要职责是:根据国家和省确定的年度煤炭、焦炭运输计划,组织协调山西省境内各级各类煤炭、焦炭和运销企业、运输计划的平衡和分配,监督和检查各有关部门的计划完成情况,及时解决煤炭、焦炭发运中出现的各种问题。

(五)实行煤炭经营许可管理

2000年国家经贸委出台了《煤炭经营管理办法》,并在全国范围内开展了整顿煤炭经营秩序工作,实行煤炭经营资格证书制度。山西省根据国家《煤炭经营管理办法》,出台了《山西省煤炭经营管理办法实施细则》,严格规定了申请换发煤炭经营资格证书的报批程序和领取煤炭经营资格证书的条件。整顿换证工作在省整顿煤炭经营秩序领导组的领导下采取属地管理,条块结合的办法,由各市(地)、县区煤炭领导组负责具体组织工作,由下而上逐级审查上报省煤炭经营资格审批办公室,由办公室组织集体审查后上报领导组,经省领导组批准后由省经贸委行文并换发《煤炭经营资格证书》。2000年,通过整顿核准换证的企业487个,比整顿前减少了99个,并对各发煤企业按照减少站点,集中发运的原则进行归并。

2007年2月,根据国家发展和改革委发改运行〔2007〕20号文件精神,由省经委牵头,组织各市经委、省煤炭局等省、市有关部门对全省从事铁路、公路经销煤炭的煤炭经营企业开展换发新版《煤炭经营资格证》的工作,并利用换证这一契机对全省煤炭经营秩序进行了集中整顿。全省共有817户企业参加了这次换证,经县、市、省三级审核合格共有769户企业通过审查,换领了新版煤炭经营资格证,有48户原已领取煤炭经营资格证的企业由于长期经营不正常、达不到国家和省规定应具备的基本条件(主要是注册资本以及由于企业进行了兼并重组的原因),不予换发煤炭经营资格证,已换领煤炭经营资格证企业通过省有关媒体进行了公布。

2009年11月,山西省政府办公厅印发《山西省煤炭工业厅主要职责、内设机构和人员编制规定》,将原省经济委员会负责的煤炭运销和煤炭经营资格证管理职责划归省煤炭工业厅,实现了煤炭行业管理部门对煤炭运销工作的统一管理。2014年,国家发改委修订《煤炭经营监管办法》,取消了煤炭经营资格证管理,山西也相应取消了煤炭经营资格管理手段,实行了备案制。

(六)推行煤炭销售票制度,规范运销秩序

2007年,山西省人民政府针对全省煤炭非法开采、私开滥挖、违规生产屡禁不止,重特大事故时有发生,不仅扰乱全省煤炭生产经营秩序,而且给国家和人民的生命财产造成重大损失,造成不良的社会影响等一系列问题,决定在全省实施煤炭销售票管理制度。2007年8月30日,山西省人民政府发布《山西省煤炭销售票使用管理办法》(212号政府令),从2007年10月1日起实施煤炭销售票制度,有效打击非法违法生产,规范煤炭生产经营秩序。

2007年9月,山西省编办下发《关于成立山西省煤炭票证管理中心的通知》(晋编办字〔2007〕238号),同意省煤炭工业厅成立山西省煤炭票证管理中心,核定事业编制18人,正处级建制事业单位。主要负责全省煤炭销售票的印制、发放、回收、核查等。市、县(区)煤炭行政主管部门和国有重点煤炭企业集团公司都相应成立票证管理机构(部门),构建了省、市、县三级发放管理体制。煤炭销售票由省煤炭厅统一印制,按照分级管理的原则,省煤炭行政主管部门负责向设区的市煤炭行政主管部门和直管单位发放煤炭销售票;设区的市煤炭行政主管部门负责向县级煤炭行政主

管部门和市营煤炭企业发放；其他煤炭生产企业一律由所在行政区域内的县级煤炭行政主管部门发放。

煤炭销售票的使用、统计、上报和监督检查工作按照省、市、县"三级管理、分级负责、管用分离、互相监督"的管理机制运行。煤炭销售票的查验回收工作按照"统一领导、分工负责、协调运作、整体推进"的查验回收机制，由省煤炭厅委托省煤炭交易中心、省煤焦出省口管理站、省焦炭集团和省煤炭纠察总队，分别回收铁路、公路出省、公路内销票据。

经过不断的完善，到2011年，煤炭销售票管理工作形成了以《山西省煤炭管理条例》和212、223、224、231号令为核心及30余个行业管理规定为支撑的政策体系，基本涵盖了煤炭销售票从发放、使用、回收、核销、监督检查、统计上报的全过程，形成一个基本完善的政策链条。随着全省煤炭资源整合、煤矿企业兼并重组的圆满完成，煤炭销售票管理工作进入健康发展阶段。

为了确保煤炭销售票管理工作公开透明方便，省煤炭工业厅利用煤炭专网的优势，建设了煤炭销售票管理信息系统，率先将二维码扫描识别技术运用到传统的煤炭行业管理中。通过"一张网"连接票据发放、查验回收两端，涵盖了省、市、县三级行政管理部门，实现对煤炭生产、建设、洗储加工、经营企业的票据使用管理全覆盖，实现从票据印制、发放、使用到查验回收全过程的公开、透明、阳光作业，接受社会各界的监督。截至2014年，山西省煤炭销售票管理信息系统已连接全省419户煤炭生产企业、481个建设矿井、517家公路经营企业、2073家洗储煤加工企业，形成了在线开具、在线查验、在线核销的全封闭管理。同时还为省财政厅、省地税局、省统计局等相关部门提供翔实、准确的煤炭产销量数据。

山西省利用煤炭销售票落实对煤矿生产、建设和经营管理的监管责任，真正起到了打击私挖滥采、控制总量、违规超能力生产、偷税漏税、超限超载以及外省煤炭无序入晋等行为的作用。据不完全统计，2008～2013

年,利用煤炭销售票查处非法违法煤炭共计1.37亿吨,罚没金额共计23.75亿元,补征税费达109.6亿元,为全省煤炭可持续发展做出了积极的贡献。

(七)推行煤炭运销集中化管理

1997年下半年开始,全国煤炭供大于求矛盾加剧,煤炭市场持续疲软,出现煤炭销量下降、效益下滑、货款拖欠巨大、企业亏损增加、职工收入减少的局面。同时还存在条块分割和煤炭企业竞争过度的问题。1998年7月,国务院决定将国有重点煤矿、矿务局下放山西地方管理。面对这些情况,山西省政府多次提出应对措施,提出"统一领导、联合竞争、优质廉价、占领市场"的指导思想,相继出台了一系列改革方案,主要改革思路是,第一步,成立山西省煤炭销售办公室,加强行业自律,遏制煤炭企业各自为政、恶性竞争的局面。第二步,组建山西煤炭销售集团公司,形成统一对外格局,提高煤炭销售集中度和整体竞争力。第三步,以资产为纽带,以煤种和区域为基础,组建跨区域、跨行业、跨所有制的大型煤炭企业集团公司。在这个改革思路的引导和政府推动下,1998年开始,"一办两公司"(省煤炭销售办公室,山西焦煤集团公司,晋华煤炭运销公司)先后成立,在组织订货、理顺价格、清收欠款等方面发挥了重要作用。

1998年5月,省政府批准在秦皇岛注册成立了山西晋华煤炭运销有限公司,是由晋北地区大型煤炭产运销企业共同投资组建的国有股份制企业。1999年,山西晋华煤炭运销有限公司由省煤炭运销总公司牵头重组,主要负责对所有股东单位经秦皇岛港、天津地区和京唐港中转下水的内贸煤炭进行统一经营管理。

1998年9月,为加强全省煤炭营销宏观调控,加大对煤炭销售工作的统一领导力度,进一步规范全省煤炭销售管理,由山西省煤炭工业管理局煤炭运销处、省煤运总公司等单位成立了山西煤炭销售联合办公室;1999

年11月，山西省政府批准成立了山西省煤炭订货领导组及山西省煤炭销售办公室，主要担负组织订货、调控计划、制定价格、监管结算、组织清欠的职能。煤炭销售办公室成立后，积极组织订货，强化对煤炭运销工作的宏观管理和调控，加强煤炭销售、运输的日常监控、信息沟通和综合协调，全省煤炭销售的质量和效益逐年好转，煤炭铁路外运量不断增加，煤炭价格提高，外欠货款不断下降。从1999~2004年，煤炭外销量由21123万吨增加到35543万吨，年均增长速度达到16.67%。国有重点煤炭企业综合售价由2000年的129.26元/吨提高到2004年的231.56元/吨，煤炭外欠货款由2000年的97.22亿元下降达29.24亿元，为全省煤炭行业扭亏脱困起到了积极的作用。2008年，山西省人民政府决定，将省煤炭销售办公室整体划转"中国(太原)煤炭交易中心"。

按照"企业自愿、行业指导、政府推动、市场运作"和"先组建、后规范、积极稳妥、逐步推进"的原则，根据区域分布、煤田资源、煤炭品种、运输通道、销售市场同一或相近的特点，组建集团公司。2000年由西山矿务局、汾西矿务局、霍州矿务局组建"山西焦煤集团"。2003年，由大同矿务局，省煤运公司北部大同、朔州、朔州矿业、忻州等4个铁路运销公司，大同、朔州、忻州地区铁路专运线煤矿组建"大同煤矿集团公司"，这两个集团的组建，进一步提高了山西省动力煤、炼焦煤销售的集中度和话语权。

(八)推进煤炭交易市场体系建设

建立中国(太原)煤炭交易中心，构建统一开放、竞争有序的多元化、多层次的现代能源综合服务体系。2006年，国务院将山西确定为全国煤炭工业可持续发展试点省份。山西作为煤炭大省，为了充分发挥煤炭资源优势，根据国务院《关于促进煤炭工业健康发展的若干意见》(国发〔2005〕18号)提出的"关于加快建立以全国煤炭交易中心为主体，以区域市场为补充,以网络技术为平台,有利于政府宏观调控、市场主体自由交易的现代化煤炭交易体系"的要求,提出建立全国性的煤炭交易市场,进一步推动建立全国统一开放的煤炭市场和现代物流网络配送体系,全面规范煤炭经营秩序,保证国家能源战略安全和需求。

2006年7月31日,山西省人民政府召开政府常务会议,就依托太原煤炭交易市场,重组建设中国(太原)煤炭交易市场进行专题研究。会议提出,建设中国(太原)煤炭交易市场应坚持市场主导、企业运作、政府推动指导的原则,由省煤炭局会同省商务厅负责牵头组织改组重建工作;具体筹建工作由省煤炭运销总公司牵头负责、省煤炭销售办公室参与,联合省内外煤炭生产、运输、消费企业,按股份大体均等的原则,参股改组重建为规范的按现代企业制度运行的股份制企业,政府有关部门要认真做好监督指导、服务协调等工作;新的煤炭交易市场组建后,在政府有关部门的监管下,按市场化规则运行;山西所有的煤炭、焦炭均进入中国(太原)煤炭交易市场进行交易。

2006年11月,山西省人民政府向国务院提出申请,在征求国家发改委、商务部、铁道部、交通部、工商总局、国务院发展研究中心等部门意见的基础上,国务院于2007年5月批准,同年10月由省内主流煤焦生产企业和国内各大电力消费企业发起共同出资9.4亿元人民币,在国家工商总局注册成立了中国太原煤炭交易中心有限公司。

2008年8月,山西省人民政府为加快推进交易中心建设运营步伐,下发《关于成立中国(太原)煤炭交易中心的通知》(晋编办字〔2008〕19号),决定成立省政府直属、正厅级建制、自收自支的事业单位——中国(太原)煤炭交易中心,明确将山西省煤炭工业局所属的山西省煤炭销售办公室职能和人员编制成建制划转交易中心,将山西省煤炭运销集团所属太原煤炭交易市场的现有职能划入交易中心。

2011年12月,山西省人民政府办公厅下发《中国(太原)煤炭交易中心

主要职责内设机构和人员编制规定的通知》(晋政办发〔2011〕107号),明确人员编制和主要职责。主要职责是:贯彻落实国家和省对煤炭运销方面的法律法规;承办全省煤炭企业铁路运输月度计划汇总、平衡、提报及与铁路运输部门的日常沟通衔接工作;负责铁路煤炭运输立户开户及与铁路运输部门衔接协调工作;负责全省煤炭发运站点煤炭交易相关信息的收集、整理及与相关部门的衔接协调工作;负责公路煤炭交易的管理并协助相关部门做好运销票据的发放使用工作;协助相关部门进行煤炭经营资格证年检的初检工作;负责煤炭可持续发展基金(铁路)的查验补证和煤炭销售票(铁路)的核查回收工作;负责全省煤炭交易市场体系建设工作,完善煤炭交易市场功能,构建现代化交易平台;负责山西国际会展中心的管理工作。

2008年12月,山西省人民政府转发《中国(太原)煤炭交易中心关于山西省煤炭铁路运输计划审批程序的通知》(晋政办发〔2008〕97号),明确由交易中心负责山西煤炭铁路运输计划的编制、申报、审批,并就报批程序、所需资料等进行了具体规定;各单位在山西省区域内通过铁路运输销售的煤炭铁路运输正式计划和补充计划需通过中国(太原)煤炭交易中心统一平衡。

2011年12月,山西省人民政府办公厅印发《关于中国(太原)煤炭交易中心煤炭现货交易运营方案的通知》(晋政办发〔2011〕109号),对交易中心功能定位、交易内容和形式、交易范围、交易方式、运行模式、启动步骤等事项进行了明确规定。当月,山西省人民政府办公厅印发《关于中国(太原)煤炭交易中心煤炭现货交易启动运营的通知》(晋政办函发〔2011〕150号),明确中国(太原)煤炭交易中心煤炭现货交易于2012年2月23日正式启动运营,山西省境内各级各类煤炭生产、经营企业通过铁路运输的煤炭,必须经过交易中心电子交易平台,统一签订交易合同,统一结算货款。

2013年2月,山西省政府办公厅下发了《关于铁路煤炭运输开户立户职能调整的通知》（晋政办函〔2013〕16号），为加强中国（太原）煤炭交易中心建设，培育煤炭交易市场，规范煤炭经营秩序，将煤炭发运铁路开户立户职能做了调整：一是取消省煤炭工业厅"审核铁路发煤单位的立户、开户和变更"职能；二是将中国（太原）煤炭交易中心的"负责铁路煤炭运输立户开户及与铁路运输部门衔接协调工作"职能调整为"负责铁路煤炭运输立户开户日常管理服务及与铁路运输部门衔接协调工作"。5月，山西省人民政府办公厅印发《关于中国（太原）煤炭交易中心公路煤炭交易启动运营的通知》（晋政办发电〔2013〕75号），明确山西省境内各级各类煤炭生产、经营企业通过公路运输的煤炭，纳入交易中心电子交易平台，统一签订交易合同。

2014年以来，国家进行了铁路货运体制和放管服改革，取消了煤炭经营资格证，修订了《煤炭经营监管办法》。山西省进行煤炭管理体制改革，推进能源革命，取消了铁路煤炭销售归口管理，取消了公路煤炭站点和相关运销票据，省政府对交易中心的职能也相应做了调整。

中国（太原）煤炭交易中心是唯一冠以"中国"字样的全国性煤炭交易中心，作为第三方能源综合服务平台，主要为能源产业链企业提供合同签订、交易交收、货款结算、供应链融资、信息资讯、平台建设、会议展览、文化创意、酒店服务等各类服务。目前已推出挂牌交易、竞价交易、期现通、保价通、价格指数、路港通、公路物流服务平台、集装箱多式联运、资金监管、应收账款融资、订单融资、仓单质押融资、票据融资等业务和产品，为客户提供全方位、优质、高效的服务。

（九）山西煤炭运销体制全面改革

2014年山西启动煤炭运销领域改革，全面改革煤焦公路运销体制，2014年11月26日，省政府出台了《山西省煤炭焦炭公路销售体制改革方

案》(晋政发〔2014〕37号),2015年1月25日,省委、省政府下发了《关于深化煤炭管理体制改革的意见》(晋发〔2005〕3号),从2014年12月1日起,山西省全部取消了全省煤炭焦炭公路运销管理21项行政授权、9种公路运销票据、1487个全省公路煤焦运销站点;省国资委按计划积极稳妥有序推进企业职工转岗安置工作,完成了煤炭焦炭公路运销管理体制改革;省经信委取消了铁路运输计划归口管理,省煤炭工业厅也取消了煤炭经营许可证。这是山西省深化煤炭管理体制改革的关键环节,是简政放权、依法行政、消除壁垒、扩大开放的重大举措。实行20多年的山西煤焦公路运销体制迎来历史性变革,从计划经济体制走向了市场经济。

同时,建成了全省煤炭监管信息平台。监管信息平台覆盖省、市(集团公司)、县(子分公司)、矿四级,涵盖整个煤炭行业业务管理的各个方面,涉及煤炭安全生产、经济运行、综合管理三大板块,是一个综合性的监管平台,在国内属首创,建设水平和应用模式均领先全国同行业,特别是山西省煤炭大数据智能分析系统、全国煤炭行业大数据分析系统、全省煤炭产运销存价大数据采集与分析系统三个行业大数据分析系统的建成,推动我省煤矿科技信息化管理创新迈上了一个新台阶。

目前,山西将按照国家赋予山西能源改革综合试点的契机,利用大数据、云计算、物联网等现代信息手段,创新煤炭运销管理体制机制,促进企业公平竞争,为企业营造良好的经营环境。

五、党和国家领导的亲切关怀

煤炭是我国最基础、最经济、最丰富、可洁净的能源,是人类生存发展的重要物质基础,也是工业生产建设的粮食血液。中华人民共和国成立以来,山西煤炭为国民经济恢复发展和建设做出了重要贡献,特别是改革开放以来,山西煤炭为保障国家能源安全供应,以及全国以工业化为主的现代化建设和扩大开放做出了重大贡献。党和国家领导非常关心、关注山西煤炭改革发展。党和国家领导人先后51次视察山西煤炭,42次对山西煤炭作出重要指示、批示。老一辈无产阶级革命家邓小平、董必武、李立三、朱德、彭德怀、贺龙、万里、薄一波、罗荣桓和聂荣臻等先后到山西煤矿视察工作;继往开来的领路人江泽民、胡锦涛、李鹏、朱镕基、温家宝、乔石、李瑞环、贾庆林、吴邦国、张德江、邹家华等领导不同时期赴三晋大地考察指导煤炭工作;中华民族复兴的领导人习近平、李克强等亲赴山西煤矿一线,指示指导山西全力推进煤炭供给侧结构性改革和能源革命。70年来,从1956年朱德委员长视察大同矿务局煤峪口矿,到2008年胡锦涛总书记亲赴同煤塔山煤矿考察,再到2017年习近平总书记到山西视察,历任党和国家领导人把党的主张、党的方针、党的政策、党的声音一次次传到三晋大地,传到矿山井口;一次次为山西煤炭把方向、定基调、解难题,激发了山西煤炭人爱党爱国的巨大热情,汇聚了山西煤炭服务三晋、温暖全国的磅礴力量。党和国家领导人的亲切关怀,使山西煤炭发生了翻天覆地的变化。

1956年

6月6日,朱德委员长视察大同矿务局煤峪口矿。

1958年

本年秋,彭德怀元帅视察大同矿务局煤峪口矿。

10月31日,中央政治局委员、国务院副总理贺龙元帅,中央政治局委员、全国人大常委会副委员长罗荣桓元帅,中共中央委员、国务院副总理聂荣臻元帅,最高人民法院副院长陈奇涵上将,到大同矿务局视察。

1959年

10月30日,国家主席刘少奇接见出席全国群英会的山西劳动模范大同矿务局张万福。

1960年

元旦前夕,共青团中央第一书记胡耀邦参加了大同矿务局永定庄矿召开的大同煤矿青年迎接1960年开门红联欢晚会,并在会上讲话。元旦当天,胡耀邦参观了永定庄矿土塘水采矿井。

5月30日,中共中央政治局委员、国家副主席董必武到大同矿务局视察工作。

1961年

1月25日至4月23日,中共中央委员、中共中央华北局书记处书记李立三先后3次到大同矿务局视察工作。

1963年

7月2日，周恩来总理在中南海亲切接见山西潞安石圪节煤矿矿长许川珩等"五面红旗"代表。周总理走到许川珩跟前，亲切地说："川珩同志，你这个'川'字改成'传家宝'的'传'吧，让勤俭节约的矿风代代传下去嘛！"总理说着就提起笔为许传珩改了名字。总理又问："你们矿有没有增产能力？能不能多出煤？"许传珩说："能是能，就是运不出去。"总理马上批示往石圪节通火车，直到今天，这条煤运专线还在发挥作用。座谈会结束后，总理邀请五个代表合影。许传珩请总理和三位部长站在前排，但总理说："你们为祖国做了大贡献，应该站在前排，站在中间。"总理主动站到了最右边，这张珍贵的照片现在保存在石圪节煤矿的展览室里。

1979年

8月4日，国务院副总理薄一波在山西视察时指出，要把山西建成以煤炭为中心的协调发展的工业基地。

1981年

4月21日，国务院副总理万里带领国务院工作组来山西解决煤炭生产和运输问题。

7月3日，中共中央军事委员会主席、中共中央副主席邓小平出席平朔安太堡露天煤矿签字仪式。煤炭工业部部长高扬文、副部长孔勋与美国西方石油公司董事长哈默就合作开发平朔安太堡露天煤矿进行会谈，并签署会谈纪要。

7月7日，国务院技术经济研究中心召开关于开发山西煤炭能源基地的论证会议。会议由马洪主持，余秋里副总理作了报告，国家计委主任宋平、煤炭工业部部长高扬文讲了话，各有关部委和山西省人民政府的领

导、专家参加了会议。

12月，中共中央政治局常委邓小平对平朔项目的谈判作了批示："此事应积极进行，争取时间。"

1982年

3月25日，《合作编制开发山西平朔矿区安太堡露天煤矿可行性研究报告协议书》在北京签字。中国煤炭开发总公司董事长孔勋和美国西方石油公司董事长哈默，分别代表双方在协议上签字。国务院副总理康世恩、高扬文部长出席签字仪式。26日邓小平在人民大会堂会见了哈默。

1983年

7月22日，中央财经领导小组第七次会议，批准合作开发安太堡露天煤矿的可行性研究报告。会议指出："平朔安太堡露天煤矿，是中外合作的一个大项目，各部门一定要积极支持，振作精神，下决心把它搞上去。"

7月，国务院副总理李鹏视察平朔矿区。

1984年

4月29日，国务院副总理李鹏出席了在人民大会堂举行的中美合作经营的平朔安太堡露天煤矿的最终协议签字仪式。中煤公司董事长孔勋和美国西方石油公司董事长哈默在协议书上签字。安太堡露天煤矿面积18.53平方公里，煤炭储量4.5亿吨，设计能力为1533万吨，总投资约为6.5亿美元。

7月20日，中共中央政治局委员、国务院副总理万里、李鹏来山西，先后考察了大同二电厂、平朔安太堡露天煤矿、石太线电气化铁路和左云县上张家坟大队煤矿。在考察中同山西党政领导同志讨论研究了山西能源重化工基地建设中所要解决的问题。

12月1日,西山矿务局古交矿区西曲矿井建成投产,中共中央政治局委员王震为投产仪式剪彩。西曲矿是中共十一届三中全会以来,我国煤炭工业利用外资建成的第一座现代化大型矿井,设计能力为年产300万吨。

12月2日,太原煤炭气化公司焦化煤气工程竣工。中共中央政治局委员王震为工程竣工剪彩。该工程年产优质焦煤40万吨和煤气2亿立方米。

1985年

3月2日,国务院副总理李鹏召开平朔露天煤矿建设项目讨论会,国家计委、经委、经贸部、煤炭工业部、海关总署、中国银行、中国国际信托投资公司和中国煤炭开发总公司等单位的负责人参加了会议。

6月13日,中共中央总书记胡耀邦视察平朔、神木、准格尔等矿区,煤炭部部长于洪恩陪同视察。

6月29日,中美合作开发平朔安太堡露天煤矿正式合同在北京人民大会堂签字。国务院副总理李鹏、美国西方石油公司董事长阿曼德·哈默博士等出席了签字仪式。

7月1日,平朔安太堡露天矿举行开工典礼。国务院副总理李鹏、美国西方石油公司董事长阿曼德·哈默和煤炭工业部部长于洪恩为工程开工剪彩。李鹏为开工纪念碑揭碑,这是我国与外国合作开发的最大的煤炭项目,合作经营期30年。

1986年

7月1日,平朔煤炭工业公司党委机关报《平朔露矿报》创刊发行,国务院副总理李鹏题写报头。

1987年

9月10日,中美合资的平朔安太堡露天煤矿举行隆重投产典礼。国务

院副总理李鹏、煤炭工业部部长于洪恩和美国西方石油公司董事长哈默博士为露天煤矿投产剪彩。山西省省长王森浩、副省长阎武宏和国务院20位正、副部长参加典礼,出席典礼的还有向露天煤矿提供贷款的国外39家银行代表和提供设备的厂家代表。

9月11日,国务院副总理李鹏视察神头电厂、平鲁东易煤矿、平朔安太堡煤矿选煤厂和大同二电厂。

1988年

1月1日,中共中央政治局常委、中共中央书记处书记胡启立到阳泉矿务局一矿,深入井下看望节日期间坚持生产的职工,给煤矿职工和家属拜年。

8月11日,中共中央政治局常委、中共中央书记处书记、中纪委书记乔石和中纪委副书记陈作霖在中共山西省委书记李立功等领导同志陪同下,到大同矿务局视察工作,并同部分同志进行座谈。

1989年

3月8日,国务院总理李鹏主持总理办公会议,研究解决山西省地方煤矿的生产、调运及有关政策问题。会议议定:①山西出省煤地方收购价,除原定每吨加价20元外,再加价10元并全部返给煤矿。②由国家计委牵头成立煤炭调运领导小组,统筹管理和协调山西省出省煤炭;成立一个公司,统一管理煤炭调运及有关业务工作。能源部黄毅诚、史大桢、胡富国,中国统配煤矿总公司于洪恩、张宝明参加会议。

7月24日,中共中央政治局委员李铁映到西山矿务局官地矿,深入井下,视察工作。

8月12日,中共中央政治局常委、书记处书记李瑞环到西山矿务局官地矿,深入井下,视察工作,并于16日至17日视察了平朔矿区。

9月21日,阳泉矿务局参加了国务院经济和社会发展研究中心在北京展览馆举办的"中国工业四十年——大型企业发展成就展"。中共中央总书记江泽民等党和国家领导人在阳泉矿务局展位接见了该矿务局副局长刘延。

11月4日,国务委员邹家华主持会议,研究山西省地方煤矿问题。

1990年

1月19日,中共中央总书记江泽民视察大同矿务局的云岗矿、晋华宫矿、忻州窑矿,深入井下、职工住宅区看望慰问矿工,并题词"广大煤矿职工常年的辛勤劳动为四化建设做出了重大贡献,为亿万人民带来了幸福和温暖"。20日,视察平朔安太堡露天煤矿,向煤矿工人拜年。

4月23日,国务委员邹家华出席全国安全生产委员会在大同召开的全国煤矿安全生产现场会并讲话。

6月,全国煤炭战线学习石圪节现场会在山西潞安矿务局召开。中共中央总书记江泽民、国务院总理李鹏等领导为弘扬石圪节精神题词,中央政治局常委宋平写了致现场会议的信,国务委员邹家华到会讲话。

7月2日,国务委员邹家华和能源部部长黄毅诚出席在潞安矿务局召开的全国煤炭战线学习"石圪节精神"现场会。

8月1日至10月10日,山西"煤海之光"亚运灯展在北京北海公园举行。党和国家领导人江泽民、李鹏、宋平、李瑞环等观看了灯展,高度评价了山西煤矿工人的主人翁精神和聪明才智。江泽民说:"'煤海之光'灯展很好,这是中华民族传统的彩灯艺术同现代的科学技术相结合的产物,是中国人民智慧的结晶,是工人阶级的伟大创造,请转达我对山西80万煤矿工人的问候。"

1991年

3月27日,在首届全国工业企业技术进步成就展览会上,潞安矿务局技术进步成就展获得国家计委颁发的"首届全国工业企业技术进步成就展览会荣誉奖"。展览期间,国务院总理李鹏,中央政治局委员、书记处书记李瑞环等领导光临该局展台。

6月28日,中共中央总书记江泽民、国务院总理李鹏、中共中央政治局常委宋平在北京人民大会堂会见了石圪节矿风报告团成员,对石圪节精神给予了肯定。江泽民说:你们依靠艰苦奋斗,使企业得到很大发展。老工人要做好传帮带,把艰苦奋斗的优良传统传下去。宋平说:石圪节矿的先进事迹不仅值得煤炭战线的同志学习,而且值得整个工业战线和全国人民学习。

1992年

5月20~28日,国务院副总理朱镕基考察山西大同、西山、阳泉三个矿务局,对煤矿扭亏增盈和晋煤外运等问题进行调研。指出:认真贯彻邓小平同志关于国民经济要上一个新台阶的指标,必须把煤炭工业搞上去,相应要把运输搞上去;当前,煤炭工业要狠抓扭亏增盈,减轻国家对亏损补贴的负担;煤矿最大的潜力是减人,提高劳动生产率是扭亏增盈的重要措施之一;要发展多种经营,综合利用,搞深加工,特别是发展第三产业。国务院副秘书长王书明,国家能源部副部长、中国统配煤矿总公司总经理胡富国、副总经理韩英及山西省和国务院有关部门负责人陪同考察。

6月1日,国务院副总理朱镕基在国务院主持会议,研究增加晋煤外运及生产等有关问题,国家能源部副部长胡富国出席会议。会后铁道部制订了具体措施,即力争全年完成晋煤外运2亿吨,比年计划多运800万吨。

7月3日,国务院同意山西省"八五"期间后3年,每年从国家计划出口的山西地方煤炭中划出200万吨,由山西省煤炭进出口公司自营出口。山西省应接受中国煤炭进出口总公司的价格协调,并要保证完成国家煤炭出口计划。

12月31日,国务院副总理邹家华获悉山西潞安矿务局王庄煤矿提前完成1992年全年生产计划,年产原煤2 098 460吨,创综采队生产全国最高纪录,11月份创出月产原煤274 032吨,日产14 368吨的全国最高纪录后,批示:"热烈祝贺,在新的一年里再接再厉,争取取得更新更好的成绩,把潞安矿办成国内外第一流的煤矿。"

1993年

5月20日,国务院副总理邹家华赴山西平朔公司考察,指出:安太堡露天矿美国退出前亏损,现在自己办了盈利,取得了很大成绩,要进一步降低成本,提高劳动生产率,把安太堡露天矿办得更好。

6月30日,国务院副总理朱镕基主持会议,研究山西军办煤矿有关问题。煤炭工业部部长王森浩、山西省省长胡富国及经贸委、国家计委、财政部等部委的负责人出席会议。

8月7日,国务委员宋健视察大同矿务局。

12月22日,国务院副总理邹家华在国务院主持会议,研究山西煤炭管理体制问题。

1994年

2月2日,中共中央总书记、国家主席、中央军委主席江泽民到西山矿务局视察工作,江泽民总书记为西山矿务局题词"团结、奉献、求实、进取"。陪同的有中央军委委员、总后勤部部长傅全有,中央办公厅主任曾庆红,中共山西省委书记胡富国、省长孙文盛。

8月28日,中共中央政治局常委、国务院副总理朱镕基视察潞安矿务

局,参观了王庄矿煤矿史展览馆、矿调度中心中央控制室、矿工浴室更衣大厅。煤炭工业部部长王森浩、山西省委书记胡富国、省长孙文盛陪同。

1995年

1月1日,国务院副总理邹家华在《山西省人民政府关于解决山西煤炭企业欠发职工工资及当前生产所需流动资金的紧急请示》上批示:"按照市场交换规则,应该是不付款不发货,建议先从煤炭做起,也就是凡是需要煤炭的单位从银行贷款后先付欠煤款。其次经济活动应该都通过银行结算。一方面煤矿要回收货款,就能使经济转起来;另一方面也要一些流动资金,如煤矿转不动,将对整个经济产生很不利的影响,建议银行和煤炭部协商。"1月2日,国务院副总理朱镕基也作了重要批示。1月12日,国家经贸委王忠禹、石万鹏主持会议,研究从冶金、电力企业注入资金解决东北、山西、四川等5省特困煤炭企业回收货款和一季度生产所需资金问题。

4月7~11日,国务院总理李鹏来山西考察煤炭企业并指出,山西作为国家重要的能源基地,要发挥自己的优势,以煤为主,综合开发,变资源优势为经济优势,增加效益,促进经济发展;随着市场情况的变化,企业对煤炭的要求越来越高。煤炭要提高质量,以适应市场的需求;煤炭行业要一业为主,多种经营,向以煤为主的综合企业发展;要逐步提高深加工比重,增加附加值,提高经济效益;要通过深化改革搞好国有大中型企业,要付出长期艰苦的努力。煤炭工业部部长王森浩陪同考察。

4月8日,国务院总理李鹏视察晋城矿务局,肯定了晋城矿务局成绩很大,希望晋城矿务局"欲穷千里目,更上一层楼"。煤炭部部长王森浩、中共山西省委书记胡富国、省长孙文盛及国务院有关部委的负责人陪同。

1996年

8月5日,国务院副总理姜春云在《煤炭工业部关于山西、河北两处煤炭企业遭受严重水灾的报告》上批示:"请千方百计全力抢救被洪水围困的矿工同志,尽量减少伤亡。"

8月25日,国务院副秘书长刘济民到西山矿务局官地矿慰问,转达江泽民总书记、李鹏总理对西山矿务局官地矿遇难矿工的关怀和慰问。

1997年

8月2日,国务院副总理李岚清在《太原理工大学有关学校合并后工作情况的汇报》上批示:"看到两校合并、省部共建的报告很高兴。"并讲道:一年的实践证明这个路子是对的,合并、共建不是目的,目的是合理配置和充分利用教育资源,做到优势互补,进一步提高教学科研质量,更好地为振兴山西和发展煤炭工业服务。共建就是调动省、部的积极性,共同关心、支持(包括共同加大投入)这所高等学府,把她办得更好。学校内部也要深化改革,创建一个有中国特色的高水平的大学。

8月20日,国务院副总理李岚清为太原理工大学亲笔题词并批示:"要把太原理工大学创建成为有中国特色的高水平大学。"

8月30日,国务院副总理朱镕基对国家经贸委《关于晋煤外销情况的报告》上批示:"要控制煤炭生产,尤其要严控中小煤矿盲目生产。"

1998年

3月15日,九届全国人大一次会议期间,全国人大代表、山西煤炭工业管理局、山西省煤炭工业厅党组书记王纪仁给中共中央总书记、国家主席江泽民写信,汇报山西煤炭工业发展情况。同日,江泽民给王纪仁回信,信的全文是:"王纪仁同志:托亢龙田同志转交的照片和信,均已收到。七年前在你们煤矿下井的情况,至今历历在目。得知山西煤矿的安全生产工作取得了新的成绩,我很高兴。多年来,广大煤矿工人为国家建设做出了重

要贡献,党和人民感谢你们。希望你们继续努力,把生产和安全工作搞得更好。向广大煤矿工人同志们问好。"3月17日,新华社为此编发了《总书记牵挂着煤矿工人》一文。

7月27~31日,国务院总理朱镕基考察山西煤炭企业时强调,国务院决定将国有重点煤矿下放地方管理,是煤炭工业体制的重大改革,也是推动国有重点煤矿走出困境的重要措施。山西是我国重要的煤炭生产基地,要按照国务院的要求,对各类煤矿统筹安排,进行结构调整和改组,进一步整顿煤炭生产和经营秩序,下决心关闭非法开采和布局不合理、乱采滥挖的各类小煤矿,充分发挥国有重点煤矿的作用,让现代化矿井开足马力生产。

1999年

11月6日,中共中央政治局常委、国家副主席、中央军委副主席胡锦涛在西山煤电集团公司视察工作。胡锦涛在官地煤矿工业广场发表讲话指出:煤炭发展要走深加工的路子,要通过洗选加工、焦化、发电等提高企业效益。煤矿要大力发展多种经营,搞好人员分流,解决好用人多的问题,要加快技术改造,继续搞好关井压产工作。要逐步解决企业办社会问题,从煤矿企业内部先逐渐搞好分离工作。中共山西省委书记田成平、山西省代省长刘振华陪同。

2000年

3月10日,中共中央总书记江泽民参加九届全国人大第三次会议山西代表团全团会议,听取山西省省长刘振华《关于山西煤炭面临前所未有的困难的汇报》后,当晚就给国家发展计划委员会、经贸委的领导打电话,指示国家有关部门要认真研究山西煤炭问题,关心山西的困难。

10月29~31日,中共中央政治局委员、国务院副总理吴邦国到大同煤矿集团公司现场办公,研究大同煤矿集团公司扭亏脱困有关问题。其间,吴邦国副总理视察马脊梁煤矿,慰问一线职工。吴邦国强调,搞好大同煤矿的扭亏脱困,不仅对山西乃至全国煤炭企业有着重要的作用,而且将推动整个煤炭行业改革和发展取得新的突破。

2001年

8月19日,中共中央总书记、国家主席、中央军委主席江泽民和随行的中共中央政治局候补委员、书记处书记、中央组织部部长曾庆红,在山西省委书记田成平、省长刘振华和北京军区司令员李新良的陪同下,冒雨到大同煤矿集团公司晋华宫矿视察,深入井下看望煤矿职工。

2003年

1月13~14日,中共中央政治局常委、国务院副总理吴邦国考察同煤集团,慰问看望困难职工群众,了解一线工人生产生活情况,与当地干部群众进行座谈。

2005年

7月29~31日,中共中央总书记胡锦涛到山西省长治、晋中、太原等地考察,对煤矿安全生产工作做了重要指示。

2006年

4月19日,国务院总理温家宝主持国务院常务会议,研究部署在山西省开展煤炭工业可持续发展试点政策措施工作。中国煤炭工业协会副会长姜智敏参加会议。

本年,国家副主席曾庆红视察晋城煤业集团。

2007年

3月24日,中共中央政治局常委、全国政协主席贾庆林视察大同煤矿集团塔山循环经济工业园,高度评价同煤集团为国家经济建设所做出的贡献和在发展循环经济等方面作出的努力。

8月18日,全国煤矿第四届职工运动会在大同煤矿集团公司体育场开幕。中共中央政治局常委、全国人大常委会委员长吴邦国发来贺信,全国人大常委会副委员长蒋正华宣布开幕。国家安监局党组副书记、副局长王显政致开幕词。张宝顺、申联彬、姚新章、靳善忠、吕日周等省领导出席。来自全国煤炭系统的40个代表团和28支运动员代表队与同煤集团员工参加了开幕式。

9月17日,国务院副总理吴仪为在山西省太原市举行的首届中国国际煤炭与能源新产业博览会发来贺信,国务委员华建敏、山西省委书记张宝顺等在开幕式致辞。

2008年

1月31日,中共中央总书记、国家主席、中央军委主席胡锦涛到山西大同考察煤炭生产和电煤供应情况。胡锦涛强调,要切实组织好煤炭生产,努力增加电煤产量;切实加强电煤运输组织,全力保障骨干电厂的煤炭供应;切实把安全生产放在第一位,严密防范重特大安全事故发生。在同煤集团大唐塔山煤矿有限公司,胡锦涛主席冒着零下20多度的严寒,乘坐井下专用车,通过8公里长的巷道,来到400多米深的矿井采掘区,深情地看望和问候矿工们。

5月6日,全国煤矿安全生产座谈会在山西省太原市召开。国务院副总理张德江出席会议并强调,要充分认识做好煤矿安全生产的极端重要性,深入贯彻落实科学发展观,坚持实施安全发展战略,坚持标本兼治、重在治本,完善政策、健全制度,强化管理、落实责任,务必实现煤矿安全事故和死亡人数大幅度降低,努力实现全国煤矿安全生产形势稳定好转。

7月28日,国务院副总理李克强到大同煤矿集团公司考察,并听取了塔山循环经济工业园区建设情况汇报。

9月16日,第二届中国(太原)国际煤炭与能源新产业博览会在山西太原隆重开幕。全国政协副主席、科技部部长万钢宣布大会开幕。全国人大常委会原副委员长成思危,中央统战部副部长、全国工商联党组书记、第一副主席全哲洙出席开幕式。

10月1日,国务院副总理张德江考察介休市义棠煤业有限公司,看望节日期间坚持生产的煤矿工人。

2009年

3月9日,中共中央政治局常委、中共中央书记处书记、国家副主席习近平对潞安集团党建工作作出重要指示:"山西潞安集团党委的实践,为探索现代企业制度下国有企业党的建设规律提供了有益参考。"

3月10日,中共中央政治局常委、中央书记处书记、国家副主席习近平参加山西代表团审议,高度评价山西外运煤炭、外送电力居全国首位,指出山西的经济发展因煤而兴,问题也因煤而生,应当继续加大转型发展力度,加大力气深入抓好安全生产。

5月24日,国家副主席习近平视察晋城煤业集团。

7月4日,国务院总理温家宝视察煤炭科学研究总院山西煤机装备有限公司。方向是正确的,工作也是有成效的,是结构调整的重大举措,为全国带了个好头,意义重大。

12月4日,中共中央政治局常委、国务院总理、党组书记温家宝同志批示:要认真总结(山西煤炭企业兼并重组整合工作)经验,加强舆论引导,请发改委阅研。

12月4日,中共中央政治局常委、全国政协主席贾庆林同志批示:山西省终于走上了全省煤矿整合重组的正确轨道,"上大、改中、关小,淘汰落后产能",决心下得好,而且已经取得了积极成效,希望再接再厉,努力实现两年治理目标,并继续按照科学发展观的要求,进一步做好山西煤炭这篇大文章,为国家的能源安全持续做出新贡献。

12月4日,中共中央政治局常委、中共中央书记处书记、国家副主席习近平同志批示:山西按科学发展观要求抓煤炭资源整合和煤矿重组很有成效,希望坚持抓下去抓好。

12月4日,中共中央政治局常委、国务院副总理李克强同志批示:注意总结(山西煤炭企业兼并重组整合工作)相关经验。

12月4日,中共中央政治局委员、中共中央书记处书记刘云山同志批示:对山西调整产业结构、整合煤炭资源、兼并重组煤矿取得的阶段性成果要作进一步深度报道,这也是贯彻落实科学发展观的成果。

12月5日,中共中央政治局委员、中共中央书记处书记李源潮同志批示:坚持科学发展,解决突出问题,2009年山西工作干得很好。

2010年

1月,中共中央政治局委员、国务委员刘延东亲临潞安集团王庄矿调研,并亲切地说:你们辛勤努力,默默奉献,为国家的煤炭工业增长和现代化建设做出很大贡献,党和人民不会忘记大家!

3月5日,国务委员、国务院秘书长马凯在十一届全国人大三次代表大会期间,将我省煤矿企业兼并重组整合效果概括为"四个保护"的作用:一是保护了国家的煤炭资源,煤矿资源回收率将由平均15%提高到80%以上;二是保护了人民生命财产安全,事故率将大大降低;三是保护了生态环境,解决小煤矿无序开采造成水系破坏、土地塌陷和环境污染问题;四是保护了干部,让干部远离矿难问责,远离煤焦领域腐败。是山西历史上最值得大书特书的一件事情。

3月28日，山西华晋焦煤公司王家岭矿发生特别重大透水事故，造成153人被困。事故发生后，中共中央总书记胡锦涛、国务院总理温家宝作出重要指示，要求采取有力措施，千方百计抢救被困人员。受胡锦涛、温家宝委派，副总理张德江当日赶赴事故现场指挥，山西各大煤炭企业火速支援，各方面力量紧密配合，经过8天8夜的艰苦奋斗和科学抢险，115人成功获救。

2011年

6月9日，国务院副总理张德江在山西考察煤矿安全生产工作时，视察了中煤能源集团平朔煤业有限责任公司安家岭露天矿、井工一矿、山西中煤东坡煤业有限公司。

2016年

1月4日，国务院总理李克强在山西太原主持召开钢铁煤炭行业化解过剩产能实现脱困发展工作座谈会。李克强强调，以结构性改革促困难行业脱困发展。国务院副总理马凯，国务委员、国务院秘书长杨晶出席会议。

2017年

6月21～22日，中共中央总书记、国家主席、中央军委主席习近平到山西视察，指示争当全国能源革命排头兵。

9月4～5日，国务院总理李克强到潞安集团石圪节煤矿考察矿井关闭情况，听取了山西煤炭行业去产能和发展新兴产业汇报。他说，对煤质差等落后产能必须坚决淘汰，这样可以为优质先进产能腾出更大的发展空间。

潞安集团司马矿

同煤集团塔山矿

六、国家部委的重视支持

党和国家领导非常关心山西煤炭改革发展，国家部委认真贯彻落实党中央、国务院支持山西煤炭改革发展的决策部署。中华人民共和国成立后，国家部委或将山西作为中国改革开放的"试验田"，或把山西作为中国现代化矿井建设的"孵化器"，或把山西作为中国煤炭战线采煤设备的"展览室"，或把山西作为中国煤炭精神的"发源地"，一项项指导全国煤炭改革发展的重大政策在山西起源，一次次全国性的各类煤炭现场会、示范会、推进会、订货会、表彰会在山西召开。据统计，中华人民共和国成立以来，国家部委在山西召开的各种煤炭会议52次，部委领导亲临山西调研11次。可以看出，煤炭工业发力点在山西，指导面在全国，影响力在全球。如果说山西煤炭是中国煤炭改革发展的缩影，那么，党和国家领导的关心、国家部委的重视支持就是山西煤炭改革成功的后盾和基石。

1957年

4月20~29日，煤炭工业部和山西省联合召开煤矿干部会议，研究了定额和计件工资、奖励与津贴、劳动纪律、工资改革等方面的问题。

1959年

9月，第一届全国地层会议山西现场会在太原召开，对山西及邻区的晚古生代含煤地层进行讨论。

1961年

12月,煤炭工业部工作组在大同矿务局开展《国营工业企业条例(草案)》的试点工作。

1965年

6月5日,煤炭工业部在阳泉矿务局召开财务会计会议,着重研究解决实行以矿务局为独立经济核算单位后存在的问题。

1975年

4月5日,全国煤矿学大庆赶开滦会议在大同矿务局召开。

1976年

2月,煤炭工业部在阳泉矿务局召开治理阳泉七尺煤层瓦斯座谈会,决定采用300毫米大直径和75毫米小直径密集钻孔,预抽煤层瓦斯。

1978年

12月,原国家科委和煤炭工业部在山西召开了全国第一次煤的气化和液化工作会议,拉开了现代煤化工工业大发展的序幕。

1980年

5月中旬,煤炭工业部在山西临汾召开第一次泥炭学术会议,并成立了全国泥炭委员会。

5月,煤炭工业部就开发平朔安太堡露天煤矿项目利用外资问题向联合国跨国公司专家组咨询可否使用世界银行贷款。7月,就与外国公司合作方式、分成比例、经济测算、外国投资利益等问题进行咨询,该专家组认为,美国西方石油公司岛溪煤炭公司的合资条件是可以接受的。

1981年

4月17日,煤炭工业部和全国煤矿工会在山西西山矿务局召开全国煤矿安全生产表彰大会,表彰376个先进集体和3362个先进个人。

10月26日,煤炭工业部和农业部在山西平定县联合召开首次全国社队煤矿座谈会。会议提出,贯彻"扶持、整顿、改造、联合"的方针,促进社队煤矿健康发展。

12月29日,煤炭工业部副部长于洪恩参加西山矿务局年产原煤突破1000万吨庆祝大会。

1983年

5月14日,煤炭工业部部长高扬文视察山西矿业学院,对矿院和中国煤炭博物馆的建设工作作了指示。

11月6日,中国煤炭学会和美国罗曼公司联合举办的采煤设备和图片技术交流展览会在山西西山矿务局开幕。参加展览会的有来自美国、英国、日本、联邦德国等8个国家22家采煤设备制造厂商,这是山西省第一次举办的规模较大的国际性煤矿采煤设备展览会。

1986年

7月12日,煤炭工业部在山西省潞安矿务局召开全国煤炭厅局长工作会议,重点研究煤炭工业发展方针和现代化矿井建设问题。煤炭工业部部长于洪恩、副部长胡富国到会作报告。

1987年

1月10~12日,煤炭工业部在潞安矿务局召开首批现代化矿务局、矿命

名表彰大会,参加会议的有来自全国各大煤矿的近300名代表。煤炭工业部副部长胡富国做了重要报告,山西省省长王森浩代表省委、省政府到会祝贺并讲话。大会向荣获现代化矿务局和现代化矿井称号的潞安矿务局,潞安矿务局王庄矿、石圪节矿、漳村矿,晋城矿务局古书院矿、王台铺矿颁发了荣誉证书和奖牌。

1988年

3月5~11日,中国统配煤矿生产工作暨现代化矿务局命名会议在晋城矿务局召开。晋城矿务局被命名为"现代化矿务局";晋城矿务局凤凰山矿等13个矿为"现代化矿井";授予晋城矿务局局长贾中秀等3人"煤炭工业优秀企业家"称号;授予潞安矿务局王庄矿矿长郭法顺等19人"优秀矿长"称号。

1989年

9月20日,中国煤炭工业企业管理协会在汾西矿务局召开煤炭工业国家二级企业、优秀企业、优秀企业家命名表彰大会。

1990年

3月25~28日,中国统配煤矿总公司在西山矿务局召开煤炭生产暨1989年度现代化、质量标准化矿务局、矿命名大会。山西省大同、阳泉、西山矿务局被命名为"现代化矿务局";大同矿务局同家梁矿、忻州窑矿、晋华宫矿、大斗沟矿、云冈矿,阳泉矿务局一矿、二矿、四矿,西山矿务局西铭矿、西曲矿,汾西矿务局水峪矿等11个矿被命名为"现代化矿井"。

4月23~27日,全国安全生产委员会在大同召开全国煤矿安全生产现场会,国务委员邹家华到会讲话。

7月2~6日,全国煤炭战线学习石圪节现场会在山西潞安矿务局召开。

国务委员邹家华,能源部部长黄毅诚、副部长兼中国统配煤矿总公司总经理胡富国、山西省副省长乌杰、省人大副主任阎武宏等领导出席现场会。

1991年

1月31日,国务委员兼国家计委主任邹家华,国务院副秘书长王书明、李世忠,国家计委副主任叶青听取平朔煤炭工业公司情况汇报。中国统配煤矿总公司、中国煤炭开发总公司、平朔煤炭工业公司及铁道部、经贸部、山西省政府的主要领导出席了会议。

3月22日,国家科委召开中国企业科技进步范例——潞安矿务局试点成果发布会。国务委员、国家科委主任宋健,国务院生产委员会主任叶青,国家科委常务副主任李绪鄂,国务院及中央顾问委员会办公厅负责人,能源部副部长、中国统配煤矿总公司总经理胡富国等领导出席大会并作了重要讲话。

6月15~19日,国家能源部、山西省煤炭工业厅在太原市召开中华人民共和国成立以来首次"山西省矿山救护工作暨表彰会议",会议还部署了"八五"时期的矿山救护工作。

12月17~19日,经国家验收委员会验收,阳泉矿务局贵石沟矿井和洗煤厂正式投产,原煤炭部部长高扬文、副部长贾慧生、中国统配煤矿总公司副总经理韩英、山西省政府秘书长赵劲夫为贵石沟矿井和洗煤厂投产剪彩。

12月中旬,中共中国统配煤矿总公司党组做出决定,在中国煤炭博物馆,分期分批为全国煤炭战线有突出贡献的英模人物塑像,潞安矿务局郝晓明、大同矿务局马六孩被列入首批塑像的七名英模之中。

1992年

9月14~17日, 中国煤炭学会和世界采矿大会国际组委会秘书处主办

的高产高效综采技术国际研讨会在潞安矿务局隆重召开。山西省代省长胡富国、中国统配煤矿总公司总经理王森浩出席会议。期间160余名代表，分两路参观了漳村煤矿和王庄煤矿的"开天窗"放顶煤工作面。

11月21日，1993年全国煤炭（华北区）订货会在太原迎泽宾馆召开，这是山西煤炭史上第一次煤炭年度订货会议。

1993年

6月23~24日，以黄河九省区为基础，以各省区煤炭行业进行大跨度的横向经济联合与协作为内容的区域经济合作体——黄河经济协作区煤炭行业联席会成立暨第一次会议在大同召开。煤炭部部长王森浩到会祝贺，省政协副主席靳承序致开幕词。来自山东、山西、陕西、内蒙古、甘肃、宁夏、青海、新疆等省区煤炭工业厅（局、公司）的领导及联络员会聚塞外古城，对各地区的煤炭发展情况进行了交流。

1994年

10月23日，全国煤炭工业著名英雄模范人物塑像揭幕仪式暨"晋煤杯"全国煤矿职工第四届美术书法摄影展览开幕式在山西太原中国煤炭博物馆举行。

1996年

4月24日，煤炭部部长王森浩及随行的8位领导在山西省副省长彭致圭、山西煤管局厅局厅长杨月生、中共山西煤管局厅党组书记王纪仁等领导陪同下到阳泉矿务局视察。

6月20~22日，全国煤矿推广阳泉矿务局防治瓦斯经验交流会在阳泉矿务局召开。煤炭部副部长王显政在讲话中，对阳泉矿务局在瓦斯涌出十分严重的情况下连续18年未发生特大瓦斯爆炸事故的成绩给予充分肯定和高度评价。

12月18日,应煤炭部邀请,西山矿务局抗洪抢险事迹报告团赴京,在煤炭部机关、中国煤炭进出口总公司、中煤公司秦皇岛分公司、中国煤炭管理干部学院举行了报告会。西山矿务局职工英勇无畏的抗灾精神受到了部领导和各界人士的褒扬。

1997年

4月14~18日,煤炭部副部长张宝明先后对山西太原、朔州、大同等地部分煤炭企业进行考察。

4月中旬,国务院就支持山西能源基地建设的有关问题复函山西省人民政府和煤炭部,同意山西省吨煤征收20元能源建设基金和吨煤征收1元水资源补偿费的政策延长执行到2000年底。同时,复函还就国家已决定从1997年1月1日起较大幅度地提高全国电煤指导价,扩大晋煤外运量和增加晋煤出口及环境保护等问题作了明确规定。

1998年

12月15日,1999年全国煤炭订货交易会在山西太原召开。会议要求煤炭订货要做到订货总量和流向与国家关井压产指标相结合、集中订货与分散衔接相结合、国家调控与市场调节相结合、计划订货与市场交易相结合。大会由国家煤炭工业局副局长王显政主持,国家计委副主任王春正、国家经贸委副主任石万鹏、国家煤炭工业局局长张宝明、交通部副部长洪善祥、国家国内贸易局副局长姜伟,以及中纪委、监察部驻国家煤炭工业局纪检组组长濮洪九等出席大会并讲话。

2001年

2月20~21日,国家经贸委在山西太原召开全国国有煤炭企业关闭破

产工作座谈会。会议就规范操作、稳定实施国有重点煤炭企业关闭破产工作进行了经验交流和研讨。

2003年

7月24~25日，全国深化煤矿安全专项整治现场会在山西晋城召开。国家安全生产监督管理局局长王显政、国务院参事室参事闪淳昌、国家煤矿安全监察局局长赵铁锤出席并讲话，山西省副省长靳善忠出席会议。

2004年

8月11~12日，中国煤炭工业协会在山西焦煤集团召开煤炭工业改革与发展战略研讨会。会议分析了煤炭经济形势、市场发展趋势、未来改革发展方向。中国煤炭工业协会第一副会长濮洪九出席会议并讲话。

11月27~28日，中国煤炭工业协会和山西省人民政府组织召开的2004年中国煤炭经济论坛在北京举行，主题是"煤炭价格与煤炭经济可持续发展"。与会专家呼吁建立反映市场供求关系、资源稀缺程度、煤矿安全和环境保护成本的价格形成机制。中国煤炭工业协会会长范维唐和山西省副省长靳善忠等出席论坛，中国煤炭工业协会第一副会长濮洪九作主题报告。

2005年

4月14日，煤炭工业可持续发展专题调研汇报会在山西太原举行，传达国务院领导关于煤炭工业可持续发展的指示精神，通报全国煤炭工业发展现状，对山西煤炭工业发展过程中遇到的诸多矛盾和问题进行了剖析，并提出意见和建议。中国煤炭工业协会第一副会长濮洪九出席会议。

6月16日，第三届中国煤矿艺术节在山西晋城无烟煤矿业(集团)公司开幕。本届艺术节由国家煤矿安全监察局、中国煤炭工业协会、中国煤矿文联(中国煤矿文化宣传基金会)、中国能源化学工会联合举办。

9月24日，"西山煤电杯"全国煤炭行业职业技能大赛在山西大原西山矿区开幕。来自全国各地的煤炭行业选手及有关部门负责人560余人参加了此次大赛。

2006年

6月21~22日，全国煤矿瓦斯治理和利用工作现场会在山西晋城召开。会议强调切实把安全发展理念纳入煤炭发展战略，综合运用科技、经济、法律等手段，深化煤矿瓦斯综合治理与开发利用，努力推动煤矿安全生产和煤炭工业健康协调发展。会议由国家发展改革委、国家安全生产监督管理总局、国家煤矿安全监察局、科技部联合召开，国务委员华建敏出席会议并讲话。

8月31日~9月1日，国家发展改革委和中国煤炭工业协会联合在山西西山煤电公司召开煤炭行业发展循环经济现场交流会。中国煤炭工业协会第一副会长濮洪九作主题报告，国家发展改革委副主任姜伟新参加会议并讲话。

2007年

4月2日，国家发展改革委和中国煤炭工业协会共同组织的山西煤炭工业可持续发展试点工作动员大会在太原召开，标志着山西省煤炭工业可持续发展试点工作正式展开。

8月19日，煤炭工业发展战略研讨会在山西大同煤矿集团举行。中国煤炭工业协会第一副会长濮洪九作主题报告，中国煤炭工业协会会长王显政就煤炭工业的发展战略等问题讲话。

2008年

7月7~9日，中国煤炭工业协会与中国煤炭加工利用协会在山西大同

举办煤炭工业节能减排暨循环经济现场会,会议提出了《关于推进煤炭行业发展循环经济,促进节能减排工作的指导意见》。

9月20~22日,第七届全国矿山救援技术竞赛在山西省介休市举行,来自全国的32支矿山救援队伍、288名队员参加了竞赛。

2009年

8月30日,大同煤矿集团建企60周年庆祝大会在山西大同召开。全国人大常务委员会委员长吴邦国,国务院副总理张德江致信祝贺。中国煤炭工业协会会长王显政、副会长濮洪九等出席大会并参加大同煤矿集团塔山工业园区建成投运仪式。这是中国煤炭行业首个循环经济园区。

11月2~4日,国家发展改革委对山西省煤炭资源整合、煤炭企业兼并重组工作进行调研,认为山西省抓住了国际金融危机、煤炭工业下行的时机,针对多年来制约山西煤炭工业发展的"多小散低"问题,根据国务院对山西煤炭工业可持续发展政策措施试点的要求及国家煤炭产业政策、有关规划和文件精神,依法有序地推进煤矿企业兼并重组整合工作和股份制改革,方向是正确的。

2010年

1月5日,国家发展与改革委员会、国家能源局和山西省人民政府在京举办新闻通气会,向国内60余家媒体全面通报山西煤矿企业兼并重组整合工作所取得的重大阶段性成果,为全国煤炭行业的结构调整积累了经验。

7月7~9日,中国煤炭工业协会与中国煤炭加工利用协会在山西大同共同举办煤炭工业节能减排暨循环经济现场会,会议提出了《关于推进煤炭行业发展循环经济,促进节能减排工作的指导意见》。

2011年

8月25~26日,国家安全监管总局、国家煤矿安监局在山西省朔州市中煤集团平朔公司召开全国煤矿井下安全避险"六大系统"建设推进会。

8月28日,中国煤炭工业协会与中国会计学会指导,中国煤炭经济研究会和中国能源化学工会全国委员会主办的"焦煤汾西杯"首届全国煤炭行业信息化会计竞赛在山西介休举行。中国煤炭工业协会名誉会长濮洪九、副会长赵岸青出席并讲话。来自全国12个煤炭主产省区、21家大型煤炭集团企业的40支代表队的200多名选手参加比赛。

9月3~7日,中国煤炭工业协会、国家煤矿安全监察局、中国就业培训技术指导中心、中国能源化学工会全国委员会、共青团中央城市青年工作部联合主办,山西晋城无烟煤矿业集团承办的"晋城煤业杯"第四届全国煤炭行业职业技能竞赛在晋城举办。

11月28~29日,全国煤炭行业共青团工作会议暨青年在生产一线建功立业现场会在山西大同煤矿集团召开。中国煤炭工业协会副会长赵岸青等出席并讲话。

2012年

12月13日, 全国煤矿安全培训示范基地建设座谈会在山西同煤集团召开,国家煤矿安监局副局长彭建勋出席会议并讲话。

5月26~27日, 国家煤矿安监局与中国煤炭工业协会联合在山西省晋城市召开全国煤矿瓦斯抽采与通风安全技术现场会。国家安全监管总局副局长、国家煤矿安监局局长付建华出席会议并讲话。

2014年

3月19日,2014年(第四届)国际炼焦煤资源与市场高峰论坛在山西太

原召开。中国煤炭工业协会副会长路耀华出席并讲话。

11月21~22日,中国煤炭工业协会会长王显政赴山西省调研当前煤炭经济运行及煤炭行业脱困政策落实情况。山西省委副书记、省长李小鹏接见调研组一行,山西省委常委、副省长付建华出席专题座谈会,副会长兼秘书长梁嘉琨、副会长彭建勋陪同。

2016年

7月19日,2016年夏季全国煤炭交易会在山西太原开幕。中国煤炭工业协会会长王显政、国家发展改革委副主任连维良、山西省副省长付建华出席开幕式并分别讲话,中国煤炭工业协会副会长梁嘉琨主持开幕式。

7月19日,中国煤炭工业协会在山西太原召开化解过剩产能工作座谈会。主题是"创新与发展——煤炭供给侧结构性改革"。中国煤炭工业协会会长王显政主持会议,国家发展改革委副主任连维良,山西省副省长付建华,中国煤炭工业协会副会长梁嘉琨等出席。

9月23日,第四届全国煤炭行业信息化会计竞赛在山西大同举行,来自煤炭企业的29支代表队参加竞赛。

2017年

9月20~22日,"同煤杯"第七届全国煤炭行业职业技能竞赛在大同煤矿集团举行,中国煤炭工业协会副会长梁嘉琨出席并宣布开幕。

七、全国领先的重大科技创新

科技是第一生产力。中华人民共和国成立70年来,山西煤炭工业之所以发生了翻天覆地的变化,取得了辉煌成就,其中一个重要启示是:煤炭工业发展的实践提出了对科技装备技术的需求,科技装备技术的创新,推进和支撑了煤炭工业的发展。中华人民共和国成立以来,山西煤炭秉承科技兴煤理念,一代代山西煤炭人孜孜以求,在长期艰苦的煤炭生产实践过程中坚持不懈科技创新,始终如一改进装备,创造了一个又一个的煤炭装备技术创新项目,从引进消化吸收到自主研发创新,再到自主设计制造;从采掘运输机械与技术到支护装备与技术,再到安全装备与技术;从智能化采掘技术与装备到综采综掘成套装备与技术,再到智能化千万吨级特大型综采成套装备与技术和薄煤层综采智能化无人开采成套装备与技术等等。初步统计,这些装备与技术有的是领先应用创纪录,有的是研发制造创纪录,山西煤炭工业自中华人民共和国成立以来,引进和自主创新在全国领先的装备与技术有119项,居全国第一。应用新技术新设备领先打破全国纪录以及获得各种大奖的有65项,填补了国内外煤炭技术项目空白,引领了中国乃至世界煤炭技术发展,为山西乃至中国煤炭改革发展提供了坚强的科技保障。

1949年

本年,大同矿务局在恢复生产排除井下积水中,老矿工蔡彬苦心钻

研,改用变压器代替补偿起动器,使排水工作得以顺利进行,为国家节约5万余元,蔡彬被提升为工程师,并评选为特等劳动模范。

1950年

3月26日,阳泉矿务局四矿一井丈八煤本坑立井安装的200马力轴流式抽风机正式运转,从此四矿矿井改自然通风为机械通风。

5月20日,阳泉矿务局为试验长壁式工作面采煤,该局修理厂自制出第一部20马力上行链刮板输送机。

5月,阳泉矿务局四矿的巷道掘进由手钎凿眼改为电钻打眼,巷道由裸体不支棚改为支棚。

7月23日,大同矿务局永定庄矿六号井进行单一长壁采煤法试验,9月试验成功,工作面日产由72吨提高到182吨,效率达到每工2.9吨,回收率98%,主要材料消耗比计划降低了40%,成本降低64.8%。同时六号井还在D层工作面试验单一长壁式砌矸石垛或矸石带充填采煤法。

1951年

4月2日,由太原机器厂制造的第一台国产割煤机在大同煤矿进行首次试验。

6月,大同矿务局同家梁矿掘进工人马六孩和连万禄研究创造出一种快速掘进作业方式——双孔道循环作业法,掘进工效比原来的单孔掘进提高了4至5倍。当月,马连掘进小组创造了煤巷月进318.71米的全国最高纪录。燃料工业部为此召开会议,在全国煤矿推广。

9月20日,阳泉矿务局四矿一井丈八煤301工作面试验走向长壁斜倾分层下行陷落采煤法获得成功。

9月,山西煤矿正式执行燃料工业部颁布的《煤矿技术保安试行规程》。

12月5日,阳泉矿务局二矿小南坑恢复生产,该坑年生产能力为35万吨。同日,该坑七尺煤层试验单一长壁陷落采煤法成功。

1952年

4月,西山煤矿松树坑415组在18尺煤层采用木板假顶分层采煤法。

9月20日,西山煤矿劳动模范关德印和他的小组创造出小型截煤机,提高工效10倍。

10月,从苏联引进的第一套顿巴斯I型康拜因联合采煤机,在大同矿务局永定庄矿六号井试用。

本年,大同、阳泉矿务局井下大巷采用无极绳和电动绞车运输。

本年,大同矿务局组建军事化矿山救护队。

本年,阳泉矿务局三矿工人王登祥革新创造用双槽轮代替30马力绞车,一年可给国家节约22000多元。

1953年

7月,阳泉矿务局三矿二坑308工作面采用金属网假顶分层开采丈八煤,获得成功,采区回收率达62%。

10月,大同矿务局煤峪口矿三号井的高30米、重120吨井架,在全国首次采用整体竖立技术安装成功。

本年,富家滩煤矿南关坑康永祥掘进队创造成功"平行龟裂法"打眼爆破和"三角掏槽法"打眼爆破,爆破炸药改为硝铵炸药,提高爆破效率。

本年,大同矿务局同家梁矿巷道掘进第一次试用苏联C—153型装煤机。

1954年

7月,大同矿务局钻探公司修配厂厂长程全贵,创造自动模衡机成功,

提高工效百倍。

本年,大同矿务局工作面采煤开始使用竹笆假顶。西山煤矿、潞安煤矿试验成功了荆笆假顶。

1956年

6月,大同矿务局岩巷掘进第一次使用从苏联引进的康拜因装岩机。

9月,阳泉矿务局二矿小南坑52采煤队,首次试用金属支柱。同月,三矿井下巷道开始使用混凝土支架。

本年,全省中直各矿务局、煤矿筹备处的新法采煤比重由1950年的12.34%提高到91.65%,基本上消灭了残柱式、高落式采煤。采区回采率由1949年的40%提高到77%。

1957年

5月,阳泉矿务局在四矿四尺煤斜井4011工作面进行顶板岩层钻孔抽放瓦斯获得成功。

本年,大同矿务局煤峪口矿建成山西省第一个有选矸、筛分、储装成套地面生产系统的矿井。

本年,大同矿务局永定庄矿、阳泉矿务局四矿、西山矿务局白家庄矿试行水力采煤。

1958年

3月,大同矿务局赵福清掘进组,一次成巷月进1000米,创全国最高纪录。8月,该掘进组以1380.8米的成绩再创新纪录。

4月30日,大同矿务局李树宝建井大队,创井筒掘进月进101.75米的全国纪录。

4月,大同矿务局煤峪口白锡启掘进组月进1018米,创全国最高纪录。

10月，大同矿务局煤峪口矿开始使用联合掘进机。同年又在白洞矿、四老沟矿和挖金湾矿使用，全局共6台。

本年，汾西矿务局南关青年采煤队，炮采人工攉煤，年产原煤25万吨，创全国最高纪录。

本年，大同矿务局晋华宫矿在240万吨大斜井副井井筒中，试验成功了利用水泥喷浆支护巷道。

1959年

1月14日，中国第一个使用600伏电压工作面在大同矿务局永定庄矿六号井D层821工作面试验成功。

10月20日，山西省第一座大型选煤厂——太原选煤厂建成，设计能力为200万吨，全部设备由波兰引进。

11月3日，阳泉矿务局三矿制成了第一部跃进式轻便装煤机。

11月14日，大同矿务局技术革新能手毛阿毛等研制的回采装煤机，在同家梁矿制造成功。

本年，115煤田地质勘探队11月份创全队钻机组平均双千米，在籍钻机年平均台月钻进456米的全国最高纪录，大同矿务局创井巷工程快速施工大面积丰产纪录。他们分别获煤炭工业部卫星奖旗。

本年，太原煤炭研究所等单位研制成功ZYKB型矿用隔爆移动变电站。

本年，115煤田地质勘探队研制成功无岩芯三翼刮刀钻头。

本年，全省对46个地方国营煤矿进行了重点改造，基本实现了机械化、半机械化；有254个社队小煤矿进行了改造，部分实现了半机械化。

1960年

1月10日，由上海矿山机械设计院、北京煤炭科学研究院和大同矿务

局机修厂共同设计研制的ZYX—1型斜井装岩机在大同矿务局机修厂试制成功。

本年，大同矿务局晋华宫矿第一次试验湿式风钻成功，并推广使用。

1961年

本年，太原煤炭研究所等单位研制成功斜井耙斗装岩机，填补了装载机械化的空白。

1962年

9月28日，中国自己设计、装备的年产90万吨的西峪煤矿寨沟平硐及铁路专用线建成。

1963年

本年，大同矿务局同家梁矿改装波兰80型机组为浅截式采煤机，这是山西省采煤机械化由深截改为浅截的开端。

1964年

5月，长治县经坊煤矿改蒸汽绞车大篓提升为单罐道罐笼提升，矿车不出罐笼成半自动翻煤。此项改革模型参加了山西省在大同举办的工业技术革新展览。后又选送北京参加展览。

10月19日，西山矿务局杜儿坪矿在15尺煤层采用人工强制放顶采煤法后，回采率由原来的49%提高到75%。

本年，西山矿务局官地矿首次使用引进的日本三井三池浅截式单滚筒采煤机、SW-44型可弯曲运输机、M20摩擦式金属支柱和铰接顶梁采煤。

本年，西山矿务局地质处等研制成功WKT—J型坑透仪，解决了工作面无炭柱的探测问题。

本年,大同矿务局等研制成功铲斗式电动斜井装岩机。

本年,阳泉矿务局等研制成功HZJA摩擦式金属支柱。

1965年

4月,太原煤炭研究所承担的西山矿务局杜儿坪矿15尺、8尺近距离煤层开采方法的研究取得成效。回采工作面每工效率达4.49吨,采区回收率由49%提高到75%,巷道掘进率由千吨27米降到14米。

5月25日,以太原煤炭研究所为主,自1963年12月至1965年5月测绘仿制的M1Q-64型单滚筒采煤机,经煤炭工业部在鸡西矿务局组织鉴定,同意生产推广使用。

12月18日,太原煤炭研究所与上海煤矿机械设计院,共同对日本浅截式采煤机进行测绘和地面试验,获得成功。

12月,由太原煤炭研究所与有关厂首次研制的SGW-44型可弯曲刮板输送机,经煤炭工业部在唐山组织鉴定,同意生产推广使用。

12月,阳泉矿务局一矿重介质选煤厂建成投产。它是全国第一座重介质选煤厂,年设计能力为150万吨。1982年进行扩建,能力达到450万吨。

本年,山西省第一座动力煤选煤厂在大同矿务局同家梁建成投产,年入洗原煤150万吨。

1968年

3月,太原煤炭研究所与鸡西煤矿机械厂等单位研制的M1S1~150型采煤机,1966年试制成功,它是国内研制的第一台双滚筒浅截式采煤机。1968年3月,由煤炭工业部在开滦唐山矿组织鉴定。

11月,中国自己设计和制造的第一台长距离钢丝绳胶带输送机在阳泉矿务局四矿东斜井投入使用,该机运输胶带全长2650米,每小时运煤量

500吨。

1969年

8月9日，大同矿务局同家梁矿研制成功具有国内先进水平的镐型截齿，为硬煤层采煤机械化提供了条件。

1971年

1月4日，大同矿务局煤峪口矿综采一队在9号层8710工作面，开始试用由山西省煤炭研究所设计和该局机修厂制造的TZ-140型液压自移支架、鸡西煤机厂试制的滚筒采煤机、张家口煤机厂试制的可弯曲溜子进行采煤，这是中国首次使用的第一代国产综采设备。

10月，大同矿务局永定庄矿8208工作面试验ZKW岩石电钻进行深孔爆破放顶成功。

本年，荫营煤矿推广光爆锚喷工艺，这是地方煤矿首次推广这一新工艺。

1973年

1月，大同矿务局试制成功TM—1型煤巷掘进机。

5月，西山矿务局官地矿掘进23组创煤巷单头月进2154.3米的优异成绩，刷新了全国纪录。

8月，西山矿务局白家庄矿掘进301组，创月进2280米的全国最高纪录。

1974年

3月5日，我国自己设计制造的综合机械化采煤设备在阳泉矿务局四矿二井4223工作面试生产，这是阳泉矿务局第一个综采工作面。

7月，阳泉矿务局四矿在丈八煤层试行盘区无煤柱分层开采获得成功。

7月10日，山西省煤炭研究所研制的RB-1型乳化液泵站在全国首次获得成功。

9月，阳泉矿务局一矿北头嘴平硐8082工作面安装从波兰引进的全套综采设备，这是该局首次采用国外综采设备。

11月，从英国引进的两套加利克综采设备，分别在西山矿务局官地矿和西铭矿投入使用。

12月，山西省煤炭研究所与大同矿务局共同研制成功TZ-1型液压支架，适应大同坚硬顶板条件，这是中国第一套定型强力支架。

1975年

6月1日，大同矿务局煤峪口矿工程一队5月份岩巷月进400米，刷新全省最高纪录。

6月，阳泉矿务局工程处五七队在50平方米断面的贵石沟铁路专用线2号隧道施工中，月进101.6米，创全国煤炭系统铁路隧道月进最高纪录。

7月，大同矿务局煤峪口矿采煤三队创金属网上分层月产22297吨，工程六队创斜井月进223.4米的全省新纪录。

1976年

7~12月，辽宁煤炭研究所、四川矿业学院和阳泉矿务局联合组成试验小组，在阳泉一矿北头嘴井用大直径密集钻孔卸压抽放七尺煤层瓦斯，获得成功。

本年，阳泉矿务局三矿裕公井二队年产原煤304195吨，创1.3米以下薄煤层普采年产全国最高纪录。

1977年

9月9日,大同青磁窑煤矿248米竖井试投产成功。这是我省地方煤矿最深的竖井。

11月16日,阳泉矿务局成功地采用顶板钻孔抽放临近层瓦斯,抽出量占瓦斯涌出量的60%~90%,达到国际水平,为安全生产创造了良好条件。

1978年

2月10日,潞安矿务局石圪节煤矿改造成功山西省第一台全燃烧煤矸石沸腾炉,仅4个月就节约煤炭2400吨。

2月24日,汾西矿务局试制成功自动攉煤机,比人工攉煤效率提高15倍以上。

5月5日,山西矿业学院与阳泉矿务局合作研制的脉冲式瓦斯遥测装置受到全国科学大会表彰后,矿业学院首先采用MOS中规模集成电路及线性集成电路,改进原有成果取得成功,使我国矿井瓦斯遥测水平有了新的提高。

7月31日,罗马尼亚矿业进出口公司总经理多林·迪内斯库为团长的一行7人,首次到山西霍县矿务局(霍州煤电集团公司前身)对寺庄、白龙、李雅庄、退沙煤田进行考察,为同中国进行以补偿贸易方式合作建设霍县矿务局煤矿谈判做前期准备。

10月7日,大同矿务局引进英国产道梯550/4型综采设备11套,英国产加利克464/6型综采设备4套,日本产560/4型综采设备3套。

10月,太原煤研所研制的大同TZ-4型液压支架,经煤炭工业部科技局组织鉴定,定型、批量生产,推广使用。此支架每架工作阻力600吨,可满足坚硬顶板管理使用。

本年,煤炭工业部在北京展出太原煤研所与西山、汾西矿务局共同研制的H-Ⅱ型擂煤机,该机被评为全国4种机型之一。

1979年

4月,山西省煤炭工业局晋煤综字第384号文称:煤炭工业部全年引进的100套综合机械化采煤设备,分配给山西42套,加外贸换货波兰设备2套,共44套。这44套分配大同矿务局22套,阳泉矿务局11套,西山矿务局5套,汾西、晋城、潞安矿务局各2套。

5月16日,大同矿务局科研所和忻州窑矿,联合研制成功中国煤炭工业第一台红外线电缆探测仪。

9月5日,中华人民共和国政府和罗马尼亚社会主义共和国政府《关于合作建设霍县炼焦煤矿的协定》在布加勒斯特正式签署。中方煤炭工业部副部长许在廉在协定上签字。

9月,山西煤矿第一次从英、美等国引进大功率综合掘进机40台。

10月18日,潞安矿务局王庄矿,成为山西省第一个跨入全国煤矿低耗矿行列的矿。

11月22日,太原煤炭科研所(煤炭科学研究总院太原煤炭科学研究院前身)研制的TZ~Ⅴ型液压支架,在大同矿务局通过煤炭工业部科技局鉴定,定型批量生产。该支架是国内首创的厚煤层上分层机械铺网人工联网的垛式支架。

1980年

本年,晋东南地区望云煤矿在全省地方煤矿中第一个装备了高档普采工作面,使用DZ-22型单体液压支架、DY-150型采煤机、SGW-150C输送机(溜子)等设备,运输设备载波集中控制。

1981年

5月，煤炭工业部安监局、抚顺煤研所灭火组、抚顺矿务局救护队、山西省雁北地区救护队，在浑源县果子园煤矿联合进行了DQ-180惰性气体灭火试验，这在中国尚属首次。

12月27日，承担西山矿务局古交矿区西曲矿井建设的中国人民解放军基建工程兵某部，从年初至同日完成井巷掘进1.1万米，创全国最高纪录。

本年，山西煤矿设计院设计的大同矿务局云冈矿井设计，获国家建委优秀设计奖。

本年，大同矿务局同家梁矿综采一队全年生产原煤104万吨，荣获全国煤矿综采队甲级队竞赛第一名。

1982年

10月，晋东南地区高平县赵庄煤矿矿井使用3吨底卸式矿车，这是山西省地方煤矿第一个使用这种矿车的矿井。

12月30日，西山矿务局官地矿本年夺得全国单井口出煤、吨煤成本、商品煤含矸率3个第一。

12月，大同矿务局建井六队在全国煤矿基本建设系统掘进队竞赛中，以月进273.3米的成绩，夺得第一名。

12月，大同矿务局煤峪口矿综采一队使用国产综采设备全年生产原煤91.77万吨，创全国同类型综采设备年产最高纪录。

1983年

1月7日，山西省煤炭经济研究会和河北省富化风动机械厂联合研制的SKE-120型深孔钻机，通过技术鉴定。

4月3日，大同矿务局云冈矿革新成功一台矿井坑道喷浆机，用于坑道喷浆粉刷，比手播喷浆压力大、出浆快，效率提高36倍。

4月，山西煤矿设计院研制的电磁式双向振动三轴剪力仪，通过技术鉴定。

9月，大同矿务局大斗沟煤矿机掘队煤巷月进2264米，刷新了开滦矿务局范各庄煤矿601队月进2045米的全国纪录。

10月16日，阳泉矿务局二矿西竖井井筒第一期装备工程完工，中国第一台大型落地式多绳摩擦轮提升绞车在该井投入使用。

1984年

3月，阳泉矿务局第一工程处"五五"队在三矿水源风井施工中，月进177.02米，创全国立井施工新纪录。

4月20日，山西省首次引进的美国蒙特索布利斯公司出产的煤田成套数字测井仪，在寿阳县联合鉴定验收。

4月27日，中国最大的堆取料机，在西山矿务局古交矿区西曲煤矿安装使用。

9月22日，阳泉矿务局老区铁路专用线上的石卜嘴集配站电气集中车站胜利开通。该站是煤炭系统华北集配站中第一个电气集中车站，设计采用6502电气集中，是当时国内最先进的一种铁路运输自动控制系统。

9月，在由共青团中央、煤炭工业部联合组织的全国统配煤矿青年机掘队"夺先锋、创水平"竞赛中，大同矿务局大斗沟煤矿青年机掘队以月进2186米的成绩荣获竞赛冠军，共青团中央授予该队"全国新长征突击队"称号。

10月，晋东南北岩煤矿安装概率分级筛，块炭率由29%提高到62%，入筛率100%。这是山西省地方煤矿首次使用的筛分新设备。

12月26日，中国第一个年产原煤500万吨的大同矿务局四台沟矿井开

工兴建。

12月，汾西矿务局高阳煤矿采煤二队创高档普采月产6.03万吨的全国最高纪录，并创全年单机产煤55.02万吨的全国高档普采纪录。

12月，大同矿务局同家梁矿综采一队从1981年到1984年，连续4年保持全国煤矿综采队最高年产的冠军。

1985年

3月15日，大同矿务局在云冈煤矿301、303、304三个盘区成功地施放了用于测示火区漏风的六氟化硫示踪气体。这是全国煤炭系统第一家自行施放六氟化硫。

5月26日，全国煤炭科学技术大会在北京召开，大同矿务局矿井均压灭火技术被煤炭工业部评为科技成果一等奖。该项技术达到了国际先进水平。

6月20日，煤炭工业部引进的英国P.T.T公司TPR61型岩巷凿装机在大同矿务局云冈煤矿井下北六石门试掘。

7月21日，大同矿务局晋华宫矿技术员郭玉明在立井延深巷道喷浆工作中，创造出一种支模板喷浆法，每喷1米可节约资金370元。

7月29日，大同矿务局忻州窑煤矿通风遥测楼的矿井安全环境监测系统DPS-85型计算机、FDM-1型接口柜、井下50个监测点和声光器全部投入运行。这是煤炭工业部首批运用微机对煤矿井下有害气体进行采集、分析处理的实用系统。

8月，从英国引进的AM500双滚筒采煤机在太原矿山机械厂制出并试车成功。该机是我国从国外引进的最大功率的采煤设备，单机年生产能力100万吨以上。它的制造成功，从根本上改变了我国大功率采煤设备基本依靠进口的状况。

10月21日，中国第一台直径5米全断面岩巷掘进机在西山矿务局古交矿区东曲矿井施工中组装试用。

12月18日，中国第一个具有国际先进水平的刮板输送机整机性能试验场在煤炭科学研究总院太原分院建成，正式投入使用。

12月27日，全国煤炭系统第一座电子计算机中心在大同矿务局建成。

1986年

3月，加拿大产S1-1型2000门程控电话交换机在晋城矿务局王台铺矿开通使用，这在中国煤矿是首例。

5月，全国第一套720型大吨位液压支架通过鉴定，在大同矿务局云冈煤矿综采四队正式投入使用。

6月，西山矿务局在东曲矿井巷工程施工中，使用了全国第一台直径为5米的全断面岩巷掘进机。

6月19日，由大同矿务局和煤炭科学研究院北京开采所共同承担、煤科院太原分院并郑州煤机厂协作攻关的"大同坚硬厚砾岩顶板条件下综合机械化采煤"这一"六五"期间国家重点科研项目通过煤炭工业部鉴定。

10月，大同矿务局在四台沟矿副立井开凿中，推广一项获煤炭工业部科技新成果奖的新技术——帷幕注浆。在砂卵石层中采用帷幕法开凿井筒在国内尚属首次。

本年，潞安矿务局王庄矿7项工作取得重大突破，一是综采一、二队年产分别上升到140.26万吨和120.27万吨，双双刷新年产118万吨全国纪录；二是全员工效率由3.23吨/工上升到4.015吨/工，是全国平均水平的4倍；三是回采工作效率由21.977吨/工提高到26.526吨/工；四是回采工作面效率由36.34吨/工提高到55.373吨/工；五是单产由76755吨跃增到109653吨；六是综采机械化程度由95%提高到100%；七是综掘机械化程度由50%提高到68.18%。这7项经济技术指标均居全国统配煤矿之首。

1987年

2月，山西煤矿机械厂试制成功双速可弯曲刮板输送机，并正式通过鉴定，填补了国内煤矿输送设备的一项空白。

10月20日，国家重点工程西山古交矿区西曲矿选煤厂建成投产。该厂主要设备分别从十几家外国公司引进，机械化、自动化程度达到世界先进水平。设计能力年入洗原煤300万吨。

本年，潞安矿务局王庄煤矿综采一队年产量170.18吨，高于苏联波塔波夫综采队165万吨的水平，刷新了综采世界纪录，荣获煤炭部"特级质量标准化矿井""现代化矿井"称号。

1988年

1月，全国第一个特大型矿井——西山矿务局官地矿，1987年生产原煤402万吨，单井口出煤连续5年蝉联全国第一，百万吨死亡率降到0.24，安全生产跨入全国先进行列。

3月1日，太原煤炭气化公司负责试制的省重点科研项目"四氢喹"，通过省级鉴定。该产品的试制成功，填补了国家煤化工技术的一项空白。

12月24日，缓倾斜厚（特厚）煤层滑移支架放顶煤采煤法经山西煤炭工业管理局主持召开的技术鉴定会鉴定通过。这是国内第一次试验，它比原来的集中岩巷分层布道法可减少掘煤巷75%，不掘岩巷。仅此一项可降低采掘成本50%以上，工作面单产比原方法提高1倍。

本年，晋城矿务局古书院矿青年综采队年产原煤180.16万吨，创全国综采纪录，达世界先进水平。汾西矿务局高阳矿高档普采二队年产突破60万吨，创全国高档普采纪录。

1989年

1月1日,大同矿务局同家梁综采一队,自1981年开始,连续8年产量突破百万吨,成为全国煤炭工业系统破百万吨次数最多的综采队,曾先后4次夺得全国综采甲级队竞赛冠军,连续12年安全生产无死亡事故。

5月6日,汾西矿务局化工厂试制成功全国第一代煤矿许用Z型无梯硝铵炸药。

10月4日,全国最大井塔——阳泉矿务局贵石沟矿井副立井井塔完成了滑模工程封顶,井塔高46.2米、长21米、宽18米。

1990年

2月,中国第一台国产FAD-90型单轨吊机车,在潞安矿务局漳村煤矿井下一次试车成功。

3月,山西省第一条新型节能气垫式胶带在霍州矿务局曹村矿主斜井胶带提升运输系统安装成功,并通过验收。

4月,井下"开天窗"放顶煤一次性采全高采煤法在阳泉矿务局一矿取得重大突破,月产达到91232吨,刷新全国同类型队组月产8.2万吨的最高纪录。

7月7日,国家"七五"科技攻关项目、国内目前功率最大、可年产百万吨以上原煤AM500/4.5米双滚筒采煤机,在太原矿山机器厂制造成功,性能和质量达到国际标准,被第14届采矿大会评为优秀产品。

11月2~3日,中国煤矿井下首例光纤工业电视与电视网系统在潞安矿务局安装成功,并顺利通过中国统配煤矿总公司组织的技术鉴定。

本年,晋城矿务局生产原煤1036万吨,首次实现百万吨死亡率为零,全员效率达4.853吨/工,居全国第一;晋城矿务局古书院矿综采一队年产原煤161.6万吨,居全国综采队第一名。

1991年

3月2日,大同矿务局、中国煤炭科学研究总院太原分院共同研究制造的SGZB-730/220型中双链刮板输送机、TZ510-7/14型二柱双伸缩支撑掩护式液压支架通过了中国统配煤矿总公司技术发展局组织的成果鉴定,填补了国内一项空白。

3月17日,大同矿务局《厚煤层分层自动辅联网液压支架及配套设备》国家"七五"科技攻关项目通过中国统配煤矿总公司验收。该项目获国家专利权。

5月,潞安矿务局常村煤矿井下高产高效工作面(900吨/小时)建成,该工作面走向长2000米,这项新工艺在全国设计文件中为首次提出。

5月,全国第一套大长距离人料两运卡轨车在潞安矿务局石圪节煤矿正式投入运行,全长2200米,为中国煤矿井下运行路线最长的运输系统。

6月15日,大同矿务局、煤炭科学研究总院太原分院和唐山分院共同研制的"厚煤层分层机械化铺联网液压支架及配套设备"通过了中国统配煤矿总公司技术发展局组织的鉴定。该套设备解决了分层综采机械化铺联网的技术难题,属世界首创。

10月,中国第一台MG-344-PWD型强力爬底板无链电牵引薄煤层采煤机在大同矿务局雁崖矿试用,最高日产达1500吨。

12月19日,阳泉矿务局贵石沟矿井和洗煤厂正式投产。贵石沟矿井、洗煤厂、电厂一次达到"三同步",环境保护、劳动卫生和消防一次实现了"三同时",这在中国煤炭工业史上尚属首例。

本年,中国第一台新型薄煤层采煤机组在大同雁崖矿试验成功,为今后大批量生产和解决薄煤层采煤综合机械化问题取得了可靠依据,闯出了一条薄煤层开采的成功之路。

1992年

7月5~19日,中国低位放煤、一次采全高的综合机械化采煤工作面在汾西矿务局水峪煤矿6102工作面试刀成功。标志着中国采煤工艺的发展跨上了新台阶。

7月30日,霍州矿务局和中国煤炭科学研究总院唐山分院共同研究成功的"西部厚黄土层条件下抗变形窑洞住宅村庄下采煤新技术"通过部级技术鉴定,填补了中国村庄下采煤不迁村技术的一项空白。

8月上旬,一套新的斜井大断面快速施工的机械化配套装备及施工工艺,在大同矿务局大断面斜井施工中使用。其综合技术国内领先,达到世界先进水平,为国内平均水平的6.9倍。

8月27日,中国统配煤矿总公司第十工程处在潞安矿务局常村煤矿建井中,使用德国马克公司设计的一座高65米、重440吨、3条支撑腿的巨型井架,在两部高16吨的稳车牵引下,从井外组立处整体平移75米,一次到位,缩短建井工期4个月。这在中国和亚洲是首创,是中国煤矿建井史上一次重大的技术突破。

11月10日,国家计委、能源部审批的中国大型主焦煤基地——离柳矿区大规模的开发建设正式拉开帷幕。矿区总规模2100万吨,将由山西地方和华晋焦煤公司共同开发。

1993年

1月6~7日,中国煤炭科学研究总院西安分院和阳泉矿务局共同研制的MKD-5型全液压大直径深孔瓦斯抽放钻机项目,通过了中国统配煤矿总公司安全局和技术发展局组织的技术鉴定。这种大直径深孔瓦斯抽放钻机在煤矿坑道内钻进φ200毫米大直径瓦斯抽放孔,填补了中国坑道大口径瓦斯抽放机的一项空白。

1994年

2月8日,《中国煤炭报》报道:中国煤矿第一个高产高效"四一型"矿井——潞安矿务局漳村煤矿,1993年原煤工效达8.07吨/人·工,连续7年蝉联全国冠军。

3月3日,《中国煤炭报》报道:由大同矿务局、煤炭科学研究总院太原分院和上海分院共同承揽,张家口煤机厂、平阳机械厂和辽源煤矿机械厂协作完成的"薄煤层强力爬地采煤机及配套综采设备总体配套、MG344-PWD型薄煤层爬底板电牵引采煤机"通过鉴定,填补了中国薄煤层强力爬地采煤机综采成套设备的空白。

1995年

7月,中国第一台自行设计、生产的重型半煤岩巷机组EBG-160型掘进机,在大同矿务局同家梁煤矿投运。

10月15日,国家"八五"重点建设项目,具有全国一流水平的大同矿务局云冈煤矿新装车系统试运一次成功。新建成的云冈煤矿装车系统是大秦铁路沿线18个装煤站中规模最大的现代化装煤站,装运能力和技术水平在全国处于领先地位。

1996年

12月25日,《阳泉矿务局瓦斯综合治理技术的研究》鉴定会在北京邦泰宾馆举行。由专家组成的鉴定委员会一致通过鉴定意见:《阳泉矿务局瓦斯综合治理技术的研究》项目达到国际先进水平,上邻近层抽放技术处于国际领先水平。该项成果的鉴定由煤炭工业部组织并主持。煤炭工业部和全国煤炭系统及科研院校的38名领导、专家参加了鉴定会。

1997年

3月，中国煤矿井下辅助运输系统绳速最快、运距最远的新型架空活吊椅乘人缆车在潞安矿务局漳村煤矿安装成功。该辅助运输系统（全长2380米，选定绳速为每秒2米，每小时运人能力1500人）。

8月，山西煤炭计算机信息网络在全国煤炭行业首家通过国家DDN网联入Internet国际互联网，利用山西煤炭主页开始向国内外发布产业信息和信息互访。

8月，中国首批ZFS6000型液压支架在大同矿务局中央机厂制造成功。该支架属国家"九五"科技攻关项目，由中国煤炭科学研究总院太原分院设计，大同矿务局中央机厂制造。

1999年

1月，中联煤层气有限责任公司在沁水煤田打出的中国第一口高产煤层气井——T1-007井正式建成。该井日产煤层气1.63万立方米，是中国第一口日产突破1.5万立方米的高产煤层气井。

5月，国家重点建设项目、西煤东运第二条大通道的重要区段——神骅工程神朔铁路电气化工程在山西省朔州市三岔站破土动工，我国西煤东运第二条大通道电气化工程建设拉开帷幕。全长266.6千米。

7月31日，潞安矿务局王庄煤矿综采二队使用低位开天窗放顶煤全套国产设备，开创中国大、长、厚综采工作面的先河。

2000年

3月7日，煤炭科学研究总院太原分院自行设计制造的TY6/20FB型井下防爆低污染中型客货胶轮车和TY3061FB井下防爆低污染轻型自卸胶轮车通过国家煤炭工业局组织的技术鉴定，分别达到国际先进水平和国

内领先水平,并填补了国内空白。

2002年

4月26日,山西焦煤集团公司引进德国DBT公司全自动刨煤机项目签字仪式在省政府会议厅举行。此次从德国DBT公司引进的刨煤机项目主要应用于薄煤层的开采。此项技术将首先在西山煤电集团公司马兰矿投入使用。

12月21日,大同煤矿集团公司4项技术成果通过山西省科技厅专家组的鉴定。专家组认为《大同坚硬厚煤层综放往复式开采技术研究》《大同"两硬"条件大倾角煤层综采技术研究》两项成果达国际先进水平;《大同"两硬"条件短壁综采装备与技术研究》《大同"两硬"条件国产综采装备双高工作面开采技术研究》两项成果达到国内领先水平。

12月21日,年产1200吨的中国第一台瓦斯烧结铁氧体气窑生产线在阳泉煤业集团山西鑫达磁材有限公司落成,并试车成功。

12月23日,潞安矿业集团机修公司申请的EFS6000/17/33型(支撑掩护式)放顶煤液压支架,按照标准通过国家专业机构样架实验,属于全国第一家。

2003年

4月2日,国内首家大坡度矿井乘人猴车("矿用架空乘人装备"的俗称)在晋城无烟煤矿业集团成庄矿投入运行。该猴车系统安装坡度为24度,全长约450米,运行速度0.98米/秒,装有4种安全保护装置,是国内坡度最大的矿井乘人运输系统。

9月16日,山西焦煤集团山西煤机制造公司研制成功山西省首台SGZ-880/800刮板输送机。

10月22日,中国首台采煤连续运输系统在煤炭科学研究总院太原分院研制成功,经专家评定总体技术达到了国际先进水平。

2006年

3月18日,中国第一座露井联采大型煤矿项目——平朔安家岭一号井工矿正式投产。该项目创造了多项"中国第一":中国第一座露天和井工联合开采的煤矿;中国第一座自行设计、建设、管理的最大的现代化煤矿;中国第一个自行设计、建设、管理的亚洲最大的全重介动力煤选煤厂;中国第一次在浅埋深、硬顶板、硬煤层条件下成功应用综采放顶煤工艺;中国煤矿建设史上第一个实现"投资减半、产能翻番"的成功案例;中国煤矿建设史上第一次采用国产设备总承包方式。

2007年

8月10日,全国首例立井联合施工法在山西焦煤集团西山煤电集团公司镇城底矿试验成功。

2008年

1月4日,潞安矿业集团屯留煤矿主井系统机电安装工程荣获中国建筑工程"鲁班奖",是中国"鲁班奖"设立20余年来首次在机电安装领域获奖的工程。

4月9日,潞安矿业集团高纯度多晶硅项目在长治屯留康庄工业园奠基。项目建成后,将成为中国唯一、亚洲第一、世界第八家高纯度多晶硅生产企业。

7月,全国首个大采高280米超长工作面——潞安矿业集团屯留煤矿S1201工作面成功完成试运转并正式回采。

10月15日,中国第一个自动化掘进工作面在潞安矿业集团王庄煤矿6207工作面建成,此项技术整体水平达到世界先进水平。

12月初，国际煤机集团佳木斯煤矿机械有限公司与潞安集团公司王庄矿联合攻关的"煤巷掘进自动化关键技术研究与实践"项目通过技术鉴定。国内首台自动化掘进机EBZl50C煤矿井下工业性试验圆满成功并通过国家级技术鉴定。

2009年

6月28~30日，经过近60个小时的试车运转，中国首套应用国内自主知识产权的甲醇制汽油万吨级工业试验装置——晋城无烟煤矿业集团天溪煤制油分公司10万吨/年，合成油示范工程项目MTG装置顺利产出第一桶合格油品。

9月，长14米、高2.8米、重180吨的国内最大的采煤机在山西太重煤机太矿工业园下线，以这套采煤机为代表的"千万吨级矿井高产高效工作面综采成套设备与关键技术攻关"科研项目通过专家组评议验收。

2011年

1月，山西晋煤集团蓝焰煤层气公司在甘肃庆阳地区的两口试验井千米以下压裂试验获得成功。在施工中将胶液压裂技术成功应用到深层煤层气压裂领域，这在全国煤层气压裂工艺中尚属首例。

3月，全球最大的煤矿乏风氧化利用项目落户山西潞安集团。通过高温氧化摧毁乏风中所含的甲烷，并利用甲烷氧化所释放的热能来发电。

8月14日，"十一五"国家科技支撑计划项目——"年产千万吨级矿井大采高综采成套装备及关键技术"通过来自中国工程院等单位的13名专家组成的专家组成果鉴定。此项目是中华人民共和国成立以来山西省获得的国家支持最大的科技项目，项目总投资4.225亿元。

8月25日，山西晋城煤业集团下属的高瓦斯条件下千万吨级生产矿井寺河矿，建成了国内同期最大的单井井下瓦斯抽放管网，主管路总长度达到11万米。

11月16日，中国煤炭系统第一列新时速井下运输列车"新时速1号"落户山西阳煤集团一矿采煤工区并试运行成功。

2015年

2月，山西晋煤集团引进的液态二氧化碳气相压裂技术在该集团着装煤矿回风立井揭煤中成功应用。该技术之前主要应用于瓦斯抽采，应用到揭煤过程中在国内还是首例。

12月28日，山西太重煤机煤矿装备成套有限公司与山西潞安环保能源开发股份有限公司合作研制的"MG1100/2860-WD型大功率大采高电牵引采煤机的研制与应用"项目在北京通过了中国煤炭工业协会组织的专家组鉴定。该采煤机是我国自主研发的切割功率最大（1100千瓦）、一次采全高（7.2米）的采煤机。

2018年

11月11日，中国首台套SZD1000/1710转盘式，工、转、破一体机产品现场观摩和技术交流会在山西省太原市召开。该设备由阳煤集团与德国HB布朗公司于2017年6月合作研发制造，11月投入使用。产品应用了德国布朗公司刮板输送机直角转弯输送、双面溜槽、单链沙克式链轮等新技术，填补了中国高端刮板输送机应用的技术空白。

全国第一个高瓦斯条件下的千万吨矿井——晋城煤业集团寺河矿

八、值得记忆的煤炭大事

时间是最真实的记录者,也是伟大的书写者。中华人民共和国成立70年来,山西煤炭工业发生了诸多重要的大事,在关键时间节点上创新了一个又一个能够影响和推动全省乃至全国煤炭工业发展的大事,这些重要节点发生的重要事件值得我们珍藏和记忆。

忆往昔,峥嵘岁月。今天,我们以质朴的形式,回顾记录了过去70年的点点滴滴,这些大事是山西煤炭人的创造,是山西煤炭人的精神,也是山西煤炭人的骄傲,更是山西煤炭人的贡献。我们将透过每一件大事,把握行业发展方向,汲取智慧,继往开来。

新时代,开始新征程。我们要不忘初心,牢记使命,发扬煤炭人的精神,沿着煤炭人的足迹,解放思想,继续进取,创新更多、更好、更高的业绩,为山西煤炭工业高质量转型发展和争当能源革命排头兵续写新的辉煌篇章。

1949年

11月12日,中央人民政府燃料工业部任命何水为大同矿务局局长。

11月,全国煤矿会议提出了安全生产方针。山西省开始进行矿井改扩建、改革采煤方法、开拓通风巷道、增加通风机械等工作。

本年,中华人民共和国成立第一年,全省煤炭产量为267万吨。阳泉、西山和潞安煤矿资源回收率为40%;大同、阳泉和潞安煤矿的全员工效率

为0.389吨。

1950年

1月1日,西山煤矿正式成立。

1月7日,奉华北煤矿管理总局命令,井阳矿务局分别组建井陉、阳泉两个矿务局,白猷之任阳泉矿务局局长。

1月13日,富家滩煤矿正式成立。

3月,阳泉矿务局四矿和裕公矿井下工人照明,由明火灯改为挥发油安全灯。12月6日,四矿首次使用蓄电池安全头灯。

4月1日,山西省人民政府颁发《山西省矿业开采管理暂行办法》。

4月20日,山西省人民政府下发《关于执行山西省矿业开采管理暂行办法的指示》。

5月,燃料工业部颁布《关于国营煤矿全面推行新生产方式的决定》和《关于煤矿保安问题的决定》之后,山西各大煤矿改革采煤方法,实现安全生产的工作逐步开展。到年底,大同、阳泉矿务局新采煤法的比重为12.34%。

5月,阳泉矿务局矿山救护队正式成立,当时仅有6台美国布劳杜式呼吸器和1台日本北川手动充氧泵。

5月,全国煤矿会议决定大同矿务局为推行新采煤方法的重点试验单位。

5月,阳泉矿务局职工医院正式建立,有病床50张。

6月,大同矿务局永定庄矿老工人群策群力,从井下积水中捞出一台废弃的割煤机,经过精心检修,投入使用,并命名为"先锋号",用于永定庄矿第一个长壁工作面的试验。1959年,这台割煤机送到北京,在中国历史博物馆陈列展出。

9月25日,全国工农兵劳动模范代表会议召开。大同矿务局工人马六孩、阳泉矿务局工人王四毛被评为劳动模范。

本年，山西省工业厅矿山行政管理处根据1950年省人民政府颁发的《矿业开采管理暂行办法》和政务院1950年、1951年先后颁发的《公私营煤矿暂行管理办法》《公私营煤矿安全生产管理要点》《土采煤矿暂行处理办法》等条例，对全省3620座小煤矿进行清理、整顿，至1952年末，整顿各种类型的煤矿1579座。

1951年

3月，山西省煤矿公司与中国煤建公司订立包销合同，煤炭销售由自销改为包销。

本年，全省国营煤矿职工工资，随着劳动生产率的提高也得到增长。劳动生产率提高66.5%，工资增长44.27%。工资制度实行了改革。执行新的八级工资制；取消以小米为单位计算工资的办法，改为以实物折算工资的办法。

本年，山西省组建劳改煤矿。

本年，山西省成立第一工业技术学校，内设采矿专业，招收采矿学员30人。

1952年

3月25日，山西省人民政府发出《关于加强矿业管理工作，建立矿业专管机构的指示》，决定建立省及各地矿务局。

5月1日，大同矿务局工人马六孩参加中国劳动人民代表团赴莫斯科观礼。

5月，西山煤矿采煤工作面开始使用电溜子运输。

6月30日，山西省工业厅煤矿公司撤销，成立工业厅煤管处。省营各煤矿由厅直接管辖。

8月12日，山西省人民政府工业厅发出《关于在所属煤矿中推广先进采煤方法的决定》。

8月21日，山西省人民政府主席裴丽生到西山煤矿检查安全卫生工作，并在全矿干部大会上就该矿安全卫生工作和爱国增产节约竞赛运动作了讲话。

9月30日，山西省工业厅颁发《矿务管理暂行方案》。

9月，阳泉煤矿职工养老院落成。该院占地66亩，是全国第一座煤矿职工养老院。

9月，太原采矿学校成立，隶属山西省工业厅领导，当年招生200人。

10月，阳泉矿务局四矿二井七尺煤投入生产。这是该局新建的第一对矿井，设计能力为15万吨，后经过扩建增至60万吨。

11月13日，由地质部222队和阳泉矿务局地质处共同组成的阳泉地质调查队，提出了中华人民共和国成立阳泉煤矿的第一份地质报告——《阳泉煤田地质详查报告》。

本年，全省隶属燃料部的煤矿有大同、阳泉两矿务局和潞安煤矿；地方国营煤矿65处，其中由省直接经营的有西山、东山、西铭和富家滩煤矿，专、市经营的29处，县营的15处，劳改系统的17处。

本年，全省煤炭产量为1015.7万吨，比1949年增长了2.7倍多，超过中华人民共和国成立前最高年（1942年）产量的63.7%，占全国煤炭总产量的15%。

1953年

1月30日，大同矿务局煤峪口矿斜井、同家梁矿立井扩建工程开工。

本年初，大同矿务局成立了消火委员会，下设消火工程处，对煤田火灾开展大规模的扑灭工作，6月，消火工程正式开始。

1月，华北煤田地质勘探局第二大队着手对潞安矿区进行地形调查和地质勘探工作。

3月,阳泉矿务局成立瓦斯研究小组,主要任务是调查阳泉矿区瓦斯的来源和涌出规律。

3月,大同矿务局煤峪矿三号井开始扩建,1955年9月竣工生产。

5月16日,山西省人民政府决定,将太原焦炭厂与西铭焦炭厂合并。

5月,燃料工业部煤矿管理总局煤田地质调查队,在灵石县南关附近开始进行1:1000地形测量,是煤田地质系统首次采用苏联地质观察点法进行的大比例尺地质填图工作。

7月10日,燃料工业部在北戴河召开中国煤矿第一届全国煤矿劳动模范代表大会。大同矿务局马连快速掘进组连万禄、赵福清和其他局矿共19名同志被评为劳动模范。

9月,西山煤矿开始白家庄小南坑。1955年投入生产。

10月,霍县辛置煤矿筹备处成立。

10月,大同矿务局忻州窑矿二号井,自1950年开始排水到本月恢复生产。

本年冬,为加快山西煤田的地质勘探工作,适应国外设计项目的需要,燃料工业部决定从东北、河北老矿区抽调钻探队及大批钻探设备,支援大同、潞安两地的重点工程。

本年冬,阳泉矿务局三矿七尺煤一号井投产。

本年,大同矿务局动力煤打通了国外销路,这是中华人民共和国成立后第一次晋煤出口。

本年,西山煤矿对杜儿坪、小南坑、官地3个矿井进行恢复扩建。

本年,地质部212队在灵石、介休一带,213队在和顺,开展对晋中煤田的地质普查和勘探工作。

1954年

本年春,潞安煤矿筹备处、义棠煤矿筹备处、轩岗煤矿筹备处先后成立。

3月15日,轩岗2×240千瓦电厂兴建,当年年底投入运行。

8月,为大力开发山西煤炭资源,燃料工业部决定华北煤矿管理局撤销后,从该局的干部中调120人组建太原煤矿管理局。10月,人员陆续从北京迁至太原,成立了太原煤矿管理局筹备处。

10月1日,轩岗煤矿筹备处黄甲堡矿勘探井开工兴建,设计能力30万吨,1956年6月26日投产。

本年,山西煤田灭火工作取得了大的进展,仅在大同矿区的左云、怀仁、平鲁、山阴扑灭或处理火区96处。

1955年

6月,根据煤炭工业部陈郁部长指示,华北煤田地质勘探局制定了在山西武乡、左权等地寻找主焦煤区、加强配焦煤勘探工作的方案,由所属调查队、采样队和114队承担任务。

7月1日,煤炭工业部太原煤矿管理局正式成立,下辖大同、阳泉两个矿务局和潞安、义棠、轩岗及包头四个煤矿筹备处,8月12日太原煤管局建立中共党组。

9月30日,西山煤矿杜儿坪坑建成全省第一个用电机车把煤从坑口运到煤库的平硐。

12月,山西省工业厅和太原煤管局协商同意,并经国家计划委员会批准,将省工业厅所属西山煤矿、富家滩煤矿和西铭焦炭厂划为中央直属企业,归太原煤管局管理。

12月,煤炭工业部地质总局以煤地字第2332号文通知华北煤田地质勘探局,在山西新建3个地质勘探队,名称编号:太原西山队为142队,轩岗队为143队,富家滩队为144队。

本年,华北第一基本建设局在大同成立,1956年改名为大同基本建设局。

本年,华北煤田地质勘探局自本年至1956年先后两次组织力量,以采样队为首,各勘探队配合,在全省境内各煤田、各矿区小煤矿等进行煤质普查工作,提交一份《山西省煤质普查报告》,初步提出全省各地区煤质分布图,为全省煤炭开发利用提供了依据。

本年,潞安矿务局筹备处成立。

1956年

1月1日,西山煤矿和西铭焦炭厂合并组建的西山矿务局正式成立,隶属太原煤管局。富家滩煤矿和义棠煤矿筹备处合并组建的汾西矿务局正式成立,隶属太原煤管局。

4月,煤炭工业部召开全国煤矿先进生产者代表会议,大同矿务局工人张万福、韩福,阳泉矿务局副总工程师田振宗等集体、个人和特邀的山西代表共133人参加。

10月,为了加强山西的地质勘探力量,煤炭工业部地质总局决定,将河北峰峰140队调山西乡宁,负责河东煤田南部的勘探任务,山东章丘148队调山西介休,负责霍西煤田东北部、平遥、介休、霍县及静乐等矿区煤田的勘探任务。

12月,山西省人民委员会发布关于放宽对小煤窑开采管理,以解决群众烧煤困难,发展副业生产的规定。

本年,潞安煤矿筹备处矿山救护队成立,人员6名;西山矿务局矿山救护队成立,人员9名。此后,1957年,轩岗煤矿筹备处矿山救护队成立,人员15名。1959年9月,汾西矿务局矿山救护队成立,人员23名。1960年,晋城矿

务局和霍县矿务局也先后成立矿山救护队。

本年,山西省工业厅在东山煤矿召开采煤方法改革现场会。

本年,在全国对农业、手工业和资本主义工商业的社会主义改造中,山西完成了对手工业和资本主义工商业煤窑的社会主义改造,有120个小煤窑实行公私合营后,合并为64个矿。有18个转入地方国营。有8个由地方国营接收;有633个转为合作社经营;淘汰了一批没有发展前途的小煤窑。

本年,大同机修厂开工兴建,到1974年形成维修能力889.73吨,制造能力6811吨。

1957年

本年春,华北煤田地质勘探局已拥有12个大型勘探队,其中在山西省内有114、115、119、140、142、143、144、148、152等9个队;还有调查队、测量队、化验室、修配厂、职工学校等16个下属单位。职工人数达到5597人。

3月,太原煤管局召开山西煤矿干部会议(后通称"三月会议")后,在所属煤矿企业推行圆班综合计件工资分配办法,收到显著效果。1958年改计件工资为计时工资加奖励。

4月,山西省工业厅进行机构改革,实行一厅多局制,撤销煤矿管理处和矿井办公室,成立矿业管理局。

本年,根据煤炭工业部指示,华北煤田地质局归太原煤管局领导,全称为太原煤矿管理局地质勘探局,所属各勘探队下放各矿务局领导。

本年,阳泉矿务局机修厂开工兴建,1966年建成。

本年,省煤田地质勘探115队,在平朔勘测钻探中,发现朔县—原平赋存含煤面积达400平方公里,储量200亿吨,这是中华人民共和国成立后山西省第一次发现这样大面积的煤田。

1958年

3月15日,泽州煤矿筹备处成立。1959年4月,泽州煤矿筹备处改名为晋城煤矿筹备处。

5月,阳泉矿务局四矿把矿井抽放的瓦斯用作锅炉和职工食堂的燃料;并以瓦斯为原料和燃料,建成了一座试验性的炭黑厂并在四尺煤井建成燃烧瓦斯的井口加温站,这是该局利用瓦斯的开端。

8月,山西省工业厅所属的矿业管理局合并到太原煤矿管理局,组建成太原煤管局地方煤矿局。

9月9日,山西矿业学院成立。

9月,全省小型煤矿技术改造会议在平定县召开,推广煤矿的技改经验。

10月28日,国务院以直编齐字269号文批复山西省人民委员会的请示,同意将煤炭工业部太原煤矿管理局改为山西省煤矿管理局,作为山西省人民委员会的煤炭主管部门,统一领导和管理全省的煤炭工业。

11月17日,经山西省人民委员会批准,撤销辛置煤矿筹备处,霍县矿务局成立。

12月30日,潞安煤矿筹备处撤销,潞安矿务局正式成立。

本年,省煤管局组织全省第一次煤田预测,同时编制出五十万分之一煤田地质图、山西省煤质图、山西省煤田预测图及其说明。查明全省含煤面积为5.6万平方公里,预测储量为8333亿吨。

1959年

1月1日,轩岗矿务局筹备处撤销,轩岗矿务局正式成立。

10月13日,全国群英大会召开,汾西矿务局南关矿青年采煤队队长史殿照、潞安矿务局石圪节矿工人王先孩等共24名代表参加(包括集体、个

人和特邀代表)。

10月28日,煤炭工业部在抚顺召开全国煤矿成本主要指标红旗竞赛运动评比大会,山西大同矿务局、阳泉矿务局、大同矿务局同家梁矿和四老沟矿、西山矿务局西铭矿、省煤矿机械修理厂被评为成本主要指标全面丰收红旗奖励单位。

11月30日,第一次全省性的煤矿现场比武表演大会召开,参加大会的有全省8个矿务局和9个地方国营煤矿,共200余人。

1960年

1月13日,山西省煤管局在阳泉矿务局召开出席全国煤矿工种标兵技术比武大会的选拔会,选出了28名出席全国煤矿工种标兵技术比武大会的标兵。

2月26日,山西省人民委员会第二届第十三次会议,讨论通过了《山西省地方小煤矿管理办法实施细则》。

7月初,山西省煤管局召开各矿务局局长、矿长会议,专门研究整顿劳动组织问题,决定将采掘工人在企业全部人员中的比重由15%提高到20%以上。

8月18日,根据省委指示,为加强基层领导,充实生产第一线,全省国营煤矿下放了干部1525人,其中局级干部10人,矿处级干部119人,坑区科级干部361人,工程师28人。

1961年

1月12日,省委同意省劳动厅和省煤管局党组关于从铁路系统调入煤矿2万名合同工(其中外省铁路系统1.5万名)转为固定工,解决煤矿劳动力不足的意见。

3月17日,中国人民解放军驻山西各部队及其所属学校,抽调汽车300

多辆,1850多名官兵,组成一支运煤突击大军,开赴晋北、晋中、晋南各煤矿,突击运输煤炭。

9月,省煤管局决定,山西矿业学院附设的北京矿业学院函授部,负责全省煤炭系统高等函授教育的组织领导工作。

1962年

6月30日,按照国家精简职工的指示,截至本月底,山西省中央直属煤矿共精简职工27353人,达应精简2.8万人的97.69%;精简干部3692人,达应精简8444人的43.7%。

10月28日,霍县矿务局辛置矿为对煤田开发做出贡献的老工人乔炳贵(霍县后河底村人)举行追悼会,并立碑纪念。中共霍县县委、县人委、辛置公社党政领导及村民200余人参加了追悼会。

1963年

1月16日,国务院127次全体会议通过,任命贾冲之为山西矿业学院院长。

3月1日,山西省煤矿管理局改名为山西省煤炭工业管理局,实行由煤炭工业部和山西省人民委员会双重领导的领导体制。

6月,全国工业交通企业经济工作座谈会在北京举行,潞安矿务局石圪节矿被树为全国勤俭办企业的五面红旗之一。

9月25日,山西省调拨10万吨优质煤,无偿支援河北灾区人民。

11月8日,《人民日报》发表《艰苦奋斗的石圪节矿风》的社论和新华社记者长篇通讯《石圪节矿风》。

1964年

9月18日,晋城煤矿筹备处撤销,晋城矿务局成立。

11月10日,北京煤炭科学研究所迁至太原,与山西省煤炭科学研究所合并,成立煤炭科学研究院太原研究所。

本年,山西省人民委员会批转山西省煤管局《关于我省社队煤矿当前存在几个问题的报告》,开始对社队煤矿进行整顿。

1965年

3月5日,山西省人民委员会颁发《山西省地方小型煤矿管理办法实施细则》。

5月,煤炭工业部部长张霖之到阳泉矿务局视察工作,并到四矿井下检查工程质量。

11月18日,经中共山西省委晋组干任字178号文批复,中共山西省煤管局党组撤销,成立党的委员会。

1966年

4月1日,煤炭工业部通报表扬第九工程处3月份创造月进1014.3米的全国最高纪录。

5月16日,煤炭工业部张霖之部长在晋城矿务局视察工作。要求矿务局在开展"四清"运动的同时,搞好生产,抓好质量。

1967年

12月22日,中共中央、国务院发出《关于加强煤炭资源保护严禁乱开小煤窑的通知》。1969年1月7日,山西省革命委员会下发了《关于进一步贯彻执行中央通知的决定》。

1969年

8月23日,山西省革命委员会决定:山西省煤炭、电力、化工三局厅撤销,成立省革命委员会生产组煤电化办公室,负责领导全省煤炭、电力、化工工业生产。

1970年

1月1日,山西省煤炭化工局成立。

9月26日,阳泉矿务局一矿建成一座利用瓦斯作原料和燃料的小型炭黑厂,年产半补强炭黑200吨,填补了山西化工产品的一项空白。

10月,晋城矿务局凤凰山矿建成山西省第一座与矿井同步建设的坑口选煤厂。

1973年

1月9日,阳泉市南庄煤矿采煤工人张启林在丈八坑采煤工作面为抢救遇难矿工献出了自己的生命。7月25日,中共阳泉市委、阳泉市革命委员会在南庄煤矿召开追悼会。市委决定,追认张启林为中国共产党党员,授予他"矿山铁人"称号,命名他生前所在班为"张启林班"。省煤化局作出《关于开展向张启林学习活动的决定》。

1月31日,大同矿务局云冈矿井第一期工程建成投产。矿井设计能力为270万吨,第一期工程能力为150万吨,是当时山西省最大的新建矿井。云冈矿井第一期工程投产后,开创了我国大型矿井投产后第一年即达设计能力的新纪录。

10月1日,山西省煤化局成立地方煤矿管理处。这是在"文化大革命"后期重新组建起来的全省地方煤矿管理机构。

10月23日,山西省非金属矿业公司成立。1976年4月改名为山西省矿业公司。

1974年

7月,中共中央发出《关于抓革命促生产的通知》。《通知》中对大阿、阳泉两个矿务局超额完成生产任务,给予了表扬。

本年,阳泉矿务局年产原煤1004.7万吨,成为山西省第二个年产千万吨以上的矿务局。

1975年

本年春,按煤炭工业部要求,山西省组织地质勘探力量进行全省煤田预测,至1978年底结束,全省预测煤炭储量为4983.39亿吨,探明储量为1936.1亿吨,煤炭资源总储量为6829.49亿吨。全省划分为大同、宁武、沁水、西山、霍西、河东六大煤田。

2月28日,中共山西省委(75)29号文《关于调整省委省革委机构体制的通知》,将煤炭与化工分设,成立山西省煤炭工业管理局。

10月30日,阳泉矿务局三矿采煤二队在全国煤炭采掘队长会议上被树为全国煤炭系统"十面红旗"之一,命名为"严细成风的硬骨头采煤队"。

1976年

7月28日,河北省唐山地区发生强烈地震,大同、阳泉、西山等矿务局派出矿山救护队员106名,于当天下午乘飞机抵唐山,参加开滦煤矿的抢险救灾工作。随后,汾西和霍县矿务局的矿山救护队也赶赴开滦参加抢险救灾。山西煤矿设计院派出设计队,帮助开滦煤矿恢复生产。

12月30日,阳泉矿务局召开全局煤炭产量翻番祝捷大会,煤炭工业部副部长邹桐、张超、贾慧生等参加了会议。当年,阳泉矿务局生产原煤12 522 039吨,比矿井设计能力621万吨翻了一番。这是在全国重点煤矿中继开滦煤矿之后第二个实现翻番的矿务局。

12月31日,大同矿务局全年原煤产量达到2024万吨,突破2000万吨大关。

1977年

1月10日,煤炭工业部召开学大庆赶开滦会议,山西煤炭系统215名代表参加会议。山西大同、阳泉矿务局和潞安矿务局石圪节矿被命名为"大庆式企业";轩岗煤矿、西山矿务局官地矿、大同市姜家湾煤矿、昔阳县黄岩汇煤矿、大同煤矿学校、潞安矿务局农林处、山西煤田地质勘探一队、山西省煤炭工业研究所等8个单位表彰为学大庆赶开滦先进单位。

1978年

1月,煤炭工业部召开全国煤炭工业群英大会。山西省大同矿务局李满仓、潞安矿务局石圪节矿郝晓明、阳泉矿务局三矿王景文被授予"劳动英雄"称号;西山矿务局段启明等26人被授予"劳动模范"称号;轩岗矿务局焦家寨矿、六亩地矿,潞安矿务局农林处,大同矿务局大斗沟矿、王村矿,西山矿务局官地矿等6个单位被命名为"大庆式企业";西山矿务局官地矿采煤六队等23个基层队组被命名为"特别能战斗队"。

7月31日,罗马尼亚矿业进出口公司总经理多林·迪内斯库为团长一行7人,首次到霍县矿务局对寺庄、白龙、李雅庄、退沙煤井田进行考察,12月2日,同我国进行了以补偿贸易方式合作建设霍县煤矿的会谈。

1979年

10月25日,应中国煤炭工业技术装备总公司的邀请,以英国采矿咨询公司总经理巴勃尔博士为团长的英国煤矿补偿贸易代表团一行9人抵达大同矿务局,就以补偿贸易方式开发大同燕子山和四台沟两对矿井的有关问题进行商谈。

12月3日,罗马尼亚煤矿代表团来华,中罗双方代表从6日到13日在霍县矿务局就地质补钻及巷探工程、设计要求、工程进度、设备问题等进行了会谈,并签订了《中罗合作建设霍县煤矿会谈纪要》。

1980年

3月14日,山西省人民政府颁发《山西省小煤矿管理试行办法实施细则》。

5月20日,《人民日报》发表题为"尽快把山西建成强大的能源基地"的社论。

6月27日,应中国煤炭开发总公司邀请,美国西方石油公司岛溪煤炭公司董事长阿尔伯特·阿诺德、戈尔参议员一行9人来华,就合作开发平朔矿区安太堡露天煤矿进行商谈,签订了会谈纪要。

8月26日,山西省人民政府下发《关于加强地方煤矿安全整顿工作的通知》。

9月9日,石太线复线电气化铁路石家庄至阳泉段通车,阳泉年外运能力提高1000万吨。阳泉矿务局煤炭外运紧张状况得以缓和。

本年,山西省人民政府决定对全省社队煤矿进行一次全面整顿,凡不具备"四消灭"(即消灭独眼井、自然通风、明火放炮、明火照明)的矿井,一律停产整顿,合乎条件的发给合格证。

1981年

9月9日,应财政部邀请,以高级采矿工程师柯契沃尔为团长的世界银行项目准备考察团一行5人来华,就利用世界银行贷款建设晋城矿务局成庄和潞安矿务局常村两个煤矿进行会谈,并参观了现场。

本年,晋东南地区望云煤矿被煤炭工业部命名为"全国煤炭战线安全生产十面红旗"之一。

本年,大同矿务局同家梁矿综采一队全年生产原煤104万吨,又一次荣获全国煤矿综采队甲级队竞赛第一名。

1982年

1月4日,煤炭工业部批准,中国平朔露天煤矿筹备处正式成立。

3月25日,煤炭工业部召开全国煤炭工业先进集体和劳动模范代表会议。山西大同矿务局同家梁矿综采一队等8个基层队组被授予"全国煤炭工业先进集体"称号;西山矿务局白家庄矿傅昌旺等13人被授予"全国煤炭工业劳动模范"称号。

7月12~24日,以中国科学院主席团执行主席、著名科学家吴仲华为团长的中国科学院山西煤炭能源基地综合经济规划调研团一行37人来山西进行调查研究,为配合山西制定煤炭能源重化工基地的综合规划,初步确定了85个科研项目。

本年,煤炭工业部决定在山西太原建立中国煤炭博物馆,占地83亩,总建筑面积28500平方米。1985年5月22日,正式动工兴建。1989年10月1日,落成开馆,这是中国第一个煤炭专业博物馆。

本年,全省铁路外运煤炭为8900万吨,加上公路运输,外运总量突破9000万吨,居全国首位。

本年,大同市青磁窑煤矿全年生产原煤100.12万吨,是山西省地方煤矿第一个年产突破百万吨的矿井。

1983年

3月,潞安矿务局王庄矿和石圪节矿被煤炭工业部评为"1982年度全国矿际竞赛优胜矿"。

5月7日,应英国纽卡斯尔大学副校长劳伦斯·马丁教授邀请,以山西矿业学院副院长郑翔为团长、煤炭工业部教育司司长梁东为顾问的代表

团,访问了纽卡斯尔大学,正式签署了两校合作交流协议书。

9月13日,山西省人民政府与中国科学院《关于能源重化工基地建设和开发科学技术协作议定书》签字仪式在太原举行。

10月25日,中共山西省委常委会议决定,成立山西省煤炭资源管理委员会。

1984年

1月1日,全长177.8公里的邯(郸)长(治)铁路磁(山)长(治)段正式通车。这是晋煤外运的又一条通道。

1月,煤炭工业部部长高扬文到潞安矿务局石圪节矿视察,并题词"石圪节是中国煤矿一枝花",2月6日视察了王庄矿。

2月24日,潞安矿务局王庄矿被国家经委列为1983年全国最优秀企业,3月被中国企业管理协会授予企业管理优秀奖。

8月17日,山西省人民政府发出《关于进一步加快发展地方煤矿的暂行规定》。《规定》指出,为加快地方煤矿的发展,要实行有水快流,国家、集体、个人一齐上;广开渠道,多方筹集资金,鼓励群众集资联办,允许个人投资办矿,欢迎外省市、港澳同胞投资办矿,保护投资者利益;决定建立地方煤矿发展基金,抓好技术改造,提高矿井抗灾能力;计划外出省煤炭实行灵活价格,保证原材料供应等一系列政策措施。

8月22日,山西省第一座500吨容量的倒锥形水塔,在平朔露天煤矿建成。

9月20日,中共山西省委书记李立功到潞安矿务局王庄矿和石圪节矿视察,并题词:"石圪节煤矿贡献大,两个文明一起抓,继续努力开新花"。

11月29日,我国第一条运煤专用铁路——大(同)秦(皇岛)线第一期工程开通运营,首列双头无尾6065吨的单元重载运煤列车,开出大同西站,直驶秦皇岛,这种列车挂有67节车厢,长达1公里。

12月30日,我国最长的一条复线电气化铁路——北京丰台经河北沙城到山西大同的铁路全线通车。该线全长379公里,是晋煤外运的重要通道。

1985年

5月1日,西山矿务局白家庄矿工人傅昌旺获全国总工会颁发的全国五一劳动奖章。

5月28日,潞安矿务局石圪节矿、晋城矿务局古书院矿、大同矿务局煤峪口矿、怀仁县峙峰山煤矿、晋东南北岩煤矿,荣获1984年"全国煤矿先进矿"称号。

7月3日,全国第一家利用世界银行部分贷款建设的设计能力400万吨/年潞安矿务局常村煤矿特大型现代化矿井开工。

7月4日,山西省地方煤炭联合运输公司100辆10吨大型货运汽车,首次向京津地区运煤。

8月17日,煤炭工业部部长于洪恩到阳泉矿务局检查工作。于洪恩要求阳泉矿务局在"七五"期间每年增产原煤60万吨,"七五"末年产量达到1700万吨,"八五"末达到2500万吨。

9月10日,山西省第六届人民代表大会常务委员会第十四次会议通过《山西省煤炭开发管理条例(试行)》。

12月21日,大同矿务局煤炭年产量达3000万吨,成为世界上屈指可数、中国第一个年产量超过3000万吨的大型煤炭生产联合企业。

12月31日,西山矿务局官地矿全年生产原煤达395万吨,蝉联全国煤矿单井口出煤冠军。

1986年

4月,大同矿务局煤峪口矿综采三队队长刘业兴、西山矿务局西曲矿综采一队副队长亢龙田、潞安矿务局王庄矿综采一队党支部书记王安民、雁北小峪煤矿采煤二队工人黄守贤等荣获全国五一劳动奖章。

5月5日,山西省人民政府下发《山西省人民政府关于加强煤炭产、运、销管理的通知》。

9月1日,山西省人民政府下发《山西省乡镇煤矿管理办法(试行)的通知》。

10月20日,设计能力为年产150万吨的古交矿区镇城底矿矿井与选煤厂同步建成投产,这在中国大型矿井建设史上尚属首次。

1987年

1月10~12日,煤炭工业部首批现代化矿务局、矿表彰命名大会在潞安矿务局召开。会议命名潞安矿务局为中国煤炭工业第一个现代化矿务局,命名潞安王庄煤矿、石圪节煤矿、漳村煤矿,晋城古书院煤矿、五台铺煤矿,兖州兴隆庄煤矿为中国煤炭工业首批现代化矿井。

1月20日,《人民日报》报道:"晋城矿务局安全生产创国际第一流水平。该局1986年百万吨死亡率为0.44,连续6年居同行业领先水平。"

4月27日,中华全国总工会在北京召开全国劳动模范、五一劳动奖章授奖大会。会上潞安矿务局被授予先进集体称号,并荣获五一劳动奖状,这是全国煤炭系统第一个获此殊荣的企业。

5月3日,山西省人民政府作出《山西省人民政府关于大力发展煤炭加工转化有关问题的规定》。

5月31日,国家计委、国家经委、地质矿产部、煤炭工业部决定,将山西省离石、柳林、乡宁等炼焦煤田划为稀缺煤种,并实行保护性开采,合理开发利用。

7月1日，中国第一座企业自建飞机场，在平朔露天煤矿建成并交付使用。飞机场内跑道全长1000米、宽30米，是该煤矿的配套工程之一。

8月7日，山西省煤矿工会正式成立。首届代表大会于7日至9日在太原召开。

9月24日，煤炭工业部命名晋城、潞安等4个矿务局为"质量标准化矿务局"。

1988年

4月，晋城矿务局、潞安矿务局王庄矿综采一队荣获全国五一劳动奖状；贾中秀、尚海涛、赵树荣、王天润、王增光、张禹荣获全国五一劳动奖章。

9月8日，太原煤炭气化公司与太铁分局、娄烦县政府和太原市建设银行共同投资、联合组建的全国第一个企业铁路建设联营集团——太原煤铁有限公司宣告成立。

12月23日，中罗（罗马尼亚）合作开发的霍县矿务局白龙矿井及选煤厂分别提前两年半和一年半竣工投产。时任中国统配煤矿总公司副总经理陈钝和罗马尼亚矿业部长卡培尔久、驻华大使米审列斯库及100多名中外来宾参加投产剪彩仪式。

12月，山西潞安、晋城矿务局原煤年产量达千万吨水平，进入特大型企业行列。

1989年

1月1日，中国统配煤矿总公司、山西煤炭工业局在晋城矿务局古书院矿隆重召开晋城矿务局跨入千万吨大局祝捷大会。中共中央委员、中国统配煤矿总公司总经理于洪恩，能源部副部长胡富国，山西省副省长吴俊洲

等领导同志到会祝贺。会上宣读了中国统配煤矿总公司《关于批准晋城矿务局为特大型企业的通知》和山西省劳动竞赛委员会关于为晋城矿务局综采队记功的决定。

1月16日,中国统配煤矿总公司命名大同矿务局王村矿、雁崖矿、煤峪口矿等9个矿井为"中国煤炭工业现代化矿井"。

2月11日,1988年度全国企业管理优秀奖——金马奖评选揭晓,晋城矿务局成为煤炭系统首家获得企业管理最高奖的企业。

4月29日,在北京召开的全国劳动模范和先进工作者表彰大会上,山西省煤炭系统刘兴业、马杰、王天润、贾中秀、亢龙田、曹大良、张树义、尹厚、张家桢、李清生、李振富等11人荣获全国劳动模范称号。

5月7日,苏联煤炭工业部部长夏铎夫率领苏联煤炭工业代表团访问平朔矿区,夏铎夫部长将3枚荣誉勋章分别授予平朔煤炭工业公司总经理陈日新、副总经理谢鸿秋和朔州市市长吕日周。

7月10日,大同矿务局投资1700万元,在南戴河建成第一个自建疗养院,占地38.4亩。

10月1日,中国第一个煤炭专业博物馆——中国煤炭博物馆在太原落成开馆。中共山西省委宣传部、山西煤炭工业管理局、山西省煤炭厅在该馆联合举办了《晋煤四十年成就展》和《迎国庆金秋灯展》,历时40天,观众达50万人次。

本年,大同市南郊区原煤产量达到1051.09万吨,连续3年突破千万吨大关,产量名列全国产煤县、区之首。

本年,汾西矿务局介休选煤厂以入洗原煤326.19万吨,产精煤234.1万吨的成绩,连续4年精煤产量名列全国同行业第一。

1990年

4月7日,中国企业管理协会、中国企业家协会在人民大会堂举行颁奖大会,山西大同矿务局名列十优榜首,荣获"金马奖"。

4月26日,中国第一条电气自动化装煤环线——山西省大同落里湾装煤集运站建成开通。这条环线是大秦铁路的配套工程,长4公里,在韩家岭站与大秦线衔接。该环线储、装、运煤全部采用自动化流水线,每52秒钟可装一节60吨的车皮。

4月,能源部授予晋城矿务局"质量管理奖",这是全国煤炭系统首家获此荣誉。

4月,大同矿务局,潞安矿务局石圪节矿、漳村矿,阳泉矿务局机电修配厂,西山矿务局官地矿三采区采煤三队,霍州矿务局南下庄矿开拓一队,荣获全国五一劳动奖状;汾西矿务局水峪矿采煤一队队长霍寿安荣获全国五一劳动奖章。

7月3日,《中国煤炭报》发表了中共中央总书记江泽民,国务院总理李鹏,全国政协主席李先念,中共中央政治局常委姚依林、宋平以及薄一波、余秋里、张劲夫、康世恩、邹家华、康克清、吕东、袁宝华等领导同志为石圪节煤矿的题词。

12月16日,潞安矿务局石圪节矿被国务院环境保护委员会命名为"全国环境保护先进企业"。

12月,国务院企业管理指导委员会批准晋城矿务局为国家一级企业,这在全国煤炭企业为首家。

本年,大同县黄土坡煤站在连年超额完成出口任务的基础上又出口原煤50万吨,超额1倍多完成出口任务,被中国煤炭进出口有限公司授予全国第一家"质量信得过煤站"称号。

本年,平朔安太堡露天煤矿创汇2.02亿美元,占全国十大出口创汇企

业总额的21.26%,名列十大出口创汇企业之首。

1991年

1月25日,1990年度全国企业管理优秀奖评选揭晓,潞安矿务局荣获1990年度全国企业管理优秀奖——金马奖。

1月,山西煤炭工业志编委会主持编纂的《山西煤炭工业志》由煤炭工业出版社出版发行。该志书记载了自山西煤炭工业历史发端至1985年末的发展历程,是山西省第一部煤炭专业志书,也是全国率先完成编纂出版的省级煤炭行业志书。

3月12~22日,全国总工会和国家计划委员会联合召开全国合理化建议工作会暨表彰会,晋城矿务局、潞安矿务局、阳泉矿务局荣获"全国合理化建议和技术活动先进集体"称号。

3月22日,国家科委召开中国企业科技进步范例——潞安矿务局试点成果发布会。国务委员、国家科委主任宋健,国务院生产委员会主任叶青,国家科委常务副主任李绪鄂出席,国务院及中央顾问委员会办公厅、新华社、中央人民广播电台、《求是》及《瞭望》杂志、《光明日报》、《科技日报》等10多家新闻单位的记者采访了潞安矿务局的党委书记和局长。

5月28日,由中央电视台和中国煤矿文工团联合录制的反映石圪节煤矿艰苦奋斗矿风的电视系列剧《太阳魂》在石圪节煤矿开机拍摄。

6月12日,大同矿务局在国家劳动部、人事局、国务院生产委员会等七部委联合召开的全国职工教育先进单位表彰大会上,荣获"全国职工教育先进单位"称号。

6月28日,中共中央总书记江泽民、国务院总理李鹏、中央政治局常委宋平等党和国家领导人,在人民大会堂亲切接见了石圪节矿风报告团全体成员,并请他们向石圪节煤矿全体职工转达亲切的问候。

7月22日,劳动部、国务院生产委员会、国家教委、人事部等7个部门联合颁发的"全国职工教育先进单位"铜匾授予山西煤田地质局。该局是全国煤炭系统事业单位中唯一获此殊荣的单位。

8月20日,在全国档案系统工作暨表彰会上,潞安矿务局档案馆获得"全国档案系统先进单位"荣誉称号,成为全国煤炭系统唯一获此殊荣的企业。

10月10日,一部展示中华人民共和国成立40年来我国煤炭工业取得巨大成就,讴歌广大煤炭职工丰功伟绩的专著——《晋煤四十年》举行首发式。

12月中旬,中国统配煤矿总公司党组做出决定,在中国煤炭博物馆,分期分批为全国煤炭战线有突出贡献的英模人物塑像,潞安矿务局郝晓明、大同矿务局马六孩被列入首批塑像的七名英模之中。

1992年

2月26日,山西省人民政府下发《山西省人民政府关于全省地方煤矿整顿改造的决定》(晋政发〔1992〕23号)。

3月14日,大同矿务局云冈煤矿被中国统配煤矿总公司命名为"特级质量标准化矿井",这是山西省煤炭行业按《新标准》考核,第一个获此殊荣的矿井。

3月19日,晋城矿务局古书院煤矿被中国质量管理协会评为"质量效益型"先进企业。这是全国煤矿第一家获此殊荣的企业。

5月7日,《中国煤炭报》报道,山西煤炭公司组织人员对1980～1990年建成投产的一批工程项目进行"回访"。10年间,山西统配煤矿共完成基建投资103.6亿元,投产矿井30处,新增生产能力5662万吨;投产洗煤厂14座,新增洗选能力3670万吨,是有史以来建设规模最大、投产项目最多的时期。

5月中旬,国务院发展研究中心、《管理世界》中国企业评价中心与国

家统计局工业交通司共同举办的1991年中国500家最大企业评价结果揭晓,大同矿务局以205247万元的销售额名列第40位,位居煤炭行业榜首。

7月18日,山西省人民政府下发《山西省人民政府关于全省地方煤炭运销系统管理体制的通知》(晋政发〔1992〕66号)。

7月28日,山西省人民政府下发《山西省人民政府关于提高和放开地方煤炭价格的通知》(晋政发〔1992〕64号)。

9月,山西煤炭史志编纂委员会办公室编纂出版的《山西煤炭工业志》(精装本,120万字),获"山西省煤炭科技进步二等奖",并获荣誉证书。这部志书是山西煤炭工业发展史上的第一部志书。

1993年

8月28日,太原煤炭交易市场开业。该市场是中国首家国家级煤炭交易市场,是在国家计委、经贸委的指导下,由煤炭工业部、内贸部、铁道部、交通部和山西省人民政府共同组建的。市场实行管理委员会、理事会和监事会、总裁三级管理。

11月15日,国务院以国函〔1993〕159号文件,印发国务院、中央军委关于将山西省境内军办煤矿移交地方管理的批复,12月13日,山西省人民政府部署省境内500多座军办煤矿的接收工作。

本年,山西煤炭产运销秩序整顿从1992年下半年以来已取得成效,至年底,全省关闭私开矿2712个,关闭布局不合理、手续不全的煤炭、铁路发运点115个,对2640个不具备基本安全条件的矿进行了停产整顿。

1994年

2月,中国煤矿第一个高产高效"四一型"矿井潞安矿务局漳村煤矿,1993年全员工效达8.07吨,连续7年蝉联全国煤矿工效冠军。

7月22日,山西省人民政府以晋政发〔1994〕第23号文批准,山西煤炭运销总公司和中国太原煤炭交易市场合并，组成新的山西煤炭运销总公司。

10月6日，山西省人民政府下发《山西省人民政府关于进一步加强煤炭产运销宏观管理的通知》(晋政发〔1994〕94号)。

12月15日，在国家经贸委、国家税务总局、海关总署联合召开的企业技术中心工作座谈会上，大同矿务局技术中心被认定为国家级企业技术中心，并被授予证书和铭牌。大同矿务局是煤炭系统唯一的国家级企业技术中心。

12月18日，晋城市晋普山煤矿矿井改扩建工程竣工投产，成为山西省首家百万吨地方矿。

本年，在全国煤炭工业高产高效矿井建设工作会议上，首批命名的12个高产高效矿井中，潞安矿务局漳村煤矿名列榜首。该矿实现了"六个创新""八个历史之最""十个突破"，全员效率连续8年保持全国同行业冠军。

1995年

2月8日，山西省人民政府办公厅下发《关于成立山西煤炭焦炭调运办公室的通知》(晋政办发〔1995〕13号)。根据国务院国函〔1994〕19号文件精神，为了保证国家煤炭调运计划的完成，协调解决煤炭和焦炭铁路运输计划执行中的问题，经省政府研究决定，成立"山西煤炭、焦炭调运办公室"。

6月9日，山西省人民政府下发《山西省人民政府关于转发省煤炭厅(局)关于继续整顿小煤矿的实施意见的通知》(晋政发〔1995〕77号)。

9月5~6日，山西省煤炭工业科技大会在太原隆重召开，会议表彰了1992~1994年科技成果42项，其中一等奖8项，二等奖18项，三等奖15项，特别奖1项；表彰先进集体21个，先进工作者24名。据不完全统计，"八五"期间，全省煤炭系统共完成科技开发项目750余项，其中获国家、部、省科技进步奖35项，获山西煤炭科技进步奖149项。

9月27日,潞安矿务局常村煤矿举行了隆重的矿井建成投产庆祝大会并举行剪彩仪式。常村煤矿是我国第一座利用世界银行贷款建设的年设计生产能力为400万吨的特大型现代化矿井。

10月25日,中国煤炭工业首届石圪节精神奖颁奖大会在北京西郊宾馆隆重举行。全国煤炭系统16人荣获此奖,同时获得"全国煤炭系统优秀思想政治工作者"称号。

10月,西起山西侯马、东到河南月山的侯月铁路开通。该线现为单线电气化铁路,运营能力在2000万吨左右,全长278公里,是国家"八五"重点工程。预计"九五"期间可完成复线改造工程。侯月铁路作为晋煤外运的一条重要干线,将为解决南北运输起到重要作用。

12月30日,西山矿务局隆重举行建局40周年庆祝大会。西山矿务局自1956年1月1日建局,40年来,累计年生产原煤3.18亿吨,实现利税21亿元。现已形成2210万吨的原煤设计生产能力和1550万吨洗煤加工能力,采煤机械化程度达到78%,固定资产原值和净值分别达到35亿元和25.5亿元,跻身中国行业效益十强企业和国家最大500家工业企业行列。

本年,全省共建成14个高产高效矿井,16个样板矿井。年产量达百万吨以上的综采队有23个,其中潞安矿务局王庄煤矿综采一队年产量达到214.95万吨。

本年,全省煤炭运销工作取得前所未有的好成绩,主要指标均创历史最高纪录。全省地方煤炭铁路外运销量首次突破8000万吨大关,公路外运销量达到2730万吨,出口煤越过了500万吨高界。铁路、公路焦炭运销量实现了翻番,收缴专项基金超过了中共山西省委、省政府年初确定的31亿的目标,上缴省里的数额比1994年净增12亿元,清理拖欠款5亿,均创历史最高纪录。

1996年

1月,大同、晋城、潞安等矿务局荣获煤炭工业部授予的"全国1995年度国有重点煤矿科技进步十佳企业"称号。

2月7日,山西省人民政府发出通知,决定对全省范围内的乡镇、村、街道、知青办矿和集体所有制单位开办的各类小煤矿,武警部队办矿,国有重点煤矿自办的全民和集体所有制煤矿,煤炭工业部和煤炭工业管理局厅直属单位开办的小煤矿及各种形式的联营小煤矿继续进行清理整顿。

6月25日,山西省第一条高速公路太原——旧关高速公路正式通车,山西每年可多运煤炭2000～3000万吨,对缓解晋煤外运紧张局面将起到积极作用。

7月1日,根据山西煤管局、山西省煤炭厅晋煤办字〔1996〕第58号文件的机构改革方案,山西煤管局、山西省煤炭厅各业务处室正式合署办公。

11月26日,荣获"中华技能大奖"的平朔安太堡煤矿采矿部副经理徐秋元,在人民大会堂受到全国人大常委会副委员长倪志福、陈慕华,国务委员、国务院秘书长罗干等领导的接见。

12月5日,号称"中国煤炭第一股"的山西通宝能源股份有限公司社会公众股(简称"通宝能源")在沪市正式挂牌交易。

本年,国家批准中外合作建设山西盂县至青岛输煤管道,管道由中煤建设开发公司与外方合作建设经营,全长720公里,年输煤能力700万吨。

1997年

3月21日,山西煤炭进出口公司自营煤炭出口,首次打进世界最大的动力煤用户之一的意大利国家电力公司。

3月24日,中共中央宣传部召开电话会议,公布全国首批200个文明户和100个文明社区示范点,平朔煤炭工业公司生活区成为首批全国文明社

区示范点之一,煤炭系统只此一家。

4月22日,共青团中央、国家经贸委、劳动部在北京人民大会堂举行1996年度"全国杰出岗位能手"颁奖仪式。大同矿务局马脊梁煤矿综采二队维修工梁宏伟获"全国杰出青年岗位能手"称号。太原煤炭气化总公司青年工人叶晋庆获"全国青年岗位能手"称号。

6月4日,山西省人民政府下发《山西省人民政府关于印发山西省整顿煤炭生产秩序方案的通知》(晋政发〔1997〕61号)。

1998年

1月16日,西山煤电(集团)有限责任公司成立大会在太原举行。煤炭工业部党组成员濮洪九,中共山西省委书记胡富国,省长孙文盛,副省长、太原市委书记纪馨芳,副省长彭致圭出席大会并讲话。薄一波、高扬文为大会发了贺信。1999年4月26日,西山煤电股份有限公司成立,2000年7月26日,被称为中国焦煤第一股的西山煤电股份有限公司股票A股在深圳交易所发行上市,发行数量为28800万股,发行价为6.49元。

2月18日,阳泉煤业(集团)有限责任公司举行成立大会。

6月29日,中美合作建设的山西古交电厂原则协议书签字仪式在北京人民大会堂隆重举行。国家煤炭工业局局长张宝明参加了签字仪式。

11月12日,山西省又一只股票——兰花煤业,经中国证监会批准,在上海证券交易所发行。其发行人为山西兰花煤业股份有限公司(筹),发行量为8000万股,每股发行价4.12元。

本年,太原煤炭气化(集团)有限责任公司被国务院发展研究中心评为"中国第一个煤炭综合加工利用的大型联合企业",并授予"中华之最"奖牌。

本年,全省11个地市、86个产煤县成立了关井压产领导小组和办公室,共下达关井通知单3513份,其中取缔通知单1445份,停产整顿通知单

2068份。截至年底,全省取缔无证矿井1437处,规模2072万吨/年;停产整顿矿井1832处,规模1078万吨/年。

1999年

3月上旬,在九届全国人大二次会议上,山西代表团就煤炭企业脱困提出了7点建议,内容主要是:1.解决企业货款拖欠。2.提高煤炭行业出口退税率。3.减少征收煤炭企业税种。4.免征煤矿住宅固定资产投资方向调节税。5.解决企业社会负担,实行"两家担"的办法,即企业负担一部分,政府财政解决一部分。6.解决下岗职工安置问题,建议政府采取措施帮助。7.减轻煤炭企业铁路运费涨价负担的问题。

11月10日,西山煤电公司、大同矿务局等10家煤炭企业与上海宝钢集团公司签订了煤炭中长期购销协议,双方建立了互惠互利、抵御风险的"战略伙伴"关系。煤炭中长期购销协议的签订在国内属首次。

2000年

5月10日,山西神州煤电焦化股份有限公司1.5亿股A股在深圳证券交易所公开发行。其中上网发行6000万股,股票名称为"神州股份",发行价格4.6元/股。

7月29日,大同矿务局改制为大同煤矿集团有限责任公司,揭牌仪式在大同矿务局举行。2001年7月29日,大同煤业股份有限公司成立。2003年12月21日,山西省委、省政府按照现代化企业制约要求,将山西北部的煤炭生产和运销企业进行重组,成立了新的大同煤矿集团有限责任公司。

8月8日,潞安矿业(集团)有限责任公司成立并举行挂牌仪式。

8月28日,晋城无烟煤矿业集团有限责任公司成立。

9月28日,山西煤矿安全监察局、山西省煤炭工业局正式挂牌。揭牌仪式在原局厅办公大楼前隆重举行。山西省省长刘振华,副省长杨志明、王

显政，国家煤矿安全监察局副局长赵铁锤为新成立的山西煤矿安全监察局和山西省煤炭工业局揭牌。国家煤矿安全监察局办公室主任刘玉华，省人大、省政协、省经贸委、省国土资源厅有关领导武三松、杨月生、王纪仁、李永宏等及山西煤矿安全监察局党组书记、局长巩安库，纪检组长梁云祥；中共山西省煤炭工业局党组书记、局长杜复新，副局长张崇慧、郭法顺、阎文升出席揭牌仪式。

2001年

1月12日，《山西省煤炭管理条例》经山西省第九届人民代表大会常务委员会第十二次会议审议通过，定于2001年3月1日起施行。

6月17日，中国销往欧洲市场炼焦煤第一船焦精煤驶离青岛港驶往欧洲。这是西山煤电集团公司首次向德国蒂森·克虏伯钢厂销售的6万吨焦精煤。

7月23日，山西潞安环保能源开发股份有限公司成立。该公司是由潞安矿业（集团）公司作为主发起人，联合郑州铁路局、日照港务局、宝钢集团国际经济贸易总公司、天脊煤化工集团公司、潞安工程有限公司等5家出资人共同发起设立的。

9月16日，由西山煤电集团、汾西矿业集团、霍州煤电集团等共同组建的山西焦煤集团公司挂牌成立。

2002年

6月30日，大同煤矿集团公司与轩岗矿务局破产清算组正式签订矿产资产收购合同，大同煤矿集团出资8350万元整体购买轩岗矿务局全部财产。

2003年

7月4日，山西省人民政府令第164号《山西省矿业权公开出让暂行规定》公布，自2003年8月1日起施行。

8月，经国家环境保护总局评审，晋城无烟煤矿业集团寺河矿荣膺国家建设项目环境保护最高奖——"国家环保百佳工程"。

10月15~18日，山西省煤炭工业局、山西煤矿安全监察局、山西省煤炭工业协会在中国煤炭博物馆联合举办了"首届（2003）太原煤矿安全技术装备展览会"。此后定名为"太原煤炭工业技术装备展览会"，由山西省煤炭工业协会主办，每年一届，至2018年已成功举办17届，其规模居国内省级展会之首。

10月25日，山西煤炭进出口集团金海洋洁净煤有限公司万吨重载列车正式开通运营，这是国内开通万吨重载列车的首家地方煤炭发运站。

2004年

2月20日，山西省人民政府令第171号《山西省煤矿安全生产监督管理规定》公布，自2004年3月10日起施行。

4月16日，山西省人民政府下发《山西省人民政府关于继续深化煤矿安全整治的决定》（晋政发〔2004〕14号）。

5月17日，山西省人民政府办公厅下发《山西省人民政府办公厅关于转发省煤炭局〈山西省煤矿井下职工意外伤害保险制度试行办法〉的通知》（晋政办发〔2004〕33号）。

10月28日，山西省人民政府办公厅下发《山西省人民政府办公厅关于印发〈山西省焦炭生产企业排污费计费生产量核定办法〉和〈山西省焦炭生产排污费核定征收监督办法〉的通知》（晋政办发〔2004〕90号）。

11月30日，山西省人民政府下发《山西省人民政府印发关于落实煤矿

安全责任预防重特大事故发生的规定的通知》(晋政发〔2004〕44号)。

2005年

1月23日,山西省人民政府下发《山西省人民政府关于加快三大煤炭基地建设促进全省煤炭工业可持续发展的意见》(晋政发〔2005〕6号)。

2月16日,世界银行碳基金(CDM)购买晋城无烟煤矿业集团减少的二氧化碳排放指标协议正式实施,(CDM)"清洁发展机制"在中国煤炭行业启动。

3月,国家发改委正式批复下达了山西省煤层气开发项目计划。该项目总投资20.65亿元,是中国当时规模最大的矿井煤层气开发利用工程。山西省煤层气资源量约为10万亿立方米,占全国总量的1/3左右。

3月25日,山西省人民政府办公厅下发《关于采取有力措施切实搞好煤矿安全生产工作的通知》(晋政办发电〔2005〕29号)。

4月15日,山西省人民政府下发《关于印发山西省焦炭生产排污费征收使用管理办法(试行)的通知》(晋政发〔2005〕12号)。

4月18日,山西省人民政府下发《山西省人民政府关于对全省焦化项目实施分类处置的通知》(晋政发〔2005〕13号)。

4月18日,山西省人民政府办公厅下发《山西省人民政府办公厅关于进一步推进全省焦化行业专项清理整顿工作的通知》(晋政办发〔2005〕25号)。

5月26日,大同煤矿集团晋华宫"两硬"条件下薄煤层无人工作面投产。

6月27日,山西省人民政府下发《关于推进煤炭企业资源整合和有偿使用的意见(试行)》(晋政发〔2005〕20号)。

7月13日,山西省人民政府办公厅下发《关于将劳动用工管理纳入煤矿整顿验收工作的通知》(晋政办发〔2005〕74号)。

9月15日,山西省人民政府下发《山西省人民政府关于严厉打击非法违法煤矿有效遏制重特大事故的决定》(晋政发〔2005〕30号)。

9月18日,山西省人民政府下发《山西省人民政府关于印发〈山西省非法违法煤矿举报奖励制度(试行)〉的通知》(晋政发〔2005〕29号)。

9月21日,山西省人民政府办公厅下发《山西省人民政府办公厅关于转发省统计局等部门关于加强全省煤炭产销统计工作的意见的通知》(晋政办发〔2005〕71号)。

9月30日,山西省人民政府办公厅下发《山西省人民政府办公厅关于印发全省严厉打击非法违法煤矿专项行动工作方案的通知》(晋政办发〔2005〕74号)。

12月20日,山西省人民政府下发《关于印发山西省全面整顿和规范矿产资源开发秩序实施方案的通知》(晋政发〔2005〕36号)。

12月28日,山西省人民政府办公厅下发《山西省人民政府办公厅转发〈省安监局山西煤监局关于煤矿重大安全生产隐患排查治理报告和监管监察办法暨关于煤矿安全生产许可工作有关规定〉的通知》(晋政办发〔2005〕100号)。

2006年

1月,山西寺河矿井建设项目获得全国建筑行业质量最高奖——中国建筑工程鲁班奖。

2月28日,山西省人民政府令第187号《山西省煤炭资源整合和有偿使用办法》公布。

4月13日,山西省人民政府办公厅下发《山西省人民政府办公厅关于在全省煤矿建立煤炭产量监控系统的通知》(晋政办发〔2006〕18号)。

4月19日,国务院常务会议批准在山西省开展煤炭工业可持续发展政策措施试点。

6月15日,国务院批复《关于在山西省开展煤炭工业可持续发展政策措施试点的意见(送审稿)》,提出健全煤炭行业管理体制、完善煤矿安全生产长效机制、深化煤炭企业改革、推进资源资产化管理、建立生态环境恢复补偿机制、建立煤炭企业转产、煤炭城市转型发展有效机制第一系列政策措施,以促进产煤地区经济和社会协调发展。

6月16日,国家发展改革委印发《山西能源建设指导意见》,提出以煤炭建设为基础,大力发展煤电、煤层气、煤化工和煤焦化产业,调整能源产业结构,优化能源生产布局,建设各具特色的晋北、晋中、晋东三大能源化工基地,实现山西能源工业结构优化和产业升级。

6月16日,山西阳煤集团与华润电力控股有限公司、香港南亚能源投资有限公司举行"共同建设晋东煤电化循环经济带"签约仪式。

8月21日,山西省人民政府下发《关于深化非煤矿山安全整治工作的决定》(晋政发〔2006〕24号)。

11月1日,山西省人民政府办公厅下发《山西省人民政府办公厅关于做好整顿关闭煤矿矿井工作的通知》(晋政办发〔2006〕70号)。

12月27日,山西省人民政府下发《山西省人民政府关于印发山西省循环经济发展规划的通知》(晋政发〔2006〕51号)。

12月27日, 山西省人民政府下发《关于加快发展循环经济的实施意见》(晋政发〔2006〕49号)

2007年

3月10日,山西省人民政府令第203号《山西省煤炭可持续发展基金征收管理办法》公布,山西省人民政府决定从3月1日起实施煤炭工业可持续发展基金政策。

3月31日,山西省人民政府办公厅下发《山西省人民政府办公厅关于印发山西省加快培育和发展大型煤炭集团公司的实施方案的通知》(晋政办发〔2007〕35号）。

4月1日，山西省人民政府下发《山西省印发山西省煤炭工业可持续发展政策措施试点工作总体实施方案的通知》（晋政发〔2007〕9号）。

4月19日，山西省人民政府下发《关于印发山西省焦炭生产排污费征收管理办法的通知》（晋政发〔2007〕11号）。

5月10日，国务院批准在山西建立首个全国性的煤炭交易平台"中国太原煤炭交易中心有限公司"。2008年8月，省政府批准成立中国（太原）煤炭交易中心，省政府直属、正厅级事业单位，与中国太原煤炭交易中心有限公司一套机构、两块牌子；2009年6月3日开工仪式在太原举行；11月16日，中国太原煤炭交易中心揭牌。省政协主席刘泽民、省人大常委会副主任薛军、副省长靳善忠、省政府副秘书长王成共同为中国太原煤炭交易中心揭牌；2012年2月23日，中国（太原）煤炭交易中心煤炭现货交易正式启动运营。

5月17日，山西省人民政府下发《山西省人民政府关于开展煤矿安全隐患排查治理专项行动的通知》（晋政发〔2007〕12号）。

7月20日，山西省煤炭运销总公司改制重组的山西煤炭运销集团有限公司在太原成立。

7月30日，山西省人民政府办公厅下发《山西省人民政府办公厅关于印发山西省煤炭工业"十一五"发展规划的通知》（晋政办发〔2007〕96号）。

9月21~23日，全省煤炭工业新型化暨安全基础管理工作会议以参观学习、经验交流和总结大会的形式召开。副省长靳善忠出席总结大会并讲话、省煤炭工业局局长王守祯做了题为"奋起比学赶超加快推进步伐开创全省煤炭工业新型化建设的新局面"的工作报告，省政府办公厅副秘书长王成主持会议。各国有重点煤炭企业负责人、各市政府分管煤炭副市长、各市煤炭局局长、60个重点产煤县副县长、60个地方重点骨干煤矿矿长等参加了会议。

10月31日,山西省人民政府下发《关于印发山西省煤炭可持续发展基金分成入库与使用管理实施办法(试行)的通知》(晋政发〔2007〕39号)。

11月15日,山西省人民政府下发《关于印发山西省煤矿转产发展资金提取使用管理办法(试行)的通知》(晋政发〔2007〕40号)。

11月15日,山西省人民政府下发《关于印发山西省矿山环境恢复治理保证金提取使用管理办法(试行)的通知》(晋政发〔2007〕41号)。

12月12日,山西省人民政府下发《山西省人民政府印发山西省煤炭企业办矿标准暂行规定的通知》(晋政发〔2007〕45号)。

12月21日,山西省人民政府下发《关于开展非煤矿山企业资源整合和有偿使用工作的实施意见》(晋政发〔2007〕47号)。

12月21日,山西省委副书记、代省长孟学农主持召开省政府第116次常务会议,研究并原则通过《关于推进煤炭资源整合、企业重组、股份制改造和托管工作,提高产业集中度和产业水平的实施意见》和同煤集团对大同南郊区、焦煤集团对古交市和万柏林区煤炭资源进行整合的方案。

2008年

2月19日,中国煤矿文工团和首都部分文艺工作者到山西阳泉煤业集团进行义演,慰问春节期间奋战在生产一线的矿工。

2月21日,山西省人民政府办公厅下发《山西省人民政府办公厅关于印发山西省煤炭可持续发展基金安排使用管理实施细则(试行)的通知》(晋政办发〔2008〕12号)。

2月25日,山西省人民政府办公厅下发《山西省人民政府办公厅关于印发山西省煤炭专业人才培养规划的通知》(晋政办发〔2008〕15号)。

5月,四川汶川"5·12"大地震发生后,山西煤炭行业派出6支矿山救护队184名抢险队员赴汶川抢险救灾。

7月10日,山西省煤炭工业局局长王守祯一行4人到北京,就《山西省煤矿企业兼并重组整合实施意见》向国家发改委汇报。国家发改委指出，各主要产煤省都要搞煤矿企业兼并重组整合，山西省是全国煤矿企业兼并重组整合的试点省，山西省煤矿重组整合的思路和经验可以向全国推广。

8月12日，山西省人民政府办公厅下发《山西省人民政府办公厅关于进一步推进我省煤炭工业可持续发展政策措施试点工作的意见》（晋政办发〔2008〕35号）。

8月12日，山西省人民政府办公厅下发《山西省人民政府办公厅转发省统计局省煤炭局关于加强煤炭产量统计工作的意见的通知》（晋政办发〔2008〕56号）。

8月12日，山西省人民政府办公厅下发《山西省人民政府办公厅关于在全省开展严厉打击非法开采煤炭专项行动的通知》（晋政办发〔2008〕60号）。

9月2日，山西省人民政府下发《关于加快推进煤矿企业兼并重组的实施意见》（晋政发〔2008〕23号），明确提出了兼并重组是以资源为基础，以资产为纽带，通过企业并购、协议转让、联合重组、控股参股等多种方式进行；确定了重组主体是省内五大煤炭集团和中煤平朔公司等大型煤炭生产企业作为主体，兼并重组中小煤矿，控股办大矿，建立煤炭旗舰企业，实现规模经营。

9月8日，山西省人民政府办公厅下发《山西省人民政府办公厅关于印发山西省煤炭企业转产煤炭城市转型政策试点实施方案的通知》（晋政办发〔2008〕77号）。

9月26日，汾西矿业集团公司矿山救护大队在第七届全国矿山救援技术竞赛中获"团体综合第一名"。

9月28日，山西省人民政府办公厅下发《山西省人民政府办公厅转发

省国土资源厅关于煤矿企业兼并重组所涉及资源采矿权价款处置办法的通知》(晋政办发〔2008〕83号),规定了兼并重组后煤矿资源采矿权价款按不同情况分别处理和经济补偿的事宜。

11月11日,山西省人民政府下发《关于加快推进煤矿企业兼并重组的实施意见》(晋政发〔2008〕23号)。

2009年

1月13日,山西省人民政府办公厅下发《山西省人民政府办公厅关于转发全省煤矿安全生产专项整治工作方案的通知》(晋政办发〔2009〕1号)。

4月3日,山西省人民政府办公厅下发《山西省人民政府办公厅关于转发省煤炭局全省国有重点煤矿和地方骨干煤矿安全生产专项整治工作方案的通知》(晋政办发〔2009〕39号)。

4月15日,山西省人民政府下发《关于进一步加快推进煤矿企业兼并重组整合有关问题的通知》,明确了各市人民政府负责本行政区域内煤矿企业兼并重组整合,是这次兼并重组整合工作的责任主体。

4月27日,山西省人民政府办公厅下发《关于印发山西省安全生产事故灾难应急预案的通知》(晋政办发〔2009〕47号)。

4月27日,山西省人民政府下发《关于印发山西省焦化产业调整和振兴规划》(晋政发〔2009〕7号)。

4月27日,山西省人民政府下发《关于进一步加快推进煤矿企业兼并重组整合有关问题的通知》(晋政发〔2009〕10号)。

5月8日,山西省人民政府下发《关于省外企业在晋兼并重组煤矿有关事项的通知》,对外省企业在晋兼并重组煤矿做了一些具体的规定。

6月23日,山西省人民政府下发《关于印发山西省煤化工产业调整和振兴规划的通知》(晋政发〔2009〕14号)。

6月23日,山西省人民政府下发《山西省煤炭产业调整和振兴规划的通知》(晋政发〔2009〕18号)。

6月23日,山西省人民政府下发《关于印发山西省电力产业调整和振兴规划的通知》(晋政发〔2009〕19号)。

6月,潞安环能通过国家高新技术企业评审认证,成为全国煤炭行业唯一一家国家级高新技术企业。

7月5日,山西港华煤层气有限公司承担的煤层气液化一期工程投产剪彩暨二期工程开工仪式在晋城市沁水县举行,该项目为中国规模最大的煤层气液化项目。

7月21日,山西省人民政府办公厅下发《山西省人民政府办公厅关于集中办理兼并重组整合煤矿证照变更手续和简化项目审批程序有关问题的通知》(晋政办发〔2009〕100号),明确了采矿许可证、煤炭生产许可证、煤矿安全生产许可证、能力核定以及煤矿企业设立、变更、注销等手续和证照变更需提交的材料,集中办理兼并重组整合煤矿审批等有关事项。

7月25日,世界装机容量最大的瓦斯发电厂——晋城无烟煤矿业集团寺河120兆瓦瓦斯电厂正式投产运行。

9月10日,经山西省人民政府批准的山西煤炭学院(筹)举行揭牌仪式,山西煤炭学院在山西煤炭管理干部学院的基础上组建。

9月15日,山西省人民政府办公厅下发《山西省人民政府办公厅关于集中办理兼并重组整合煤矿证照变更手续和简化项目审批程序有关问题的通知》(晋政办发〔2009〕100号)。

9月15日,山西省人民政府办公厅下发《山西省人民政府办公厅关于减轻我省焦化企业负担有关事项的通知》(晋政办发〔2009〕92号)。

10月23日,山西省人民政府办公厅下发《山西省人民政府办公厅关于印发山西省煤炭工业可持续发展政策措施试点工作情况的报告的通知》(晋政办发〔2009〕156号)。

12月30日,山西省人民政府下发了《山西省人民政府办公厅转发省地税局关于进一步做好煤矿企业兼并重组涉税服务意见的通知》(晋政办发〔2009〕171号),对煤矿企业兼并重组涉税事宜进行了明确。

12月30日,山西省人民政府办公厅下发《山西省人民政府办公厅关于加强煤矿建设项目安全管理的通知》(晋政办发〔2009〕172号)。

2010年

1月,经国土资源部批准,晋城无烟煤矿业集团成庄和寺河(东区)区块,在全国煤炭企业中首家获得煤层气采矿许可证。

2月8日,山西省人民政府下发《关于在全省开展排污权有偿使用和交易工作的指导意见》(晋政发〔2009〕39号)。

2月8日,山西省人民政府下发《关于印发山西省煤炭开采生态环境恢复治理规划的通知》(晋政发〔2009〕40号)。

2月8日,山西省人民政府办公厅下发《山西省人民政府办公厅关于山西省分离国有重点煤炭企业办社会职能的指导意见》(晋政办发〔2009〕192号)。

3月9日,山西省人民政府下发《关于进一步加快推进煤矿企业兼并重组整合矿井环境影响评价工作的通知》,就进一步加快推进煤矿企业兼并重组整合矿井环境影响评价工作有关事项作出了具体规定。

3月19日,山西省人民政府办公厅下发《山西省人民政府办公厅关于进一步做实做强煤炭主体企业有关事项的通知》(晋政办发〔2010〕5号)。

3月19日,山西省人民政府办公厅下发《山西省人民政府办公厅转发省发展改革委关于市县级煤炭可持续发展基金安排使用及基金项目实施情况检查整改意见的通知》(晋政办发〔2010〕6号)。

3月19日,山西省人民政府办公厅下发《山西省人民政府办公厅关于进一步明确煤矿安全监管职责的通知》(晋政办发〔2010〕8号)。

5月21日,山西省人民政府办公厅下发《山西省人民政府办公厅转发省发展改革委关于进一步鼓励利用煤矸石粉煤灰等废渣生产新型墙体材料实施意见的通知》(晋政办发〔2010〕26号)。

6月1日,山西省人民政府办公厅下发《关于下达2010年全省煤矿企业兼并重组整合矿井关闭计划的通知》(晋政办发〔2010〕36号),规定了2010年各市煤矿企业兼并重组整合矿井关闭计划,明确了各市、县人民政府是此次矿井关闭的责任主体和实施主体。

7月20日,山西省人民政府办公厅下发《关于加快兼并重组整合煤矿企业注册登记若干问题的意见》(晋政办发〔2010〕60号),对煤矿企业兼并重组整合中有关企业注册登记、国有资产处置、股权资产处置等具体问题进行了明确。

8月1日,山西省人民政府办公厅下发《关于进一步完善全省煤矿企业兼并重组整合采矿登记有关工作的通知》(晋政办发〔2010〕66号)。

9月3日,山西省人民政府下发《山西省人民政府批转〈山西省煤矿企业兼并重组整合工作领导组办公室关于加强兼并重组整合矿井安全工作通知〉的通知》(晋政发〔2010〕21号),要求认真落实各级人民政府的煤矿安全监管主体责任,特别要加强对尚未移交接管到位的重组整合矿井的安全监管。

9月14日,山西省人民政府办公厅下发《山西省人民政府办公厅关于进一步加强全省煤矿建设安全"十不准两严格"的通知》(晋政办发〔2010〕47号)。

9月14日,山西省人民政府办公厅下发《山西省人民政府办公厅关于进一步完善全省煤矿企业兼并重组整合采矿登记有关工作的通知》(晋政办发〔2010〕66号)。

12月25日,山西焦煤集团原煤产量突破亿吨大关,销售收入达千亿。

2011年

1月11日,太(原)中(卫)银(川)铁路正式通车,结束了山西西南部、宁夏中北部没有铁路及太原、银川两地间没有直达火车的历史。山西吕梁煤炭通过石太线、胶济线等铁路与青岛、烟台等港口连接,提升西煤东运的速度。

1月25日,山西省人民政府办公厅下发《山西省人民政府办公厅关于严厉打击非法违法开采矿产资源的通知》(晋政办发〔2011〕1号)。

3月22日,山西省人民政府办公厅下发《山西省人民政府办公厅关于认真贯彻落实省领导重要批示精神确保圆满完成煤矿企业兼并重组整合工作的通知》(晋政办发〔2011〕12号)。

6月21日,山西省人民政府办公厅下发《山西省人民政府办公厅关于规范全省煤炭销售管理有关事项的通知》(晋政办发〔2011〕35号)。

7月23日,中煤财产保险股份有限公司运营启动仪式在山西太原举行。这是中国首家定位于煤炭等高危行业的专业保险公司。

8月5日,山西省人民政府办公厅下发《山西省人民政府办公厅关于进一步做好兼并重组整合煤矿企业工商登记注册的通知》。

8月27日,山西省人民政府办公厅下发《山西省人民政府办公厅转发省煤炭厅关于进一步加强煤矿防治水工作若干规定的通知》(晋政办发〔2011〕70号)。

10月28日,山西省国资委通过注入资产、无偿划转、委托管理三步,委托大同煤矿集团实际控制漳泽电力47.36%的股份,取代中国电力投资集团公司成为漳泽电力的控股股东。这是五大电力集团将旗下亏损的火电上市公司控股权出让的第一例。

12月16日,中联煤层气有限公司和亚美大陆煤层气有限公司宣布,山西晋城潘庄区块煤层气资源开采总体开发方案已经正式获得国家发展改革委的核准批复,潘庄区块煤层气资源开采成为国内第一个正式进入商业性开发的中外合作煤层气项目。

12月30日,山西省人民政府下发《关于山西省焦化行业兼并重组的指导意见》(晋政发〔2011〕29号)。

12月31日,山西省人民政府办公厅下发《山西省人民政府办公厅关于规范和完善市县两级煤炭可持续发展基金使用管理的通知》(晋政办发〔2011〕89号)。

12月31日,山西省人民政府办公厅下发《山西省人民政府办公厅关于规范和加强矿山环境恢复治理保证金和煤矿转产发展资金提取使用管理的通知》(晋政办发〔2011〕99号)。

2012年

2月22日,山西省煤炭工业厅组织召开"山西煤炭精神"研讨会。会议提出"忠厚吃苦、敬业奉献、开拓创新、卓越至上"作为山西煤炭精神,这是主要产煤省区第一个地方性煤炭精神。

6月25日,山西省人民政府下发《关于印发山西省焦化行业兼并重组实施方案的通知》(晋政发〔2012〕15号)。

6月25日,山西省人民政府办公厅下发《山西省人民政府办公厅关于印发进一步强化煤矿安全生产工作的规定的通知》(晋政办发〔2012〕34号)。

7月13日,山西省政府办公厅下发《山西省促进煤炭电力企业协调发展实施方案》(晋政办发〔2012〕51号)。

7月18日,山西省人民政府办公厅下发《山西省人民政府办公厅关于规范露天煤矿开采有关问题的通知》(晋政办发〔2012〕47号)。

7月18日,山西省人民政府办公厅下发《山西省人民政府办公厅关于

进一步采取有效措施巩固煤矿重组整合成果的通知》(晋政办发〔2012〕48号)。

12月22日,经山西省人民政府批准,山西省焦炭集团有限责任公司牵头,山西焦化集团、太原煤气化集团等33家大型焦化企业和钢铁企业共同发起设立的山西焦炭(国际)交易中心正式启动运营。这是中国首家集商流、物流、信息流、资金流为一体的大型综合性焦炭现货交易平台。

2013年

4月19日,山西省人民政府下发《山西省人民政府关于进一步推进现代化矿井建设的意见》(晋政发〔2013〕14号)。

7月10日,山西省人民政府办公厅下发《山西省人民政府办公厅关于印发山西省煤矿变招工为招生推进工作方案的通知》(晋政办发〔2013〕74号)。

7月25日,山西省人民政府下发《山西省人民政府关于印发进一步促进全省煤炭经济转变发展方式实现可持续增长措施的通知》("煤炭20条")(晋政发〔2013〕26号)。

7月,山西大同煤矿集团历史上建设规模最大的采煤沉陷区治理和棚户区改造工程全部建设完毕。两项工程共历时8年,投资160亿元,建筑面积1000多万平方米,安置职工10万多户。

8月7日,山西省人民政府下发《山西省人民政府关于印发山西省核准低热值煤发电项目核准实施方案的通知》(晋政发〔2013〕30号)。

8月13日,山西省人民政府下发《山西省人民政府关于加快推进煤层气产业发展的若干意见》("煤层20条")(晋政发〔2013〕31号)。

2014年

3月4日,山西省人民政府下发《山西省人民政府印发关于围绕煤炭产业清洁安全低碳高效发展重点安排的科技攻关项目指南的通知》（晋政发〔2014〕8号）。

5月7日，山西省人民政府办公厅下发《山西省人民政府办公厅关于进一步加强煤矿安全生产工作的意见》（晋政办发〔2014〕26号）。

5月22日，山西省人民政府下发《山西省人民政府印发进一步落实"煤炭20条"若干措施的通知》。

7月7日，山西省人民政府下发《山西省人民政府印发涉煤收费清理规范工作方案的通知》（晋政发〔2014〕20号）。

11月28日，山西省人民政府出台《山西省煤炭焦炭公路销售体制改革方案》（晋政发〔2014〕37号）。

2015年

9月14日，山西省人民政府下发《山西省人民政府关于印发山西省煤炭行政审批制度改革方案的通知》（晋政发〔2015〕37号）。

2016年

1月11日，山西省人民政府下发《山西省人民政府关于印发山西省煤炭资源矿业权出让转让管理办法的通知》（晋政发〔2015〕53号）。

2月3日，山西省人民政府办公厅下发《山西省人民政府办公厅关于印发山西省煤矿复产复建验收管理办法的通知》（晋政办发〔2016〕12号）。

4月8日，山西省人民政府下发《山西省人民政府关于印发山西省国家资源型经济转型综合配套改革试验实施方案（2016–2020年）的通知》（晋政发〔2016〕9号）。

5月18日，山西省人民政府办公厅下发《山西省人民政府办公厅转发省煤炭厅等部门关于推进煤炭供给侧结构性改革工作第一批实施细则的通知》（晋政办发〔2016〕54号）。

5月18日,山西省人民政府办公厅下发《山西省人民政府办公厅转发省煤炭厅等部门关于推进煤炭供给侧结构性改革工作第二批实施细则的通知》(晋政办发〔2016〕60号)。

6月6日,山西省人民政府办公厅下发《山西省人民政府办公厅关于印发山西省遏制煤矿重特大事故工作方案的通知》(晋政办发〔2016〕80号)。

8月16日,山西省人民政府办公厅下发《山西省人民政府办公厅关于加快推进煤炭行业化解过剩产能工作的通知》(晋政办发〔2016〕114号)。

10月17日,山西省人民政府办公厅下发《山西省人民政府办公厅关于印发山西省煤层气和煤炭矿业权重叠区争议解决办法(试行)的通知》(晋政办发〔2016〕141号)。

10月17日,山西省人民政府办公厅下发《山西省人民政府办公厅关于做好我省煤炭行业化解过剩产能验收工作的通知》(晋政办发〔2016〕43号)。

10月20日,潞安集团石圪节煤矿作为山西省去产能第一座被关闭的矿井,仅用两个多月时间,就完成了封井工作,为化解煤炭过剩产能作出了积极贡献。

2017年

7月7日,同煤集团首批职工家属区"三供一业"分离移交暨分项协议签约仪式举行,标志着同煤集团首批职工家属区"三供一业"分离移交工作顺利完成。

8月26日,山西省人民政府在山西太原组织召开《山西争当全国能源革命排头兵行动方案(征求意见稿)》专家座谈会。

9月24日,中国国际卓越煤矿瓦斯治理中心正式挂牌成立。该中心系联合国经济委员会依托山西焦煤集团设立,是在联合国欧洲经济委员会授权下,由企业主导的甲烷管理机构。

12月31日,潞安集团举行年产180万吨高硫煤清洁利用油化电热一体化示范项目产出合格产品汇报会,宣布这一山西省转型综改重大标杆工程项目全系统成功试运行。

2018年

6月1日,山西焦煤首个综采自动化工作面——投资公司正利煤业14—1104综采自动化工作面实现4个月的平稳运行。该工作面生产人员由原来两班作业44人减少至20人,改善了作业环境,降低了劳动强度,提高了生产效率,提升了安全保障水平。

9月17日,晋能集团东大煤矿矿井及配套洗煤厂新建项目正式开工。这是山西省2018年重点工程,也是矿业权审批制度改革后山西省审批和开工的第一个煤矿项目。

9月20日,中国煤炭运销协会与山西焦煤、山东能源等8家中国领先焦煤企业发起创立中国焦煤品牌集群,致力提升中国焦煤品牌价值。

10月27日,山西省能源局挂牌成立,不再保留省煤炭工业厅。原省煤炭工业厅的煤矿安全监督管理职责和人员整合移交省应急管理厅,省经信委、发改委相关职责和人员整合移交省能源局。

12月15日,全国煤炭行业劳模山西报告会在山西焦煤集团举行。中国煤炭工业协会副会长解宏绪参加会议并讲话,山西省副省长贺天才接见劳模代表。

12月17日,中国煤炭工业协会会长王显政在京会见山西省能源局党组书记、局长王启瑞。中国煤炭工业协会党委书记、副会长兼秘书长梁嘉琨,副会长解宏绪,山西省煤炭工业协会会长王守祯参加了会见。

12月23日,山西省能源局和山西省煤炭工业协会共同主办、中国(太原)煤炭交易中心协办的"煤炭工业改革开放四十年发展与展望"报告会

召开。国务院特约参事、国家能源局原副局长吴吟作主旨报告,中国煤炭工业协会副会长姜智敏参加会议并讲话,山西省能源局局长王启瑞主持。同时,召开了山西省煤炭工业协会第五次会员代表大会,选举产生了新一届理事会。

1985年全国综采冠军——古书院矿青年综采队

专题篇

肩负国家监察使命　促进煤矿安全好转

山西煤矿安全监察局

自2000年9月28日山西煤矿安全监察局成立以来，在原国家安全生产监督管理总局、国家煤矿安全监察局和山西省委省政府的正确领导下，认真贯彻落实党和国家关于安全生产的方针政策、法律法规，勇于担当、甘于奉献、积极进取、开拓创新，严格安全许可，强化现场监察，推动科技进步，严肃事故查处，加强执法监督，深化宣传教育，按照"国家监察、地方监管、企业负责"的煤矿安全生产工作格局，以"严格执法热情服务"为宗旨，严格履行国家监察职责，促进企业主体责任、地方监管责任落实，实现了山西煤矿生产安全状况的持续稳定好转，为促进全省煤炭产业创新驱动、转型升级营造了良好的安全氛围。

2001～2018年全省煤矿共发生事故1702起、死亡4548人，事故起数由2000年的137起下降到2018年的28起，下降了79.56%，死亡人数由2000年的518人下降到2018年的30人，下降了94.2%，煤矿百万吨死亡率由2001年的1.66下降到2018年的0.032。

一、严格行政许可，实施源头治理

一是认真贯彻执行相关规定和要求，严格安全生产许可证颁发和管理工作。按照《煤矿企业安全生产许可证实施办法》的要求和原国家安监管总局、国家煤矿安监局近几年出台的相关规定，结合辖区煤矿安全生产实际，深入研究如何加强煤矿企业安全生产许可证的颁发管理工作，制

定了配套的管理制度和措施。二是严把煤矿建设项目准入关,依法开展煤矿建设项目安全设施设计审查和验收。深入贯彻落实国家有关煤矿安全生产的新规定、新要求,在设计审查、竣工验收中,及时补充和完善许可条件,提高审批项目安全生产水平。坚持建设项目未经核准,不准受理安全设施设计;安全设施设计未经审批,不准开工建设;未进行安全验收评价和联合试运转,不准进行安全设施竣工验收;未通过安全设施竣工验收,不准进行矿井综合验收;未通过矿井综合验收,不准受理安全生产许可证的"五个不准"。三是提高安全生产准入门槛。将煤矿井下安全避险"六大系统"、安全生产标准化建设、领导带班下井制度、隐患排查治理制度、瓦斯防治、煤矿防治水等有关新规定和新要求纳入了安全生产许可条件。四是严格煤层气开采准入。按照《国家安全监管总局办公厅关于明确煤层气抽采企业安全监管监察职能的通知》(安监总厅〔2010〕22号)要求,从2014年起,我局已向全省30余家煤层气地面开采企业颁发了安全生产许可证。五是严格为煤矿安全服务的评价、检测、培训、救护、职业卫生技术服务等中介机构进行资质认证。

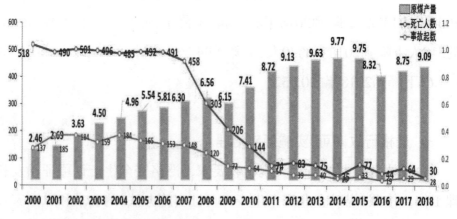

图1　2000年以来,山西原煤产量、死亡事故起数、死亡人数趋势图

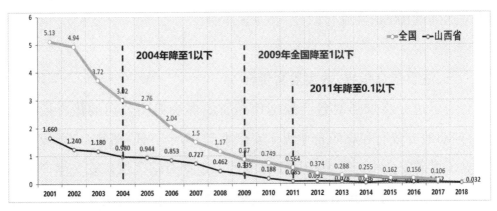

图2 2001~2018年全国和山西煤矿百万吨死亡率

二、做实现场检查，推动隐患整改

山西煤监局立足煤矿安全国家监察的定位，着力健全完善各项制度，坚持"查大系统、治大隐患、防大事故"，认真组织开展"重点监察、专项监察、定期监察"，正确运用自由裁量权，依法实施行政处罚。一是不断创新工作思路，建立了监察与服务密切结合的煤矿安全监察机制、与地方政府及有关部门协调沟通和联合执法的工作机制，实现了煤矿安全监察的科学化、规范化、制度化。二是大力开展了瓦斯治理、水害防治、顶板事故预防等监察工作，进一步规范了煤矿生产建设秩序，排查并消除了一批安全隐患，提高了矿井生产建设安全水平，增强了抗灾、防御事故的能力。三是强力推进煤矿资源整合兼并重组和产能置换煤矿关闭退出工作，先后参与了全省两轮煤矿资源整合兼并重组、小煤矿整顿关闭、煤矿产能置换、淘汰关闭落后煤矿以及化解煤矿过剩产能等工作，有力地促进了煤炭产业结构不断优化和安全水平的提高。四是积极创新监察执法方式方法，采取重点矿井重点监察、一般矿井定期监察、问题矿井专项监察、所有矿井随机监察的方法，细化完善监察执法责任制，促进了辖区煤矿安全生产秩序由乱到治。

据统计，自山西煤监机构成立以来，山西煤矿安全监察机构共监察矿井次数9万余次，制作执法文书25万余份，查处事故隐患50余万条，隐患整

改率达到近100%；实施行政处罚6万多次。

三、注重检查指导，落实监管责任

为了进一步加强对各产煤地市和省属煤炭集团公司的检查指导工作，推动地方政府和煤矿企业煤矿安全生产"两个责任"落实，山西煤监局建立了煤矿安全生产联系指导工作制度，定期对辖区煤矿安全生产工作开展联系指导，了解地方政府煤矿安全监管、煤矿企业落实安全生产主体责任及煤矿安全生产动态等情况，分析煤矿安全生产形势和存在的问题，提出加强和改善安全监管或安全管理建议。按照《国家安全监管总局国家煤矿安监局关于切实加强对地方政府煤矿安全监管工作监督检查的意见》，结合山西煤矿安全生产工作实际，通过工作调研、联席会议、联合执法等有效形式，加强检查指导，不断提高地方煤矿安全监管水平。辖区所属各监察分局（站）普遍建立了与地方政府定期交流、相互沟通的协同工作机制，及时将查处的典型违法违规行为和安全隐患向地方政府进行通报反馈，引起市、县政府的高度重视，促进对非法违法行为进行从严盯守监控。

四、实施科技引领，治理重大灾害

山西煤监机构成立后，大力推进科技兴安战略，切实把事故预防作为促进安全生产的主攻方向，发挥科技进步对治理煤矿重大灾害的重要作用。一是积极申报煤矿安全科技项目。组织征集先进适用技术，推荐上报原国家安全监管总局，列入国家科技推广目录。征集推荐上报我省煤矿安全科技推广项目450项，列入国家安全生产重大事故防治关键技术重点科技项目100项，2003~2014年组织推荐申报安全生产科技成果奖（第一届至第六届）项目共计262项，获奖项目127项，获奖比例48%。通过及时推广、积极宣传原国家安全监管总局先后发布的5批《淘汰落后安全技术工艺、设备目录》，不断淘汰落后工艺、设备，提升安全技术标准。二是适时推广煤矿安全科技成果。推进"机械化减人、自动化换人"专项行动，我省已确定15个"机械化减人、自动化换人"试点示范工程及对11座千人矿井减人提效挂牌督办。推广煤矿综合自动化系统、机电设备智能监控，推进运输系统连续化、自动化，积极推进智能化综采工作面控制系统、智能化运输系统、大型皮带机制动控制系统等推广应用试点工作，提高矿井安全保障能力。三是充分发挥重大灾害治理关键技术、装备、工程作用。近年来，经过科研攻关，瓦斯治理新装备陆续研发并投入市场，装备的不断升级换代助力煤矿企业安全高效生产；瓦斯治理技术因地制宜，"一矿一策""一面一策"，基本形成了具有山西区域特点的"阳煤模式""晋煤模式""同煤模式""焦煤模式"等四种瓦斯治理技术模式。四是着力加强防治水科技攻关。紧紧围绕防治水工作的重点、难点问题，加强产、学、研科技攻关力度，基本形成了隐蔽致灾要素超前精细探查技术与装备、矿床水文地质分析评价与隐患诊断技术、矿井水害隐患高效无盲区治理改造技术、矿井水害应急抢险救援装备四种煤矿防治水害技术与装备。五是大力营造科技兴安氛围。2008~2018年围绕主题积极开展安全科技活动周，大力宣传安全科技成果，大力普及安全科技知识，大力倡导安全健康的生产生活方式，积极发挥安全科技在事故防范中的作用和成效，引导煤矿企业坚定地走科技强安、科技强煤之路，形成崇尚科技、追求先进科技应用的良好氛围。

五、严查煤矿事故，严格责任追究

山西煤监局深入贯彻落实党中央、国务院关于加强安全生产事故调查处理工作的一系列重要指示精神，通过事故教训推动煤矿安全生产工作。一是坚持理论联系实际的工作方法，不断适应煤矿安全发展的新形势、新要求，积极处理好事故查处、经济发展和社会稳定的关系，全面统筹做好事故应急处置、调查、约谈、批复和落实这五个重要环节，规范工作程

序,协调各方关系,巩固现有成果。二是创新工作手段,以严厉查处重、特大事故为重点,不断加大事故查处力度,在严格进行责任追究的同时,更加注重事故原因的分析,更加注重问题的整改,更加注重警示教育,努力通过事故教训促进企业安全生产主体责任的落实,推动煤矿安全生产工作。三是严格按照"四不放过"要求和"依法依规、科学严谨、实事求是、注重实效"的原则,认真开展事故调查处理,严厉追究事故责任,坚决做到认真执法执纪、严格执法执纪、廉洁执法执纪,对罔顾人民生命财产安全、造成重大人员伤亡和财产损失的单位和人员扭住不放、依法查处、严肃问责,决不姑息迁就,决不重情轻法,决不放弃原则。山西煤监局成立以来,共处罚责任人1200余人,其中刑事处罚100余人,行政处分560余人,党纪处分100余人,行政处罚600余人;停产整顿煤矿120余矿次,关闭煤矿20余座。

六、突出执法监督,规范执法行为

山西煤监局每年按照监察执法工作安排,周密制定计划,加强组织领导、狠抓工作落实,强化安全监察、确保执法到位。同时,不断探索、创新山西煤矿安全监察执法监督工作。一是实施计划执法。认真贯彻落实国家煤矿安全监察局对煤矿安全监察执法计划编制、审批、考核的要求,严格制定监察执法计划。年初根据国家煤矿安全监察局要求和省局年度工作会议安排,省局审批各监察分局(站)制定的监察计划,并制定省局监察执法计划报国家煤矿安监局备案,严格执行计划执法。二是严格自由裁量。制定了《山西煤矿安全监察行政处罚自由裁量实施细则》,制定了违法行为认定、法律适用、行政处罚决定、行政处罚实施保障等相关规定,细化了常见违法行为行政处罚自由裁量阶次,压缩裁量范围,克服执法随意,确保同错同罚,做到错罚相当,进一步规范了煤矿安全监察执法行为。三是实施重大行政处罚备案。对于监察执法中做出处以10万元以上罚款、没收违法所得、没收非法生产的煤炭产品或者采掘设备价值10万元以上、责令停产整顿、吊销有关资格资质证书或者吊销煤矿安全生产许可证的行政处罚的，必须自做出行政处罚决定之日起10日内报省局备案。省局对上报备案的行政处罚情况进行审查，发现处罚不当等问题立即向有关监察分局(站)反馈，要求监察分局(站)及时纠正错误行为。四是开展执法案卷评查。每年组织机关有关业务处室和纪检监察、政策法规等部门有关人员，开展煤矿安全监察执法监督检查、执法案卷评查、优秀执法案卷评选、优秀执法案卷专家点评等系列活动，逐步建立起"执法监督、政法释疑、纪检警示"三位一体的工作机制，对加强执法监督，促进规范执法，确保执法到位发挥了积极的作用，有力地促进了煤矿安全监察行政执法水平的提高。

七、强化宣传教育,凝聚思想共识

山西煤监局始终坚持"团结鼓劲，正面宣传为主"的方针，坚持政治性、专业性、新闻性相结合，着力提高煤矿安全生产宣传教育的传播力、引导力、影响力、公信力，不断凝聚全社会安全发展思想共识。一是抓关键节点，浓厚安全发展氛围。每年积极组织开展"安全生产月""依法行政宣传月""国家宪法日""安法宣传周"集中宣教活动，细化活动方案，明确主题、内容和要求，落实工作责任，统筹安排各项活动，确保活动实效。二是抓关键人物，引领煤矿企业理性发展。省局主要领导2015年以来到各市政府和各大煤炭集团开展包括事故案例剖析和当前煤矿安全生产形势分析、山西煤炭产业转型升级安全发展的专题讲座，得到煤矿企业安全管理人员的高度认可。组织开展了全省10个辖区"矿长话安全"活动。三是抓主流媒体，弘扬安全发展主旋律。积极支持"两报"记者站逐年扩大报纸的征订发行量，利用"两报"办好专刊、专版、专栏，宣传党和国家关于煤炭产业发展、安全生产工作的方针政策、法律法规；与山西电视台、山西人民广播电台、山西日报等当地主流媒体在重要会议、重点时段开展专题报道，反映

系统内大事要事;与原国家安全监管总局宣教中心手机报、中国煤炭网、中国安全生产网、山西新闻网、新华网山西频道、黄河新闻网、省局网站、微信公众平台等进行协调沟通,及时宣传报道我局重大活动。四是抓载体阵地,创新宣教方式方法。开展"平安中国"微电影微视频微动漫征集,举办全省首届煤矿安全新时代新形象"五微"大赛;适时拍摄了《煤矿安全警示录》《血与泪的呼唤》《情与法的评判》《违与危的骤变》煤矿安全警示教育片和事故案例PPT课件,免费发放全省办矿主体和生产建设煤矿、安全培训机构、市县煤矿安全监管部门,深化警示教育;制作了沙画公益广告情感篇、誓言篇、概念篇,在山西卫视黄金时段播出,同时在新华网山西频道广告栏目发布,引起了很大反响,起到了良好的教育效果;推进办公区环境文化建设,提倡山西煤监精神,弘扬"使命、担当、创新、超越"主基调,营造"简单、阳光、坦诚"氛围,发挥润物无声作用;持续举办山西煤监大讲堂,广泛宣传国家法律和党内法规;积极开展示范创建,全面推进煤矿安全文化建设,着力构建煤矿安全生产长效机制。

山西煤矿安全监察局近20年来,获得了社会各界的普遍赞誉,获得省级和国家有关部门表彰的单位35个,个人86名。其中,吕梁监察分局获得山西省五一劳动奖章,临汾监察分局多次获得"全国安全生产监管监察系统先进集体"称号,阳泉监察分局获得"山西省依法行政先进单位"称号,长治监察分局于张庆获得人社部、原国家安全监管总局表彰的"全国安全生产监管监察系统先进工作者"称号。

通过山西煤矿安全监察机构的积极工作,有力推动了山西煤矿安全生产水平明显提升,2018年全省发生伤亡事故28起、死亡30人,未发生较大及以上事故,事故总量大幅度下降,创造了历史最好水平。山西煤矿的安全发展成果,有力地促进了全省煤炭供给侧结构性改革和煤炭产业转型升级,有力地促进了山西"综改区""排头兵""新高地"三大目标的实现进程,有力地促进了山西经济社会在"两转"基础上的振兴崛起。

煤炭勘查　成绩斐然

山西省煤炭地质局

山西省煤炭地质局自1954年成立以来,以特别能吃苦、特别能忍耐、特别能战斗、特别能奉献的豪迈气概,扎根三晋大地,跋山涉水,艰苦创业,用汗水浇筑了山西煤炭工业一次又一次的辉煌。2019年是中华人民共和国成立70周年,在这个喜庆而庄严的时刻,回顾全局65年的光辉历程,总结65年的伟大成就和宝贵经验,在新时代继续不断奋进,书写新篇章。

一、栉风沐雨、无私奉献,不断提升服务地方经济的能力

(一)发展历程

1954年,伴随着山西能源基地建设的浪潮,华北煤田地质局(山西省煤炭地质局前身)应运而生,随后几经体制变革、机构改革、单位更名,山西煤炭地质事业由小变大、由弱变强,走过了不平凡的65年发展历程,成为山西省煤炭地质勘查专业局,为山西"以煤为基、多元发展"的经济发展做出了突出贡献。

1964～1977年, 为了支援国家经济建设,114队、115队、119队、143队和152队分别成建制调往湖南、湖北、江西、云南和广东支援江南找煤。同时,在山西的煤炭地质勘查队伍仍坚守岗位,不辱使命,在平朔、古交、晋城完成了大量的勘查工作。

1998年,山西煤田地质局正式下放地方管理。2005年,山西煤田地质局更名为山西省煤炭地质局,为省政府直属正厅级事业单位,逐步形成了

目前的建制规模和管理体制。

(二)队伍建设

65年征战艰苦卓绝,65年追求矢志不渝,在党和政府的领导下,历届党政班子团结带领广大干部职工,大力开展煤、水、气及非煤矿产资源地质勘查,认真组织实施矿山抢险救援、地质灾害治理、环境影响评价等工作,逐步发展成为一支专业门类齐全、技术手段多样、勘查设备精良,拥有一大批较高水平专业技术人员、管理人员和技术工人的专业地质勘探队伍。

全局现有在职职工3255人,各类专业技术人员1542人,其中高级职称153人,享受国务院特殊津贴等荣誉的高级专家6人。全局下属9个地勘单位、4个直属中心、3个煤层气研发勘探机构、6个非常规天然气科研技术团队。现已成为煤炭、煤层气资源勘查与评价,机械钻探与地球物理勘探,地质测绘与地形测绘,水文地质、工程地质、环境地质、灾害地质勘查评估与治理,"3S"与信息技术,矿山应急救援与地质司法鉴定,化验测试等多专业构成的煤炭地质综合勘查、科研与服务为一体的综合型队伍。

(三)设备资质

65年来,山西煤炭地质局不断加强队伍建设,随着勘探设备的不断更新和技术手段的发展,综合勘探能力得到了进一步提升。全局现拥有各类地勘设备3950多台(套),其中引进了国际领先水平的美国产T685WS和T130XD车载钻机,德国产宝峨RB50车载钻机,HXDX—6车载钻机,ZJ30、ZJ40石油钻机、MWD无线随钻测量系统,SDC—1000动力头大口径车载钻机,ZJ20A、ZJ30A型大口径钻机,无人机、428XL三维地震仪、测绘全站仪、煤层气等温吸附仪等设备,具有强劲的人才优势和设备优势。

拥有气体矿产勘查、液体矿产勘查、固体矿产勘查、水文地质、工程地质、环境地质调查、地球物理勘查、地质钻探、勘查工程施工、岩矿鉴定与岩矿测试、测绘、工程监理、地质灾害危险性评估、地质灾害治理工程勘查、地质灾害治理工程监理等110余项资质，其中甲级资质36项，乙级资质30项。经过长期的工作实践与积累，拥有全省最全面、最翔实、最权威的煤炭、煤层气、煤矿水文地质资料。在煤炭地质综合勘查、水文地质勘查、煤层气勘查与资源评价技术、地球物理勘探、地理信息等领域达到国内先进水平。

（四）成绩荣誉

山西省煤炭地质局多次被授予"全国地质勘查功勋单位""全国煤炭工业地质勘查功勋单位""中国煤炭工业勘查先进单位""山西省五一劳动奖状""山西省模范单位"等国家级、省级荣誉称号。山西局物测院2017年荣获中共中央表彰的优秀基层党组织。

1956年4月，山西省煤炭地质局职工申梦华等20余人出席了"全国煤矿先进生产者代表大会"，受到了毛泽东、刘少奇、周恩来、朱德、邓小平、陈云等中央领导的接见。

1955年，山西煤田地质局地质专家陆远昭同志带领的水文普查组发现了山西第二大岩溶泉"辛安泉"，圈定辛安泉域面积13500平方米，保证了潞安矿区建设，也为长治工业的发展、长治人民的生活，提供了可靠的水源。1983年8月，国务院副总理李鹏听取了山西煤田地质局关于中美合作山西平朔露天煤矿煤田水文地质工作汇报。2018年6月，长治市人民政府和山西省煤炭地质局在辛安泉饮用水源地举行辛安泉纪念碑揭幕仪式。

2010年，在王家岭"3·28"抢险救援中，山西省煤炭地质局坚决执行省政府命令，科学定位、快速钻进、准确贯通，漂亮地完成了两个垂直救援孔的钻进任务，被省委省政府领导赞誉为"信息通道、通风通道、生命通道"，为115名职工成功获救发挥了十分关键的作用，被美国《时代周刊》评选为十大矿山救援奇迹之一。2018年，山西煤炭地质局研发的"矿山垂直救援提升系统"填补了山西省矿山抢险垂直救援装备的空白。

二、服务领域全面拓展,为山西经济建设提供了资源保障

65年来,山西省煤炭地质局党政团结和带领广大干部职工,奋力进取、扎实工作,更加积极主动融入地方经济建设,按照"一业为主、多元发展"的思路,从以勘查找矿为主,向支撑服务矿业、民生改善、城市规划、生态文明建设、防灾减灾及农业农村发展等方面不断拓展,逐步建立起地质勘查业、勘查延伸业、建筑制造业、加工服务业四大产业结构。2018年,立足服务美丽中国和山西经济建设、推动煤炭地质转型升级新要求,将原先"四大产业"板块调整为"煤炭地质、新能源勘查与开发、生态地质、地理信息及城市地质、新材料及其他"五大板块,通过调结构促转型,细分产业门类,强化产业支撑,进一步拓展大地质服务格局。

煤炭地质勘探方面,建局以来,完成煤田地质勘查覆盖面积为4.3万平方公里,占全省煤炭已勘查面积的90%;钻探进尺1200多万米,累计提交各类地质报告2000余件;累计查明煤炭资源储量2250多亿吨,占全省查明资源储量的80%,为全省乃至全国煤炭工业健康发展做出了突出贡献。完成山西省浅部煤炭资源调查与评价,估算煤炭资源量483亿吨,完成7个煤炭非国家规划矿区矿业权设置方案,对全省煤炭资源进行了分类分级评价,为煤炭资源可持续发展和合理开发利用提供了保障。

煤层气勘查方面,按照立足煤层气、探索页岩气、兼顾砂岩气的总体思路,首次预测全省煤层气资源量10.39万亿立方米,占全国的1/3;首次估算全省有利区页岩气资源量4.44万亿立方米;勘查发现榆社—武乡超大型煤层气田,预测深部煤层气、页岩气量达5456亿立方米,示范1#煤层气试采日产量1200立方米,为山西省深部煤层气勘探开发打下了良好基础。

水文地质方面,共打成水井、水文孔1.4万多眼,年出水量达26亿立方米,完成各种比例尺综合水文测量6.67万平方千米,勘探获得地下水资源量937万立方米/日,预测全省六大煤田边缘14个全域水资源量833.5万立方米/日,为山西各大煤炭企业集团建设和全省城乡居民饮水工程做出了巨大贡献。抢抓全省地热能开发机遇,成立山西淼创地热科技开发有限公司,在太原、晋中、忻州等地开展地热资源预可行性勘查,提供中深层地热供暖可行性方案,为全省清洁低碳高效能源体系建设提供技术支撑。

生态地质方面,与全省18个县(区、市)签订《地质灾害防治技术支撑合作协议书》,积极承揽并完成了全省50多个市县的农村土地确权项目和15个县的国土三调工作。围绕建设美丽山西,打造黄河、长城、太行三大旅游板块,由2名院士牵头,首次在我省开展旅游景区地质环境专项调查评价,努力打造文化旅游战略性支柱产业。城市地质方面,主动转变观念,依托设备和专业优势,率先开展了地下管线探测、城市三维空间信息平台、物联网智慧管控平台等建设,完成多个省内外城市地下管线普查项目,建设陵川县不动产登记数据库、寿阳县城区三维空间信息平台,成功研制"基于物联网的传感器",并在潞城市智慧城市试点项目中实施应用,服务智慧城市建设。

三、创新驱动持续发力,科技支撑能力显著增强

65年来,据不完全统计,共完成各类科研项目245项,其中国家级Ⅰ类项目11项,部省级Ⅱ类项目59项,厅、局级Ⅲ类项目175项;共获得各种科技类奖项60项,其中获国家发明专利11项,实用专利30项;申请软件著作权42项,出版专著30多部,发表专业学术论文200余篇,1人获李四光奖,2人荣获全国野外青年地质"金罗盘"奖,山西代表队获得首届"桔灯杯"全国物探大比武冠军。

山西煤炭地质局高度重视技术创新平台建设工作,先后成立了煤炭地质、物探、测绘、煤层气页岩气、水工环、钻探技术6个专业技术委员会及地质报告技术评审委员会,2015年制定了《山西省煤炭地质局科技项目与科技成果管理办法》和《山西省煤炭地质局新技术新工艺应用推广奖励办法》。从2008年开始,逐年增加投入用于实施局级实用性生产技术科技

创新项目的研究,连续投入3620多万元,进行设备更新、新装备新技术的引进。

（一）重点实验室

煤与煤系气地质山西省重点实验室,该实验室以山西省地质矿产研究院为依托,联合太原理工大学、国新能源共同筹建,有效解决了山西省煤层气、页岩气产业链配套问题,为全省煤炭、煤层气和页岩气勘探开发提供了有力的技术支撑,同时也成为山西煤炭地质局抢占测试技术前沿,服务地方经济,提高市场竞争力、社会知名度,实现由生产型向科研生产型转变的新平台。

资源环境与灾害监测山西省重点实验室,由山西省煤炭地质局物探测绘院、中国地质大学(北京)共同申报,联合山西省建设工程集团有限公司三方共建。实验室学术委员会拥有院士、"长江学者"、"国家杰青"等国内外著名专家18人,固定研究人员40人,以资源环境与灾害监测领域的相关研究作为工作重点,构建基于星载、机载、地基传感器"天空地一体化"资源环境与灾害监测理论与技术体系,实现环境变化与灾害发生的智能预警、预报、评估与信息服务,服务国家与山西环境保护与防灾减灾等生态文明建设需求。

（二）院士工作站

山西局物测院建立了全国首家地球物理院士专家工作站和山西省科协院士专家工作站,智库团队包括中国科学院院士、中国地球物理学会理事长陈颙,中国科学院院士滕吉文,中国工程院院士何继善及10余名业内专家。聚焦矿产资源探测开发、煤层气及地热等新能源勘探开发、煤及多金属矿产勘查开发、地下空间探测、地质灾害防治等业务领域。

山西省地勘行业首个矿山水文地质高层次研究平台——水勘院院士专家工作站由中国工程院院士武强率团队正式入站,在矿山水文地质勘查、水害防治,煤层气水文地质勘查与评价,矿山地质环境修复与地质灾害评估治理,地热资源勘查开发利用与评价等方面开展技术攻关,极大地提升了全省相关领域自主创新能力和核心竞争力。

(三)职工创新工作室

渠丽珍职工创新工作室先后完成"干酪根提取装置""页岩气DST井工艺电磁阀组开发"等多项技术革新,其技术成果多次取得国家专利并荣获省总工会"五小"竞赛二等奖。屈晓荣职工创新工作室致力于煤层气产业综合勘探开发,完成了"沁水盆地深部页岩气资源调查开发与潜力评价""山西省沁水煤田榆社—武乡区块煤层气页岩气普查"等项目,在行业内引起较大反响。杨文府职工创新工作室完成的地理国情普查成果广泛应用于城市生态建设和后续的地名普查工作,另一项正射影像底图制作成果大大提升了农村土地承包经营权确权登记颁证项目的工作效率,两项目同时荣获2016年度"中国地理信息产业优秀工程银奖"。张燕庆职工创新工作室取得发明专利5项,实用新型专利4项,项目产品"大尺寸可控取向烧结钕铁硼永磁体"被科技部认定为2013年度国家重点新产品。

四、深化改革稳步推进,发展活力明显提升

十一届三中全会以后,伴随改革的不断深入,确立了"事业单位企业化管理"的经营体制,在生产方面由单纯完成指令性生产任务过渡到闯市场求生存谋发展,工程处在进行大面积勘探区作业的同时,承揽社会业务。在煤勘主业以外,兴办实体,实施"两业并举、双轮驱动"战略,自我积累,滚动发展,经济实力大大增强。

近年来,山西煤炭地质局坚持"戴事业单位的帽子,走企业化的路子",以改革为突破口,坚持问题导向补短板,整体推进企业化改革,激发内生发展动力,增强市场竞争力,着力解决地勘单位事企不分、体制不活、机制不灵、效益不高等突出问题,推进落实各项工作举措,不断探索对外开放合作新模式,在全面深化改革中推动全局高质量发展取得新成效。

强基固本促改革。每年召开全局经济运行分析会,建立实体经济信息库,分析研判全局经济指标、实体经营情况,找准问题,精准施策。出台《长期投资管理办法》,放宽审批权限,增强下属单位经营自主性和灵活性。

企业改革深入推进。今年,山西煤炭地质局出台了企业管理指导意见,以"事业服务大局、企业创造效益"为改革定位,一方面对事业单位"瘦身健体",优化服务效能;另一方面以院为单位,针对性开展内部企业改革,构建"一院一企"新格局。山西煤炭地质局将114院金地资源勘查公司列为局内部企业改革试点,进行资产重新配置和资金注入,建立平战结合的专业化地质公司,改革成效明显。

对外合作不断加强。在服务地方煤炭企业的基础上,积极实施"走出去"战略,开拓国内、国际市场,先后与新疆、内蒙古、陕西、北京、湖南、湖北、福建等省份,美国、法国、德国、日本、伊朗、叙利亚、阿联酋、坦桑尼亚、也门等国家和地区,开展资源勘查、煤层气评价、煤层自燃检测、水资源勘探、地理信息等多领域的合作和技术交流,取得了良好的经济效益和业界口碑。此外,与中国科技大学、中国矿业大学(北京、徐州)、中国地质大学、中国石油大学等10所高校及中石油、中联煤层气公司、国新能源、晋煤集团、山西建投集团等20余个企业集团签署战略合作协议,并与部分大型企业集团成立专业化公司,推进人才培养,联合科技攻关。

时光荏苒,沧桑巨变。经过65年的艰苦创业,山西煤炭地质事业取得了显著成就,整体面貌发生了深刻变化。回首走过的路,我们为付出感到欣慰,为收获感到自豪。今后将继续以习近平新时代中国特色社会主义思想为指导,以党的政治建设为统领,以坚定理想信念为根基,坚持新发展理念和稳中求进总基调,围绕省委抓经济工作的"一条主线,三大目标",着力转方式、调结构、惠民生,打造大地质产业格局,为推动全省实现"示范区""排头兵""新高地"三大目标,提供强有力的专业技术支撑,谱写山西煤炭地质事业新篇章。

打造现代一流的能源综合服务平台

中国(太原)煤炭交易中心

中国(太原)煤炭交易中心办公楼

中国(太原)煤炭交易中心是经山西省人民政府批准设立的省政府直属、正厅级建制的事业单位,是经国务院批准,目前唯一冠以"中国"字样的全国性煤炭交易中心。

作为第三方能源综合服务平台,交易中心秉持"创新、开放、共享、共赢"的发展理念,坚决走市场化改革和转型发展之路,致力于建设全国一流现代能源综合服务平台。信守"公开、公平、公正"的原则,坚持既服务好上游企业客户,也服务好下游企业客户,既服务好卖方市场,也服务好买方市场,为能源产业链企业提供合同签订、交易交收、货款结算、供应链融

资、信息资讯、平台建设、会议展览、文化创意、酒店服务等各类服务。已推出挂牌交易、竞价交易、期现通、保价通、价格指数、路港通、公路物流服务平台、集装箱多式联运、资金监管、应收账款融资、订单融资、仓单质押融资、票据融资等业务和产品,竭诚为广大能源企业客户提供全方位、优质、高效的服务。

交易中心启动运营以来,积极推进交易、信息、物流、金融服务体系和多层次多元化能源交易市场体系建设,积累了技术、人才、设施、服务功能和制度等优势,在全国煤炭现货交易领域拥有较大的影响力,在全省会展行业有着较大的竞争力。交易中心新一届领导班子成立以来,认真分析煤炭上下游行业面临的机遇和挑战, 深入思考解决交易中心面临的困难和问题的办法和措施,确定了"打造一流现代能源综合服务平台,谱写市场化改革转型发展新篇章"的发展理念,通过完善顶层设计,实施体制机制改革,改变过去的行政思维、机关作风,切实增强危机意识、忧患意识,不断强化市场意识、服务意识、大局意识,坚持问题导向、目标导向、市场导向,解放思想、改革创新,把握"效益、影响、风险、能力"四要素,聚力"管理+服务"的能力提升,围绕新思路、新理念、新路径,统一思想、步调一致,实实在在做好主业,谱写交易中心改革发展新篇章。

一、明确发展新理念和新思路

根据发展面临的形势和任务,交易中心提出发展新思路:以习近平新时代中国特色社会主义思想为指导, 坚决贯彻落实省委省政府的决策部署,按照现代能源服务业的发展定位,瞄准建设全国一流现代能源综合服务平台的发展目标,秉持"创新、开放、共享、共赢"的发展理念,坚定不移地走市场化改革和转型发展之路,做强能源产品交易和会展主业,走出一条现代能源服务业高质量发展新路,开创新时代交易中心发展新局面,在推进山西由能源产品输出向能源服务输出转变, 建设生产性服务大省的战略中担当作为,在我省能源革命综合试点实践中争当先锋。

二、改革体制机制

面对发展的压力与变革的挑战,交易中心加快完善顶层设计,谋划中心发展蓝图,推进体制机制改革,理顺体制、完善机制,为中心长远健康发展奠定基础。一是结合"三基建设"工作,厘清部门岗位职责,切实解决内设机构职责不清的问题,使各部门进一步找准定位、明确职责,有力有序开展工作。二是结合"选人用人",合理配置人力资源,切实解决工作效率不高的问题,形成运转协调、行为规范、廉洁高效的管理体制。三是推进市场化改革和转型发展,成立8个市场化服务团队,形成企事业一体化联动机制,理顺工作流程,通过既有独立运作,又有一体服务的方式,协调配合、联合作战,在全省范围内分集团、分地区开展市场化交易和全流程交易工作,贴近市场、贴近资源、贴近客户,开展市场化服务,既促进业务规模扩大、效益提升,也通过影响力产生间接效益。四是从发展和效益的角度出发,完善考核激励机制,制定《目标责任制绩效考核激励办法》,充分调动全体干部职工的积极性、主动性、创造性,发挥考核"风向标""指挥棒"的作用,营造比担当、比实干、比贡献的浓厚氛围,激发中心发展的生机与活力,不断提高市场化服务水平和效率。

三、明确措施路径

(一)多措并举,迈出市场化改革坚实步伐

实现转型发展,就必须坚定不移地走市场化改革之路。改革没有完全适用的固定模式,改革永远在路上。做好市场化能源产品交易主业,重点是推进市场化服务,既要服务好上游企业客户,也要服务好下游企业客户,既要服务好卖方交易商,也要服务好买方交易商。对此,制定出台了《全流程交易行动方案》和《市场化服务行动方案》,明确时间表、路线图、

任务书,明确了具体目标和措施,建立协调机制,统一思想,统一认识,扎实推进市场化服务。抓住在山西开展能源革命综合试点的有利时机,积极研究开展煤层气交易,适时推出能源交易新产品,推动能源产品交易多层次、多元化发展。不断推进市场化改革,完善交易制度,优化交易流程,升级交易系统,不断提升服务水平。

(二)提升服务,推进做强全流程交易

围绕现代能源服务业的发展定位,强化市场意识、服务意识,以开放的姿态、高水平的服务推进全流程交易。

在市场化交易服务上,深入推进市场化服务,创新开展市场化交易,推出挂牌销售、挂牌采购、竞价销售、竞价采购等市场化交易和全流程交易方式,不断满足供、运、需企业差异化、个性化需求;与相关地市和企业合作,在煤炭资源供给地、中转地、消费地建立煤炭交易分市场,实现贴近资源,贴近市场,前移功能,延伸服务;同时,推进中长协合同签订和铁路运力核实工作,把合同签好签实;大力配合中国煤炭运销协会开展煤炭中长期合同信用数据采集、核查等相关工作;举办年度煤炭交易大会,搭建平台、交流信息,促进煤炭产运需有效衔接。

在交易交收上,继续与太原、北京、郑州三个铁路局集团保持紧密战略合作关系,实现资源共享,促进煤炭交易与铁路运力的高效衔接匹配;跟紧市场化交易合同兑现,落实违约措施。同时,大力推广交收库、集装箱多式联运清洁运输新模式、公路无车承运、运力配置、煤炭贸易等特色服务产品,实现公、铁、水多式联运,提高物流效率,降低物流成本,为能源基地转型发展提供新动能。

在货款结算上,继续与金融机构合作,完善第三方资金结算平台,推广"订单融资""票据融资""应收账款融资""仓单质押融资",以及"易付保"资金监管产品;强化服务,改进作风,增强现代能源综合服务平台公信力,以合作共赢引导推进更多企业上线结算。同时,积极为企业着想,帮助

中国(太原)煤炭交易中心全景

企业解决实际困难,研究实用、易操作的供应链金融产品,机动灵活开展业务,推进供应链融资扩大规模,帮助交易商降低融资门槛、节约融资成本、提升融资效率,保障资金安全。

在信息服务上,整合优化信息产品,提高信息影响力;运用互联网、大数据等现代信息技术,通过门户网站、微信公众平台等为交易商提供适时、实用、连续的煤炭产销、存储、装运、价格等动态信息以及关联产业信息;编辑出版年度系列报告《中国煤炭市场蓝皮书》;重建中国太原煤炭交易价格指数,为煤炭供需企业准确研判市场形势、科学合理定价和政府宏观决策提供参考和指导。

在能源电子商务平台升级改造上,以合同签订量、交易交收量、结算额、现汇结算额、供应链金融融资额为主要指标,优化平台功能,建立全新

的市场化交易专区、全流程交易专区、交易交收、金融结算、能源行情、期现整合、大数据平台等七大功能版块;制定客户管理办法,研发客户管理系统,汇集能源产品交易和会展客户信息,运用大数据和互联网技术,创新客户服务机制。同时,开展煤化工交易平台服务。

(三)创新模式,扎实推进市场化交易

按照现代能源服务业的发展定位,瞄准建设全国一流现代能源综合服务平台的发展目标,强化市场意识和服务意识,推进市场化改革,推行市场化服务,以产品为抓手,开展市场化交易,推动转型发展,做实做强能源产品交易主业。

目前,市场化交易以挂牌交易、竞价交易两种产品起步。通过加强与生产、加工转化、贸易、消费企业的沟通联系,组织煤炭上下游企业资源在能源电商平台上开展挂牌、竞价交易。并结合市场实际,积极适应市场需求,不断探索更多的市场化服务产品,成熟一个,复制一个,推广一个。通过推行市场化改革,开展市场化交易服务,取得了良好的社会效益,增强了社会影响力。截至2019年上半年,共为阳煤集团、潞安集团、晋能集团、山煤国际等交易商,开展市场化交易331场,资源量1461.87万吨,成交量1157.96万吨,成交金额62.02亿元,为委托方增加收益1.1亿元。

通过"推进市场化改革和转型发展,打造一流现代能源综合服务平台"管理体制创新,充分发挥了交易中心第三方平台"公开、公平、公正"的作用,为煤炭生产、物流、消费企业拓宽了销售渠道、降低了交易成本、提高了交易效率,从而进一步提高企业的经济效益,促进上下游企业的发展,提高了交易中心煤炭交易服务效率和水平,提升了煤炭市场影响力和竞争力。2012年2月至2019年5月,交易中心能源电子商务平台累计注册交易商达到14 449户,遍布全国31个省市自治区,煤炭现货交易总量累计达到111.25亿吨,交易金额6.11万亿元,已成为国内煤炭交易商最多、交易量最大、交易额最高、影响力最大的煤炭现货交易市场,得到了国家和山西省有关政府部门的肯定和广大交易商的认可。

科学设计　造福社会

煤炭工业太原设计研究院集团有限公司

　　煤炭工业太原设计研究院组建于1959年4月,是中国较早建立的大型综合性煤炭甲级勘察设计研究院之一。现隶属山西省人民政府,为自收自支、企业化管理的正厅级建制事业单位。办公大楼坐落于山西省太原市青年路18号。1993年入选全国综合实力百强勘察设计单位。拥有设计、勘察、工程咨询、工程监理、工程总承包、工程造价、建筑工程、建筑智能化、环境评价和环境工程10项国家甲级资质,以及建材、冶金、市政、电力等6项国家乙级资质和对外经营合作权,取得了质量/环境/职业健康安全管理体系认证证书。

　　建院以来,累计在册人员1325人,其中:中国工程勘察大师1人,中国工程设计大师2人、全国工程勘察设计大师1人,煤炭工程勘察设计大师2人,享受政府特殊津贴人员6人,正高级专业技术人员43人、副高级专业技术人员459人(其中高级工程师410人)、工程师221人、助理工程师148人,各类注册人员242人。

　　1959～2019年,共和国的时针节点在煤炭工业太原设计研究院的前脚后步定格。

　　"多快好省地建设社会主义"号角吹响的时刻,一群设计人天南地北汇聚山西省城,踌躇满志,学干同步,承载着理想和使命,开启了山西煤炭勘察设计事业。60年风雨征程,60年奋勇前行。在党和政府的关怀下,经过几代人的艰苦努力,团结拼搏,我院由小到大,由弱到强,九次更名,四次

搬迁,不断成长为一个多元发展的大型综合性勘察设计研究院。自1959年第一次独立设计汾西矿务局水峪矿起,完成国内外大中型勘察设计工程项目1600余项,工程总承包70余项。荣获省部级以上各类奖项300余项,荣获全国勘察设计企业综合实力百强单位、省高新技术企业称号。一代代设计人,伴随着时代的强音,从勘察设计咨询到工程总承包,从煤炭行业到非煤领域,诠释着"设计为本、多元发展、国内一流、国际知名"的战略愿景,绘就了一张张宝贵蓝图,为山西乃至全国煤炭工业发展做出了重大贡献。一项项优秀设计记录了太原太原设计研究院成长的印记。

1959年完成了建院后第一座矿井——汾西矿务局水峪矿井（120万吨/年）设计。

1960年完成第一步矿区总体设计——霍县河东矿区总体规划（设计能力1125万吨/年）,该项设计在当年北戴河煤矿设计会议上被评为甲级设计。

1966年完成了当时山西省内设计规模最大的大同矿务局云冈矿井设计（270万吨/年）。设计注重环保、文物保护,首次采用一次分期投产的设计理念,在井田开拓、井筒布置、井底车场、盘区划分、盘区布置、盘区装车方式、提升系统等方面均体现了创新的设计理念。项目设计作为实例编入了煤矿大专院校的教科书和相关设计技术手册。1975年4月至8月,国家建委在北京建筑展览馆举办了设计采用新技术成果展览,检阅、交流十年来各行各业在设计上采用新技术的成果和经验。云冈矿井设计在这次展览会上展出。

1976年7月28日,唐山大地震发生后,抗震设计是这一时期工程勘察设计的重要任务。根据煤炭工业部和山西煤炭工业管理局的指示,太原院迅速组织20余人的支唐设计队,奔赴开滦矿务局林西煤矿,参加抢险排险和勘察、修复、加固工作。大家自带行李,不畏余震危险,夜以继日,加班加点,连续工作了10个月,圆满完成了工业、民用建筑和地基处理等重建和加固修复设计任务126项。1977年5月，支唐设计队完成任务回院，受到上级有关部门的隆重表彰。1976年12月，太原院参加编写了《唐山、丰南地震煤矿建筑工程震害调查报告》。

1978年，参加编制了《恢复开滦煤矿设计会战专题总结选编》及《煤炭工业抗震设计规定》，此项工作受到1978年全国科学大会的奖励。太原院王步云撰写的《吕家坨液化砂基的勘察与判定》论文，选入国家地震局《1976年唐山大地震震害》一书。

1978年参加编制了《恢复开滦煤矿设计会战专题总结选编》及《煤炭工业抗震设计规定》，此项工作受到1978年全国科学大会的奖励。

1978年太原院在"空间网架"结构设计方面大胆创新，完成的空间网架及组合网架设计与试验，荣获全国科学大会科研成果奖。

1978年，太原院完成了国家"六五"重点建设项目《古交矿区总体设计》并获批复，拉开了古交矿区开发的大幕，有力支撑了山西能源重化工基地的建设。承担设计的古交矿区第一座特大型现代化矿井——西曲矿井，1979年开工建设，1984年12月1日一期工程顺利投产。原国家副主席王震为西曲矿投产剪彩，题词"祝古交矿区西曲矿投产胜利，为四化做贡献"。设计首次提出的环保"三同时"原则，在1985年10月在洛阳召开的全国城市环保会议上，被时任国务院副总理李鹏命名为"古交精神"，号召全国学习推广，成为全国环保战线的一面旗帜。西曲矿井工程设计也因此荣获国家优秀设计金奖、国家科技进步奖二等奖、部级优秀设计一等奖。1989，在国家邮政局发行的社会主义建设成就系列邮票中，西曲矿名列其中。

1981年，太原院完成的《唐山矿区吕家坨矿液化场地勘察报告》获国家科技进步奖二等奖。

由太原院承担的古交矿区镇城底选煤厂，1986年一次试车成功。设计独创了一种具有多功能的洗水净化再生系统。1988年获国家优秀设计金

奖、部级优秀设计一等奖。

太原院承担的潞安矿务局王庄煤矿改扩建设计1988年12月扩建完成投产。设计过程中太原院认真调查研究,因地制宜开展设计,解决了一个个技术难题:突破主斜井和辅助暗斜井分别穿越采空区裂隙带和奥灰水含水层两个禁区,打破常规将大型筛选厂设置在筒仓顶部,解决了在原狭窄的工业场地改扩建的技术难题。项目设计获国家优秀设计金奖、部级优秀设计一等奖。

20世纪80年代初期,为解决沿海地区煤炭需求,国家决定兴建大同至秦皇岛运煤专用铁路线——大秦铁路,开行万吨重载单元列车。作为大秦铁路的配套工程,在山西省晋北地区规划有18个装煤站。

1984年5月,为保证大秦铁路顺利建设,原煤炭部、铁道部联合下文,委托太原院就晋北地区13个煤炭集运站分布进行了总体规划,并承担了其中12个集运站的设计任务。

1990年4月26日第一个现代化煤炭集运站——落里湾集运站投产,时任国务院副总理邹家华为该站建成剪彩。

在这一系列的集运站设计中,太原院首次采用了装车速度快、精度高、机车牵引不停车装载的快速装车系统,首次采用2.0米带宽的大运量胶带输送机等先进技术。

作为大秦铁路的配套工程,晋北地区集运站的建设,对解决晋煤外运、促进我国国民经济发展,起到了非常大的作用。

1991年12月,太原院承担设计的中国首座设计能力为500万吨/年的特大型矿井大同矿务局四台沟矿井和配套选煤厂同步建成投产。

1995年太原院承担设计的首次利用世界贷款建设的潞安矿务局常村煤矿特大型矿井顺利竣工投产。设计过程中,太原院积极引进、消化、吸收国外先进技术,大胆改进工艺和方法,取得显著成效,受到世界银行的高度认可,树立了引进世界央行贷款项目的国际形象。常村矿井设计在2000

年被评为国家优秀设计金奖,获部级优秀设计一等奖。

1997年受太原市政府指派,太原院岩土工程公司承担并完成了太原双塔寺东塔纠偏及地基处理工程和施工,面对这座有着400多年历史,塔高57米,倾斜达2.64米的危塔,太原院谨慎、科学采用掏图法实现纠偏,有效保护了这座象征太原市的古老建筑,受到市政府的表扬。

2003年太原院岩土工程公司再次受太原市政府指派,承担了太原市拱极门修复工程岩土工程治理任务。这是太原市建成2500年的重点修复工程之一。面对这项时间紧、难度大的工程,太原院经得住考验,以其丰富的经验结合先进的技术,顺利完成这项任务。项目获工程勘察一等奖。

由太原院承担的汾西矿业集团2002年8月竣工投产。设计中工程技术人员克服自然条件所限,在工业场地开凿了一条倾角25度的主斜井,装备大倾角带式输送机,这在全国是首次应用,是主井提升斜井开拓的一次革命。改扩建工程设计获部级优秀工程设计一等奖。同时配套的选煤厂设计由于选煤工艺合理、自动化程度高、厂房布置独特新颖,荣获部级优秀工程设计一等奖。

由太原院承担设计的潞安矿业集团司马矿井,把缩短建井工期作为重要设计原则之一加以考虑,采用了方便快速施工的设计方案,为快速建设施工创造了条件。在三个立井井筒均采用冻结施工的条件下,2003年9月开工建设,2005年6月18日建成投产,仅用了21个月,创造了国内同类型矿井建设的最快速度。2009年10月被《中国企业收录暨自主创新成果年鉴》收录,正式成为煤炭行业127项新纪录之一。司马矿井设计荣获国家优秀设计铜奖、部级优秀设计一等奖。

由太原院承担的山西省晋神能源有限公司沙坪煤矿2010年通过竣工验收正式投产。沙坪煤矿由九座小煤窑整合而成。设计认真研究整合前小煤窑的开采情况和现有场地、井筒等,在此基础上因地制宜开展设计。矿井2007年8月开工建设,2008年10月建成出煤,建井工期仅14个月。正式投

产后一年内,生产原煤240万吨,达到设计能力,生产成本216.7元/吨,年销售收入7.88亿元,上缴税费1.4亿元,净利润0.8亿元,安全事故为零,成为高标准现代化特色企业和高标准本质安全型矿井,被山西省人民政府树立为资源整合的标杆,为山西省煤矿兼并重组工作的开展提供了宝贵经验。沙坪矿井的设计荣获部级优秀设计一等奖。

由太原院承担的晋城无烟煤集团有限公司赵庄选煤厂,为一座实际能力1000万吨/年的特大型选煤厂。设计之初太原院下功夫对该矿的煤质进行了分析并走访了大量用户,发现其虽为贫煤但各项指标非常接近无烟煤,因此,科学地将产品结构定位为生产气化用块煤和高炉喷吹煤,而不能按常规的动力煤洗选,极大地为选煤厂创造较高的经济效益奠定了基础。赵庄选煤厂设计荣获部级优秀设计一等奖。

由太原院承担设计的太原煤炭气化公司龙泉矿矿井,地处太原市娄烦县,位于汾河及汾河水库的上游。汾河作为山西省的母亲河,是山西省重点环境保护目标。设计除井下排水、生活污水、固体废弃物、粉尘等高标准治理外,采用热泵技术和太阳能技术,分别回收矿井回风、井下排水、生活污水的热能和太阳能,取代了传统的锅炉房,实现冬季供暖夏季制冷,彻底改变了传统矿区的面貌,看到的是碧水蓝天,看到的是节能减排和环境保护的典范。项目与2017年全面通过竣工验收投产。

由太原院承担的山西兰花大宁发电有限公司矿井煤层气综合利用项目2009年建成投运。设计采用当今世界上最为先进、单机功率最大的4000千瓦德国道依茨燃气内燃发电机组进行燃气—蒸汽联合循环发电并解决了燃气内燃发电机组通风散热、降噪以及瓦斯发电厂气源波动较大的问题,取得良好的经济效益和环境效益。项目设计荣获部级优秀设计一等奖。

由太原院承担设计的大同煤矿集团麻家梁矿井(1500万吨/年)顺利通过竣工验收。作为当今世界上最大设计生产能力的立井的开拓矿井成功设计，再次实现了技术的飞跃。麻家梁矿设计也因此获得2016年优秀设计一等奖，其系列关键技术的研究获中国施工企业协会科技进步一等奖。

发挥专业与人才优势，太原院成立了"山西中太建设监理公司"，监理的晋城煤业集团寺河矿井下工程，获2004年"鲁班奖"，2006年获国家优质工程"银质奖"。承担监理的潞安矿业集团高河矿井选煤厂，2011年度获"太阳杯"奖。

改革开放以来，太原院走出了一条积极引进、消化、吸收先进技术，结合工程实际，因地制宜再创新的路子。期间获得各类奖项289项，其中：国家及省部级科技进步奖5项；国家优秀设计金奖5项、银奖5项、铜奖8项；省部级优秀勘察设计一等奖40项、二等奖53项、三等奖33项；国家优秀咨询成果一等奖13项、二等奖32项、三等奖72项；省部级优秀咨询成果设计特等奖2项、一等奖项39项、二等奖45项、三等奖26项。

积极完成各级政府交办的事项。太原院先后完成了《山西煤炭工业"十二五"规划》《山西省2006-2020年煤炭开发规划》《山西省煤矿兼并重组整合规划方案》《山西煤炭工业"十三五"规划》。

担当社会责任。2010年，山西省王家岭煤矿发生"3·28"特别重大透水事故，太原院第一时间赶赴现场，作为专家组长单位，主持制定并组织设施了"地面钻进垂直救援方案"，为115名被困矿工的成功获救起到关键作用，为今后煤矿事故救援开辟了新路。

改革开放的时代是人才辈出的时代，在为山西煤炭做出重大贡献的同时，太原院培养和造就了一大批杰出人才，其中有中国工程勘察大师王步云、中国工程设计大师戴少康、中国工程勘察设计大师耿建平。

依靠雄厚的技术力量和勇于担当的精神，太原院收获了改革的丰硕成果，1992年荣获"全国勘察设计综合实力百强单位"称号，同年太原院被评为全国勘察先进单位。

太原院荣获"全国勘察设计综合实力百强单位"称号，时任省委常委、

太原市委书记王云龙等到太原院祝贺。

40年的改革,太原院肩负山西建设能源重化工基地建设的重任,解放思想、实事求是、大胆创新。在社会主义建设的新时代,我们将坚决以习近平新时代中国特色社会主义思想为指导,深入贯彻落实党的十九大和十九届二中、三中全会精神,学习贯彻落实省委十一届六次、七次全会精神,在省委省政府坚强领导下,改革创新、奋发有为,继续秉承"科学管理、先进技术、精心设计、诚信服务"的宗旨,为建设"设计为本、多元发展,国内一流、国际知名"现代化设计院和能源高端智库,为我省"两转"基础上全面拓展新局面,谱写新时代中国特色社会主义山西篇章贡献力量。

荣誉证书

奋进中的中国煤科集团太原研究院

中国煤科集团太原研究院有限公司

一、历史沿革

中国煤炭科工集团太原研究院有限公司,1964年由北京煤炭科学研究总院机电研究所与山西省煤炭科学研究所合并而成,隶属于煤炭工业部煤炭科学研究院管理。1978年7月28日,煤炭工业部决定建立以部领导为主的行业研究所管理体系,将其收回并恢复了"煤炭工业部煤炭科学研究院太原研究所"的名称。1984年5月8日,为适应山西能源重化工基地生产建设和促进山西煤炭科学技术发展的需要,原煤炭部决定将太原研究所进行扩建,名称为"煤炭工业部煤炭科学研究院太原分院"。1988年12月原中国统配煤矿总公司根据工作需要,将太原分院名称更改为"煤炭科学研究总院太原分院"。1999年7月1日,根据国家关于科研机构深化体制改革的整体部署,太原分院随煤科总院整体转制为中央直属的大型科技型企业。2006年12月,为进一步推动事业发展,更名为"煤炭科学研究总院太原研究院"。2008年随煤炭科学研究总院整体成为新组建的国资委直属央企——中国煤炭科工集团有限公司所辖子企业。2010年12月,按照中国煤炭科工集团的部署,更名为"中国煤炭科工集团太原研究院"。2013年7月,根据中国煤科集团重组改制工作的统一部署,太原院完成改制,取得公司营业执照,标志着太原院建立起了现代化企业法人治理结构,更名为"中国煤炭科工集团太原研究院有限公司"(以下统称"太原研究院")。至此,太原研究院破茧成蝶,华丽转型,走上了一条现代化管理、企业化运作的

健康发展轨道。

二、科技雏形

太原研究院成立初期,就定位为"以煤矿采掘机械化为主导专业的煤炭行业专业科研机构"。改革开放前的近15年发展中,一代"太科人"孜孜不倦、拼搏奋斗,白手起家,从无到有、从小到大,逐步建立了"采、掘、运、支"四大煤机装备研发基地的科技雏形,为改变我国煤炭行业早期陈旧落后采煤方法、推进机械化采煤技术的发展,提供了强有力的技术支撑,也为山西省煤炭行业的技术进步做出了贡献。

EBZ260W 小断面掘进机

三、砥砺前行

改革开放以来,太原研究院以科技体制改革为契机,始终以科技报国为使命,牢固树立"持续创造、特色发展"理念,坚持"创新驱动、跨界带动、文化促动"工作方针。经过50余年的行业探索和技术积淀,形成了全系列巷道综合掘进技术与装备、防爆无轨胶轮辅助运输技术与装备、短壁机械化开采成套技术与装备、综采技术与装备、电气自动化控制五大专业,煤机装备制造、煤机装备延伸服务、技术服务与检测三个业务板块,并在进口设备国产化、高端设备大修、自主创新领域取得了可喜成绩,是国内多项煤机装备行业标准、技术规范及生产制造的引领者,逐步形成了以技术跨界为核心,不断推进市场跨界和领域跨界"一个核心两个突破"的发展格局。

四、硕果累累

(一)煤矿巷道掘进设备研究领域

太原研究院是我国掘进机械标准化技术归口单位,起草了国内近80%的掘进机标准,一直引领着该领域的技术进步,先后承担完成了"国家863计划""国家科技支撑计划"等各类科技项目83项,获得各类科技奖励30余项,其中国家科技进步二等奖3项。作为太原研究院主导产业,目前形成了轻、中、重型三大系列掘进机机型,适应截割断面4～40平方米,截割功率50～450千瓦,截割硬度覆盖f4～10。多种机型(30台)出口俄罗斯、乌克兰、加拿大、老挝、印度等国。研制的EBZ120TP型掘进机开启了国产掘进机完全自主研制的时代,单机型生产超过1000台,为单一机型超过千台的世界第一品牌,2004年获国家科技进步二等奖。依托"国家863计划"研制的EBH450型智能化超重型岩巷掘进机,采用了截割工况识别和智能决策、截割转速交流变频调速控制、截割牵引调速控制等先进技术,达到了国际先进水平,2018年获中国煤炭工业科学技术二等奖。研制的小断面全岩巷掘进机,攻克了掘进机截割转速交流变频调速控制及综掘机载超前探测等关键技术难关,具备离机遥控、截割断面监视和故障诊断等功能,解决了小断面高抽巷或低抽巷全岩巷掘进的难题,2018年获中国机械工业科学技术三等奖。

太原研究院自2010年开始针对井下煤巷不同地质条件的高效快速掘进技术进行研究,提出"掘支运三位一体"的快掘新理念,整套系统包括掘锚机组、履带式转载破碎机、多臂锚杆钻车、锚杆转载破碎机组、可弯曲胶带转载机、迈步式自移机尾等设备。该系统把传统的掘进、运输、支护等分步实施的工序变成同步平行作业,多臂同时支护,连续破碎运输,长压短抽通风,智能远程操控,有效提高了掘进效率,改善了作业环境,推动了煤巷掘进技术的变革,为实现掘进工作面无人化奠定了基础。项目研制的首套系统于2014年7月在神东大柳塔矿5-2煤使用,截至目前已掘进巷道近3万米,平均月进尺2400米。其中小班最高进尺85米,全天最高进尺158米,月最高进尺3088米,刷新了世界快速掘进系统单月进尺记录,获得了用户的认可,在国内外产生巨大影响,央视、《人民日报》等媒体多次进行报道。2015年,该产品列入国家安监总局"机械化换人、自动化减人"科技强安示范内容。

太原研究院掘进产业的蓬勃发展,对提高我国煤炭行业的综掘机械化程度具有积极的促进作用。长期以来,我国巷道掘进、开拓和支护机械化技术水平大大滞后于采煤机械化生产的发展,其技术性、配套性较差,煤矿井下巷道掘进速度缓慢、采掘失调已成为制约煤炭企业高效、集约化生产的"瓶颈"。太原研究院系列掘进机特别是快速掘进系统的研发,对提高我国煤炭行业的掘进、开拓机械化水平起到了积极的推动作用,为煤炭企业的高效、安全、集约化生产提供了保障。

(二)矿井无轨胶轮辅助运输研究领域

太原研究院是国内最早开展防爆无轨胶轮运输装备研制的单位,一直引领该领域国内技术进步,累计制定了煤炭行业内67%的无轨辅助运输类行业标准;先后承担完成了"国家863计划""国家科技支撑计划"等各类科技项目84项,获得各类科技奖励29项。目前已形成轻型车、工程车、特种车三大系列60多种系列产品的格局。研制的WC40E铲板式搬运车,2016

年获山西省科技进步一等奖;研制的煤矿综采工作面无轨胶轮快速搬家成套装备,将综采工作面的搬家时间缩短了70%,人员减少了50%以上,彻底改变了我国综采工作面快速搬家无轨辅助运输设备依赖进口的局面,2016年获得中国煤炭工业科学技术二等奖。

(三)短壁机械化开采设备研究领域

太原研究院从20世纪80年代开始进行连续采煤机短壁机械化开采技术及配套设备的研发工作。经过20余年的努力,先后研制出XZ系列履带行走式液压支架、LY系列连续运输系统、CMM系列锚杆钻车、GP系列履带式转载破碎机、SC系列梭车、CLX3型铲车和EBH/132型掘采一体机等短壁开采配套设备。2008年,太原研究院研制成功国内首台EML340-26/45型连续采煤机,标志着我国具备生产短壁开采成套装备的能力。随着短壁机械化开采工艺和设备的不断完善,短壁开采将与长壁综采相互补充,用来回收煤柱及不规则块段等煤炭资源,提高矿井资源回采率,促进了矿井的安全、绿色、高效生产。

55年的风雨兼程,留下了几代"太科人"拼搏奋斗的足迹,科研成果硕果累累,为我国煤炭事业的发展、推动采煤机械化技术的进步做出了重要贡献。

太原研究院建有煤矿采掘装备国家工程实验室,国家煤矿掘进机械质量监督检验中心,国家安全生产太原矿用设备检测检验中心,国家能源煤矿掘进、运输技术装备评定中心,山西省煤矿机械技术研发中心,山西省煤矿采掘设备工程技术研究中心,山西省煤机行业技术中心,煤矿综掘与短壁开采装备山西省重点实验室,山西省质量技术监督局煤机产品监督检验站等国家、省部、行业各级研发平台,同时也是我国煤炭行业掘进机械、刮板输送机械、乳化液泵的专业技术归口单位,是煤矿专用设备标委会掘进机械分会和刮板输送机械分会、中国煤炭学会短壁机械化开采专业技术委员会的挂靠单位,在行业内享有较高声誉。

"太科人"辛勤耕耘科技沃土、默默奉献煤炭事业,制定了煤炭行业67%的无轨辅助运输类行业标准,58.3%的刮板运输类行业标准,79.3%的掘进机械类行业标准;获得国家和省部级科技奖励230余项,其中国家科技进步一等奖1项,国家科技进步二等奖5项,国家科技进步三等奖3项,省部级科技一等奖7项。目前拥有有效专利322项,其中发明专利215项。

太原研究院坚持"面向需求、立足产业、多维创新、引领未来"的科技创新方针,面向我国制造业创新发展及煤炭产业结构调整的重大需求,立足产业共性关键技术、先进适用技术研发,以多层次、多模式创新为主线,不断完善创新体系建设,支撑和引领产业未来可持续发展。

EJM340 掘锚一体机

连续采煤机

应改革而生　伴改革成长

中国煤炭博物馆

中国煤炭博物馆

　　中国煤炭博物馆是全国唯一的国家级煤炭行业博物馆，是全国煤炭文物标本的收藏保护机构，是全国煤炭文献、煤炭史料的收藏中心，是开展煤炭科普、煤炭文化、煤炭科技交流活动的重要阵地，是宣传中国煤炭工业历史与发展的重要窗口，是全国煤炭职工的精神家园。中国煤炭博物馆诞生于20世纪80年代，1983年由煤炭工业部发起设立，1985年开工建设，1989年9月开馆。中国煤炭博物馆的历史，可以说是因改革开放而生，并随着我国改革开放而不断发展、不断成长的历史。

　　建馆近30年以来，在原煤炭工业部和山西省委、省政府的直接领导和亲切关怀下，全馆职工团结奋进，锐意进取，取得了优异成绩，先后被授予

"国家一级博物馆""全国科普教育基地""全国工业旅游示范基地""国家4A级旅游景区""全国研学旅游示范基地"等5个国家级荣誉和"山西省爱国主义教育示范基地""山西省德育基地""山西省科普教育基地""山西省青少年科技教育基地"等称号,为国家煤炭文化挖掘、研究、展示、发展做出了突出贡献。

中国煤炭博物馆分东、西两院,占地面积约11公顷,建筑面积约10万平方米,由陈列大厅、学术报告厅、办公研究楼等组成。

2000年9月,中国煤炭博物馆首期基本陈列展对外开放。2003年8月,中国煤炭博物馆二期陈列正式对外开放;2009年5月,三期基本陈列暨精品馆工程竣工,并正式对外开放。

中国煤炭博物馆的基本陈列包括"煤海探秘"和"山西古代壁画精品展"两个部分。

"煤海探秘"以煤炭为主题,内容包括煤的生成、煤炭与人类、模拟矿井、煤炭精品馆和四维动感影厅5个部分,展示了我国古代劳动人民发现煤炭、挖掘煤炭、使用煤炭,近代社会中煤炭推动工业革命的发展,再到现代社会中煤炭给人们生活带来的各种便利,煤炭与人类生活有着几千年的紧密关系。叙述华夏民族煤炭开采几千年的历史,揭示围绕煤炭本身的众多奥秘。

"山西古代壁画精品展"共200平方米,分6个单元展示,依次为汉代石刻壁画、南北朝墓葬壁画,以及唐、五代、宋、辽、金、元、明等时期的寺观壁画。虽然山西古代壁画精品展仅仅作为我馆发展多元文化的一个补充和尝试,但是展出后受到观众的极大青睐。

今天,面对全国文博事业快速发展的新机遇,面对国家经济发展的新挑战,中国煤炭博物馆将深入贯彻习近平总书记关于文物博物馆事业的重要指示,按照中共山西省委、省政府"一个指引,两手硬"的重大思路和要求,实施文化兴晋,建设文化强省,凤凰涅槃,再铸辉煌。

与时俱进的朔州煤炭工业

朔州市能源局

位于山西省北部、晋蒙交界区域的朔州市,1989年1月正式建市,这是一座在改革开放中应时而生的城市,这是一座改革开放之风催生的城市,这是一座改革开放"试验田"所在的城市。

1987年9月10日,在山西平鲁,一个叫"安太堡"的地方,彩旗飘扬,锣鼓喧天,人头攒动,处处洋溢着喜庆的气氛。举世瞩目的我国最大的中外合作经营项目——中美合资平朔安太堡露天煤矿,经过三年准备,两年建设,在这一天建成投产并举行了隆重的剪彩仪式。从此,一座年产千万吨级的特大型露天煤炭企业屹立在塞外黄土地上,使我国的煤炭工业一步跨越了30年,成为中国改革开放的一块"试验田"。

一、朔州市煤炭工业发展经历了6个阶段

从1978年到2019年,朔州市煤炭工业跟随改革开放的步伐,走过了40年的风雨历程,为山西经济社会发展和我国能源供应保障提供了重要支撑。大体经历了6个阶段。

第一阶段从1978年中共十一届三中全会召开到1989年朔州建市,历时11年。其间,正值国民经济第六个和第七个五年计划时期,朔州地区的煤炭工业经历了改革开放初期的阵痛之后,终于迎来了难得的发展机遇,成为朔州市的立市之基。

1978年12月中共十一届三中全会以后,雁北地区认真贯彻中央提出

的"调整、改革、整顿、提高"八字方针,充分发挥煤炭资源优势,在继续巩固和发展国营煤矿的同时,放手发展乡镇煤矿。随着农村产业结构的改革,乡镇煤矿逐渐成为农村经济发展的重要支柱。对雁北地区煤矿布局进行了全面规划,对乡镇煤矿进行了矿界整顿。将各类煤矿及运输、销售部门,全部改属县区煤炭工业局,建立了产、供、销的统一指挥服务系统,为雁北地区煤炭工业的高速健康发展创造了有利条件。从1982年开始,雁北地区对全区国营煤矿分期分批进行企业整顿。对乡镇煤矿的整顿则从整顿安全管理、整顿领导班子、整顿财务、完善经济责任制4个方面入手,制定乡镇煤矿改扩建规则,抓重点,抓关键项目,边生产,边改造,扩大生产能力。同时,发展横向联合,大力兴办联营煤矿,改革管理体制,使乡镇煤矿的发展逐步走上正轨,成为充满活力的企业。到1985年底,乡镇煤矿分布情况为朔县40个、怀仁县59个、山阴县85个、平鲁县92个。

1980年,中共中央和国务院作出建设山西能源基地的重大决策,平朔矿区被列入国家在山西省建设的十五项重点工程。1982年,在邓小平的亲切关怀下,美国西方石油公司与中国合作在平鲁、朔城两区交界处建设露天煤矿。平朔露天矿区是中美合资开发的第一个煤炭企业,也是国家开发的五大露天煤矿之一,总规模为年产原煤5000万吨。安太堡露天煤矿第一期工程,设计能力为年产1500万吨。矿坑拉沟开挖剥离工程于1985年7月1日正式开工,拉开了在朔州境内进行国家重点工程建设的序幕。经过两年的建设,于1987年9月建成投产。安太堡露天煤矿的建成投产,为朔州地区煤炭工业的腾飞带来了难得的历史机遇,注入了旺盛的活力,催生了年轻的资源型城市——朔州市。

与此同时,地方若干重点项目和部分重点煤矿相继投产或基本建成。境内地方煤矿企业普遍推行了各种形式的承包经营责任制,把激励机制、竞争机制和风险机制引入企业,明确了国家、企业和个人之间的责权利关系,调动了企业经营者和生产者双方的积极性,企业内部普遍推行了厂长

(矿长、经理)负责制,企业的干部人事制度、劳动制度、分配制度也进行了改革。部分企业之间实行了联合与兼并,促进了生产要素的合理流动和优化配置。企业技术改造取得显著成绩。5年间,新增原煤生产能力1706万吨。1989年1月,资源型城市朔州市正式成立,朔州市政府下设煤炭工业公司,全面负责全市所辖三县(区)(朔城区、平鲁区、山阴县)煤炭工业产运销管理。

第二阶段从1989年朔州市建市到1997年,历时8年。1991～1995年第八个五年计划时期,新成立的朔州市委、市人民政府明确认识到煤炭是朔州矿产资源中的第一优势,确立煤炭工业要坚持以运定产、稳定增长、重点改造、合理开发、增强后劲的方针。地方煤炭生产除对现有骨干矿井进行技术改造和环节配套,增加生产能力外,通过自办或联办的方法,有重点地新建一批国营和集体煤矿。对一些骨干企业,还采取了适当的保护政策。1993年7月,雁北地区与大同市合并,将怀仁县、右玉县、应县划归朔州市管辖。至此,朔州市所辖6个县区中,有5个是全国重点产煤县区,为今后全市煤炭工业的发展再上新台阶增添了活力。朔州市积极转变政府职能,放权于企业,把企业逐步推向市场,转换企业经营机制。同时,实行煤炭产运销分家,新设立了朔州市煤炭工业局,整顿煤炭市场产运销秩序取得实效,对小煤矿关掉一批、联营一批、改造一批,从而使全市煤炭工业生产呈现良好局面。与此同时,国家重点煤炭企业原中美合资经营的安太堡露天煤矿由中方接管后,实行中洋结合管理模式,全面扭亏转盈。1995年,朔州市原煤产量达到3705.3万吨,比1990年增长29.7%,其中:国家统配煤矿1420.9万吨,地方煤矿2284.4万吨。

第三阶段从1997年起到2001年,历时5年,这一阶段正值国民经济第九个五年计划时期,为朔州市煤炭工业调整发展阶段。朔州市将煤炭列为"九五"期间"五大基地"(煤、电、奶、瓷、特)建设之首,继续坚持以运定产、以销定产的方针,加快深加工、上档次、规模化进程。深加工方面重点发展

筛选、洗煤、焦化煤气、型煤等。上档次方面以改进采煤方法,提高资源回收率,提高煤矿安全程度为重点,搞好煤炭的综合开发利用,发展多种经营,优化产业结构。规模化方面加快地方煤矿联营改造,样板矿井和高产高效矿井建设步伐,推广正规化开采,提高矿业的整体水平。坚持开发与保护并重,搞好资源保护和生态环境保护。"九五"期间,由于煤炭企业进入市场以后,在观念、经营管理等方面还不能完全适应千变万化的市场经济,同时,受国际、国内煤炭市场疲软的大气候影响,全市煤炭行业步入低谷,总体呈下滑局势。

第四阶段从2002年到2007年,这一阶段是煤炭产业经受重大变化的时期。煤炭行业呈现出市场复苏、销售火爆、产能迅猛增长、效益大幅提升的前所未有的大好形势,但也潜伏着巨大的危机,煤矿超强度、超能力生产,不仅带来安全问题,而且乱采滥挖、浪费资源、污染环境问题也随之而来。要将朔州市打造成新型亿万吨优质动力煤和煤化工基地,作为基础的煤炭工业就必须首先实现新型化。为此,朔州市委、市人民政府提出了煤炭工业走"集团化、清净化、多元化、现代化"的路子:一是以煤炭企业集团化建设为重点,努力提高产业集中度。一手抓引进资金搞集团,一手抓整合资源上规模。先后引进神华集团有限责任公司(简称神华集团)、中国中煤能源集团有限公司(简称中煤集团)、大同煤矿集团有限公司(简称同煤集团)等大集团投资3亿元,建设和改造煤矿项目11项,同时对现有煤矿进行资源整合,形成相对集中的生产布局。二是以煤炭洁净化为方向,大力发展循环经济。按照"谁开采、谁污染、谁治理"的原则,投资2000多万元加强矿区环境保护、土地复垦和生态治理力度。通过现有洗选煤厂达产达效,新建、扩建洗选煤厂及与大集团的大型洗选煤厂联营,增强了煤炭加工转化能力,吨煤利用价值比20世纪90年代提高了3—5倍,年增加收入近5.5亿元。同时,新建和扩建煤矸石电厂5座,消化煤矸石1000万吨,建成煤变油等煤炭加工转化企业7座。三是以产业和投资多元化为基础,大力发展以煤为主的多种经营，涌现出了以平朔煤炭工业公司和山西金海洋能源集团为代表的集生产、销售、加工、洗选、运输、农牧、林业、商贸、房地产为一体的企业集团。在投资主体和产权多元化上，由以往单一的国有、集体办矿形式转变为股份合资、混合、民营、联营（国地、煤电、煤销、煤港、煤加、煤银、煤科联营）等多种所有制并存的格局。四是努力提高安全保障水平。一方面，提高设备的技术含量，先后投入采改资金2.4亿元，使63座煤矿完成了采煤方法改革；另一方面，采取多种方式提高职工的技术水平。

2003年，中国首例露（天）井（工）联合开采的特大型煤矿平朔安家岭煤矿建成投产。到2005年，朔州市建设新型能源和工业基地步伐稳步推进，全市新增煤炭生产能力3000万吨/年，新增煤炭洗选能力5000万吨/年，使煤炭总产能接近8000万吨/年，洗选能力突破1亿吨/年。

其间，朔州市地方煤炭行业在科学发展观指引下，由量变到质变。一是煤矿数量减少、质量提高。矿井数量由最高时期的346座减少到136座，30万吨/年以上的煤矿由4年前的16座增加到90座，90万吨/年以上的大中型矿井达到30座。矿井平均生产规模45万吨/年，平均井田面积3平方千米，平均保有储量6100万吨。煤矿数量之少、质量之高、井型之大，居山西省首位。二是机械化采煤从无到有，产业水平明显提高。到2007年，已有90座煤矿进行了采煤方法改革，已完成正规壁式采煤方法改革矿井65座，其中综采矿井25座、高档矿井7座、普采矿井33座。采区采出率由以往的30%左右提高到75%以上，每年节约资源1600万吨，成功推行了综采放顶煤采煤工艺。三是生产条件显著改善，安全状况稳定好转。朔州市煤矿投入安全资金累计达11亿元，平均每矿投入800多万元，对安全基础环节进行了提升改造，改善了生产和安全条件，提高了煤矿的抗灾能力和安全保障能力。四是全面推进矿井标准化建设，煤矿形象明显改观。在推进井下采掘、提升运输、通风、排水、供电等五大系统全面标准化建设的同时，地面做到"三化六有"（"三化"即矿区绿化、硬化、美化，"六有"即煤矿有办公、调度

场所,职工有食堂、澡堂、公寓和文化活动场所)。五是煤炭经济效益明显增长,对社会的贡献大幅度提高。2005年上缴税金13亿元,同比增长61.4%;2006年上缴税金32亿元,同比增长146%;2007年上缴税金49.6305亿元,同比增长55.1%。朔州市煤炭行业对财政的贡献率由2000年的不足5亿元,增加到2007年的50亿元,增长了9倍多。六是循环经济异军突起,工业园区独具特色。煤炭洗选率由20%提高到80%。年洗选能力由4000万吨提高到1亿多吨,就地加工转化率由19%提高到31%,1/3的煤炭就地转化为清洁能源。朔州市已建、在建的煤炭工业园区7个,集聚了煤炭生产、经营、洗选、转化、综合利用企业30多家,生产总值占到煤炭总产值的50%以上。七是科技手段广泛运用,先进技术快速推开。广泛推广使用数字化、网络化、自动化、智能化等高新技术,从2003年开始先后建成瓦斯监测监控系统、产量监控系统和井下人员考勤定位系统,投资1000万元建起了煤矿安全综合监控中心,将瓦斯、产量、考勤、视频、信息调度及办公自动化系统整合为一个平台。八是环保意识明显增强,生态治理初见成效。朔州市30%的煤矿完成了储煤场改造并安装了防风抑尘网,10%的煤矿建成了筒仓。建成全长15.5千米、发运能力1500万吨/年的封闭式金龙输煤专线。多数煤矿实施了生活区、办公区与工业广场隔离工程,在矿区种植树木,恢复植被,复垦耕地。投入600万元,建成矿区造林基地3个,绿化区10余个,营造绿化带30多条。九是企业的社会责任感明显增强,扶贫助困投资公益蔚然成风。几年来,累计投入7900万元用于节能减排;兴办各类地面企业及公益工程190多项,治理地表沉陷、道路裂缝、河床断裂等17处;向贫困地区、贫困学生和灾区捐款捐物价值3000余万元,矿村共建社会主义新农村20多个。十是产业队伍素质明显提高,煤矿软实力显著增强。累计投入630万元,建立和完善了市、县区、企业三级培训机构,从煤炭大企业、大集团成建制引进专业队伍上千人,定向选送300多名煤炭企业职工到大专院校深造,组织企业干部职工参加各种学历教育、岗位培训、技术培训,缓解了地方煤矿专业技术人员缺乏的状况。

第五个阶段从2008年到2013年，这一阶段是煤炭产业资源整合和煤矿兼并重组时期。其间，朔州市煤炭工业发展目标是：以规模化、洁净化、增值化、现代化为方向，坚持"资源整合、关小上大、能力置换、联合改造、淘汰落后、优化结构"的原则，认真组织好打击非法违法煤矿、资源整合和有偿使用、采煤方法改革"三大战役"，加快煤炭产业新型化步伐。加大煤炭资源整合力度，推动煤炭资源向大企业大集团集中，并借助大企业之力，加快现有煤矿技术改造和采煤方法改革，加快一批大型矿井和大型选煤厂建设。在第一轮整合中，朔州市地方煤矿由205座压缩到134座，原煤洗选率达到70%以上，地方矿区资源回收率达到70%以上，地方煤矿70%以上实现机械化开采，促使煤炭产业升级优化，形成山西省靠前的新型煤炭工业基地。煤炭工业以采煤方法改革、标准化矿井建设和治理超能力生产为重点，以建设大型矿井和强化安全监测监控为突破口，以规模化、洁净化、增值化、现代化为方向，全年安全生产形势稳定，科技进步明显加快，经济效益持续增长。在第二轮整合中，全市134座地方煤矿压减为66座。

"两大举措"使朔州市煤炭产量不断增长，产能快速扩张。

一是机械化采煤升级改造。从2007年开始，朔州市煤矿以采煤工艺改革为主，全面开展了井下采掘、提升运输、通风、排水、供电等系统建设改造活动。井下实行正规壁式机械化开采，组合式液压支架支护，采煤机落煤，刮板输送机运输，逐步取消炮采。朔州市用于煤矿机械化改造的投资超过100多亿元，先后有30座煤矿通过了山西省煤炭工业厅机械化采煤升级改造批复，生产规模均在90万吨/年以上。

二是煤矿企业兼并重组和资源整合。2009年底，朔州市在全省开展煤矿企业兼并重组和煤炭资源整合，并于2010年底率先完成。将134座地方煤矿压减为66座，压缩比例达到50.7%。平均单井规模由45万吨/年提高到

128万吨/年,增加2倍;总产能达到8490万吨/年,比原来增加2334万吨/年,且全部实现以综采为主的机械化。煤矿数量之少、井型之大、档次之高,居山西省首位,全面进入"大矿"时代,真正地实验由量到质的跨越。2011—2013年,朔州市煤炭总产量达到6.1亿吨。其中2013年朔州市煤炭产量达到22 091万吨,是建市初期煤炭产量(2502万吨)的近9倍,是资源整合前2009年煤炭产量(12 683万吨)的1.7倍。

第六阶段从2014年到2018年, 其间煤炭消费受限,保持低速缓慢增长。十八大以来,以习近平同志为总书记的党中央,高瞻远瞩,深谋远虑,面对能源供需格局新变化、国际能源发展新趋势,提出推动能源消费、能源供给、能源技术和能源体制的"四个革命",其目的就是要建立安全、清洁、现代化的能源体系,实现中国能源的可持续发展。这一指导思想也为我们以煤炭为主要能源地区的转型发展提供了重要依据。2016年年初,国务院发布《关于煤炭行业化解过剩产能实现脱困发展的意见》,正式拉开我国煤炭行业供给侧结构性改革的序幕。

近几年来,朔州市深入落实国家政策,推进煤炭供给侧结构性改革,着眼于经济转型发展,煤炭供应保障能力实现了跨越式提升,产业结构不断优化升级,发展质量明显提升,成为推动煤炭清洁、高效、低碳、集约化利用的实践者和排头兵。

朔州市大力推进煤炭企业兼并重组、提高资源回收率。坚持以煤为基、多元发展,以循环经济为路径,以高新技术为引领,以园区基地为承载,改造提升传统产业,培育壮大新兴产业,大力发展接续产业,初步构建了以巩固提升煤炭、火电两大传统产业,培育壮大高端陶瓷、新能源新材料、现代煤化工、生物医药、文化旅游、草牧业和农产品加工、商贸物流的"2+7+N"现代产业体系。为了把清洁能源送往首都,变输煤为输电,在传统发电项目的基础上,大力发展循环经济,"上大压小",建设了一批矸石发电厂、风力发电厂,积极发展太阳能光伏发电项目,开展生物能燃料锅炉研发。建起了朔州市固废综合利用工业园区、朔城区富甲循环工业园区、平鲁区北坪循环经济园、平鲁区东露天循环经济园、山阴县北周庄低碳循环经济工业园区、怀仁金沙滩陶瓷工业园区、朔州应县新兴产业园区、右玉县梁威工业园区等八大工业园区和晋北(山阴)煤化工园区,形成煤炭生产、火力发电、矸石发电、粉煤灰利用的循环经济链条。在抓好现有企业节能减排、粉煤灰综合利用的同时,对历史上集存下来的工业固废排放物进行全面综合利用,新建的固废综合利用工业园区被国家工信部批准为"全国固废综合利用十二个基地"之一。朔州市人民正在努力建设新型能源和工业基地,构建充满活力、富裕文明、和谐稳定、山川秀美的新朔州。

二、朔州市煤炭工业改革开放的主要成就

2001年到2011年,是煤炭工业发展的黄金期。朔州市委、市政府在指导煤炭行业改革发展中,坚定不移地贯彻执行国家产业政策和山西省委、省政府的决策部署,紧密结合实际,搞创新、抓特色、求突破,走出了一条具有朔州特色的煤炭工业发展路子。特别是煤矿企业兼并重组和煤炭资源整合,煤矿的机械化采煤升级改造和安全质量标准化矿井建设,尤其是近两年来开展的生态矿井建设,动手早、起点高、上档次、上水平,效果良好。朔州市从2011~2013年分别以1.86亿吨、2.07亿吨和2.2亿吨的煤炭产量,保持了位居山西省第一、全国第三的位置(内蒙古自治区鄂尔多斯市为5.87亿吨、陕西省榆林市为3.13亿吨)。

朔州市煤炭工业对当地经济的贡献逐年增大。就税收而言,21世纪80年代以前,地方煤炭工业创造的税收每个月为1500万元左右,每年不到2亿元;90年代每个月2500万元左右,每年2亿元~3亿元;进入21世纪以后,每个月5000万元左右,每年5亿元~6亿元,特别是2006年每个月达到1.2亿元,全年超过13亿元,2007年上半年每个月突破2.2亿元。朔州市居民的

吃、穿、住、行、入学、就医没有一样能够离开煤炭,城市基础设施、公共场所、公路、桥梁没有一项离开来自煤炭的投资。煤炭以占全市1/10的劳动力,产生着占全市GDP总量45%以上、占全市财政总收入60%以上的效益。煤炭工业为朔州经济社会的发展做出了突出贡献,具体有以下几方面:

(一)煤炭工业发展造就了朔州市的崛起

1982年,在邓小平的亲切关怀下,美国西方石油公司与中方合作在朔县、平鲁县交界建设露天煤矿,诞生了中国第一个最大的中外合作煤炭项目——平朔安太堡露天煤矿,催生了一座年轻的城市——朔州市。1987年9月安太堡露天煤矿建成投产,1988年3月国务院批准设立朔州市。截至2007年底,平朔矿区由原来的1座露天矿发展为2座露天矿和3座井工矿,煤炭产量由初期的1500万吨扩大到4500万吨。朔州市也由建市初期的2区1县发展到2区4县。总面积增大到107平方千米,69个乡镇,1832个行政村,总人口达152万人。"十五"期间,全市地方煤矿共生产煤炭12934万吨,比"九五"期间的10 843万吨增长19.3%;销售煤炭15 416万吨,比"九五"期间的11 927万吨增长29.3%;上缴税金329 707万元,比"九五"期间的133 188万元增长147.6%;占财政总收入的比重"十五"期间为37.8%,"九五"期间为40.19%。"九五"期间平均每年生产煤炭2168万吨,"十五"期间平均每年生产煤炭2587万吨,年均增长420万吨;"九五"期间平均每年销售煤炭2385万吨,"十五"期间平均每年销售煤炭3083万吨,年均增长近700万吨;"九五"期间平均每年上缴税金26638万元,"十五"期间平均每年上缴税金65941万元,年均增长39303万元。

(二)煤炭工业的发展带动了相关产业的发展

建市初期,煤炭作为朔州市的主导产业,主要以生产和出售原煤为主,经营单一、产品单一。从20世纪90年代后期,针对煤矿煤质差的问题,以全面实施煤炭加工"双千万"工程(筛选1000万吨、洗选1000万吨)为起点,在初加工能力达到1000万吨的基础上,把重点放在了精加工项目上,分别实施了省、市级调产项目4项；县、区、企业级调产项目10项。其中芦西、刘家口、峙峰山、金海洋洁净煤有限公司选煤厂作为省、市级重点调产项目，共投资2.12亿元，设计入洗选能力525万吨/年；10项县区、企业级调产项目，总投资2.26亿元，设计入洗选能力980万吨/年（其中干洗煤项目4项，入洗选能力220万吨/年），再加上已建的平朔一、二露天煤矿洗煤厂（入洗总能力4800万吨），全市原煤洗选能力达到6000万吨。另外通过现有洗、选煤厂达产达效，通过新建、扩建洗选煤厂，与中煤公司、同煤集团等企业的大型洗选煤厂联营合作，朔州市煤炭加工转化能力明显增强，因洗选每年带来的效益达5.5亿元。同时努力实现资源充分转化，提升资源附加值。截至2007年底，全市在建和拟建大型矸石电厂4座，总装机117万千瓦，可就地加工转化煤矸石及洗中煤190万吨；通过煤转电，就地消化煤炭1200万吨。

1997年，朔州市着手改变煤炭产业结构单一、品种单一及单一出售原煤的格局，使原煤变精煤，矸石变电力，一业变多业。如今，产业结构调整力度加大、深度进一步拓展。

一是推行产销洗选加工一体化作业。许多煤矿配套建设现代化、一体化的地面运输系统、洗选系统、加工转化项目。所生产的原煤全部入洗，洗煤副产品煤矸石、煤泥等用于发电。对生产过程中产生的废水、废气、废渣和余热等进行循环利用。全市紧紧抓住"全国工业固废综合利用示范基地"建设契机，按照"清洁高效、循环利用、变废为宝"的原则，大力发展循环经济，实现与区域经济环境、社会环境、自然环境协调发展。

二是推行煤电上下游一条龙合作。推进煤电联营，形成煤电利益的联动机制；推进煤矿和洗选煤厂联营，使生产与加工形成一条龙；推进煤矿与煤站联营，实现产销一体化。朔州市每年有3000万吨原煤通过神头一、二电厂、大唐电厂等，就地转化为电力资源。抓好煤转电"345"工程建设，即：3大电力园区（平朔、华昱、神头），4大煤矸石电厂（华昱昱光、右玉京

玉、同煤怀仁、平朔),5大坑口电厂(神一电、大唐、应县、朔南、华能山阴)。大力发展上下游企业的战略联盟,实现煤电一体化、煤炭生产与加工一条龙,通过伙伴关系打造有竞争力的产业链。

三是推行矿区向园区转变。全市已建成工业园区共9个。2013年以来,全市煤炭行业围绕"优化经济结构,提升发展质量"两大任务,坚持"以煤为基,多元发展",积极推进煤炭企业转型发展,煤矿企业按照"转方式、调结构"的要求,积极培育和发展非煤产业,实施"煤电联合"联营,建设"一矿一企",全市非煤产业经济得到了长足的发展,工业产业链条逐步延伸,朔州市成为全国工业固废综合利用示范基地之一。

(三)煤炭工业发展促进了与市场经济体制相适应的新型煤炭工业体系的初步形成

朔州市煤炭工业在为当地经济和社会发展做出巨大贡献,带动相关产业蓬勃发展的同时,初步形成了与市场经济体制相适应的新型煤炭工业体系,主要表现:

经营形式上,由单一的煤炭生产向"一矿多能"发展。涌现出了以金海洋洁净煤有限公司、平鲁区西易煤矿集团有限责任公司和万通源集团为代表的集生产、销售、加工、洗选、运输、农牧、林业、商贸、房地产为一体的企业集团,形成了矿、路、站一条龙、产运销加工转化一体化的新格局。截至2007年底,全市煤炭行业多种经营创造的产值和税收比以往提高了3倍以上,带动了建材、运输、劳务、农业和陶瓷业的发展,特别是带动了电力的发展,成为朔州市的又一大支柱产业。坚持"一抓煤,二抓电,三抓新兴产业",以煤为基,多元发展,推动经济结构全面转型。还建成9个产业互相依存、循环发展、关联耦合的循环经济示范园区,初步形成集煤炭生产、输送、洗选、发运、电力、冶化、建材为一体的循环发展格局。

生产规模上,大力淘汰落后生产力,向集中开采、规模经营、安全高效发展。先后4批,共关闭煤矿192座。1999年以前,全市有煤矿336座,第一批于1999年关闭93座,矿井数量下降到243座,压缩生产能力700万吨;第二批于2002年关闭不具备基本安全条件和布局不合理的矿井29座,矿井数量下降到214矿,压减生产能力350万吨;第三批于2003年关闭在大矿井田范围内的煤矿7座,矿井数量下降到205矿(期间由同煤集团整合地方矿井6矿6井,省批复朔州市4座煤矿恢复生产);第四批于2005年关闭未按时取得安全许可证的煤矿36座,再加上整合31个矿井。经过4次关井压产和整合,全市煤矿共压减落后的、布局不合理、不具备安全生产基本条件的能力近2000万吨,增加有安全保障、布局合理的生产能力约2500万吨,使产业集中度和产业水平明显提高。2009年全市的煤矿数量整合成65座,并进行了规模空前的现代化升级改造。通过重组改造,平均单井生产规模由年产128万吨提高到248万吨,到2013年底,全市煤炭生产能力、洗选能力、发运能力均达到2亿吨以上,居全省第一。

生产工艺、技术装备和人员素质上,一方面提高设备的技术含量。投入采改资金5.4亿元,大部分煤矿实现了壁式开采。资源整合保留的煤矿全部推行综合采煤技术,朔州市煤矿开始告别沿用了几百年的峒式布置,高落式采煤方法,共培训地方煤矿矿长和各类安全技术人员24000余人,为新技术、新设备、新工艺、新材料在煤矿中的推广应用奠定了基础。

2011年6月,市工业经济联合会、企业联合会、企业家协会对朔州强势企业进行排序。50强企业中,煤炭行业占28户,占企业总数的56%;营业收入710.51亿元,占总营业收入的74.99%;纳税135.26亿元,占纳税总额的91.75%;资产1021.45亿元,占总资产的58.27%;从业人员48976人,占总从业人员的75.91%。各项指标所占比重与上年同比变化不大。50强企业的前4位均为煤炭企业,50强的前10位,煤炭企业占到8位。

2012年朔州市50强企业排名中,煤炭行业占21户,纳税总额158.83亿元,占50强企业的90.45%。50强企业中前10位有8户是煤炭企业,前5位均为煤炭企业。

　　2011年朔州市共有10户企业入选山西省百强企业,其中煤炭企业有4户,分别是:中煤平朔煤业有限责任公司以371.31亿元的销售收入列山西省百强企业第10位、中煤集团山西金海洋能源有限责任公司列山西省百强企业第29位、山西中煤平朔宇辰有限公司列第54位、怀仁联顺玺达柴沟煤业有限公司列68位。

　　2010年8月10日,中国煤炭工业协会发布了2009全国煤炭企业100强名单。金海洋能源集团有限公司以营业收入451700万元,名列第56位。这是朔州市地方煤炭企业首次挺进全国煤炭企业100强行列。2013中国煤炭企业100强发布会上,朔州市2座煤矿入围中国煤炭企业100强。其中,山西怀仁联顺玺达柴沟煤业有限公司以173171万元的营业收入排列100强的第85位;山西教场坪能源产业集团有限公司以160612万元的营业收入排列100强第89位。

七十载春风化甘霖　老煤企旧貌换新颜

大同煤矿集团有限责任公司

70年前的同煤，天空是灰蒙蒙的，路上穿梭着拉煤的人力车、畜力车和卡车，地上布满掉落的煤屑，房顶落满了煤灰，水是黑的。远处，煤矸石堆积成山，矿井里，矿工们艰难地挥动着铁锹，一锹一锹地铲煤。

今天的同煤，天空已是山西著名的"大同蓝"，路上看不到一粒煤，水是清的，曾经堆积如山的煤矸石不见了。矿工们流畅自如地操作着自动化采煤机械，传输皮带上，滚滚的"乌金"流水般奔向地面，通过全封闭的传送带运至电厂和铁路，流向祖国的四面八方。

今天的同煤，拥有20万员工，产业布局7省18市，二级单位118家，2家上市公司；产业以煤炭、电力为主，兼有金融、煤化工、冶金、机械制造、物流贸易、建筑建材、房地产、文化旅游等多元产业并举的综合能源集团。2013年挺进世界500强。

今天的同煤，在国民经济发展中占有举足轻重的地位，是我国煤炭战线生产煤炭最多、质量最优的特大型企业。企业成立至2018年累计生产原煤29亿吨，累计上缴税费959亿元，为国家和山西的经济建设做出了巨大贡献；近年来荣获全国文明单位、全国先进基层党组织、全国五一劳动奖状、中国工业大奖表彰奖等众多国家级荣誉。

同煤的发展得到了历届中央领导的亲切关怀，先后有30多位党和国家领导亲临视察。时任中共中央总书记江泽民两次亲临同煤集团，并亲笔挥写了"勇于奉献，争创一流"的题词；时任中共中央总书记胡锦涛曾亲临

同煤,慰问煤矿工人,并勉励同煤集团:"继续为推动我国煤炭工业发展、支持国家经济社会建设作出新的更大的贡献";李鹏、朱镕基、温家宝总理也曾多次来同煤集团视察;李克强总理在担任国务院副总理期间亲临同煤集团视察,深入塔山煤矿井下看望煤矿工人,发出了"感谢我们的煤炭工人"的真挚呼声!

中国煤炭在山西,山西煤炭在大同。1949年8月30日,同煤集团的前身大同矿务局正式成立,2000年,矿务局改制成大同煤矿集团有限责任公司。同煤的发展历程浓缩了中国煤炭工业的历史,同煤70年来的成就是中国煤炭工业改革开放的缩影。

第一篇　70年成就沧桑巨变

70年来,同煤这个有一百多年历史的老煤矿沧海变桑田,发展成为现代化的能源企业集团,展现出勃勃生机。同煤的发展是我国煤炭工业发展的缩影,也是我国国有企业在改革中不断前进的写照。

一、从"小煤窑"到"千万吨级矿井"

1949年8月大同煤矿筹备处改为大同矿务局,下辖8矿1厂。在党的领导下,3000名矿工在一片废墟、物资极度匮乏、生活极其艰苦、装备极其落后的环境中,人拉肩扛、修复井架、安装设备,开始煤矿恢复和重建。到1978年改革开放前,同煤只有13座煤矿,零星地分布在大同地区口泉沟、云冈沟的山洼里,单矿平均年产量不足180万吨,煤炭年产量2300万吨,营业收入仅有5.5亿元,到2017年达到1.27亿吨,营业收入突破1600亿元,已建成9座千万吨级矿井,先进产能占比达到57%。由于人员少、工效高,千万吨级矿井大大降低了企业的平均成本,集群效益凸显。同煤产量比1978年增长5倍,营业收入增长291倍。同煤从改革开放初期的本土化矿务局,

同煤大唐热电有限公司

发展为产业布局辐射山西、内蒙古、新疆等7省（直辖市、特别行政区）18个市（区），总资产超过3200亿元的大型能源集团。2013年起，连续五年入围《财富》世界500强。

二、从"简单机械化"到"现代智能化"

70年前基本上是手工采掘，到改革开放初期同煤刚刚实现由炮采向以采煤机普采为代表的机械化采煤转变，作业面的机械化程度较低，大多数设备仍然需要进口。简单机械设备只能开采到埋深较浅的薄煤层，在部分老旧矿井，仍然可见木头柱子撑着顶板上厚厚的煤层。现在，同煤与多家企业、高校联合研发了"特厚煤层大采高综放开采关键技术"，解决了特厚煤层开采的世界性难题，获得了2014年度国家科技进步一等奖，推广应用小（无）煤柱开采技术，提高矿井回采率15%~20%。通过机械化程度的提高，使采煤深度由200米延伸到1000米，采煤厚度从3米扩大到20米，每工效率从1.366吨提高到82吨，极大地提高了生产力。2017年，同煤在同忻千万吨矿井上马智能化工作面，操作人员只需在50米开外摁下总控台启动按钮，工作面机器即能开启，远端的采煤机自动前行、割煤、推溜、移架、

传输一气呵成。以同忻矿为代表的生产智能化达到世界领先水平。

三、从"一煤独大"到"多业并举"

70年前,同煤就是几个小煤矿,没有非煤业务。改革开放时,非煤产业销售收入也仅有2194万元,仅占总收入的4%。单一的煤炭产业曾使这家历经近70年风雨的老国企陷入困境,严峻的经济形势使同煤意识到单靠挖煤、卖煤已经不可能实现企业的可持续发展,而要通过依托资源优势,加快就地转化、提高产品附加值等因地制宜措施进行转型升级。70年后的今天,同煤改变了单一煤炭产业的状况,走出了一条"立足煤、发展煤、延伸煤、超越煤"的同煤之路,形成了以煤为主,电力、金融、煤化工为辅,新能源和节能环保为补充的"一主三辅两新"的产业格局。2017年,非煤业务营业收入占到总收入的半壁江山,极大地提高了同煤抵御市场风险的能力。

四、从"高危采矿"到"安全生产"

70年前,采煤以人力为主,机械化程度很低、生产方式十分落后,透水、坍塌等安全事故多发,煤矿开采被称为中国最危险的职业。70年后,同煤发展观变了、安全观变了、环保观变了,同煤的百万吨死亡人数由1978年的4.82下降到0.017。工人带着定位仪、自救器进入矿井,在大型液压支架圈起来的生存空间里工作,安全得到了极大的保障。过去采煤中粉煤灰满天飞的现象不复存在,取而代之的是工作面上的喷雾除尘装置,大型的通风设备,通畅的逃生通道,触手可及的生存空间。随着工作环境的改善和医疗技术的提高,矿工尘肺病的发病率由70年前的46.6%下降到如今的5%以下。

五、从"天灰灰"到"大同蓝"

70年的发展,彻底改变了大同煤矿的旧面貌。现在清洁生产已成为同煤的主要生产模式,从作业面采煤到除尘选煤,从皮带运输到储集装车,整个生产过程看不见一粒煤,"上不露天、下不落地"的全封闭现代化煤矿生产模式已走在世界前列。在矿区,同煤通过"拆墙透绿、拆违建绿、破硬还绿、垒池补绿、见缝插绿、立体挂绿、渣山披绿"等有效手段,构建以道路绿化为网络,庭院和住宅区绿化为依托,工业广场、园林景区、公共绿地建设为亮点的绿化格局,矿区变成了绿色的花园。此外,同煤利用电厂余热解决了近40万户家庭的供暖问题,拔掉大同地区371台燃煤锅炉,为"大同蓝"做出了重要贡献。大同市已是山西省空气最好的城市,连续多年空气质量优良以上天数超过300天。昔日的"天灰灰"已不复存在,"大同蓝"已成为城市的标签,这座有着2300多年历史的古城焕然一新,成了北方塞外的养生旅游名城。

六、从"低矮破旧的棚户区"到"宽敞明亮的恒安新区"

70年前同煤矿工们生活困难,住的石头房,几十个人挤在一个破窑洞里。70年后,同煤"采煤沉陷区和棚户区治理改造工程"全部完工,仅大同市同煤本部就有10万户30万名员工喜迁新居。同煤人均工资超过7万元,比"十一五"期间翻了一番,居民家中电视机、电冰箱、洗衣机、微波炉等现代化家电一应俱全,互联网已进入家家户户,小轿车也已基本普及。

除了物质生活极大地提高外,同煤推动群众文化事业的大发展大繁荣,老年大学、文化馆、体育馆等使员工(让职工)的生活更加丰富多彩,员(职)工们幸福指数大幅提高。

是什么使同煤发生了如此天翻地覆的变化?70年来,同煤始终坚持党对企业的领导,构筑起坚强有力的领导核心和政治核心;始终坚持市场化的改革方向,闯出了一条以改革促发展的强企之路;始终坚持转型发展,增强了逢山开路、遇水架桥的韧劲,迈向了由赶超转为全面走向高质量发展的新时代。

第二篇　70年发展砥砺奋进

70年来,同煤艰苦奋斗,恢复生产,勇于改革,砥砺前行。始终坚持市场化改革方向,不断优化管控体系,转换经营机制,理顺公司治理结构,逐步建立起现代企业制度,尤其改革开放使同煤发生了根本性的变化,跨入了大发展时代,走上了高质量发展之路。

一、发展历程

中华人民共和国成立后70年,同煤发展经历了五个阶段。

第一阶段:1949~1978年,恢复矿山建设,扩大煤炭生产,实现了采煤机械化

1949年2月,大同矿区解放,满目疮痍的矿山回到人民手中。3月底,察哈尔省大同市军事管制委员会派煤矿接管组接管大同煤矿,实行军事管制。1949年5月大同和平解放后,大同煤矿筹备处成立,办公地址开始设在北京东交民巷26号,后迁至大同煤矿永定庄矿。1949年8月30日,中央人民政府燃料工业部通令成立华北煤炭管理总局,大同煤矿筹备处改为大同矿务局,同时撤销军管制。1950年9月20日,大同矿务局办公地址迁至新平旺。

中华人民共和国成立后,1949年11月,全国第一次煤炭工作会议召开,会议确定了"艰苦奋斗、勤俭建国、自力更生、奋发图强"的指导思想,恢复生产成了摆在煤炭战线的第一任务。大同煤矿积极贯彻会议精神,以全面恢复为主,有重点、有步骤地开始矿山的恢复和重建。三年恢复时期,先后恢复了煤峪口、永定庄、同家梁、四老沟、挖金湾、马脊梁6个矿井。进入"一五"期,大同矿务局又先后恢复了忻州窑、白洞、晋华宫和胡家湾4个矿井,为大同矿务局的煤炭生产发展奠定了坚实基础。

1952年,大同矿务局永定庄矿6号井试用苏制顿巴斯－1型康拜因采

煤,当年产煤1.44万吨。第一次使落煤和装煤实现了机械化,这是中华人民共和国成立后,煤炭行业使用的第一代采煤机。1953年,在辽宁阜新召开的全国采煤方法研究会上,大同矿务局介绍了永定庄矿使用康拜因的经验。1949～1952年,大同矿务局的全员效率由0.118吨/工提高到1.004吨/工;回采效率由1.185吨/工提高到3.261吨/工;采区回采率由46.97%提高到74.5%;死亡率则从1949年的万吨0.26人降低到0.03人。

1952年10月,大同矿务局根据全国煤矿和基本建设会议精神,结合本局实际情况,以矿井的恢复、改建为主,以便减少投资,缩短基本建设时间。1954年到1957年,矿井改扩建后,大同矿务局原煤年产量由1952年的240.8万吨提高到556.7万吨。

1958年,大同煤矿在生产建设各行业进入"大跃进"时期。1958年全局计划产量由原来的771万吨改为810万吨,之后又提高到900万吨,比1957年提高63%。

1961年,为改变经济困难局面,大同煤矿根据国务院"调整、巩固、充实、提高"国民经济八字方针,进行扩大再生产改造,迎来了第二次创业高潮。"二五"时期,大同矿务局完成了马武山、新白洞、大斗沟、雁儿崖四对新井建设,对永定庄矿、同家梁矿进行了全面改造,晋华宫矿大井开始兴建。总设计能力541万吨,其中新井255万吨,老井净增286万吨。1965年,大同矿务局第一台国产浅截式联合采煤机组在同家梁9号井单一长壁工作面投入试产,该机组的应用对煤炭生产的发展具有重要意义,标志着大同矿务局机械化采煤技术开始进入一个新的发展时期。1965年全局原煤产量达到940万吨。

1966年大同煤矿也受到"文化大革命"影响,1967年原煤产量只完成国家计划的46.55%。为了维系国家经济正常运转和人民生活需要,1968年,中央召集全国15个重点煤矿进京,研究如何把生产搞上去,会议开了两个月。在这期间,毛泽东、周恩来多次到会了解情况,并要求大同煤矿不

能乱,要"抓革命,促生产"。党的关怀和信任使大同煤矿员工受到巨大鼓舞,他们顶住压力,排除干扰,生产秩序恢复正常,当年,大同煤炭产量开始迅速回升。

1966年到1976年10年间,大同矿务局先后对矿井进行了开拓延伸、扩建改建,经过改扩建,全局井型相应扩大,矿井平均产量由1965年的58.6万吨提高到1975年的110万吨,翻了近一番。1975年,全局原煤产量达到1803.9万吨,比1965年净增891万吨,增长率为91.2%。

这一时期,大同矿务局的生产技术发展虽然受到了干扰,仍然取得进展。"80型"机组推广使用,综采的起步上马,使采煤机械化水平向前迈进了一大步,由长期依靠手工、半机械化笨重体力采煤过渡到了全机械化采煤的新阶段。

1979年,当大同煤矿历经风雨迎来30岁生日的时候,全年生产原煤2404万吨,比原设计能力翻了一番,比1949年的8万吨提高了300倍。

第二阶段:1978～1991年,以转换经营机制为突破口,多方面探索改革,企业活力开始显现

党的十一届三中全会后,我国进入改革开放的历史新时期。在1978年到1992年的14年间,我国改革的重点是在计划经济体制下搞活国营企业,通过简政放权、减税让利,落实经济责任承包制。大同矿务局顺势而为,各项建设事业进入了新的发展阶段。

在管理体制改革上,由过去党委包揽一切逐步转为党委、行政各司其职,相继实行了党委领导下的矿长分工负责制和党委领导下的矿长负责制。在总承包时期,实行了局矿长负责制,确立了局矿长在企业中的中心地位和作用。

在劳动用工制度改革上,先后实行了农民轮换工、临时工、季节工和全员劳动合同制等多种形式的用工制度,引入竞争,形成动态劳动管理机制。实行干部聘任(用)制,建立干部能上能下的竞争机制。

在分配制度改革上,实行了吨煤工资包干等多种形式的承包。1985年后,进一步实行了投入产出总承包,实现了政企分开。

第三阶段:1992～2000年,以增强市场竞争力为目标,实现由工厂制向公司制转变

1992年,党的十四大正式确立我国经济体制改革的目标是建立社会主义市场经济体制。大同矿务局的改革进入了企业制度创新的新阶段,以转轨变型为重点,走向市场,强化煤炭营销竞争,实施全员、全过程、全方位的企业经营机制转换,实施非煤产业改造升级和经营机制转换,形成了以煤为主、多元经营的产业发展格局,经济效益、社会效益、研发能力以及品牌声誉显著提升。

受1997年亚洲金融危机影响,大同矿务局面临着前所未有的生产经营困难和考验。为摆脱困境,先后实行了矿处领导民主推荐和试用期制、全员劳动合同制、工效挂钩分配办法。同时,加快技术改造和产业升级,强化经营管理,使企业保持了稳定发展。2000年,大同矿务局更名为大同煤矿集团有限责任公司,由工厂制转变为公司制。

第四阶段:2001～2012年,推进主辅分离和专业化重组,构建大集团管控模式

2000年后,随着改革形势的发展,国企改革的重点集中到国有资产管理体制改革方面,即如何由经营国企转向国有资产的资本化管理。同煤在此后的十余年中进行了一系列改革:对煤炭、电力、煤化工、金融、煤机制造、贸易等产业实施板块化和专业化管理,积极推动铁路、医院、房地产、物业、物流、煤炭等系统的专业化改革;在山西率先实施资源枯竭矿井关闭、破产;进行了内部资产和人员重组;兼并重组晋北主要煤炭生产和销售企业,通过债转股引入其他股东,由国有独资公司向股权多元化转变;重组优质资产,大同煤业成功上市,实现了主业整体上市、辅业整体改制;加快大集团建设,打造晋北能源基地。新建大矿井与整合改造中小煤矿相

结合,向省内外实施资源扩张,一大批落后产能被淘汰,大幅提升了产业集中度。为适应集团转型和跨越发展的新形势,同煤调整了组织结构,"三级公司、二级管理"的管控模式基本形成。

第五阶段:2013～2018年,以建立中国特色现代国有企业为目标,全面深化改革

党的十八大以来,我国改革开放进入了全面深化阶段,国有企业改革进入深水区,按照建立中国特色现代国有企业制度的方向,配套改革加速推进。同煤作为全省综合配套改革试点企业,加快推进综合配套改革试点工作:进一步完善了法人治理结构;优化股权结构,推进股权多元化;规范管理界面和职责范围,进一步优化管理层级;探索解决分离办社会和厂办大集体等历史遗留问题;深化企业内部三项制度改革。通过配套改革,依法治企水平进一步提高,管理更加优化,企业包袱明显减轻,竞争力和活力显著提升。

二、六大改革举措

(一)推进专业化重组,构建大集团管理模式

同煤通过多次改革对同质化和关联性强的机构、产业、资产进行专业化重组,合理配置有关资源。已经组建运营了矿山铁路、矿建施工、煤炭运销、煤炭洗选等12家专业化公司,按照功能到位、扁平化、责权利统一、可控原则,建立各产业板块的集团化、专业化运作模式,实现分类管理。将集团总部定位为决策中心,强化了总部决策议事、投资管控功能;二级公司定位为利润中心,对所属资源集中控制并管理,追求经济效益最大化;三级公司定位为成本中心,按照下达计划组织生产经营,实施精细化管理。专业化重组进一步明确了集团总部与各业务板块的二、三级公司职能定位和管理界面,建立完善了专业化的管控体系,构建与大集团转型、跨越发展相适应的组织结构和管理模式,做到功能到位、管理顺畅、运作高效,

有效地调动了各经营主体的积极性,提高了经济效益。

(二)推进供给侧结构性改革,淘汰落后产能

同煤坚定不移贯彻落实国家和全省深化供给侧改革相关政策,减量重组与培育优质产能并举,近两年先后关闭6座矿井,同时改造提升9座传统矿井,先进产能占比由2016年的27.6%提高到目前的57%。到"十三五"末计划退出13座矿井、1225万吨产能,先进产能占比将达70%。在淘汰落后产能的同时,积极开展人员分流,妥善安置关闭退出矿井员工,有力维护了企业稳定。

(三)推进所有制改革,激发企业活力

同煤以股权合作为纽带,积极探索与多种所有制经济交叉持股和相互融合,做到融资、融智、集势、集才。同煤实现大同煤业成功上市;成功收购漳泽电力,一跃成为全省最大的电力企业;与大唐等企业进行股权合作,实现煤电股权融合;对塔山、同忻等8家企业开展内部股权转让和外部股权合作,其中,以塔电二期优质资产与江苏国信实施股权联合,促进了晋电外送,形成了企业间的市场互补和上下游协同效应,使低效、无效资产产生效益。与多种所有制的股权合作,既有效发挥了公有经济的规模、技术和管理优势,又有效发挥了非公经济的活力和创造力,做到了取长补短、相互促进、共同发展。

同煤积极推进混合所有制改革。在下属的朔州煤电怀仁宏腾陶瓷建材公司开展了员工持股试点改革,建立风险共担、收益共享的长效激励约束和治理机制,保持核心人才队伍的稳定性,激发企业活力。这是山西省唯一批复的员工持股试点企业。目前,员工持股试点工作正在稳步推进,预计2018年底完成。

(四)推进激励机制创新,激发员工动力

在人才激励方面,同煤先后实施了五大类人才激励工程,配套出台各类优秀人才评选办法。连续10届评选出优秀人才、突出贡献优秀人才、首

席高级工程师和首席工程师、首席技能大师、优秀大学生,并给予奖励。同煤全面推广以十八大党代表王雷雨同志命名的优秀人才工作室——"雷雨工作室"的成功经验,先后命名了以党员技术骨干领衔的管霞、冯彩亮等30个"优秀人才工作室"和"技能大师工作室"并给予专项经费资助,在党员模范作用发挥、探索煤炭企业技术革新和科技创新等方面发挥了重要作用。同煤不断优化激励机制,在基金支持、科技奖励方面加大力度,有效提高了专业技术人才干事创业的积极性。

随着同煤的转型发展,非煤专业人才的短缺成为制约发展的瓶颈。通过市场化招聘,同煤近年来选聘了多名高端人才。结合企业发展需求,同煤引进职业经理人制度,通过内部竞聘、公开遴选、社会公开招聘等方式,在集团层面开展高级管理人员市场化选聘工作,在二、三级单位试点推进经营层市场化选聘工作。正在以年薪200万元公开招聘上海融资租赁公司总经理。未来将逐步推行职业经理人制度。

(五)推进历史遗留问题解决,瘦身健体,轻装上阵

作为老国企,同煤历史遗留负担沉重,其中,企业办社会、厂办大集体等问题尤为突出。同煤的办社会职能,在山西省属企业中规模最大、历史最久、负担最重、情况最为复杂。2016年,作为山西省剥离办社会工作的试点单位,同煤与大同市共同制定了实质性操作措施;出台了实实在在的惠民政策,让职工群众感受到改革带来的获得感。为"两区(沉陷区、棚户区)"职工住户办理经济适用房产权证,员工拥有了舒适的住房;成立了思想稳定工作组,充分发挥基层党组织的思想政治工作优势,确保移交工作稳定;切实做好后续保障措施,多管齐下做好移交后的稳定工作,确保同煤交得出,大同接得住,员工有保障。

2017年,同煤顺利完成"两区"10万户职工家属区"三供一业"的分离移交,成为全省剥离国企办社会职能的"第一单"。整个移交过程平稳顺利,服务运行平稳正常,达到了政府、企业、地方、职工"四满意"的效果。

"两区"移交后每年可以减少支出1亿元,企业实现了负担减轻、瘦身健体、轻装上阵。

同煤积极破解厂办大集体困局。2016年,《同煤集团厂办大集体改革总体方案》经山西省批复,山西云雁石化有限公司作为国有控股的改革试点企业,同时进行混合所有制试点运行。

(六)推进煤矿关闭问题的解决,形成"同家梁模式"

同煤在优化升级产能结构、实现高质量发展过程中,采取关小上大的方式,关闭一些资源枯竭矿和僵尸企业,淘汰落后产能。通过就地转型组建矿业服务公司,实施劳务输出等方式妥善安置分流人员,形成了"同家梁模式",为去产能稳步推进积累了经验。

同家梁矿是开采了近80年的老矿,2008年以来,陷入了资源枯竭、产量缩减、成本高企、债务沉重的困境。面对困难,该矿不等不靠,积极寻找出路,充分发挥老矿的技术和人才优势,通过劳务和技术输出,拓展外部市场。该矿在2016年关矿后,成立了同家梁矿业公司,通过劳务输出、分流转岗、劳务派遣等渠道对全部4000多名职工进行了妥善安置。员工收入也比关矿前有了较大提高,企业实现了由资源依赖型向技术服务型的成功转型,兑现了"不让一名职工下岗,不把一名职工推向社会"的承诺。

改革开放40年,在我国建立完善社会主义市场经济体系的进程中,同煤与国家经济体制改革以及国有能源企业管理体制、运行机制改革同频共振,坚持市场化改革方向,先后经历了放权让利、建立现代企业制度、转型发展等改革阶段,组织架构不断优化,管理效率不断提升,竞争力和抗风险能力显著增强,取得了令人瞩目的成绩,走出了改革发展之路。

第三篇　70年转型春风化雨

同煤从1979年创办多种经营集体经济开始,围绕煤炭生产和生活服

务创办了一大批厂办企业。90年代末,同煤陷入了严重的经营困境,转型升级刻不容缓。随着公司制改制的完成,同煤开始从"一煤独大"的传统资源型企业向"多元发展"的现代化大集团转型。

党的十八大以来,国家推进供给侧结构性改革,用先进产能替代落后产能。同煤贯彻落实国家产能置换政策,致力于推广新技术,培育新产业,发展新业态,积聚新动能,以煤为基,发展煤、延伸煤、超越煤,走上了以煤炭、电力、金融为支撑,煤化工、机械制造、物流贸易、新能源等多业并举、优势互补的转型发展之路。2017年非煤产业营业收入占到集团公司总收入的48.3%,基本实现了由传统的煤炭企业向特大型综合能源集团的转型。改革开放的春风化作了甘霖,滋润着同煤70年的转型发展。

一、淘汰落后产能,打造千万吨级矿井集群

2015年,中央经济工作会议把去产能列为五大结构性改革任务之首,同煤积极落实,制定了"十三五"期间退出矿井13座,化解产能1225万吨/年的目标,近两年已经陆续关闭了6座低效矿井。

在退出落后产能的同时,同煤更注重培育优质产能,目前已经建成9座安全高效的千万吨级矿井,力争到2020年将先进产能占比从目前的57%提高到70%。千万吨矿井的目标是"1000人、1000万吨产量、10个亿的利润",这类矿井具有"安全保障能力强、资源回收率高、效益效率好"的特点,代表了新时代煤炭行业的发展方向。一座千万吨级矿井的产量相当于10个传统老矿,但用工人数不到一座老矿的1/3,效率提升超过30倍。

作为"共和国煤炭工业的长子"和"中国煤炭行业人才的摇篮",同煤围绕煤炭练本领,实现了从分散型向集约型、机械化向智能化的跨越,建设引领了全国煤炭工业的现代化矿井。

二、实现产业联动，打造煤电一体化基地

长期以来，煤价的波动左右着同煤的盈亏。如何增强企业抵御煤价波动的能力？同煤将视线转向了下游，通过抢抓煤企办电厂的机遇，加快兼并重组、交叉持股、全面规划电厂建设，实现了从无到有，逐步壮大。

从2004年起，同煤相继与大唐集团、国电集团、浙能集团、广州珠江电力燃料有限公司和鄂尔多斯控股集团等电力企业合资建设了多个千万吨级矿井和配套的坑口电厂，实现了上下游风险共担、收益共享、抱团取暖、深度融合。煤炭不经洗选直接从矿井送到电厂，节约了大量的洗选、运输费用，电厂用煤成本也大幅降低。煤电一体化在显著提高经济效益的同时也消除了运输途中的污染。此外，低热值煤发电机组不但煤耗低，而且节能环保，通过脱硫系统超低排放改造，脱硫效率达到了99%，几乎实现了零排放。

2012年起，同煤大力发展高参数、大容量、超低排放的坑口电厂，5年间新建火电厂9座，火电装机容量从314万千瓦增长到1546万千瓦，相当于三峡电站总装机容量的2/3，每年就地消化煤炭2000万吨以上。如今，电力产业每年为同煤增加营业收入100亿元，山西第一、国内领先的煤电一体化能源大集团基本建成。到"十三五"末，同煤火电装机容量将达到2000万千瓦，煤电一体化的优势将进一步显现。

三、探索协调发展，打造循环经济园区

2000年以来，单一粗放型的经济增长方式已经难以持续，必须走兼具经济效益、社会效益和环境效益的发展道路，2003年同煤探索建设了全国煤炭行业第一个规划完整的高科技、高效益的循环经济园区。

循环园区产业链中各个环节首尾相接，环环紧扣，上一个环节产生的废料正好是下一个环节的原料，逐层减量利用，循环发展。塔山循环经济园区以塔山、同忻两座煤矿为龙头，全机械化生产出的原煤经过选煤厂洗

选后，精煤通过铁路专用线装车外运，筛分煤进入坑口电厂，洗中煤、末煤供资源综合利用电厂发电和煤化工项目生产活性炭、甲醇、火药等。电厂余热通过热电联供系统解决了近40万户家庭的供暖问题。分选出来的煤矸石输送到砖厂，制成高质量建材；电厂、化工厂产生的粉煤灰、脱硫石膏、炉渣作为水泥厂和砖厂的原料。采煤过程中采出的高岭岩加工成精制高岭土产品。矿井水和园区生活污水进入污水处理厂，处理后用于电厂发电、设备冷却、井下灭尘、煤炭洗选、园区绿化等。

十八大以来，循环园区产业链进一步延伸，形成21个项目（2座千万吨煤矿、2座选煤厂、4座化工厂、5座电厂、4座建材厂、3座污水处理厂和1条铁路）承载联动，3条产业链（煤—电—热、煤—化工、煤—电—建）耦合共生的循环经济体系，2017年实现利税61亿元。

园区不仅产生了良好的经济效益，而且社会效益显著，拉动周边村镇实现产值1.64亿元，提供2000余个就业岗位，村民人均年收入超过3万元，是过去的45倍。矿村共建的协调发展模式为企地合作树立了典范。

四、促进产融结合，打造六大金融平台

2012年以来，煤企库存高企，市场需求走低，煤炭市场又进入一轮严冬，煤炭企业效益严重下滑、资金紧张。本着"依托集团、服务集团"的初衷，同煤先后成立了财务公司、香港和上海融资租赁公司、投资公司、融资担保公司、资产经营公司六大金融平台，统筹资源、优化配置，有效降低了企业融资成本，起到了"舒筋活血"的作用。

金融板块支持了同煤7座千万吨级煤矿、14个电厂，以及60万吨甲醇、10万吨活性炭等转型升级项目的建设。同时，依托这些优质项目进行再融资，盘活固定资产，促进了企业实体项目发展。

产融结合成效显著。金融板块每年为集团节约财务费用15～20亿元，提供融资300～500亿元，盘活资产15～20亿元，每年实现利润8～10亿元。

五、扩大开放共享,打造现代物流贸易

煤炭行业市场化改革和对外开放也给同煤带来了巨大的竞争压力,作为一个历史悠久的大型煤炭企业,同煤集团有着成熟的物贸网络和品牌知名度,但是业务种类单一的缺点也日益凸显。

十八大以来,同煤物流贸易板块改制重组,以运销总公司、煤业股份公司和外经贸公司为平台,与社会共享资源,分享"一带一路"的开放红利,融入新业态,焕发出新的活力。一是扩大物贸类型,集煤炭、化工、钢铁、商品的物流贸易于一身,提供企业内部及第三方物流服务;二是完善物流网络,以参股、收购、重组等形式加速推进铁路路网、电网、天然气管网、物贸网以及港口航运"四网一港"五大通道建设;三是创新贸易手段,开展大宗商品现货贸易,建立线上电商平台和物流园区,利用保税仓库开展进出口贸易,参与大同国际陆港建设,在沿袭过去进口煤机配件的同时,积极发现市场需求,拓宽商品种类。

经过几年的多元发展,同煤打造现代物流贸易的成果初步显现,加快了产品流通速度和资金周转,降低了企业储存和运输成本。2017年,物贸板块营业收入608亿元,超过了集团总收入的1/3。

六、坚持绿色发展,打造新能源产业基地

随着国家能源转型战略的提出,新能源产业的发展进一步提速。同煤积极开拓新能源业务,因地制宜,将大片荒置的采煤沉陷区开发为光伏电站,利用当地开阔多风的有利条件布局风力发电。

从2011年的5万千瓦风电项目起家,2014年在塔山工业园区建设首个光伏发电项目,到2018年初已拥有27个新能源发电项目,风电装机容量达30万千瓦,光伏发电装机容量124万千瓦,总装机容量6年间增长了30倍。

2017年,同煤新能源业务发电量11.2亿度,折合标准煤39万吨,减排二氧化碳110万吨,减排二氧化硫3.4万吨,在提供绿色能源的同时,产生

了良好的经济效益。

同煤紧盯新能源发展趋势,向光伏产业上游布局,瞄准薄膜发电高端装备制造、薄膜电池技术研发和生产领域,2017年与汉能控股集团及大同市政府三方投资63亿元,建设总产能62万千瓦的大同移动能源产业园项目,实现了光伏制造技术由第一代晶硅技术向第二代薄膜技术的变革。

按照同煤"十三五"规划,到2020年,新能源装机容量将达到500万千瓦,在电力板块中占比达到20%。

2000年以来,尤其是十八大以后,党中央为全面深化改革指明了方向。同煤以党的十八大五中全会确立的"创新、协调、绿色、开放、共享"五大发展理念为指导,强化科研能力,革新生产技术,大力推进安全高效的千万吨级矿井建设;打造矿村共建、共享发展成果的塔山循环经济园区;完善金融、实业互相促进的协调发展模式;扩展依托"一带一路"、深化开放的物流贸易;致力于奉献绿色能源、可持续发展的"风、光产业"。未来,同煤将以新发展理念为指引,不断深化改革,促进转型升级。

第四篇　70年党建众志成城

70年来,在党的领导下,同煤人团结奋进,众志成城。把党的政治优势和组织优势转化成企业改革发展的强大动力,和谐稳定的坚强保障。同煤的党建工作始终与企业的改革发展相融共进,党的领导在同煤的改革开放以及转型发展中始终发挥着把方向、管大局、保落实的作用。同煤党建工作有着深厚的积淀和扎实的基础,有特色有亮点,先后创建了4个全国先进基层党组织,6家全国文明单位,并在同一个支部培养出3名全国党代表,成为地方国企基层党建工作的典范。

一、政治思想重引领,四个把握为根本

思想政治工作是企业党的工作重要组成部分,是企业改革、发展、稳定的有力保障。同煤始终把思想政治工作作为一切工作的生命线,从四个方面把握思想政治工作的引领作用。

一是在政治原则上把握,同煤作为山西省骨干企业,时刻保持清醒的政治头脑,与党中央保持高度一致,把政治责任、经济责任和社会责任放在心上、扛在肩上、抓在手上;二是在科学理论上把握,同煤坚持用科学的理论指导实践,扎实推进"两学一做"工作,学习教育常态化制度化,开展"维护核心见行动"主题教育,推进思想政治工作研究会活动,坚持调查研究,广泛开展经常性的理论研讨活动等;三是在依靠力量上把握,同煤把制约和影响企业生存发展的重大问题交给员工来思考,广泛开展群众性大讨论活动,共同制定措施,依靠各级组织、全体干部和广大员工办好企业;四是在解决问题上把握,从维护员工根本利益出发,关爱员工、惠及民生,即使是在企业经营困难时期仍坚持把改善民生放在首位,千方百计为员工办好事、办实事。

二、党建工作重创新,创先争优开首倡

1979年4月,四老沟矿党委最先提出《关于在全矿党员中开展"争当大干四化好党员"活动的决定》(同煤四发〔1979〕第11号),成为大同矿务局各级党组织"创先争优"活动的最早表现形式。随后党委在全局广泛开展争当大干四化好党员活动。1980年7月,晋华宫矿在山西省基层党组织经验交流会上做了经验介绍,凝练提出"创先争优"一词,山西省委要求全省各个基层党组织开展"争当大干四化好党员"活动,继而创先争优活动在全国推广开来。此后,创先进、争一流成为同煤党组织开展党内教育活动的核心要求。

2012~2013年,《人民日报》和《中央创先争优简报》先后两次刊登了

同煤开展创先争优的实践与思考,由人民日报出版社出版发行的《创先争优在同煤》一书在中组部与新闻出版总署、国家图书馆联合举办的全国首届党员教育培训教材展示交流活动中被评为优秀教材。

三、惠民工程重行动,排忧解难为群众

牢固树立群众观念、自觉贯彻群众路线、始终站稳群众立场是同煤始终坚持的理想信念。按照"建设新同煤,打造新生活"发展愿景,同煤把解决群众的实际生产生活困难作为重中之重。以党组织为核心,建设了"一站两会一中心"(共产党员服务站,"煤海阳光"帮扶理事会、"煤海希望"助学理事会、青年就业指导服务中心)的惠民大工程,并带动了工建、妇建、团建,齐心协力服务群众。

自2010年成立至2017年底,"煤海希望"助学理事会共资助学生4000多人次,资助金额1500多万元;"煤海阳光"帮扶理事会共帮扶救助29万多人次,救助金额达8549万元。青年就业指导服务中心面向80万员工和家属,帮助5万煤海待业青年解决了就业。同时,各级党组织开展"入户走访解民情"、开通党委书记热线等活动,慰问困难员工34.3万人次,帮扶慰问金额超过1亿元。

四、精神文明重落实,树立典型做示范

同煤用社会主义核心价值观引领精神文明建设,发挥先进典型的价值导向作用。同时,广泛开展家风、家教宣传教育,倡导领导干部带头弘扬家风,履行家庭责任。涌现出燕子山矿、马脊梁矿、晋华宫矿等6家"全国文明单位"。年近八旬的党员欧学联就是同煤精神文明建设的一座丰碑。欧学联是一个爱矿如家、热心公益的人,集众多荣誉于一身。她55年如一日,竭尽所能为矿工服务,在同煤的百里煤海,没有喝过"学联茶",没有吃过"学联饼""学联粽",没有衬过"学联鞋垫"的矿工微乎其微。她先后荣获全

国道德模范、全国先进工作者、全国拥军模范、全国三八红旗手、全国巾帼建功标兵、全国煤炭战线劳模等荣誉称号,先后八次受到党和国家领导人接见,并当选第九届全国人大代表。最鲜活的教材、最直观的导向,把道德模范的榜样力量转化为员工群众的生动实践,引导广大员工群众学习典型,提升自我,树立起同煤人的"价值坐标"。

五、同煤党建重根基,夯实基础见成效

同煤把"三基"建设作为加强企业党建工作的根本,着力推动基层组织全面加强,基础工作全面进步,基本能力全面提升。党的建设一以贯之地贯穿了同煤改革发展始终,实现了党的组织、党的工作和党员作用全覆盖。同煤在基层党组织中全面开展"支部月竞赛,党委季考评,前十发红旗,后十要约谈"等活动。通过强化基层党组织政治功能,实现重心下移、力量下沉、保障下倾。党员服务站就是基层党建工作最有力的抓手。

同煤要求,凡是党委建制的基层单位必须建立党员服务站,各支部因地制宜地设立了党员服务点,形成纵向到底、横向到边的服务体系。截至目前,全公司已建成共产党员服务站(点)1227个,共产党员志愿者3万多名,结成党员群众"一助一"帮扶对子2万多对,形成了党委设站、支部设点、党员结对的全覆盖服务体系。遍布全矿区的党员服务站在做好政策咨询、扶贫帮困的同时,不断创新,相继推出"爱心超市""爱心家园""心理热线"等。燕子山矿在200米的井下设立了同煤第一个井下党员服务站,以一杯热水、一张创可贴、一根针线等点点滴滴小事为一线员工传递着关心、暖心和贴心。

同煤党建有特色,廉政教育有新意。不仅在集团层面建立了党风廉政教育基地,而且在各级厂矿都设有党风廉政教育站;不仅组织各级党员干部教育学习,而且吸引了家属群众观看学习;采取员工与家属联动,签署家属助廉倡议书的形式,长敲廉政警钟;开展了一系列如"千名干部读廉

文、千名干部进课堂、万名干部进基地、万名干部进考场"的双千双万反腐倡廉主题教育活动,营造出风清气正的政治生态。

六、同煤精神重实干,众志成城"特别能"

"特别能吃苦,特别能战斗,特别能奉献"的同煤精神是同煤人的巨大精神财富,激励着一代又一代同煤人执着奉献,奋勇前行。从马六孩、连万禄到王学军、王雷雨……一代代劳模谱写了可歌可泣的赞歌。亚洲金融危机期间,同煤人连续三年多实施了月工资"人人230,共同渡难关",以顽强的毅力与企业并肩,度过了最艰难的时期;2008年抗击雨雪冰冻灾害中,同煤20万员工在春节期间加班加点,万众一心保电煤,不计报酬保供应;汶川地震后,同煤成立医疗、防疫、救助、支援小分队奔赴灾区,众志成城献爱心;在百年奥运特殊时期,同煤迎峰度夏,月产量连续创历史新高,为京津冀地区电煤供应起到了中流砥柱的作用。一个个鲜活的事例,充分展示了"特别能"的同煤精神。

70年来,党的领导始终是同煤的发展之基、发展之根、发展之魂。同煤与党中央始终保持一致,做到了"中央有声音、同煤有行动;上级有要求,同煤有落实"。同煤抓党建促发展、强党建保发展的优势突出,为加快建设国内领先的综合能源集团奠定了坚实基础,其经验值得国内煤炭行业借鉴和推广。

坚持改革开放　打造全球一流企业

山西焦煤集团有限责任公司

山西焦煤集团办公大楼

山西焦煤是我国煤炭行业第一家以资产为纽带、实行紧密型母子公司体制的煤炭大集团，是全国最大的炼焦煤生产加工企业和炼焦煤市场供应商。旗下拥有25个子分公司和三个A股上市公司，是以炼焦煤生产加工销售为主业，焦化、电力、民爆化工为辅业，金融投资管理、现代物流业等新兴产业快速成长的大型企业集团。

17年前，伴随改革开放的浪潮，按照党中央国务院和省委省政府的战

略部署,西山煤电、汾西矿业、霍州煤电等几个国有煤炭企业组建成立了山西焦煤集团公司。17年来,山西焦煤坚决贯彻落实上级重大决策部署,把改革开放作为推动发展的核心力量,全面深化改革、扩大开放,走出了一条从初创奠基、稳步成长到深层次改革转型、做大做强做优、打造世界一流企业的发展道路。

一、山西焦煤取得的历史性成就,彰显了改革开放的丰硕成果

改革开放使中国发生了巨大变化,也是山西焦煤华丽蝶变、跨越式发展的重要时期。山西焦煤自成立以来,以邓小平理论、"三个代表"重要思想、科学发展观、习近平新时代中国特色社会主义思想为指导,坚持改革创新,扩大开放合作,各项工作取得显著进步,规模实力大幅增长,2013年跻身世界500强,2014年、2015年连续两年成为山西入选世界500强排名最前企业。山西焦煤鼓舞人心的变化、可喜的历史性成就,有力地彰显了改革开放的丰硕成果。

(一)综合实力大幅提升

坚持稳中求进,聚焦改革转型,企业综合实力稳步提升。2017年与组建时的2001年相比,销售收入由53.96亿元增加到1523.58亿元,增长了27.24倍;企业资产总额由214.5亿元增加到2956.7亿元,增长了12.78倍;煤炭产量由3178万吨增加到9610万吨,增长了2.02倍;发电量由6.14亿度增加到143.98亿度,增长了22.45倍;焦炭产量由147.3万吨增加到943万吨,增长了5.4倍;上交税费总额由7.6亿元增加到150亿元,增长了18.74倍;实现利润由0.7059亿元增加到27.75亿元,增长了38.31倍。炼焦煤产品在全国市场占有率第一,稳定在9%左右。

(二)生产规模持续扩大

伴随着山西省结构调整的步伐,不断巩固扩大现有生产能力,加大兼

并重组力度,加快后备区的勘探开发。山西焦煤成立的第二年,在没有增加新矿井的情况下,产量增加近1000万吨,相当于增加了一个矿务局;成立的第四年,西山煤电煤炭产量突破3000万吨,汾西矿业、霍州煤电煤炭产量双双突破千万吨,整体实现了历史性跨越;成立的第十年,生产能力再度提升,煤炭产量突破了亿吨大关,比组建时增加了2倍多。十八大以来,山西焦煤大力实施供给侧结构性改革,全面推进"一优三减",加快存量矿井技改和现代化安全高效矿井建设,2016年、2017年退出落后产能580万吨/年,2017年建成现代化矿井18座,安全高效矿井35座,先进产能占比达到62%。

(三)产业结构不断优化

坚持走循环经济发展道路,大力发展以煤炭深加工为主的产业链和产业群,不断增加产业的附加值,形成了具有焦煤特色的循环经济发展模式。2005年,西山煤电古交"煤电材"、山西焦化洪洞"煤焦化"循环经济园区,同时被国家六部委确立为全国首批循环经济试点单位。党的十八大以来,山西焦煤坚定走"减""优""绿"的转型之路,坚持"1+3+2"产业布局,明确了71项牵引性转型项目和100多项新兴产业培育项目,持续推进各产业园区化、循环化、集群化改造,加快建设古交、兴县、临县、交口"煤电材"和洪洞"煤焦化"、唐山曹妃甸"煤焦钢"六大循环经济园区,逐步形成了以炼焦煤生产加工销售为主业,焦化、电力、民爆化工为辅业,金融投资管理、现代物流业等新兴产业快速成长的现代化产业格局。

(四)创新活力竞相迸发

以制度和机制创新为核心,以科技创新为重点,充分利用国家级技术中心、院士工作站等平台,加强与各大科研院所和上下游企业的深入合作,推进技术攻关与创新。确立了18类117项重大科技攻关项目,"近距离突出煤层群稀缺资源安全开发与利用"项目获得了被誉为中国工业"奥斯

卡奖"的中国工业大奖。成立了精细煤焦化工产业技术创新联盟等六大科技创新平台,与联合国欧洲经济委员会共同设立"中国国际卓越煤矿瓦斯治理中心",为推动全球瓦斯治理利用提供了"中国方案"。截至2017年底,累计获得国家和省部级科技进步奖项164项,其中获国家科技进步奖4项。集团"双创基地"入驻企业35家,集团"双创基地"和西山"众创中心"被认定为国家备案众创空间、省级众创空间和山西省小微企业创业创新基地。

坚持长协战略,推进营销创新,构建"一体两翼"营销格局,推广应用"焦煤在线",扩大外采统销,2017年炼焦煤集中销量达到1.5亿吨以上。定期发布中价·新华山西焦煤价格指数,成为全国炼焦煤市场的"晴雨表"。加强中国炼焦煤产业集群品牌联盟建设,推动"中国焦煤"走向世界,炼焦煤集中度、市场话语权和行业影响力显著提升。

(五)对外开放全面扩大

始终秉承诚实守信、合作共赢的经营理念,瞄准国内国际两个市场、两种资源,聚焦炼焦煤主业及上下游配套产业,加强与央企、地方大型国企和优质民企合作,探索走出国门,提高炼焦煤资源集中度。大力实施"腾笼换鸟",积极打造炼焦煤上下游产业一体化发展新模式,提高辅业发展质量和效益。坚持长协稳定运行,构建长期战略合作联盟,与30多家大集团大公司结成了战略合作伙伴关系,产品远销国内外20多个省市和地区。2017年山西焦煤的长协合同量占到了炼焦煤总供给量的85%,合同兑现率达92%以上,外采统销同比增长49.7%,国内最大的炼焦煤生产基地和供应商的地位进一步巩固。

(六)深化改革稳步推进

深入落实我省国资国企改革部署和"1+N"文件要求,50项改革重点任务全面推进。以"管理制度化、制度流程化、流程信息化"为方向,加大内控体系建设,全面启动山西焦煤能源云"十大信息平台"建设,提高集团化管控、板块化经营、专业化管理水平;深化"三项制度"改革,进一步精简机构,压缩管理层级,2017年底完成11户企业公司制改革,清理3个五级公司,1个六级公司进入破产程序,一线在岗人员待遇同比增长24%,职工总数、在岗人数、干部职数连续4年保持"三个下降";全面推行契约化管理,激发内在活力,提升经营质量,华晋明珠的契约化管理经验得到省国资委的肯定并在全省推广,山焦焦化、山焦盐化、山焦焦炭2017年同比减亏13亿元。选取12个试点单位探索推进混合所有制改革,实现多种所有制优势嫁接,凯硕传媒成为省内首家完成混改的试点单位。加快分离企业办社会职能和"三供一业"分离移交工作,"两办"改革攻坚战顺利推进。积极研究财政金融政策,创新融资方式,借助金融环境不断优化契机,2017年完成市场化债转股基金落地118亿元,在山西省和全国煤炭行业落地金额最大,为企业健康发展提供了保证。

(七)职工生活不断改善

坚持"奉献社会,造福员工"的企业宗旨,把提高职工生活水平和质量作为工作的落脚点。职工收入保持"两个同步",人均年工资收入水平逐年增长。积极向政府争取,井下职工入井费、夜班费等列入个税减免范围,一线职工得到实惠。加强社会保障工作,在企业困难的情况下,千方百计拿出数百亿元为职工支付"五险一金"。2017年,为职工清欠社保缴费22亿多元,恢复了公积金缴存和企业年金缴纳,足额补交了养老金。抢抓国家棚户区改造机遇,推进保障性住房建设,有序解决职工住房问题,数万户职工迁入新居。投入资金积极改善职工居住生活条件,矿区的人居环境发生了很大的变化,职工群众的幸福感和获得感进一步增强。

(八)和谐稳定不断巩固

践行以人为本、和谐发展的企业宗旨,高擎企业文化建设的大旗,启动"企业文化战略工程",广泛开展大集团意识教育,深入实施"素质工程"

"阳光工程""温暖工程",积极开展"讲焦煤故事、选焦煤好人、树焦煤形象"活动以及群众文化活动,厚植企业精神,增强职工凝聚力和归属感。加大文明创建力度,文明单位、文明小区的数量逐年递增,职工的文化活动阵地和活动设施有了明显的改进和提高。以"3110"工作机制为基础,全方位、多层次、长周期实施送温暖帮扶工程。仅2015年以来,共计走访慰问救助各类人员146 095人次,发放慰问救助金4927.6365万元,办理职工大病互助4080人次,发放互助金923.4万元,使广大职工真正感受到企业的温暖,促进了企业的和谐稳定发展。

二、山西焦煤的经验启示,诠释了改革开放的丰富内涵

习近平总书记指出,改革开放是当代中国发展进步的活力之源,是我们党和人民大踏步赶上时代前进步伐的重要法宝,是坚持和发展中国特

焦化生产基地

382

色社会主义的必由之路。17年来，山西焦煤坚持改革开放，以全面深化改革不断打破束缚思想的桎梏，以持续扩大开放扫除阻碍发展的藩篱，不断研究新情况、解决新问题、总结新经验，开启了新的前进道路，开辟了新的发展空间。山西焦煤用生动的实践、宝贵的经验，印证和诠释了改革开放的深刻内涵。

（一）必须以解放思想为先导，坚定不移地创新发展思路

没有头脑风暴、思想破冰，就没有行动突围、砥砺奋进。十七年来，山西焦煤始终坚持解放思想、实事求是，把解放思想贯穿于企业改革开放的全过程，在解放思想和改革开放的相互激荡中、在观念创新和实践探索的相互促进中，不断定位和明晰符合大集团实际的发展思路，引领企业高质量发展。从"全国百强，行业领先，四跨集团，做强做大"的发展战略，到"32255"发展思路，从建设"安全焦煤、百年焦煤、十强焦煤、美丽焦煤"目标，到"11236"发展思路，山西焦煤依靠不断地解放思想，完善强企兴邦的战略思路，引领大集团迈出初创奠基、稳步成长的坚实步伐，开启大集团持续发展的新篇章。广大干部职工依靠不断解放思想、更新观念，形成了强大的精神动力，推动了山西焦煤的大发展。

（二）必须以抢抓机遇为突破口，坚定不移地推动高质量发展

机遇是宝贵的战略资源，是推动发展的现实生产力。17年来，山西焦煤始终把抢抓机遇作为促进发展的重要突破口，突出抓好发展这个第一要务，以敢为人先的胆识和魄力，敏锐把握重大机遇，大胆闯、大胆试，持续释放发展新动能。抢抓煤炭总量出现供求基本平衡的时机，加快资源储备；抢抓国家建设节约型社会的政策支持，大力发展循环经济，提高资源利用率；抢抓省委省政府建设"示范区"、打造"排头兵"、构建"新高地"的战略机遇期，明确提出"一个战略、三大目标"的发展规划，深化改革创新，促进协同融合，加快转型升级，全面打造具有全球竞争力的世界一流

企业。

（三）必须以循环经济为方向，坚定不移地加快转型升级

坚持走绿色循环低碳发展道路，大力发展循环经济，是建设资源节约型和环境友好型社会的必然要求，也是推动企业可持续发展、提升自身竞争能力的战略举措。17年来，山西焦煤坚持"创新、协调、绿色、开放、共享"发展理念，以循环发展为引领，以"煤电材（铝）""煤焦化（钢）"一体化发展为方向，加强绿色、循环、低碳发展的深度融合，推动企业循环式生产、产业循环式组合、园区循环式发展，促进资源型产业一体化、循环化发展和新兴战略型产业绿色化、规模化发展，构筑循环经济新优势。

（四）必须以创新驱动为动力，坚定不移地提升创新能力

创新是引领发展的第一动力。17年来，山西焦煤牢固树立"人才立企、诚信固企、科教兴企、创新强企"的理念，坚持把创新驱动作为企业发展的根本保证，尊重基层的实践和群众的首创精神，加快科技成果的研发转化。每年确保1.5亿元的科研资金用于重大技术攻关项目，子公司科技研发投入占主营业务收入达1.5%以上。仅"十二五"期间，山西焦煤用于科技研发的投入达到54.7亿元，切实在一批关键技术攻关上取得了突破。同时，产学研的联合创新，新技术、新工艺、新设备的引进推广，博士后津贴制度、高端人才奖励办法的出台，"蓝点计划""806031"青年领军人才培养计划的实施，为企业培养了大批高端复合型领军人才和优秀拔尖人才。实践证明，只有勇于创新，敢于创新，才能始终走在改革开放的前列。

（五）必须以深化改革为主线，坚定不移地推进"三大变革"

深化国有企业改革，是做强做优做大国有资本，培育具有国际竞争力的世界一流企业的必然要求。山西焦煤因改革而生，因改革而兴，因改革而强，改革的步伐始终未曾止步。17年来，山西焦煤坚持用发展的思路解决企业在发展中遇到的困难，坚持用改革的精神解决企业在改革中遇到

的矛盾,坚持用市场经济的手段解决企业走向国内外市场中遇到的问题,顺利实施了债转股,推行了契约化管理、"三项制度"改革和混合所有制改革,推进了处僵治困、分离企业办社会、风险防控三大攻坚战,50项改革重点任务全面发力、多点突破、纵深推进,激发了企业的内生动力,改革效应正在转化为企业效益和转型效能。

(六)必须以对外开放为抓手,坚定不移地加强战略合作

开放发展是深化认识发展规律的科学理念,是中国人民决胜全面小康,发展中国特色社会主义的历史性选择,是国有企业改革发展的必由之路。17年来,山西焦煤坚持"诚实守信、合作共赢"的理念,立足全国,放眼世界,以更加开放的姿态广泛开展对外合作。抓住国家推进"一带一路"建设和开展国际产能合作的机遇,主动对接国际市场需求,积极参与全球竞争与合作,围绕"煤炭、焦化、电力、民爆化工、新兴"五大产业领域,加强引资引技引智发展,以重点合作项目为依托,强化上下游企业的战略合作与融合发展,提高炼焦煤资源集中度和辅业发展质量和效益,助推企业转型升级发展。

(七)必须以造福员工为宗旨,坚定不移地推进和谐发展

只有坚持以人为本,努力做到发展为了人民、发展依靠人民、发展成果由人民共享,我们的各项事业才能具有最广泛、最可靠的群众基础,获得最强大、最持久的力量源泉。十七年来,山西焦煤全面落实党的依靠方针,把维护好、实现好、发展好职工的根本利益作为工作的出发点和落脚点,把充分就业、改善人居、增加收入、完善保障作为发展的优先目标,坚持不懈地为人民群众办实事、谋利益、增福祉,做到权为民所用、情为民所系、利为民所谋,充分调动了广大干部职工的积极性、创造性,不断释放工作的活力。

（八）必须以保持先进性为根本，坚定不移地加强党的建设

推进改革开放和现代化建设，关键在党要管党、从严治党。十七年来，山西焦煤把坚持党的领导、加强党的建设作为改革发展的"定盘星""压舱石"，全面落实新时代党的建设总要求和重点任务，紧紧围绕"把方向、管大局、保落实"核心，全面加强党的思想、组织、作风、制度和反腐倡廉建设。以加强"党建三基"工作、提高党建科学化水平为重点，深入开展"不忘初心、牢记使命"主题教育、党的群众路线教育实践活动、"三严三实"专题教育，推进"两学一做"学习教育常态化、制度化和维护核心见诸行动主题教育，大力开展"学习十九大精神，争做新时代先锋"活动，引导党员干部增强"四个意识"、坚定"四个自信"，自觉维护核心，自觉与党中央看齐；驰而不息正风肃纪反腐，持之以恒落实中央八项规定精神，统筹运用监督执纪"四种形态"，全面启动党委巡察工作，开展好群众身边的腐败、违反八项规定精神、信访举报案件三个专项整治活动，推动全面从严治党不断向纵深发展，为深化改革提供了坚强的政治保障。

三、山西焦煤的宏伟蓝图，昭示了改革开放的灿烂前景

新形势、新任务、新挑战，赋予山西焦煤新的历史使命。山西焦煤坚持以习近平新时代中国特色社会主义思想为指引，深入贯彻落实党的十九大精神和省委省政府各项决策部署，主动适应新时代新要求，精确研判内外部形势任务，精准把脉企业改革发展实际，明确提出了"一个战略、三大目标"的发展规划，即"打造具有全球竞争力的世界一流企业""争做全省能源革命、深化改革、转型升级排头兵"，勾画了山西焦煤"十三五"乃至将来一段时间的目标任务，为山西焦煤的改革转型发展绘就了蓝图，指明了方向，也昭示出改革开放的灿烂前景。

（一）打造具有全球竞争力的世界一流企业

党的十九大报告指出，"做强做优做大国有资本"，"培育具有全球竞争力的世界一流企业"，这是在中国特色社会主义进入新时代、全面建设社会主义现代化强国的新征程中，以习近平同志为核心的党中央对新时代中国大型企业发展确定的目标，指明的方向，提供的根本遵循。山西焦煤紧跟时代发展步伐，以讲政治、讲大局的责任担当，提出了"打造具有全球竞争力的世界一流企业"的发展目标，即建设全球最大的炼焦煤生产加工企业和建设全球最大的炼焦煤供应商。建设全球最大的炼焦煤生产加工企业就是要围绕先进产能和精煤产量做文章，做到内外兼修。对内要加快推进现有矿井的升级改造和安全高效建设，不断提高精煤产量和产率。对外要加大对优质炼焦煤资源的兼并重组，用市场化、法制化手段对省内及周边的优质炼焦煤资源进行战略性重组。建设全球最大的炼焦煤供应商就是要全面做大"一体两翼"营销格局（存量销售为主体，"焦煤在线"和外采统销为两翼），炼焦煤商品煤总销量达到1亿吨以上，承担起稳定炼焦煤价格、促进炼焦煤市场平稳运行的职责。存量销售是我们的主体和基础，长协合同兑现率要保90%；"焦煤在线"在加快上量的同时，要在竞价销售、炼焦煤的价格发现、指数发布、品牌塑造等方面持续加强，发挥作用。

（二）做强做优焦煤主业，争做全省能源革命排头兵

紧紧围绕打造具有全球竞争力的世界一流企业的战略目标，坚持煤炭的安全绿色自动化开采和清洁高效集约化利用，坚持"退改建"，提高先进产能占比，深化"减优绿"，加快推进存量矿井技改和现代化安全高效矿井建设，煤炭公告产能由9225万吨/年提高到1.5亿吨/年；坚持市场化、法治化手段，瞄准国内国际两个市场两种资源，加快对优质炼焦煤产能的兼并重组，力争集团控股的优质焦煤产能达到2亿吨/年；坚持精煤战略，原

煤全部入洗,精煤产率提高到60%以上,炼焦精煤产量达到8000万吨/年,建成全球最大的炼焦煤生产加工企业。坚持"六统一"集中销售,坚持"煤、路、港、网、金融"协调推进,坚持"一体两翼"营销格局,扩大外采统销,吸引更多炼焦煤生产企业上线交易,集团炼焦煤集中销量达到1.5亿吨以上。定期发布中价·新华山西焦煤价格指数,扩大企业的行业影响力和市场话语权。积极推动中国炼焦煤产业集群品牌联盟建设,引领"中国焦煤"走向世界。

(三)全力推进"三大变革",争做全省深化改革排头兵

以改革为统领,努力实现质量变革、效率变革、动力变革,持续激发内生动力,全力以赴完成"1+N"改革任务,走在全省深化改革的前列。

1.推进质量变革。坚持安全、绿色、高效发展,不断提高供给和服务质量水平,加快推进资产证券,用好上市平台,通过资产证券化提升企业资产质量,资产证券化率达到50%以上,资产负债率降到70%以下。

2.推进效率变革。深入实施"一优三减",优化生产系统,减水平,减头面,减人员,大力实施"机械化换人、自动化减人",全面提升生产效率,煤炭人均产量达到1500吨以上;坚持"集团化管控、板块化经营、专业化管理",全面推进内控体系建设和十大信息化平台运行,促进协同融合,实现要素集约和运营效率提升;严格项目管控,盘活优质资产,清理低效无效资产,分离企业办社会职能,提高投入产出效率,净资产收益率达到2%以上,国有资本保值增值率达到107%以上。

3.推进动力变革。厚植企业精神和核心价值观,强化文化引领和驱动;加强科技创新,科技研发投入占比达到3%以上,科技贡献率达到65%以上,切实提升创新驱动能力;加强三支人才队伍建设,深化契约化管理、混合所有制改革、三项制度改革等体制机制改革,充分调动干部职工积极性,不断提升企业内生动力和活力。

（四）构建现代产业体系，争做全省转型升级排头兵

深入落实供给侧结构性改革要求，坚持"1+3+2"产业布局，着力构建炼焦煤主业做强做优，焦化、电力、民爆化工辅业循环促进，金融投资管理、现代物流业等新兴产业快速成长的现代产业格局。煤炭主业淘汰退出落后产能1095万吨，先进产能占比提高到75%以上；焦化产业在安全、稳定、满负荷、长周期运行基础上，建成规模化现代煤化工项目；大力发展坑口低热值热电联产项目。推动各产业园区化、循环化、集群化改造，以煤—电—材（铝）、煤—焦—化（钢）等一体化为方向，六大循环经济园区建设取得突破，古交"煤电材"、洪洞"煤焦化"园区全面建成。坚持服务于全国最大炼焦煤企业建设的导向，深入推进金融投资、现代物流贸易产业快速发展，金融投资产业成为新的经济增长极和利润支撑点。充分利用内部广阔市场和空间，加快推进节能环保、大数据等新兴产业发展，助推企业转型升级。四十载惊涛拍岸，九万里风鹏正举。回顾改革开放以来走过的历程，让人惊醒；分享改革开放以来取得的成果，令人欣慰；总结改革开放以来

矿区面貌巨变

得出的经验，促人深思；展望改革开放的未来前景，催人奋进。站在新的起点上，山西焦煤将继续深入学习贯彻党的十九大精神，以习近平新时代中国特色社会主义思想为指引，在省委省政府的正确领导下，继续推进改革开放的伟大事业，进一步解放思想、改革创新，以"功成不必在我"的精神境界和"功成必定有我"的历史担当，用足非常之力、坚守恒久之功，聚精会神抓改革，一心一意谋转型，全力打造具有全球竞争力的世界一流企业，创造无愧于新时代的优秀业绩，为全省经济社会发展、为推进全面建成小康社会、早日实现中华民族伟大复兴的中国梦做出新的更大贡献。

全国最大的坑口电厂——古交电厂

艰苦创大业　谱写新篇章

晋城无烟煤矿业集团有限责任公司

山西晋城无烟煤矿业集团有限责任公司(以下简称"晋煤集团")始建于1958年,前身为晋城矿务局,历经2000年公司制、2005年债转股两次改制,现为山西省国有资本投资运营有限公司控股(62.57%),国开金融公司(20.36%)、中国信达资产管理公司(17.07%)多元股东持股的特大型现代综合能源企业集团。历经60年筚路蓝缕、艰苦奋斗,晋煤集团已成长为全国最大的煤层气开发利用企业、优质无烟煤重要的生产基地、最大的煤化工企业集团、最大的瓦斯发电企业和山西最具活力的煤机制造企业。现有65家子公司、12家分公司和1家托管企业,拥有全国唯一的煤层气全产业链上市公司。位列2018世界企业500强第481位、中国企业500强第107位、能源企业全球竞争力500强第320位、中国煤炭企业50强第6位、中国煤炭企业煤炭产量50强第14位、山西省企业100强第1位。

晋煤集团坚持以习近平新时代中国特色社会主义思想为指导,深入贯彻落实党的十九大精神和习近平总书记视察山西重要讲话精神,围绕山西省建设"资源型经济转型发展示范区"、争当"能源革命排头兵"、打造"内陆地区对外开放新高地"三大目标,突出"三个引领",推动"三个变革",深入践行"5643"工作理念,全力建设燃气为主、清洁高效、国际一流能源企业集团,全面开启企业"二次转型"新征程。

一、创业时期(1958~1978年)

1958年3月15日,经煤炭部太原煤矿管理局批准,泽州煤矿筹备处成立。为支援矿井建设,国家抽调开滦煤矿400多名管理干部、工程技术人员和施工作业人员奔赴晋城,初期投资2400万元。7月5日,泽州煤矿筹备处的第一对矿井——古书院矿开工典礼,揭开晋煤集团规模化开采的历史篇章。

建矿初期,铁路未通,运输不便,设备简陋,无房缺电,在重重困难面前,老一辈创业者用锹、镐、筐、手摇辘轳和手推平车开启晋煤集团的创业征程。创业者们以大无畏的英雄主义气概向艰难困苦发起挑战——练内功,建立安全生产责任制,确保建井质量,排查矿井隐患,降低事故发生率,在设备落后、技术人员短缺的情况下,靠严格的管理保证煤炭生产顺利运行,从建矿至投产未发生大的事故;自力更生,白手起家,在建设古书院矿的同时,办起水泥厂、石灰厂、料石厂、砖厂、机修厂、工程队、技术学校等;大力学习石圪节煤矿勤俭办矿的经验,持续开展技术革新、技术革命活动,各项小改革、小发明、小创造近百余种;加强成本管理,坚持能自己解决的就不花国家的钱,为国家节约大量的资金;坚持一手搞生产,一手抓生活,自己动手,修住房,修食堂,业余时间开荒种地,养猪养鸡,解决生活上的困难;密切厂民关系,干部上门走访房东,组织工人帮助周围农户收秋打夏,耕犁播种,有力地支援农业生产;干群关系密切,干部与工人住在一起,吃在一起,干在一起,广泛发扬民主,虚心听取群众意见,一些好主意、好方法被运用到生产建设上,促进煤矿安全生产;加强工人的思想教育,通过个别谈心、结对子、上门访问、扶贫帮困等活动深入开展思想工作,稳定职工队伍。按照国家"巩固、充实、调整、提高"的八字方针,缩短基本建设战线,集中精力建设古书院矿、王台铺矿两对斜井和孟匠至古书院矿、孟匠至王台铺矿的铁路支线。

1958年,古书院矿开工建设的同时,上马王台铺矿井,成立晋普山矿井工程队、晓庄露天煤矿工程队，开拓方式有斜井、立井、露天、平硐等。1958～1959年，由于不具备生产条件，手工挖煤1万余吨。

经过两年半的艰苦奋战，1960年12月，古书院矿简易投产，当年生产原煤27万吨。晓庄露天煤矿因地质资料不准，以下马告终。

在艰苦创业的时期，创业者以吃苦耐劳、奋发有为的进取精神，用自己的心血、汗水甚至宝贵的生命创造一个又一个奇迹——仅用不到3年的时间，1964年，晋煤集团的第二对生产矿井王台铺矿建成投产。

"文化大革命"期间，广大干部职工排除"左"的干扰，尽最大努力确保煤炭生产，共生产原煤1869万吨，完成国家下达计划的78%，向国家上缴利税5000万元，并于1970年10月建成投产晋煤集团的第三对生产矿井——凤凰山矿，有力地支援了社会主义建设。

二、改革初期（1978~2000年）

1978年12月18日，中国共产党十一届三中全会召开，全会确立了解放思想、实事求是的思想路线，作出把党和国家的工作重心转移到经济建设上来，实行改革开放的历史性决策，开启了共和国发展的新纪元。晋煤集团响应党中央的号召，广大干部职工以饱满的热情投入到波澜壮阔的社会主义现代化建设的热潮中，使晋煤集团煤矿生产建设步入新的发展轨道。

中共十一届三中全会提出把全党工作着重点转移到社会主义现代化建设上来，要求从多个方面改变同生产力发展不相适应的生产关系和上层建筑，改变一切不适应的管理方式、活动方式和思想方式，并提出"改革"大政方针。中共晋城矿务局委员会紧跟党中央的决策部署，在经营管理、煤炭生产、安全生产等方面采取了一系列改革举措。

1979年1月12日，经山西省煤炭工业局批准，中共晋城矿务局革命委员会更名为中共晋城矿务局委员会。《企业法》颁布后，晋城矿务局积极推

行局(矿)长负责制,确立局(矿)长在企业行政管理中的中心地位。为充分体现多劳多得、少劳少得、不劳不得的分配原则,根据煤炭部《关于全国煤矿实行奖励制度的若干问题的规定》,晋城矿务局结合自身实际,在工资改革方面,开始实行计时工资加奖金的政策,下发《关于试行计时工资加奖励办法的通知》,并对奖励期限、范围、得奖条件、奖金类别、奖励标准以及班组长津贴作了详细规定。1980年,晋城矿务局推行内部合同制,在古书院矿、王台铺矿、凤凰山矿推行包产量、包利润、包材料费、包工资基金的管理办法。主要内容是:健全以矿完全独立核算为中心,队(车间、厂)成本利润核算为纽带,班组工料直接成本核算为基础的核算体系;"砸大锅、立小锅",实行单位经济包干考核,包干考核与奖励挂钩。1981年,晋城矿务局制定下发《关于健全内部经济核算实施办法的通知》,主要内容有:实行四级管理三级核算,以局完全独立经济核算为领导,矿(厂、处)内部独立核算为中心,队(车间)成本或利润核算为纽带,班组工料直接成本核算为基础的核算体系。同时健全局直属及附属生产单位,行政及事业经营单位的内部经济核算体制,组成全局经济核算网。《办法》规定完成产量、进尺、利润包干三项指标者,可按规定获得利润留成,即除按规定留成的生产发展基金由局统一管理外,其余部分按比例四六分成(局40%,矿60%),超利润包干部分按三七分成(局30%,矿70%)。其他各项经济指标每有一项完不成,按规定扣减10%。完成利润包干指标者,按规定给予职工综合基础奖。机修厂、勘探队、汽车队、供电队、工程处、农林处、医院、印刷厂、矿中、技校、局机关等辅助单位,根据单位业务性质分别实行利润包干、成本包干、预算包干、经费包干等。

1983年2月26日,晋城矿务局举行经济承包签字仪式,古书院矿、王台铺矿、凤凰山矿分别与局签订《承包经济责任合同》。随后,每年各矿都要与局签订《目标责任书》。

1984年6月,为落实煤炭部改革工作会议精神,尽快解决"大锅饭"问题,晋城矿务局召开改革会议,研究改革方案,确定改革步骤。11月8日,经中共山西省委批准,晋城矿务局开始执行《吨煤工资浮动包干实施办法》。1986年,井下质量标准化、调度通讯指挥现代化、企业管理现代化、矿井运输监控系统化、职工教育培训正规化等工作开始在全局全面展开。

1987年2月,晋城矿务局制定《局长负责制细则》《中共晋城矿务局委员会工作条例实施细则》《职工代表大会实施细则》,管理体制由党委领导下的厂长负责制转变为局(矿)长负责制,确立了企业党委的政治核心地位,以及对企业的保证监督作用,明确了局(矿)长在企业生产经营活动中的中心地位。

1997年,晋城矿务局在认真总结1996年深化改革、转化机制经验的基础上,对古书院矿、凤凰山矿实行零点利润经营办法。零点利润经营是晋城矿务局在总结推行四台阶贸易政策基础上,为适应市场需要,实现经济效益的可持续增长,通过借鉴邯钢经验,紧密结合企业实际,在各生产单位推行的一种经营方法。围绕零点利润经营,晋城矿务局制定并实施财务、资金、物资采购等一系列管理办法。通过盘活存量资产,减少储备资金,加速了资金周转。同年4月,将已经在辅助单位实施的模拟法人体制开始向生产矿井引深。1997年初,晋城矿务局按照煤炭部要求,成立"三条线"(三条线是指煤炭企业实行煤炭生产、多种经营、后勤服务三条线管理)管理领导组,制定《晋城矿务局三条线管理实施办法》和四个配套管理办法,将王台铺矿作为推行试点单位。与此同时,将矿、厂、处所属的二级单位确定为核算点,变二级会计核算为三级核算,并成立会计服务中心,为各核算点代理记账。

1998年,晋城矿务局成立企业改制领导组,组建改制办公室。7月底出台《晋城矿务局建立现代企业制度实施方案》及19个配套方案。同时,邀请山西省经贸委和证管办的有关专家进行政策咨询和指导,初步审定了晋城矿务局的改制方案。

1999年,为了减轻国有企业的负担,增强国有企业发展的活力,国家对部分国有企业实施了债权转股权。晋煤集团抓住机遇,及时申请实施债转股。1999年4月,抽调专人研究制定债转股方案。9月13日,山西省人民政府下发晋政函[1999]第113号文件,批准晋城矿务局改组为山西晋城无烟煤矿业集团有限责任公司(为山西省人民政府出资设立的国有独资公司),并原则同意公司章程。至此,企业改制工作第一阶段取得圆满成功,为国家煤炭工业局批准晋城矿务局债转股方案,并作为煤炭系统首批债转股企业上报国家经贸委创造了必要条件。

随着十一届三中全会的召开,晋煤集团广大干部职工解放思想,焕发斗志,贯彻落实党和国家的各项大政方针,打破平均主义大锅饭,落实各项经济责任制,积极引进和推广综合机械化采煤设备,解放思想,改革创新,开创了"八年翻番"、"十年总承包行业排头兵"和"走向市场谋发展"的可喜局面,实现了历史性的崛起。

"八年翻番":原煤产量从1978年的330万吨提高到1986年的678万吨。这一时期,通过开展真理标准问题大讨论,打破平均主义"大锅饭",实行工资改革,建立经济责任制,充分调动了干部职工投身社会主义现代化建设的热情;通过深化改革,转换机制,推动科技进步,内部配套挖潜,广大干部职工的思想观念发生了深刻变化,安定团结,致力煤矿经济建设成为矿山的主流。

"十年总承包行业排头兵":1986~1995年,通过推行局矿长负责制,实行经营总承包,广大干部职工投身改革洪流,使企业快速成为全国煤炭行业排头兵。一是矿井机械化水平显著提高,综采机械化程度由1984年的26.86%提高到1995年的100%,掘进机械化程度由1984年的10.67%提高到1995年的86.68%。二是原煤产量突破千万吨大关,跨入国家特大型企业行列。三是单产单进与全员工效创造全国同行业先进水平,尤其是一次性采全高放顶煤技术的推广应用,使企业实现了高产高效。四是超额完成了总承包任务。在超额向国家上缴利税的同时,企业净资产由1985年的3.1亿元上升到1994年的12亿元。五是科学规划,积极推进成庄、寺河、潘庄矿井建设项目,老井和新井开发"一对一"接替战略框架初步形成,为解决衰老矿井的出路打下基础。六是企业内部挖潜改造见成效,通过技改扩建和配套挖潜,矿井设计能力由420万吨/年提高到700余万吨/年。七是安全生产迈上了新台阶,十年总承包期间,百万吨死亡率始终保持了国内同行业领先水平。八是企业的管理水平得到提高,在山西省和全国煤炭行业中,首家获得"金马奖",并跻身"国家一级企业"行列。九是非煤产业得到发展,以金驹集团为龙头的多经三产迅猛发展,为拓宽就业渠道,提高经济效益开辟了新的领域。十是科技兴企强力推行,全面推广使用现代化采煤机械设备,率先在全国实现了高产高效。 十一是职工生活发生巨大变化,职工收入不断上升,住房条件得到改善,矿区环境得到治理,生活质量得到提高。 十二是形成了独具晋城矿务局特色,拥有强大凝聚力和感召力的企业精神——"不怕榜上无名,坚信脚下有路",成为一面催人向上的精神旗帜。

"走向市场谋发展":从1996年开始,煤炭行业遭遇前所未有的困境。煤炭市场供求关系发生重大变化,煤炭销售跌入低谷,贷款拖欠数额猛增,企业生产经营面临严峻挑战。困难面前,晋煤集团提出"深化改革、强化管理、艰苦奋斗、稳中求进"的方针,广大干部职工不低头、不气馁,内学邯钢降成本,外抓市场促销售,使企业在严峻的形势下实现了稳中求进。

1978年,中国进入改革开放的新时代。人们不会忘记,40多年前,邓小平同志和其他老一辈革命家一起,以改革开放的雷霆之力,以敢为天下先的胆识和智慧,拨正了"中国号"巨轮前进的航向。人们不会忘记,以江泽民为核心的党的第三代领导集体,确立了社会主义市场经济体质的改革目标,制定和实施了促进改革开放发展稳定的一系列方针政策和重大战略,成功地把中国特色社会主义推向21世纪。

体制和机制改革是企业发展的动力，晋煤集团紧跟党的路线方针政策，通过十几年的体制改革，以技术创新和人力资源开发为支撑，拓宽内涵路，挖掘效益路，大力提升了经济运行质量和效益，推动企业走上内涵式发展的新路子。在短短几十年的发展中，晋煤集团以一种敢闯敢试的勇气和精神，抓住机遇，不断尝试创新，开拓进取，形成了一套完备先进的现代企业制度，开创了建设国际一流晋煤特色综合能源企业集团的新局面。

三、多元发展时期（2000年以后）

2000年8月28日，是企业发展史上具有划时代意义的日子。晋城矿务局改制为山西晋城无烟煤矿业集团有限责任公司，结束了42年工厂制的历史。新组建的晋煤集团高举"二次创业"旗帜，在高起点上起飞，在高难度上跨越，在高水平上突破，与时俱进，开拓创新，谱写了一曲改革、发展、和谐的时代赞歌。

进入21世纪，在国民经济快速发展的拉动下，煤炭市场开始复苏。晋煤集团决策敏锐地把握新世纪、新阶段煤炭市场的走向，抢抓历史机遇，创新发展思路，破解发展难题，形成了独具企业特色的发展战略。明确提出了煤气电化综合发展，建设环保型绿色矿山的总体构想。坚持走自主创新之路，着力打造中国极具活力的主业强盛、多元发展的新型能源集团。2003年，晋煤集团党政审时度势，不失时机地提出了"二次创业、十年百亿"的宏伟目标。二次创业的内涵是：坚持以煤为主，非煤产业多元开发，煤气电化同步发展，建立规范完善的公司制企业。从此，开始实施大集团战略，通过新建、并购、重组等途径，逐步构建起母子公司管理体制。根据市场形势和企业发展态势，不断优化发展思路，转变发展方式，企业发展战略在实践中日趋完善。确立了"优化产业链，培育增长点，拓宽内涵路，挖掘效益源，全力实现晋煤集团又好又快和谐发展"的战略方针和"主导产业板块化经营，相近业务专业化重组，组织结构扁平化改造，人力资源科学化配置"的改革思路,以煤炭板块、煤化工板块、煤层气板块、电力板块为支柱,其分板块协调发展、优势互补的企业发展战略走向成熟。

晋煤集团挂牌成立之初,我国煤炭工业由于长期"大量生产、大量消费、大量废弃"的粗放式发展,煤炭总量过剩,市场疲软、煤价持续狂跌的局面尚未完全扭转。面对市场严峻局面和公司刚成立的种种困难,晋煤集团的决策

金马奖

全国优秀企业　优秀企业家评选办公室

一九八九年二月

1989年晋城煤业集团成为山西省和
全国煤炭系统第一个获得"金马奖"的企业

者认真分析了我国贫油、少气、富煤的基本国情和煤炭在我国能源体系中的基础战略地位,果断提出了符合循环经济的思路:"煤气电化综合发展,建设环保型绿色矿山"的企业中长期发展战略和"二次创业、十年百亿"的总体奋斗目标。党的十六大提出了全面建设小康社会的伟大号召,晋煤人抢抓机遇求发展,坚持以科学发展观为指导,制定了晋煤集团中长期发展战略构想。

晋煤集团按照建立现代企业制度的要求和体制改革的总体部署,着力优化产业结构,全面进行"三大板块"的改革,并迅速构建起符合市场经

济要求、适应企业战略发展需要、产权结构多元、功能齐全完善的母子公司管理体制。

第一大板块:以煤炭主业为中心,构建"煤—气、煤—电、煤—化"三大主导产业格局。在煤炭主业方面,为了适应煤炭主业"北上""西进"实施成本扩张战略的需要,组建了山西长平煤业有限责任公司和晋城沁秀煤业有限责任公司。在煤层气开发利用方面,组建了沁水蓝焰煤层气有限责任公司。在电力产业方面,通过对原有电力资源进行重组、整合,组建了山西金驹煤电化股份有限公司综合利用发电总厂。

在煤化工产业方面,晋煤集团与山西丰喜肥业集团强强联合,2003年8月8日共同发起成立了山西晋丰煤化工有限责任公司,通过低成本扩张,控股成立了开封晋开化工公司和石家庄金石化肥公司,相对控股了江苏恒盛化肥公司;通过增资扩股与股权转让,相对控股了山东明水化工公司和山东联盟化工公司。为了科学开发和利用"三高劣质煤"资源,他们还积极与中科院山西煤化所合作,共同组建了山西天河煤气化公司。

第二大板块:以三大主导产业以外的非煤产业为主,构建专业化经营的辅助产业群。先后成立了以房地产为主业的铭基公司,建筑安装为主业的宏圣公司,报业印刷为主业的晨光公司;组建了供电分公司;与美国菲利普斯机械服务公司合作,组建了由晋煤集团控股的山西菲利普斯煤矿机械修造有限责任公司;通过增资控股,控股了上海申地自动化科技有限公司。

第三大板块:以剥离企业办社会职能为目标,构建社会化管理格局。在组建北石店公安分局的基础上,组建了晋煤集团总医院和晋煤集团教育委员会;通过资产重组,在原林业处、行政处、电信中心的基础上,成立了林业分公司、机关物业分公司和通信分公司。

2010年,晋煤集团成立企业上市领导组和组织机构,制定下发《关于整体上市工作的安排意见》,按照"时间任务计划表"全力以赴推进企业上市;按照"构建两级战略主题、三种管理模式"的思路,制定了《关于构建集团战略管理体系的指导意见》《投资项目核评价管理暂行办法》等一系列管理制度,在晋煤集团董事会下增设六个专业委员会,成立了经营管理研究院,完善了集团管理体系。2010年,晋煤集团净资产收益率11.66%,国有资本保值增值率119.18%,成本费用利润率7.71%,进一步提高了企业经济运行质量。2010年,是实施"十一五"规划的最后一年,煤炭行业方面,国家加大煤炭资源整合力度,进一步提高产业集中度。晋煤集团认真贯彻落实党的十七大、十七届三中、四中全会和中央及全省经济工作会议精神,以科学发展观为指导,致力于转型发展、安全发展、和谐发展,强化集团管控,增强联动优势,提升发展水平,推动企业经济规模和效益,在高起点上实现了新的突破和发展,为"十二五"时期加速转型跨越发展奠定了坚实

一串迷人的火焰,一部动人的传奇,
造就了一个响亮的无烟煤品牌
——"蓝焰"

晋城煤业集团优质无烟煤产品"蓝焰"商标是目前山西省煤炭企业
唯一的中国驰名商标

的基础。

2011年,晋煤集团加快推进整体上市,成立上市办公室,本着"分级负责、分级管理;集团战略管理、单位自主管理"的原则,加快构建集团管控体系,强化内控机制建设。突出效益导向、深化预算管理,全方位立标对标,大力开展现场推进、基层观摩、"先进经验和亮点"推广活动,通过强化物资供应储备管理、加强资金集中管理、加强招投标监管、加大审计和效能监察力度,增收创收13.07亿元。晋煤集团创新工作思路,首次实施"基层高管公开招聘制度",向各子公司全面推行"财务总监、总法律顾问委派制""专职董监事巡视制度",企业发展活力不断增强,理念超前、管理滞后的现象正在逐步得以改变。

2012年,针对宏观经济下行的严峻趋势,晋煤集团适时出台《稳增长、谋跨越、强管理、促转型,保持企业持续平稳健康发展的26项措施》,不断提升全面预算、立标对标、增收节支管理水平;健全完善考核评价体系、二次分配办法、"三重一大"决策机制、项目论证审批机制,以及晋煤集团总部、产业板块、基层单位三级设备选型工作机制;在煤炭板块首次开展大宗材料和设备集中招标采购,全年节约物资设备采购资金2.53亿元;强化资金集中管理和投融资管理,制定出台《资金管理办法(试行)》;实施机关公务用车集中运行管理改革;坚持以制度管事、管人、管权,加强效能监察,严格运行监督,企业经济运行质量和效益不断提升。晋煤集团切实强化集团管控,推进运营改善。围绕"流程再造"和"系统优化"两个重点,积极开展业务流程梳理,工业化与信息化、制度化与信息化,"两化融合"水平居全国煤炭行业榜首。

2013年,中央继续实施积极的财政政策和稳健的货币政策,党的十八大描绘了全面建成小康社会的宏伟蓝图,极大地激发了全国人民推动科学发展的巨大热情。国务院下发《关于大力实施促进中部地区崛起战略的若干意见》,批准山西省转型综改试验区建设《总体方案》,批复《中原经济区规划》,政策正能量正在集中释放。省委十届四次全会指出,2013年将突出重点行业和龙头项目的带动作用,更加注重项目开工和投产。山西省国资委确立了以"方阵式"集群推进省属大企业、大集团发展的工作思路。晋煤集团被列入第一方阵企业,以加快转变经济发展方式为主线,筑牢安全发展根基,走好开放合作之路,加快产业转型升级,推进创新驱动发展,按照"18·8"总体工作部署,夯基础,转作风,提质量,增效益,全面开创转型跨越新局面。

2014年,晋煤集团全体干部员工在党的十八届三中、四中全会精神指引下,以建设国际一流晋煤特色综合能源企业集团为统领,按照"顺势而行、逆势而为、主动应对、谋划长远、守住底线、稳健发展"的工作思路,科学运筹,共克时艰,打响了度危求进、逆势突围的攻坚战,形成了以亿吨基地为核心,煤化联动、煤气开采、煤电一体、煤机并进"一核四翼、同步发展"的战略格局,推动了晋煤集团"六大产业"相催相长、竞相发展。晋煤集团突出煤炭营销的龙头作用,坚持以品种结构拓市场、以服务质量争市场、以快速反应抢市场、以资本投入赢市场,尽最大努力保障了企业产销平衡、效益最大。全年完成块煤产量1321万吨,比上年增加4万吨。加快构建铁路、公路、港口"三位一体"的销售体系,全年新增下游铁路用户28个,公路用户62个,地销煤首次突破1000万吨。在三项制度改革方面,通过实施"四定"管理、人力资源市场化配置、提前退养等改革措施,积极推进减人提效,有效遏制了人员过快增长的势头;深化干部人事制度改革,扎实开展超职数配备管理人员专项治理工作,圆满完成山西省国资委下达的整改要求;健全完善以效率和效益为中心的业绩考核、工资分配机制,有效调动了广大干部员工增收节、提高增效的主动性和创造性。同时,组建了煤化工投资公司、煤机事业部,"六大产业"板块化经营、专业化管理的格局更加清晰。

2015年,面对空前巨大的经营压力和困难挑战,晋煤集团突出问题导

向，用好倒逼机制，坚持以改革强管理，以管理促改革，在深化改革中推动企业管理水平稳步提升。积极对接资本市场，扎实推进股权多元化改革，深化企业"三项制度"改革，创新绩效考核体系，推进内部专业重组整合、加快老矿改革转型。晋煤集团多年的发展证明，每一次对旧思想、旧体质、旧格局、旧习惯的深刻改革，都能为企业带来涅槃重生的飞跃。"十三五"时期，是晋煤集团主动适应经济新常态、实现困境突围的关键期、决胜期。国企改革意见正式发布，为晋煤集团深化内部改革、增强发展活力指明方向路径。从2015年8月以来，国家陆续发布了《关于深化国有企业改革的指导意见》及一系列配套文件，明确了国企改革的指导思想、基本原则、主要目标和实施路径，对提高国有资本效率、做强做优做大国有企业，不断增强国有经济活力、控制力、影响力、抗风险能力发挥了重要而深远的意义。

2016年11月30日，晋煤集团重组煤气化正式获批。12月30日，晋煤集团持有的蓝焰煤层气100%股权转让至该公司的股东变更工商登记手续已办理完成，本次交易置入资产已完成过户手续，完成资产交割。2017年5月25日起，公司证券简称由"煤气化"变更为"蓝焰控股"，证券代码不变，仍为"000968"。

2016年是晋煤集团的改革攻坚年，晋煤集团以壮士断腕、刮骨疗毒的决心，讲改革、思改革、谋改革、抓改革。一是转化拖累点，改善供给侧。调整提升一批、淘汰关停一批、改制分离一批、压缩整顿一批。二是抓住关键点，扩大增效点。按照"以销定产、效益优先、互联网+、灵活运作"的思路，扎实推进煤炭营销机制改革。狠抓太原煤气化集团减亏增效。三是强化着力点，增强动力源。继续抓好三项制度改革；围绕分离企业办社会，适时推进市场化改革；切实加强政策研究和跟进落实。

发展必须是遵循经济规律的科学发展。因时而变，因势而变，以变应变。在我国经济发展进入新常态的同时，晋煤集团深刻认清企业发展所必须面临的外部形势，遵循规律，顺势而上。国家按照"节约、清洁、安全"的能源战略方针,加快推进了能源"四个革命、一个合作",给传统煤化行业实施创新驱动、加快转型发展提出了新的要求。煤炭企业转变发展方式、提升发展水平、提高质量效益,既是生存发展之本,更是参与竞争之需。

2017年,晋煤集团紧紧围绕山西省委省政府关于国资国企改革的方向要求和目标任务,把深化改革作为引领企业转型升级的"先手棋",专门召开"8·22"深化改革推进会,对全面深化改革进行专题部署、层层发动,擂响了企业改革攻坚的"催征鼓"。

一是改革顶层设计科学周密。紧密对接山西省国资国企改革"1+N"政策文件体系,坚持问题导向,研究形成了企业深化改革的总体方案及混合所有制改革、分离企业办社会等实施细则,晋煤集团"四梁八柱"的改革框架基本形成,60项改革任务全面铺开,按下了企业深化改革的"快进键"。

二是混合所有制改革持续发力。按照"宜多元则多元、宜控则控、宜参则参、一企一策、分批推进"的原则,分层分类、多模式启动了13家企业的股权多元化和混合所有制改革。其中,宏圣润晋绿化公司混改成功,成为山西省首家通过山西省产权市场交易的混改企业,成功引入资金2077万元;大唐文兴公司的股权重组工作,已在山西省产权交易中心挂牌;海斯制药正在制定员工持股和混改工作方案。

三是瘦身健体取得明显成效。启动了19家经营困难化工企业的合理处置,其中注销6家、股权转让8家、破产2家、引战1家、关停2家;严控管理层级,对仅存的1家五级公司进行了股权重组,晋煤集团管理层级压缩至四级以内。

四是分离办社会加快推进。按照山西省分离办社会工作目标,加强企地各方沟通协调,已与晋城市政府签订"三供一业"分离移交框架协议;职工医疗、生育保险已基本纳入市级统筹;山西广电信息网络集团晋煤分公司挂牌成立;总医院改制有序推进,已与华润集团、金控集团签署合作框

架协议,正在抓紧开展尽职调查与投资方案谈判。

五是融资渠道持续优化。创新企业融资模式,在完成20亿元非公开定向债券、50亿元中期票据、40亿元永续债发行的同时,在上海自贸区成立了晋煤融资租赁公司,积极为企业搭建新的融资平台。加快产融结合,已明确1家上市后备企业和3家新三板挂牌后备企业,正在开展各项前期工作。

六是人力资源改革深入推进。坚持以打造"精干高效、结构合理、富有活力"的员工队伍为目标,全面启动了员工职业发展通道建设与合编定员实施工作,全年精减冗员8500余人,人力资源管理科学化水平不断增强。研究制定了企业推进契约化管理实施方案,创新实施了多元化、差异化的薪酬激励分配制度。

七是内部专业化重组全面破题。着力推动内部13个业务的专业化重组。其中,机电安装业务整合已完成,生产矿井装备物资采购供应系统整合全面启动,将借助互联网和大数据管理,搭建物资装备采购数据信息平台,以进一步降低生产成本,实现集中集约式管理。

八是太原煤气化全力实施自救脱困。原工厂区土地开发利用取得突破性进展,争取到了存量土地收储政策;撤销合并7个机关部门,清理整顿10家经营不善的子分公司,持续推进减人提效,压减冗员800余人;在神龙焦化、华阳公司等焦化单位率先推行经营层聘任制和任期制;启动了燃气企业上市工作;积极推进华腾燃气、华杉物业等单位混合所有制改革;厂办大集体改革全面完成,"三供一业"分离移交工作快速有序推进。企业全年完成营业收入63.89亿元,减亏3.53亿元。

一个时代有一个时代的神圣使命,一代晋煤人有一代晋煤人的责任担当。回首过去,晋煤集团经过60载的寒暑历练,经受过亚洲金融风暴、全球经济危机的风雨洗礼,创造过无愧于时代的辉煌业绩,在改革创新的新机遇来临时,在结构调整的新布局面前,以百倍的信心和勇气应对挑战,以超常的智慧和能力决胜艰险。

四、2018年"二次转型"新征程

党的十九大开启了我国经济社会发展的新时代,描绘了新时代中国特色社会主义的宏伟蓝图。习近平总书记视察山西时,要求我们真正走出一条产业优、质量高、效益好、可持续的发展新路。山西省委省政府立足省情、审时度势、前瞻未来,确立了建设"资源型经济转型发展示范区"、争当"能源革命排头兵"、打造"内陆地区对外开放新高地"三大战略目标。综合分析内外发展形势,晋煤集团正处在转型关键期、战略机遇期、优势重塑期"三期叠加"的重要关口,必须顺应新时代经济发展潮流,扬长避短、趋利避害,高扬"二次转型"的发展大旗,全力谱写企业高质量转型发展的新篇章。

2018年3月20日,晋煤集团全资控股的山西燃气集团有限公司正式挂牌成立,此举也意味着山西省燃气资源整合重组全面开启。5月3日,山西召开省属国企深化改革转型发展推进会,山西省委书记骆惠宁在讲话中强调,要以习近平总书记视察山西重要指示为指引,坚持以"非常之力、恒久之功"为衡量标准,进一步凝聚攻坚克难力量,大力推动国企国资改革和转型发展。国企国资改革是决定山西转型前途的关键一招,是山西改革转型的中坚力量。面对千帆竞发、百舸争流的改革发展态势,晋煤集团党政团结带领全体干部员工,以习近平新时代中国特色社会主义思想、党的十九大精神为根本遵循,认真落实山西省委省政府各项决策部署,在大势上把握、在战略上考量、在全局中谋划,创新思路、精心组织、担当作为,谱写了企业高质量转型发展的新篇章。

致力于推进企业党建与改革发展深度融合,晋煤集团制定下发了《关于在深化企业改革中坚持党的领导　加强党的建设的实施意见》《晋煤集团党委会议事规则》,把党委会研究讨论问题作为董事会、经理层决策的

前置程序,把党的领导嵌入公司治理环节,实现了晋煤集团及二级单位党建要求进章程全覆盖,党组织领导核心、政治核心不断巩固。

晋煤集团2000年改制以来走过的历程,从本质上讲就是一部转型发展史。把这18年转型发展的历程,放到当前新时代、新常态这一大背景中看,企业管理运行活力不足的体制性矛盾认识会更加清醒,产业门类多而不强的结构性矛盾把握会更加深刻,运营模式传统守旧的素质性矛盾破解会更加紧迫。同时,一些非煤企业市场主体意识不强,过度依赖煤炭产业,外部市场较小、竞争力不强,自身"造血"能力严重不足。这些矛盾相互叠加、相互交织,导致企业近年来产业转型质量不高、经济效益大幅下滑、经营风险不断积聚、深化改革进展不快,以多元发展、做大规模为核心的"一次转型"红利已经充分释放,原有的"用人少""煤种好"等比较优势已严重弱化。转型有风险,但不转型风险更大。面对前有标兵、后有追兵、不进则退的转型发展态势,晋煤集团唯有不断增强"转型与危机赛跑"的紧迫感、责任感和使命感,坚持问题导向,进一步厘清发展思路,正视现实,承认差距,创新思维,打破常规,迎难而上,深化改革,全面开启晋煤集团"二次转型"的新征程,开创企业竞争新优势,努力抢占传统能源企业转型发展的"制高点"、高质量发展的"决胜点"。

山西省国资委着眼于国有资本布局优化,进一步明确了各省属企业的主辅产业体系。晋煤集团作为山西省转型发展和能源革命的生力军,承担建立以燃气产业为主业,以煤炭、化工、电力为辅业"一主三辅"产业体系的转型使命,确立了"燃气为主、清洁高效,建设国际一流能源企业集团"的战略目标。这既是晋煤集团把握上级政策导向、优化产业布局的现实需要,更是晋煤集团立足自身优势,聚焦优势重塑,加快动能转换的战略要求。"一主三辅"与原先的"六大板块""一核四翼"一脉相承,是晋煤集团转型发展进入新时代的重要标志。煤层气产业既是我们近年来转型发展的特色品牌,更承载着晋煤未来转型的历史使命,煤炭、化工、电力、煤机、多经等产业的优化升级,也是晋煤转型发展的重要内容。特别是煤炭产业,当前及今后一段时期,不仅是晋煤生存发展的核心基础,更是完善采煤采气一体化模式、促进煤层气产业发展壮大的重要支撑。

十九大报告指出:"要推进能源生产和消费革命,构建清洁低碳、安全高效的能源体系。"能源革命既是一场以煤炭和石油为代表的化石能源的减量化革命,又是一场化石能源本身的绿色化革命。当前,受供给侧结构性改革、环保约束倒逼影响,煤炭、基础化工等传统能源产业发展空间受到挤压,而煤层气、天然气、光伏、风能、核能等新型清洁能源的发展正在全面提速。如果不能因势而动,一味地把转型的重心聚焦在煤、化等传统能源产业的发展上,就无法在能源革命的大潮中实现从"跟跑者"向"并行者""领跑者"的历史跨越。只有以前瞻未来的眼光、敢于超越的雄心,及时进行战略调整,坚持"两条腿走路",一方面立足当前,推动传统能源产业在保持现有规模基础上,加速做精做优做强;一方面放眼未来,全力加快燃气产业发展,才能在山西省加快能源革命进程中贡献晋煤力量、打造晋煤品牌、彰显晋煤特色。

晋煤集团煤层气产业经过20多年的发展,形成了全国最大的地面煤层气抽采井群和上下游产业链,建立了一整套行业领先的开发利用技术体系,拥有了全国唯一的"煤与煤层气共采国家重点实验室"和煤层气全产业链上市公司,锤炼了一支从事煤层气研发、工程、应用的优秀团队,加上太原煤气化终端燃气输配优势,为我们下一步全面进军燃气产业,巩固提升领军地位奠定了坚实的发展基础。

随着气体能源时代的来临,燃气产业发展空间已经全面打开。晋煤集团加快燃气产业发展,得天时、占地利、聚人和,立足"煤层气、天然气、焦炉煤气、清洁燃料气"多气合一的发展布局,积极抢抓"气荒"带来的政策、市场和合作的战略机遇,努力构建覆盖山西、辐射全国、走向国际的发展格局。

围绕十九大提出的壮大清洁能源产业、建设美丽中国的战略部署，晋煤集团秉承着"不怕榜上无名、坚信脚下有路"的企业精神，以"开发清洁能源、助力美丽中国"为使命，坚定走绿色发展、安全发展、高效发展的道路，促进实体经济、科技创新、资本金融、人力资源协同发展，紧跟时代步伐，坚定不移改革，全力以赴转型，全面开启"二次转型"新征程，建设燃气为主、清洁高效、国际一流能源企业集团。

国有企业是推进国家现代化、保障人民共同利益的重要力量，是党和国家事业发展的重要物质基础和政治基础。山西国有企业资产总量大、覆盖面广、贡献度高，在山西省经济社会发展中的地位十分重要。新时代、新征程、新作为，晋煤集团将坚持以习近平总书记新时代中国特色社会主义思想和党的十九大精神为指引，围绕山西省建设"资源型经济转型发展示范区"、打造"能源革命排头兵"、构建"内陆地区对外开放新高地"三大战略目标，以全省国企国资改革的系列文件为指导，传承和弘扬"不怕榜上无名、坚信脚下有路"的企业精神，坚持一流标准，强化问题导向，增强国有企业活力，优化国有资本布局，大力发展混合所有制经济，健全国有资产管理体制，加快完善现代企业制度，加强和改进党对国有企业的领导，切实维护职工合法权益，全力推动国有企业率先改革、率先转型，助力山西省质量变革、效率变革、动力变革，为促进全省经济社会持续健康发展做出贡献。

让历史告诉未来

潞安矿业集团有限责任公司

潞安矿业集团办公大楼

2019年是潞安建局60周年,60年来,潞安始终坚持党的领导,加强文化建设,筑牢企业发展的"根"与"魂";始终坚持产业报国,构建中高端现代产业体系,挺起企业转型跨越的"脊梁";始终坚持深化改革,建立完善现代企业制度,增强企业发展的强劲动力;始终坚持创新驱动,构建高端开放创新体系,激发企业发展的强大活力;始终坚持以人民为中心,坚持在发展中保障和改善民生,凝聚企业发展的磅礴伟力。60年积累的宝贵经

验,是一代代潞安人弥足珍贵的精神财富,是推动潞安发展壮大的厚实积淀,也是潞安人继往开来、奋勇前进的动力源泉。

历史是未来的根基,新时代新征程,潞安人将从历史中汲取"不忘初心、继续前进"的力量,以更强的责任使命、更大的担当作为,把改革发展推向深入,以百年"潞安梦"助推"中国梦",全面开启具有国际竞争力清洁能源品牌企业高质量发展的新征程。

强根铸魂　诠释"潞安传承"

2019年,是习近平总书记对潞安党建工作作出重要批示10周年。

60年来,一代又一代潞安人在中央和省委省政府的正确领导和亲切关怀下,凝心聚力,砥砺前行,书写了一幅辉煌的历史长卷,孕育着充满希望的美好未来;60年来,一代又一代潞安人始终传承"听党话、跟党走"的红色基因和坚定信仰,强根铸魂,聚力发展,谱写了潞安发展史上浑厚纯正、群情激荡的壮美乐章……

60年,我们铭记历史,不忘初心,从根正苗红到享誉全国,石圪节精神成为时代标签和行业标杆。抗日战争时期,党中央两次派康克清同志到石圪节开展工作,创建了我党在山西革命老区建立的第一个企业党支部——中共石圪节党支部。1945年8月18日,石圪节矿工在党的领导下,组织武装起义解放矿山,成为华北地区共产党接管的第一个红色煤矿。20世纪60年代,石圪节煤矿被周恩来总理亲自选树为全国工交战线五面红旗之一,"艰苦奋斗、勤俭办矿"的石圪节精神享誉全国。

60年,我们孜孜探索,创新发展,首次将绩效理念引入党建工作,创建推行的党建工作绩效管理得到中央领导批示。2009年3月,习近平同志对潞安党建工作作出重要批示。潞安成为中华人民共和国成立以来,企业党建工作得到中央领导肯定并作出重要批示的第一个省属国有企业。

60年，我们心系职工，情暖人心，从生产生活安全到公共场所安全，集团党委始终把民生、民心工程放在首位。潞安社区被评为国内首批安全社区之一，被世界卫生组织确定为全球第124个国际安全社区，潞安社区建设模式和经验在全煤炭系统推广。

60年，我们传承培育，开放包容，扎实践行社会主义核心价值观，"至诚、创新、执行、融合"潞安文化凝聚强大精神力量。打造了全国中西部第一家企业文化示范基地；开办了全国煤炭行业第一家规模最大、覆盖面最广的道德讲堂，并在省属企业广泛推广。

60年，我们共建共享，惠民利民，坚持面对面、心贴心、实打实服务职工，让广大职工共享发展成果，实现职工与企业共同成长。荣获全国第一批、全省第一家"全国企业工会工作红旗单位"称号。

60年，我们党政融合，同频共振，充分发挥党组织"把方向、管大局、保落实"作用，党组织服务中心工作能力不断加强。全面构建井上到井下、生产到生活、老人到儿童，全方位、全过程"大安全"管理新格局，是全国唯一一家连续18年蝉联"安康杯"竞赛优胜企业。

60年，我们从严管党，从严治党，充分发挥党组织的领导核心、政治核心作用，全面提升新时期党建工作质量。党的十八大以来，集团党委始终以习总书记批示精神为动力，贯彻全面从严治党新要求，创建推行了具有潞安特色的"1234"党建工作新模式，并在全国首创党建工作调度平台，实现党建工作科学高效精准运行，成为新形势下国有企业党建工作的又一探索实践和创新亮点。

一、以铸就"艰苦奋斗、勤俭办矿"的石圪节精神为标志，一脉相传、与时俱进，激发"听党话、跟党走"红色基因永葆新活力

抗战时期，康克清同志两次到石圪节，在石圪节矿工中播下了红色火种。星星之火，可以燎原。从此党的旗帜就在潞安这片热土上高高飘扬。

山西煤炭工业70年巨变

1945年8月,矿山解放后,翻身做主的矿工们把喜悦之情化作建设新矿山的冲天干劲,在矿区党组织的领导下接着掀起了重建矿山、恢复生产、支援前线等群众运动,为支援全国解放做出了重大贡献,留下了许多脍炙人口的故事。

1959年1月,经山西煤炭管理局批准,潞安煤矿筹备处正式改名为"潞安矿务局",筹备处党总支改为矿务局党委,4月2日至8日,中共潞安矿务局第一次代表大会在石圪节煤矿召开,选举产生了中共潞安矿务局第一届委员会。60年来,潞安人始终传承"听党话、跟党走"的红色基因,弘扬光荣革命传统,胸怀祖国、牢记使命,始终与伟大的党、伟大的祖国连为一体,同甘共苦、休戚与共。

(一)石圪节精神在抗日战争的卓绝中孕育,在新中国的建设中诞生,在改革开放的大潮中成熟

伴随着共和国的成长,一代又一代潞安人始终听党话、跟党走,传承弘扬艰苦奋斗的革命精神,积极挖潜改造,勤俭节约办矿,依靠扎实苦干,干出了效益,成为全国产量最高、效率最高、成本最低、质量最好、机构最精干的"五好"企业和排头兵;干出了精神,积淀形成了"八个成风""三种精神""十个一"的优良传统,孕育铸就了"艰苦奋斗、勤俭办矿"的石圪节精神,先后涌现出"三代矿山铁人""三代标准钟""三代节约迷""三代革新迷"典型楷模……

(二)1963年,对于石圪节煤矿乃至潞安来说是意义非凡、值得永远铭记的一年

6月17日至27日,在全国工业交通企业经济工作座谈会上,石圪节煤矿等五个企业被评为勤俭办企业的"五面红旗",这座红色的煤矿树起了新中国工业建设的标杆和典范。

7月2日,周恩来总理亲切接见了时任石圪节煤矿矿长许传珩和"五面红旗"单位代表,并将"许川珩"改为"许传珩",说:"让勤俭节约的矿风代

414

潞安集团安全、整洁的世界一流井下巷道

代传下去嘛!"总理改名的故事不仅成为石圪节矿的美谈,也成了潞安人世世代代的骄傲和永远牢记的嘱托。

11月8日,《人民日报》头版头条发表长篇通讯《石圪节矿风》,并配发《艰苦奋斗的石圪节矿风》社论。从此,"艰苦奋斗、勤俭办矿"的石圪节精神蜚声大江南北,被誉为中国煤炭工业的"一枝花",全国各行各业连续三次掀起学习石圪节精神的热潮。

60年代,石圪节引领了全国各行各业的发展。70年代,石圪节引领了全国工业企业恢复正常秩序和加快生产发展。80年代,潞安成为全国唯一的样板局,引领了全国煤炭工业的发展。90年代,石圪节取得了物质文明和精神文明的辉煌成就。江泽民、李鹏、李先念、姚依林、宋平等13位党和国家领导人在百忙之中欣然为潞安、石圪节题词赠言,倡导传承弘扬石圪节精神。

1995年8月,原煤炭工业部党组批准设立"中国煤炭工业石圪节精神奖",作为全国煤炭工业思想政治工作的最高荣誉。至今已开展了14届,石圪节精神在全国形成了巨大影响力。2017年,"石圪节精神"作为唯一企业代表入选《山西精神》专题片。

(三)石圪节精神就像一盏明灯,照亮了潞安的发展壮大、改革创新之路,开启了助推能源革命新的伟大征程

在国家供给侧结构性改革的浪潮中,石圪节煤矿再次走在了前列,2016年10月20日,作为山西省去产能第一座被关闭的矿井,仅用两个多月时间,就完成了封井工作,为化解煤炭过剩产能做出积极贡献。从此,一代"功勋矿山"结束了近一个世纪的历史使命,但"石圪节精神"永远不老。

2017年9月4日,李克强总理亲临石圪节矿考察,对潞安集团煤炭去产能、发展优质产能等工作给予充分肯定。

习近平总书记反复强调,要把红色资源利用好、把红色传统发扬好、把红色基因传承好;要把理想信念的火种、红色传统的基因一代代传下去。60年的积淀传承,"听党话、跟党走"的红色基因已渗进潞安人血液、浸入潞安人心扉,必将燃旺信仰火炬,铸牢精神支柱,激发前行力量,确保潞安血脉永续、根基永固、优势永存,让红色基因盛开出绚丽夺目的"时代之花"……

二、以高度的政治责任感,围绕"中国潞安"发展战略的实施,积极探索现代企业制度条件下,进一步加强和改进党建工作的新思路和新方法

集团党委立足破解企业党建工作普遍面临的"党政工作融合难,党建工作量化难、评价难"的问题,提出党建工作要树立和强化管理理念、绩效理念和评价理念,初步形成了"抓班子,带队伍,创环境,促发展"的党建工作新思路。

注重组织保障。建立了科学严密的组织体系,做到了事事有人管、层

层有落实、时时不间断,形成了各级领导干部、各个层面各负其责、各司其职、齐抓共管的工作格局,保障了党建工作绩效管理的扎实运行和持续推进。

注重闭合管理。通过"三书"(年度计划书、月度任务书、岗位责任书),规范了党建工作计划的制定和工作任务的落实。通过"评价"(自我评价和组织评价),实行柔性的自我监督和刚性的组织评价,推动了绩效管理的循序推进。

注重环境创建。通过企业生产经营、改革发展、文化和生活等四大环境创建,凝聚了人心,增强了干劲,促进了和谐,极大地推动了企业转型跨越发展。

注重工作结合。"抓班子、带队伍、创环境"是手段,"促发展"是目标。通过"抓、带、创、促"实现了活动与效果的完美融合,党建工作与中心工作的充分对接,避免了就党建而抓党建的孤立循环。

2009年3月9日,时任中共中央政治局常委、中央书记处书记、国家副主席习近平同志做出重要批示:"山西潞安集团党委的实践,为探索现代企业制度下国有企业党的建设规律提供了有益参考。"同时,安排中央党建工作领导小组秘书组和国务院国资委党建局组织调研小组进行实地调查研究,进一步掌握情况,总结经验,在此基础上提出有关工作建议。

2009年3月下旬,中央党建工作组深入潞安集团就党建绩效管理进行专题研究。5月7日,《人民日报》刊发了中央调研组专题调查报告《国有企业党建工作的有益探索——山西潞安矿业(集团)公司党委开展党建工作绩效管理调查》。

2009年6月19日,山西省属企业推广潞安党建工作经验交流会在太原召开。8月17日,全国国有企业党的建设工作会议在北京召开,潞安集团作为全国唯一一家省属国有企业,在大会上就推行党建绩效管理探索作了经验交流。

2010年,潞安集团被确定为"全国党建研究会国有企业党建研究专业委员会委员单位"。

中共中央党校"超越之路"课题组将"潞安党建工作绩效管理新模式"作为"中国特色社会主义研究系列"重要案例,多次来潞安进行专题调研,认为潞安党建工作新模式是一个创举,取得了许多成功经验,有力地促进了企业改革发展。

党建工作绩效管理开创了国有企业党建工作新境界,成为继石圪节精神之后,潞安集团党建工作又一新特色、新亮点,引起了社会各界、专家学者的广泛关注,先后有近400家央企、地方党政和企事业单位到潞安考察学习,为探索现代企业制度下国有企业党建工作做出了积极贡献。

始终以习总书记批示精神为动力,把加强企业党的建设作为重大责任和光荣使命,立足破解国有企业党的建设存在的弱化、淡化、虚化、边缘化"四化"问题,紧紧围绕国有企业党组织"把方向、管大局、保落实"领导核心作用的发挥,一场强根铸魂、聚力发展,在传承中创新、在创新中提升的"红色行动"在潞安持续深入推进……

"1",坚持"一个指引"。坚持以习近平新时代中国特色社会主义思想为指引,始终在政治上思想上行动上同以习近平同志为核心的党中央保持高度一致。深入学习贯彻新发展理念,深入贯彻落实全国国有企业党的建设工作会议精神、习总书记视察山西重要讲话精神,切实以新思想武装头脑、指导实践、推动工作,全面推进党的政治建设、思想建设、组织建设、作风建设、纪律建设,深入推进反腐败斗争,不断提高党的建设质量,确保中央、省委大政方针在潞安得到有效贯彻落实。

"2",提升"两个平台"。提升党建工作绩效管理和党建调度管理"两个平台",进一步探索现代企业制度下党建工作新规律、新特点。充分发挥党建调度协调互动中枢、动态管控载体、集中展示平台"三大功能",加强重点调度、专项调度、日常调度"三个调度",规范每日一调度、每周一通报、

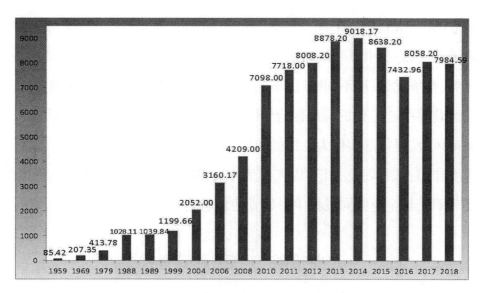

图1 潞安集团历年煤炭产量变化图

每旬一抽查、每月一考核、每季一例会"五个一"工作流程,完善"三督三察"考核巡察机制,全面提升党建调度系统化、标准化、数字化、精准化、科学化水平。

"3",打造"三大高地"。打造文化高地、创新高地和人才高地"三大高地",彰显潞安党建工作新优势、新特色。持续打造文化高地,突出"至诚、创新、执行、融合"等文化特色,厚植"在改革中担当、在创新中作为"的文化基因,发挥道德讲堂典型引领作用,全面建塑潞安新文化。持续打造创新高地,进一步强化"没有创新的党组织是不合格的党组织,没有创新的党员是不合格党员"理念,聚力高端科技平台构建和重大技术创新,积极推进"双对标",不断激发企业发展的新活力。持续打造人才高地,坚持"党管干部、党管人才"原则,突出"好人+能人"选人用人导向,放宽视野引进领军人才、高端人才,多措并举培养使用高素质人才,为改革转型发展提供强大智力支撑。

"4",践行"四心四力"。体现核心、服务中心、把握重心、更加贴心,全面增强党组织的领导力、战斗力、执行力和凝聚力。紧紧围绕省委省政府

确立的"三大目标"和"两个持久"要求,切实发挥党组织在企业发展中的政治引领、思想引领和战略引领作用,把党的政治优势转化为企业的发展优势、竞争优势;从不同维度、不同角度推进党建工作与企业转型发展、生产经营等中心工作的深度融合,不断增强党组织的战斗力;把深化改革、防范风险、强化落实作为工作的重中之重,切实发挥好党组织"保落实"的重要作用;践行习总书记"以人民为中心"的发展思想,在推进共建共享、实现职工与企业共同成长中彰显党建新魅力。

产业报国 挺起"潞安脊梁"

60年雄关漫道,60年砥砺奋进,在能源进步的嬗代进程中,潞安始终坚持能源报国、振兴民族产业,为国家能源安全和现代化建设做出了突出贡献,特别是近年来,潞安坚持以煤为基、多元发展,立足煤、延伸煤、超越煤,持续推进产业变革和转型升级,致力实现"产业走向高端、产品趋向终端",从偏居长治的五座煤矿起家,逐步构建了布局科学、优势突出、竞争力强大的中高端现代产业体系,走出了一条具有潞安特色的产业规模不断扩大、产业素质不断提升、产业结构不断优化、产业竞争力持续提高的高端转型之路,全面开创了具有国际竞争力清洁能源品牌企业高质量发展的崭新局面。

一、始终把煤炭产业作为基业、基石和基础,坚持科技进步,不断提高安全集约高效生产水平,持续提升核心竞争力和可持续发展能力

60年来,潞安始终坚持把煤炭产业作为基业、基石和基础,作为潞安的核心效益、核心生产力和核心竞争力,放在最重要、最优先的地位,重点发展、优先发展,打造了具有国际影响力、实力强大、优势明显的安全、绿色、集约、高效、智能化的现代煤炭产业,煤炭产业逐步实现了由小到大、

由弱到强、由传统到现代的历史性跨越。

（一）坚持立足煤炭做大做强，煤炭产量大幅提升

建局初期，潞安仅有石圪节、五阳、漳村、王庄4座矿井，产量不足百万吨。自1967年开始，随着普采工艺逐步推广，产量有了较快提升，到1969年突破200万吨。1979年8月，王庄煤矿上马第一套综采设备，潞安开始进入综合机械化采煤序列，全局煤炭产量大幅提升，1979年突破400万吨，1988年突破千万吨大关，跨入特大型煤炭企业行列。1989年，潞安全面开启以综采放顶煤技术为标志的第二次采煤技术革命，煤炭产量突飞猛进。2000～2010年，潞安坚持立足煤炭产业做大做强，2002年9月，屯留矿正式开工建设，成为潞安历史上第一座千万吨级矿井；2003年9月，司马矿开工建设；2005年，高河能源开工建设、潞宁煤业注册成立、潞安重组郭庄煤矿等等。煤炭产业迎来了大发展、大跨越的10年黄金期，奠定了潞安煤炭产业体量和格局。2004年煤炭产量突破2000万吨，2006年突破3000万吨，2008年达到5000万吨，2010年突破7000万吨。自2012年开始至今，煤炭产量一直维持在8000万吨左右。60年来，潞安累计生产优质原煤约12亿吨，为国民经济发展做出了巨大贡献。

（二）坚持优化产业布局，煤炭产业发展后劲不断增强

潞安率先实施"走出去"战略，逐步从长治走向全省、走向全国。从建局初期石圪节、漳村、王庄、五阳4座矿井，到1995年常村矿建成投产，矿井数增加至5座，并且都偏居长治；进入21世纪后，潞安提出10年"再造一个潞安"的口号，2002年集团收购夏店、慈林山2座矿，2005年收购郭庄矿，司马、潞宁建成投产，在短短6年内，增加至10座生产矿井，提前完成"再造一个潞安"的目标；2007年特大型矿井余吾煤业建成投产，并重组原新疆哈密煤业集团；2008年开始在全省率先开启资源整合工作；2012年特大型矿井高河能源建成投产。至此，潞安集团逐步形成了本部核心区、省内扩张区、省外战略区"三区"协同发展、梯次推进的产业大布局。同时，不断加快

推进后劲工程,2018年古城矿进入联合试运转,李村、黑龙关竣工验收,潞新砂墩子矿转入生产矿井序列,主力矿井水平和采区接续工程高效推进,整合矿井达标达产达效工作再创新水平。截至2018年底,潞安共有矿井50座,其中,省内44座,新疆6座。主要分布在山西省内长治、临汾、忻州、晋中等地市和新疆哈密地区,总产能10 320万吨/年。丰富的煤炭资源不断蓄积起发展后劲,为产业可持续发展奠定了坚实基础。

(三)坚持科技进步,煤炭集约高效生产水平显著提高

60年来,潞安煤炭生产方式逐步由手工作业和半机械化为主转变为机械化、自动化、信息化、智能化为主。建局之初潞安基础薄弱,采煤方法简单,工艺设备落后,矿井生产能力很低;潞安人自主设计了双罐笼提升,创造了全国独有的"三天轮"方案,逐步用机组采煤取代落后的炮采技术,单工效率提高1倍;1979年8月,从王庄煤矿上马第一套综采设备开始,潞安拉开了发展史上第一次采煤技术革命的序幕,采煤机械化程度达到61.08%;到1986年,潞安采煤机械化程度已达到100%;1987年,潞安矿务局成为中国煤炭工业第一个现代化矿务局,王庄煤矿、石圪节煤矿、漳村煤矿成为现代化矿井;1989年,潞安开天窗综采放顶煤技术开启了综采技术第二次革命,引领了世界厚煤层放顶煤开采的潮流;进入21世纪,潞安持续推广大长厚高产高效综采、厚煤层沿空留巷、气相压裂增透等先进适用新技术,构建了以抽掘采平衡为标志的集约高效矿井建设新模式;2018年12月,高河能源成功应用"地下北斗精准定位+地理信息+智能化控制系统",成为全球第一个实现精准定位的井工矿山;同时,潞安积极推进智能化、智慧化矿山建设,原煤生产效率由1979年的1.84吨/工左右增长到2017年的9.437吨/工,矿井集约高效生产水平显著提高。

(四)坚持实施品种煤战略,煤炭质量效益稳步提升

1998年4月,成立国内第一家由煤炭企业联合科研院校组建的喷吹煤研究机构——潞安喷吹技术研发攻关组;2002年8月,参与制订的《高炉喷

吹用烟煤技术条件》国家标准（GB/T18817—2002）发布；2006年"潞安高炉喷吹煤"荣获"国家免检产品"和"全国质量信得过产品"称号；2008年，潞安成功研发的具有完全自主知识产权的"贫煤、贫瘦煤高炉喷吹技术开发与应用"荣获2007年国家科技进步二等奖。

2003～2009年，潞安喷吹煤总销量达到4025万吨，占全国市场份额的1/3，被中国冶金协会授予"中国喷吹煤基地"称号。进入"十三五"以来，潞安主动适应新形势，紧紧围绕"打造全国能源革命排头兵"的战略定位，认真落实煤炭供给侧结构性改革，坚持走"减、优、绿"之路，巩固提升煤炭核心竞争优势。先后退出矿井7座，累计退出产能510万吨。统筹推进去产能与提升先进产能，省内先进产能矿井达到21座矿井，先进产能占比达到87%，在全省及全行业领先；大力实施品种煤战略，年产喷吹煤1500万吨，占到全国的1/3，把燃料变成了原料。打造形成了中国最大的喷吹煤基地、优质环保动力煤基地和先进产能聚集基地"三大基地"，优势煤炭产业成为潞安转型发展的重要支撑和保障。

（五）坚持安全集约高效开采，煤炭安全生产形势持续稳定

潞安煤炭产业坚持走集约高效升级之路，从率先上综采到"开天窗放顶煤"技术革命，再到开启"智能开采"新时代，安全集约高效始终是潞安煤炭生产的重要标志。改制以前，潞安以质量标准化建设为核心，大力推行质量标准化认证、精细化管理、全面质量管理等，制定了《质量标准化精品矿井标准及考核评级办法》，全面建设高标准质量标准化精品矿井。1987年，潞安入选首批"质量标准化矿务局"。近年来，在不断的实践与创新中，逐步构建形成了具有潞安特色的"369"大安全管理新体系，以高标准确保高安全，以大安全保障大发展，实现了安全管理的系统推进、全面提升。潞安安全生产持续保持健康发展态势，成为全国唯一一家连续18年荣获"安康杯"竞赛优胜杯的企业。特别是2017年推行煤矿安全生产标准化以来，潞安坚持"既有规定动作，又有自选动作，既紧贴标准，又高于标

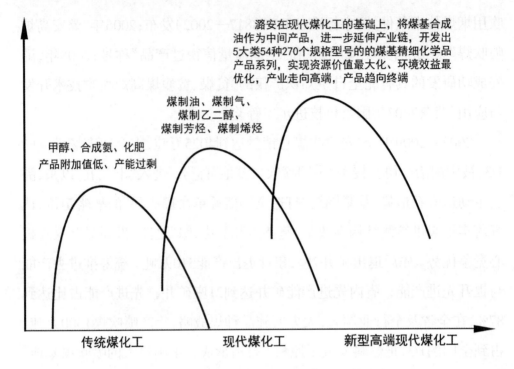

甲醇、合成氨、化肥
产品附加值低、产能过剩

煤制油、煤制气、
煤制乙二醇、
煤制芳烃、煤制烯烃

潞安在现代煤化工的基础上，将煤基合成
油作为中间产品，进一步延伸产业链，开发出
5大类54种270个规格型号的的煤基精细化学品
产品系列，实现资源价值最大化、环境效益最
优化，产业走向高端，产品趋向终端

传统煤化工　　　　现代煤化工　　新型高端现代煤化工

图 2　潞安煤化工产业转型升级示意图

准"的工作定位，创出了许多亮点和特色，探索出一条具有潞安特色的系统安全、本质安全、实质安全的发展之路。2018年7月，潞安成功承办了全国煤矿安全基础建设推进大会，推广"潞安经验"，成为国家应急管理部成立以来召开的第一个企业现场会，促进潞安进一步夯实安全生产基础。

（六）坚持绿色智能化开采，煤炭产业核心竞争力和可持续发展能力持续增强

多年来，潞安始终坚持推进煤炭绿色低碳高效开发利用。在绿色开采上，加大充填开采工程技术、保水开采技术、化学开采技术、超高压水力割缝技术、CO_2气相压裂技术等的研发与应用，从技术源头推动煤炭绿色低碳开采；在清洁利用上，利用具有自主知识产权的高炉喷吹技术，开发出高附加值、高环保性喷吹煤替代焦炭，实现煤炭清洁高效利用；积极推进高河乏风热氧化发电项目、低浓度瓦斯热电联供电站项目等，走出一条低

浓度瓦斯综合利用效益发展之路。潞安矿区生态文明建设和生态环境保护制度体系基本形成,煤炭清洁高效集约化利用水平大幅提升。同时,潞安积极探索智能化、无人化开采,2018年,59座井上下变电所、17个井下主排水泵房、14对局部通风机、20座地面压风机房实现无人值守,11条矿井主煤流系统实现集中智能控制,2座矿井完成综采工作面智能化建设,实现减人600人;力争到2020年,所有矿井井下主排水泵房、地面主通风机房、地面压风机房、井上下变电所等全面实现无人化常态化,再减650人;到2025年,所有矿井基本完成智能化建设,实现减人30%以上。

二、致力推进以高端转化为标志的煤炭清洁高效利用,不断延伸产业链条,构建起差异化、高端化、规模化、国际化的煤基多联产发展体系

多年来,潞安致力推进以高端转化、深度转化为标志的煤炭清洁高效利用,不断延伸、升级煤电化、煤焦化、煤油化、煤基精细化学品等煤基产业链条,构建起差异化、高端化、规模化、国际化的煤基多联产发展体系。

(一)煤电化——构建了强强联合、优势集成的煤电一体化产业

电力是国民经济的基础性产业。从1946年建成华北解放区第一座电厂——西白兔电厂以来,潞安依托煤炭资源优势,大力发展煤电产业,开启了煤炭转型发展的序幕。2000年1月五阳电厂正式投产,2007年12月容海电厂建成投产,2008年余吾热电建成投产,潞安发电总装机容量达590MW,煤电产业链初具规模。"十二五"以来,与格盟国际、协鑫电力等合作的潞光电厂一期2×66万千瓦、准东电厂2×66万千瓦项目取得核准,全面开工;哈密三道岭电厂2×35万千瓦项目取得"路条",有序推进。同时,潞安积极与高校和高科技民营企业合作,开展瓦斯发电利用。2006年5月五阳煤矿率先实现2×500千瓦瓦斯发电机组并网发电;2015年8月,全球最大、全国首家、瓦斯利用率最高的高河乏风氧化发电项目建成投运、并网发电,年处理乏风量94亿立方米,年供电能力2亿千瓦时,年减排二氧

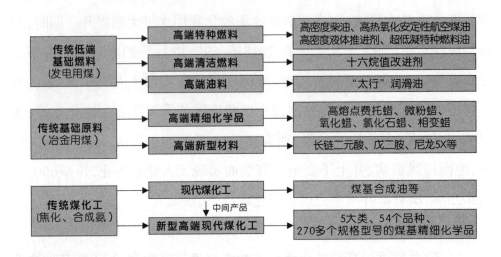

图3 潞安发展新型高端现代煤化工"三个转变"示意图

化碳140万吨。强强联合、优势集成的煤电一体化格局进一步形成。2015年起,借助国家全面推进电力体制改革的东风,集团以大用户电力交易为切入点,成功申报"国家第二批增量配电业务改革试点"。近三年,潞安分别完成大用户直供电交易电量13.82、19、21.55亿千瓦时,实现了从普通电力用户到配电网企业的历史性转变,为企业转型发展提供了强有力的电力支撑。

(二)煤焦化——形成了"一个主体、两大园区、三个公司、六座焦炉、化产跟进、产业延伸"的完整产业格局

2005年3月,五阳弘峰焦化公司成立,拥有60万吨焦炭、28000吨焦油、8900吨粗苯、8000吨硫铵及1.2亿方焦炉煤气生产能力,潞安煤焦化产业链条初步形成;2007年12月,羿神能源公司注册成立,公司通过收购整合地方资源,现已形成210万吨焦炭、9万吨焦油、2.5万吨粗苯、2.2万吨硫铵、4亿立方米外送煤气、7000万度发电量的生产能力,构建了集优质一级冶金焦生产、焦炉煤气发电及化产回收利用于一体的完整产业链;2012年12

月,在完成了对潞城市隆源焦化公司、潞城市亚晋焦化公司和潞城市潞安亚晋公司整体资产收购后,成立了潞安焦化公司,拥有焦化产能331万吨。通过整合收购、兼并重组,目前潞安焦炭产能总量已达601万吨/年,已投产项目产能426万吨/年,规划在建项目产能140万吨/年,已形成"一个主体、两大园区、三个公司、六座焦炉、化产跟进、产业延伸"的完整产业格局,跨入全省大型焦化企业行列。

(三)煤基合成油——建成三大示范项目,产业进入"百万吨"时代

按照省委、省政府转型跨越发展的战略部署,潞安突出优势转型、特色跨越,从2005年开始,先后建成投运3大煤制油项目,分别是16万吨煤基合成油示范项目、12万吨甲醇改精细化学品项目、180万吨高硫煤清洁利用油化电热一体化示范项目。经过十多年的培育发展,以煤制油为代表的现代煤化工成为潞安转型的主攻方向。

一是国内第一套16万吨煤基合成油示范装置建成投产,实现"安稳长满优"运行。2005年,潞安把握国家布局现代煤化工的战略机遇,筹建国内第一家煤制油示范厂。2008年12月,煤制油示范厂钴基固定床F-T合成油装置一次投料试车成功,利用具有自主知识产权的钴基费托合成技术产出了中国第一桶煤基合成油。2009年7月,煤制油示范厂铁基浆态床F-T合成装置一次投料试车成功,产出了高品质油品。2011年8月,16万吨煤基合成油示范厂顺利通过一周满负荷性能考核,标志着示范项目达产达标,进入安全稳定连续高负荷运行阶段。2018年11月,油品日产量首次突破530吨,达到532.87吨,为潞安煤制油产能突破进行了有益的探索和技术储备。作为首个煤制油示范项目,煤基合成油示范厂成为集团发展煤基精细化学品的高端产品研发基地、高新技术孵化基地和高素质人才团队培养基地。

二是全球首套甲醇改精细化学品装置建成投产,实现稳定运行。2014年10月,世界首家利用具有自主知识产权的钴基费托合成技术改造甲醇

装置项目,成功打通全部工艺流程,生产出硬蜡、软蜡、重油、轻油等产品,固体蜡回收率高达90%,为解决甲醇产能过剩、促进产业转型升级探索出一条新路径。甲醇改精细化学品项目的成功,标志着潞安成为全国唯一一家同时采用两种催化剂进行工业化煤制油的企业。

三是180万吨/年高硫煤清洁利用油化电热一体化示范项目建成投产,实现满负荷运行。2011年,随着16万吨煤制油示范项目达产达标,潞安开始向百万吨级煤制油项目进军。2012年,180万吨/年高硫煤清洁利用油化电热一体化示范项目取得国家发改委"路条",被列入全省重大转型标杆项目。2016年11月,项目获得核准。2017年12月,项目打通全部流程,顺利产出合格产品。经过一段时间的试生产,2018年9月全面实现了四台气化炉、两条生产线全流程满负荷运行,日产量超过3000吨,达到了设计指标。标志着潞安煤制油产业进入"百万吨"时代,具备了建设运营超大型现代煤化工项目的综合能力。

(四)煤基精细化学品——率先实现煤基合成油1.0版向煤基高端精细化学品2.0版转型升级

"十二五"以来,潞安将发展新型高端现代煤化工作为高质量转型发展的重大抉择和重要方向,按照省委、省政府部署要求,淘汰低端、改造中端、发展高端,走出一条与石油基不同的差异化、高端化、规模化、国际化煤化一体化的现代煤化工发展之路。

一是实现"一个目标":潞安在全国率先实现从传统煤化工向煤基合成油1.0版,再向煤基高端精细化学品2.0版的转型升级,推动产业实现高端转型、深度转型。

二是实现"两个替代":替代石油:开发出可规模化替代石油又优于石油的煤基高清洁能源,推动能源供给多元化,确保国家能源安全;替代进口:开发出与石油基差异化、可替代进口的煤基高端精细化学品,实现能源利用的高端化。

三是实现"三个转变"：传统低端基础燃料向高端特种燃料、高端清洁燃料、高端油料转变；传统基础原料向高精细化学品、高端新型材料转变；传统煤化工向现代煤化工、进一步向新型高端现代煤化工转变。

四是实现"四化发展"，即差异化、高端化、规模化、国际化发展模式。依托费托合成技术工艺的独特性，形成石油基产品难以替代的优势。比如，费托蜡熔点可达115℃以上，远高于石油基生产的蜡产品；费托合成原料生产的全合成润滑油基础油黏度指数可以达到120以上，属于III+类基础油；高端化：以高端化技术突破为引擎，生产出高熔点费托蜡、高密度燃料、全合成润滑油、低凝柴油等一系列煤基高端精细化学品，带动产业转型升级；规模化：目前，潞安三大煤制油示范项目总产能达到208万吨，跨入百万吨级行列，开发和储备了一系列煤基高端精细化学品及多项关键技术，实现规模效益发展；国际化：坚持"与能人携手，和巨人同行"开放理念，大力推进与国际一流企业的深度合作。目前，已同美国AP、雪佛龙，德国朗盛，荷兰壳牌，英国BP等11个国家20余家国际化公司开展了深度合作。

五是建成"五大基地"：煤基合成油工业试验基地，天脊集团硝基化工基地，利用钴基费托合成技术改造甲醇装置生产精细化学品基地，百万吨级高硫煤清洁利用油化电热一体化示范基地，"一带一路"沿线天然气化工基地。

六是开发出五大类产品，形成"三个一批"开发格局：潞安坚持差异化、高端化、精细化产品定位，推进高端特种蜡、高档润滑油基础油和高端润滑油、高端特种燃料、高端无芳碳氢环保溶剂油、专属化学品"五条煤基高端产品开发路径"，开发出5大类54种270多个规格型号的高端精细化学品，形成应用推广一批、储备开发一批、攻关研发一批"三个一批"产品和技术开发格局，多项产品和技术打破国际垄断，填补国内空白。比如，在高端产品开发方面，高端特种蜡，全球销量第三，销往北美、欧洲、东南亚等

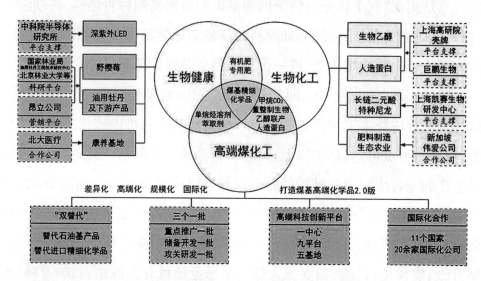

图4 潞安集团新型化工—生物产业生态体系图

20多个国家和地区,2019年将成为全球最大的高端蜡供应商。无芳环保溶剂油,总产能达17万吨,占国内高端溶剂油市场份额的60%。高档润滑油,建成全球第二套35万吨/年Ⅲ+基础油装置,具备投料试车条件,成为亚洲最大全合成润滑油基础油生产供应商;2019年,销售收入将达40亿元,成为全国最大的高端润滑油品生产供应商,进入中国润滑油企业前3强。在重大技术开发方面,与中科院上海高研院联合研发甲烷与二氧化碳干重整技术,建成全球首套万方级工业试验装置,首次实现了二氧化碳资源化利用的突破。双方联合研发的煤制a-烯烃技术、茂金属PAO聚合技术取得了重大突破,具备工业试验条件,正在建设工业示范装置。与上海有机所联合研发的超细煤粉燃烧技术,燃烧效率可由90%左右提升至99%以上,为煤炭清洁利用开辟了全新的技术路径。

潞安按照省委、省政府战略部署,坚持"一边组建,一边形成生产力"的工作思路,全力推进全省新型高端现代煤化工专业化重组。2018年2月,山西潞安化工有限公司挂牌成立,标志着潞安新型高端现代煤化工资源优化重组实现历史性突破,迈入崭新发展阶段。着眼未来,潞安将按照"中国高端煤化工产业的引领者、传统煤化工产业转型发展的示范者、煤化工创新技术研发应用的开拓者、新时代煤化工现代化管理运营的探索者"的战略定位，努力将潞安化工公司打造成具有全球竞争力的新型高端化工企业，建成"中国萨索尔"，引领现代煤化工产业高质量发展方向。

三、大力培育战略性新兴产业，在更广领域、更深层次跨界融合，加速新旧动能转换，培育形成新的经济增长点

潞安在推进高端转型过程中，把握国家产业政策，面向世界趋势、未来方向和市场需求，以科技为引领，以市场为导向，布局谋划新兴高端转型项目，加快培育生物化工与生物健康、新能源、高端装备制造等战略性新兴产业。潞安战略性新兴产业从无到有、从有到优，一步一个脚印，扎扎实实开拓向前，走出了一条高端引领、产业集聚、智慧发展的产业升级道路。

（一）树立清洁高效发展理念，大力培育发展新能源产业体系

新能源产业是新一轮国际竞争的战略制高点。潞安顺应世界能源发展大势，大力培育发展太阳能光伏、深紫外LED及氢能源产业，构建了以创新引领、清洁高效为主要特征的新能源产业体系。

（二）树立高端化、智能化发展理念，打造潞安高端装备"智造"新高地

2013年4月，潞安煤炭技术装备公司成立。装备公司坚持以"智能制造、高端装备"为标志，加快由煤机制造向煤机"智造"转变。2014年7月，组建潞安安易电气公司，成为集研发、制造、修理、服务于一体的专业化电气产品生产基地；2017年6月，与全球领先的电气公司厦门ABB公司合作建设中低压开关柜项目，实现强强联合；同ABB、上海交大等大公司、知名院校开放合作，打造了"安易电气"高端制造品牌，建成全国第三家、华北地区最大的变频器检测中心；2018年4月，与ABB公司、上海交大、南京国辰电气联合成立了山西潞安电力电气研究院；深化同上海交大、陕西捷普等

合作,积极推进智能永磁同步电机及控制器项目等;2018年9月,与施耐德公司、德国沙尔夫公司分别签署了电气装备制造、煤矿辅助运输装备制造合作协议,标志着潞安高端装备制造产业迈进了新征程。目前,潞安正着力打造潞安ABB产业园区,力争到"十三五"末,整个装备制造板块达到100亿产业规模,着力打造集设计、研发、制造、服务于一体的高端装备"智造"新高地。

四、建局60年,潞安产业的"六大嬗变"

潞安产业的体系、格局、规模、体制、模式、品质都发生了巨大的变化,实现了历史性跨越。

(一)体系之变

多年来,潞安坚持以煤为基、多元发展,立足煤、延伸煤、超越煤,不断延伸产业链条,持续拓展产业领域,从最初"一煤独大"的单一产业格局到"多种经营",逐步构建形成了以优势煤炭产业为基础,以新型高端现代煤化工产业为主导,以生物化工与生物健康、新能源、高端装备制造三大战略新兴产业为突破,以电力、现代金融、建筑建材、物流贸易等多元产业为支撑的"一基一主三新多元支撑"的具有强大竞争力的中高端现代产业体系。

(二)格局之变

60年来,潞安坚持"植根长治、立足山西、着眼全国、放眼国际"的战略布局,顺应经济全球化潮流,全面实施战略管理,从建局初期偏居长治的"石五漳王常"5座煤矿起家,发展领域逐渐遍布全国20多个省、市和自治区,发展触角进一步延伸至国际市场,同11个国家20余家国际一流公司开展技术、产品及市场合作,高端产品畅销欧美日韩等发达国家和地区,逐步发展成为一家跨地区、跨行业具有国际竞争力的大型现代化企业集团。

（三）规模之变

60年来,潞安逐步实现了从小到大、由弱到强的转变。企业资产总额、工业总产值、营业收入、企业利润等各项经济指标发生了翻天覆地的变化,企业规模不断扩大,综合实力、核心竞争能力显著增强。从2013年开始挺进世界500强,目前在煤炭企业全球竞争力30强排名第15位,在全煤行业50强中排名第8位,被评为"改革开放70年中国改革发展杰出贡献企业"。潞安逐步从一家区域内煤炭企业跃升为一家国际知名的世界500强企业。

（四）体制之变

1959年1月潞安矿务局正式成立;2000年8月由矿务局改制为集团公司,实现了由计划经济向市场经济、由"矿务局时代"向"公司时代"的转变;2001年7月潞安环能股份公司成立,标志着潞安建立现代企业制度迈出坚实步伐;2006年9月潞安环能股改上市,标志着潞安产权制度发生了实质性变革;2007年9月重组原新疆哈密煤业集团,成立潞安新疆煤化工公司,2010年12月重组天脊煤化工集团,潞安逐步建设成为具有强大竞争力的能化大集团;2018年,随着潞安化工公司专业化重组成立,以油用牡丹为主导的百亿级生物产业体系逐步建成,以ABB产业园为主导的高端装备"智造"产业快速发展,潞安扁平化管理、专业化运营深入推进,现代企业制度进一步健全完善。

（五）模式之变

多年来,潞安坚持黑色煤炭绿色发展、高碳能源低碳发展,按照绿色开采、清洁转化、低碳转型的发展思路,致力推动"产业走向高端、产品趋向终端",逐步由煤炭、电力、焦化、化肥等传统低端产业转向以新型高端现代煤化工、深紫外LED、生物健康、高端装备制造、氢能等为代表的高端产业,由煤、焦、化肥等低端初级产品转向高端精细化学品,逐步实现了由黑色向绿色、由低端向高端转变,实现了由高碳能源向低碳利用、由资源

依赖向创新驱动、由战略引领向价值引领的转型发展。

（六）品质之变

多年来，潞安坚持以品质、品牌建设为引领，大力推进高端产品创新，培育形成了"潞安"系列高端产品品牌。立足煤，深耕精细化，实现原煤变精煤、粗粮变细粮，潞安喷吹煤被认定为高新技术产品，成为订立国标的基准，被评为"国家免检产品"，备受市场青睐，潞安成为中国最大的喷吹煤基地。延伸煤，加快煤炭由单一燃料向燃料和原料并重改变，开发出5大类54种270个规格型号的高端精细化学品，多项技术和产品打破国际垄断、填补国内空白；天脊集团开发的复合肥料（缓释肥料）、新型纳米增效肥、大量元素水溶性肥料等，比传统肥料增值1000元/吨。超越煤，打造多元化高端产品品牌，智华天宝牌牡丹籽油富含a-亚麻酸、欧米伽-3、角鲨烯等多种营养成分；潞安太阳能公司生产的高效单晶电池、多晶电池平均转换效率高、性能好、质量优，通过国家"领跑者"认证，达到国际先进水平。以"两油一芯"为代表的高端产品品牌成为新时代潞安践行能源革命、推动高质量发展的重要标志。

革故鼎新　演绎"潞安革命"

改革开放天地宽，盛世开辟换新颜。习总书记在改革开放40周年庆祝大会上强调，建立中国共产党、成立中华人民共和国、推进改革开放和中国特色社会主义事业，是五四运动以来我国发生的三大历史性事件，是近代以来实现中华民族伟大复兴的三大里程碑。改革开放是当代中国最显著的特征，也是潞安一甲子发展最鲜明的特质。

一、"放权让利时期"：坚定实行经营总承包，先行构建企业管理新体制

从1959年建局到1980年实行党委领导下的矿（局）长负责制；1979年，

矿务局制定下发了《关于改革企业经营管理体制的试行草案(讨论稿)》,第一次提出按八项经济技术指标考核局所属厂矿的经营业绩,是改革开放初期潞安局对企业管理体制改革的重要尝试;1981年开始实行新的厂(矿)长负责制,先后建立健全了计划、基建、劳动工资、物资供应、财务销售等管理机构。

从1985年起,全国统配煤矿实行企业投入产出总承包。煤炭部代表统配矿对国家承包,各矿务局对煤炭部承包,各厂矿对矿务局承包。1985年,矿务局开始6年经营总承包,明确提出以经济总承包为中心,坚持改革创新、努力转轨变型,搞好企业各项改革,推动全局各方面工作的指导方针,向煤炭部承担6年原煤总产量4024万吨,上缴利润1.5亿元的任务,并分别成立局、矿经济总承包领导组,负责落实经济总承包工作。在经济总承包中,将所属24个单位划分为四种承包类型:一是对四个生产矿实行以吨煤工资包干为主的投入产出承包;二是对基本建设单位实行百元产值工资含量包干;三是对辅助生产单位实行自负盈亏、单独核算、利润包干或定额补贴、超支不补(承包);四是对事业经费单位实行定额包干。各基层单位对局承包的任务再层层分解,化大为小,分别包到队组。总之,局、矿分别对各专业管理部门实行承包责任制,规定必保目标和奖罚条件,局主要部门对下属专业系统提出目标要求,用制度加强管理监督,形成纵向到底、横向到边、上下左右联网的多维经济承包工作体系。这种承包模式一直延续至1991年,每年只对指标进行调整,总体模式不变。

第一轮6年总承包结束后,又延续了对煤炭部的第二轮经济总承包,直至1995年。潞安矿务局先后修订完善了《关于进一步完善企业内部经济总承包的暂行办法》,局属煤炭生产单位、辅助生产单位、事业单位等直属各经济实体均对局实行内部经济总承包,积极推广承包经营责任制、租赁经营责任制等各种经营管理办法。

1985年到1995年的11年经济总承包,是潞安改革发展的一个重要阶

段。11年间,先后进行了两次经济承包、两次技术革命、两次创业,潞安矿务局由国家二级企业晋升为国家一级企业,科技进步和矿区现代化建设全国领先,劳动效率、经济效益、科技创新等经济技术指标名列全国前茅,矿区面貌发生了翻天覆地的变化。

1996年到2000年,潞安局积极推进经营体制和经济效益增长方式转变,加快建设经济大局和经济强局。在延续原来对下属单位经济总承包做法基础上,1997年制定了《企业内部资产经营目标考核管理办法》,将资产经营责任指标分为定量和定性两类,主要实行资产经营目标指标全面与工资挂钩考核。1999年,矿务局实行经营责任考核,2000年2月下发了《经营责任考核办法》,实行"成本否决、利润保证、工资负亏、挂钩考核、两步兑现"的管理办法。至此,潞安矿务局全面走向市场、迎接挑战,在全国煤市疲软的大环境中,实现了建设发展的新胜利。

二、"整体改制时期":挂牌成立潞安集团,加快建设现代化企业

2000年8月,将原来的矿务局整体改制成山西潞安矿业(集团)有限责任公司,提出建立"三个中心"格局,即集团是以投融资中心为主体的资本运营中心,各子分公司是以资产经营为主体的利润中心,各车间队组是以成本费用为主体的成本中心。2001年7月,潞安集团作为主发起人,联合郑州铁路局、日照港务局、宝钢集团国际经济贸易总公司、天脊煤化工集团、山西潞安工程公司共同组建山西潞安环保能源开发股份有限公司。潞安先后在组织机构专业化、运行机制市场化、产权股权多元化等多方位推进了改革,初步建立起"产权清晰、权责明确、政企分开、管理科学"的现代企业制度基本框架。

与此同时,加快二级单位改革和重组步伐,按照有利于增强企业综合经济竞争实力、经营活力和发展后劲,有利于企业长远发展,有利于国有资产保值增值的原则,通过资产重组、调整、剥离,将现有的二级单位和相

对独立核算的实体单位依据不同情况，分别改建为集团公司的子公司和分公司，将现有的中外合资企业改建为集团公司的控股子公司，建立起以产权关系为纽带的母子公司管理体制，全面打造"集团化模式，专业化管理，市场化运作，规模化经营"的"大潞安""大集团"发展格局。

三、"股改上市时期"：推动环能上市，开展资本运营，打造潞安资本

2006年9月22日，积极推动潞安环能在上海证交所成功上市，发行1.8亿股，募集资金19.8亿元，成为全煤上市公司中首发价位最高、融资额度最大的一只股票。环能股票上市后，在资本市场表现持续强劲，被调整进入上证180指数和沪深300指数样本股，被称为"中国煤炭第一股"，打开了潞安通向资本市场的绿色通道。

2007年8月，潞安重组中央计划单列企业河北耀华玻璃集团财务公司，由集团公司和潞安环能共同出资，集团公司持股66.67%，潞安环能持股33.33%，组建成立全省首家企业财务公司——潞安财务公司。充分发挥"结算中心、融资中心和资本运营中心"的核心功能，通过加强集团资金的集中管理，提高集团资金的使用效率，为成员单位经营发展提供综合性金融服务，累计实现营业收入38.55亿元，利润总额27.23亿元，向股东分红超过10亿元，年平均资本回报率超过10%，是全省归集度最高、运行最好的企业财务公司。

2008年以来，依托潞安环能公司融资平台，充分利用上市公司"壳"资源，加大在资本市场的融资力度，将具有良好经济效益和发展前景的优质资产注入上市公司，积极培育成长性较好的优势企业在中小板块上市；大力拓宽融资渠道，创新融资手段，通过发行短期融资券、中期票据、委托贷款、签发承兑汇票，以及融资租赁、银团贷款、电票业务等多渠道多方式引入资金，加强与工、农、中、建、交、国开行等20多家大中小型金融机构业务合作，积极争取各类财税、金融支持，切实发挥好上海投资公司、融资租赁

公司等资本运营功能,逐步构建了"三平台九渠道一公司"立体化融资体系,初步实现资金与发展的有效对接。

至此,潞安通过一系列资本运作,先后重组成立潞新公司,整合天脊煤化工集团,吸收合并慈林山煤业公司,买断宁武陈家半沟煤矿,租赁襄垣善福煤矿,控股郭庄煤矿,向潞安环能溢价转让余吾煤业,参股凤凰胶带公司,控股经营山西轻工建设,托管晋牌水泥和防爆电机,组建煤炭经销公司,改制重组日照国贸公司,成立国际贸易公司,建设司马战略装车点,收购潞城微子镇集运站,在北京铁路局立户获得300万吨/年运力等,潞安以资本稳健运营撬动了企业快速发展。

四、"按下快进键,改革再深入时期":突出重点领域,攻坚关键环节,推动改革向纵深发展

山西省委、省政府围绕确立的"建设示范区、打造排头兵、构建新高地"三大目标,出台了深化国企国资改革系列配套文件,形成了"1+N"改革政策体系,全面开启了指导全省国企国资改革的"8·38"工程,部署了一大批力度更大、要求更高、措施更实的改革任务,全省改革进入"施工高峰期""落实攻坚期",国企国资改革全面提速。潞安紧紧围绕深化国企国资改革目标,积极对表上级要求、对标先进单位、对接国际惯例,坚持改革方向不变、改革劲头不松、改革力度不减,聚焦法人治理结构优化、股权多元化、处僵治困、主辅分离、三项制度改革等重点领域和关键环节,积极稳妥推进改革、蹄疾步稳实施改革,将改革发展进行到底,全力推动新时代改革发展行稳致远。

(一)健全法人治理结构

一是坚持把加强党的领导和完善公司治理相统一,准确界定集团党委会、董事会、总经理办公会职责,明确党组织研究讨论是董事会、经理层决策重大问题的前置程序,全面完善党组织参与重大问题决策的内容和

程序。二是规范董事会建设。集团层面,省国资委派驻两位外部董事,集团董事会推荐选聘了一名总经济师。子公司层面,所有子公司全部完成《公司章程》修订;11家公司由执行董事改设董事会;聘任专职董事,子公司专职董事达到20名;为煤基精细化学品公司、容海发电公司、煤基清洁能源公司等6家公司推荐了董事。并对子公司专职董事、监事履职做出明确规范和要求,提高了履职能力和水平。三是加强对子(分)公司转型发展目标考核,全面分解落实省国资委2018年以及2018～2020年三年期转型发展指标,优化调整绩效考评指标体系,并将指标兑现完成情况纳入转型发展综合考核。2017年在13个子公司试点推行契约化管理和分红权激励管理,2018年在60个基层单位实行契约化管理和分红权激励,并实行与干部年薪、职工工资、企业管控方式及干部任免"四个挂钩",真正让考核"长牙齿"。四是推行职业经理人制度。在煤基合成油公司、太阳能科技公司、太行润滑油公司、国际融资租赁公司等单位开展市场化选聘职业经理人试点,共引进职业经理人27名。

(二)积极推进优势嫁接的股权多元化和混合所有制改革

一是推进潞安化工公司的专业化重组、股份制改造。积极组建潞安化工有限公司,与中国化学、上海惠生公司等战略投资者和相关基金公司达成合作意向,将高河、古城、司马等优势煤矿划转进入新公司,实现煤化优势互补、一体化运行。同时,依托潞安化工有限公司,与中信集团、美国AP、荷兰壳牌等央企、国际一流公司以及科研机构、高等院校合作,全面开展国际化合作、拓展国际化布局,构筑潞安开放发展新高度。二是推进高端新型现代煤化工产业股权多元化。潞安高硫煤清洁利用油化电热一体化示范项目(简称"180项目")是山西省建设国家综改试验区的转型重大标杆项目。在建设过程中,与美国AP、新加坡胜科、中节能开展多形式合作,战略合作者投资占项目总投资的34.3%,实现优势嫁接、技术集成,构建"技术创新+商业模式创新"的发展模式。三是推进高端精细化学品的

混合所有制和股权多元化。潞安与李振山技术团队等在润滑油、高端蜡等新产品开发方面开展合作，实施混合所有制和股权多元化。四是推进高端装备制造产业股权多元化。潞安安易电气与ABB公司战略合作，直接嫁接世界跨国公司平台，建设具有国际一流水平的中低压开关柜生产线，实现了"1+1＞2"的叠加效应，走出了一条"高科技、低投入、高效益"的发展之路。五是推进深紫外LED产业股权多元化。同中科院半导体研究所合作设立山西中科潞安紫外光电科技有限公司，联合建设深紫外LED芯片项目，将建成全球第一条年产2亿片深紫外LED外延芯片规模化量产生产线，并逐步发展形成以深紫外产品为核心、全面布局下游产品的千亿元以上的深紫外产业园区。六是推进核心人才、员工持股试点。在钴基费托合成技术的商业化运营上，潞安与中科院山西煤化所共同组建"中科潞安能源技术有限公司"，实施核心人才持股，实现混合所有制改革。

（三）有序推进企业瘦身健体和"处僵治困"

对照"僵尸企业"界定标准，将"精减"法人单位工作与处置"僵尸企业"工作相结合，制定实施《精减优化法人单位总体方案（2017—2019年）》，上报潞安塑业、炭黑公司、潞安华厦煤电等5户企业为"僵尸企业"，并纳入集团精减法人单位工作方案，实行分类精减。目前，顺利完成17户法人单位的注销工作。同时，推进优质资产"腾笼换鸟"，上海中国煤炭大厦有限责任公司、山西潞光发电有限公司和准东电厂等4个公司股权项目列入省国资委公示项目序列。

（四）扎实推进大部制改革

按照"小机关、大服务"的要求，特别是省委"六权治本"要求，适时合并职能相近部门，持续对机关单位、基层单位机构进行合理精简、科学整合。进一步优化组织结构，提高工作效率，简化工作流程。目前，机关处室精简比例近50%，科级机构精简21.21%，基层单位科级机构精简比例23.15%，基本构建起机构精简、设置科学、运行高效的大部门制机构体系。

（五）大力推进企业办社会职能剥离

一是着力完成"三供一业"分离移交。紧抓政策"窗口期"和施工"黄金期"，提前完成12家单位、33 904户家属区的"三供一业"分离移交工作。维修改造工作正全面推进。住房公积金机构管理移交各项准备工作已经完成。二是着力完成医疗、保险制度改革。同北大医疗产业集团合作共同成立合资公司，与长治市郊区政府签署新建郊区医院项目合作框架协议，职工基本医疗保险和生育保险正式纳入长治市地方统筹，矿区医疗保险机构改革基本完成。三是率先完成厂办大集体改革任务。按照"先整合重组、再进行改制"思路，统筹推进厂办大集体改革同中小企业改制，将山西潞安劳动服务总公司顺利改制为潞安集团全资子公司，顺利完成3735名原集体工劳动合同重签、社会保险接续，以及内退人员安置和解除劳动合同等工作。四是按照"专业化管理、市场化运营"的思路，加快推进广电网络整合，组建了山西广电信息网络集团潞安分公司；借推进公车改革契机，组建运营潞安汽车租赁分公司。

（六）高效推进融资和营销方式变革

一是强化产融结合，深化新型银企合作关系，加快高新技术公司上市，推进资源资产化、资产资本化、资本证券化，积极推进贷款重组工作，打好融资及金融创新"组合拳"，并重点依托上市公司、财务公司、上海投资、瑞泰投资、国际融资租赁公司等金融平台，用好各类金融工具，做好风险防控，提高资本收益，实现实业与资本"双轮驱动"，推动完善大融资格局。二是优化营销格局，抓住国家"汽转铁"的政策机遇，进一步整体优化邯长线、太焦线和中南铁路"三线布局"，积极构建以"长协户"为主导的用户结构和以优质环保动力煤、喷吹煤"品种煤"为主导的品种结构，着力提升效益品种煤销量，重点对现有的营销资源、平台和网络进行集成整合，强化煤炭与高端蜡、润滑油、精细化学品、牡丹油及下游产品、化肥等一体化布局，构建营销优势互补、平台共建、资源共享的立体化营销网络。

（七）扎实推进三项制度改革

一是围绕干部人事制度改革，下发《关于进一步激励优秀年轻干部扎根基层干事创业的实施办法》，千方百计为优秀年轻干部搭建成长平台，提拔重用年度考核优秀的干部。畅通"五个交流"渠道，即：干部同一岗位的不同单位之间交流、党政岗位之间交流、基层和机关之间交流、本部与外埠单位之间交流、不同产业专业之间的交流。完善考核评价机制，强化考核结果应用，完善《关于推进干部能上能下实施细则》，积极破解干部管理岗位职数限制与人才队伍积极性发挥之间的难题，全面推行首席师制度，进一步完善了人才培养体系，拓宽了专业技术人员成才通道。在关键岗位、核心领域设立高级首席师、首席师、主任师、副主任师。加大对基层一线干部在政策、待遇等方面的支持力度，对一线队组队长、书记"高规格"任职。在全集团营造重基层、重实干、重实绩的选人用人导向。

二是围绕深化劳动用工制度改革，采取定岗定员控制用人、优化用工结构合理用人、依靠科技创新减少用人、推进机构改革精简用人、市场配置按需用人等5项措施，实现了员工"出得去"。尤其对煤炭去产能人员，按照市场配置按需用人原则，在"增""稳""帮""准"上做文章，实际分流人员2503人全部再就业，其中转岗安置2460人，解除劳动合同43人，没有一人因为去产能下岗。

三是围绕深化薪酬分配制度改革，实行差异化工资分配制度，实现员工由"分工资"向"挣工资"转变，做到"多劳多得、少劳少得、不劳不得"，在全集团营造了高绩效产生高激励、高效率产生高收入的氛围；实行岗位绩效工资制度，设立6000万元/年产业人才专项资金，完善了潞安人才发展体制机制；实行差异化年薪制度，实现年薪兑现与经营者自身能力与素质挂钩，与企业效益挂钩，与职工工资水平挂钩，与集团整体效益水平挂钩"四挂钩"。

科技创新　彰显"潞安高度"

科技是第一生产力。建局60年来,潞安已从最初的小煤窑成长为世界500强企业,科技创新实现了历史性的跨越:是"国家创新型企业""中国创新型优秀企业",拥有六个国家级技术中心、一个博士后工作站、山西省唯一一家国家煤基工程技术研究中心,子公司潞安环能股份是全国煤炭系统第一个国家高新技术企业,构建了"一中心十平台五基地"高端开放创新平台,是全国首家油用牡丹工程技术研究中心研发基地,牵头组建了"油用牡丹产业国家创新联盟"。

数据显示,从1959年到2018年,共获得国家科技进步奖13项,省及行业科技进步奖309项,共申报专利684项,拥有授权专利453项,专利申请量和获权量居全省煤炭系统首位;主持和参与制订国家标准9项、行业标准6项、地方标准2项。科研队伍逐步壮大,科研体系不断完善,科技实力显著增强,科技进步贡献率大幅提升,走出了一条具有潞安特色的科技创新进化之路。

一、以综采放顶煤技术为龙头,推进采煤主导技术创新,聚焦集约高效发展,建成第一个现代化矿务局

建局之初的潞安,基业初建,基础薄弱,创新主要体现在技术改造上。潞安的先驱响应"向科学进军"的号召,凭着一股子创新的勇气,勤俭节约,艰苦奋斗,挖潜改造,逐步用机组采煤取代落后的炮采技术,用技术推动企业发展。石圪节煤矿先后进行了五次技术改造,矿井生产能力由原来年产5万吨提高到90万吨。五阳煤矿1968年开始使用普机采煤,1978年被煤炭部命名为潞安矿务局第一个机械化矿井。虽然只是技术改造,但科技对生产的促进作用已经初步显现。1978年,潞安矿务局工业总产值完成

6800万元,生产原煤达364万吨,两项指标与1959年对比,翻了四倍。

1989年,王庄煤矿又率先在全国采用开天窗放顶煤新工艺,开启了中国煤炭工业第二次技术革命。自主创新的开天窗综采放顶煤技术被誉为"潞安采煤法",解决了特厚煤层高效开采、快速掘进和安全生产的技术难题,攻克了采掘自动化作业的核心技术,成为国内第一个特厚煤层先进采掘装备自主创新技术,引领了世界厚煤层放顶煤开采的潮流。1994年,王庄煤矿两个综采队双双年产达200万吨以上,在全国首开一矿两个200万吨综采队先河。1994年王庄煤矿一次采全高开后天窗放顶煤回收技术通过煤炭部鉴定。1996年首批"洋学生"——土耳其国家褐煤公司的工程技术人员到潞安学习开天窗放顶煤综采技术。1997年潞安综采放顶煤技术顺利通过煤炭部鉴定委员会的鉴定。专家们一致认为,潞安矿区综采放顶煤技术的试验成功实现了厚煤层采煤方法的重大突破,属国际领先水平。1998年获煤炭部科技进步特等奖。

创新是企业动力之源。1986年,潞安采煤机械化程度达到100%;1987年,潞安矿务局成为中国煤炭工业第一个现代化矿务局,王庄煤矿、石圪节煤矿、漳村煤矿成为现代化矿井;1988年,潞安矿务局原煤产量突破千万吨大关;1995年实现利润总额突破1亿元,工业总产值完成8.6亿元,是1979年的10.9倍,全员效率是1979年的3.8倍。

二、以高炉喷吹煤的研发和应用为标志,推进煤炭高附加值产品创新,致力煤炭清洁高效利用,建成中国喷吹煤基地

十年磨一剑,研发出"中国第一喷"。1998年4月,国内第一家由煤炭企业联合科研院校组建的喷吹煤研究机构——潞安喷吹技术研发攻关组成立。经历设想论证、试验室研究之后,又经过模拟工业中试验,并在多家炼铁厂的20多座高炉上进行了长期工业试验,才获得成功。喷吹煤产品和焦炭的置换比达1∶0.95,节能减排效果突出。从此,贫煤、贫瘦煤这种长期

以来被认为只宜作动力煤、价格低廉的煤种,跃上了一个新的价值层面,为煤炭行业调整产品结构、钢铁企业调整原料结构和我国贫煤、贫瘦煤的应用开创了一条新路,开启了煤炭清洁高效利用新途径。并于2003年1月1日正式实施。2003年被评为全国煤炭系统十佳科技成果。2004年荣获中国煤炭工业科学技术特等奖。2006年,"潞安高炉喷吹煤"荣获"国家免检产品"和"全国质量信得过产品"称号。2007年被评为国家科技进步二等奖。2008年喷吹煤核心技术获准为国家发明专利。

科技转化为现实生产力。"十五"期间,研究开发、科技攻关、技术创新和解决生产技术难题455项,共生产煤炭8957万吨,比"九五"期间多生产3321万吨。潞安喷吹煤以强势进入市场,2003—2009年总销量达到4025万吨,占全国市场份额的1/3,被中国冶金协会授予"中国喷吹煤基地"称号。目前,潞安已建成中国最大的喷吹煤基地、优质环保动力煤基地和先进产能聚集基地"三大基地"。

三、以煤基合成油及高端化学品系列技术为引擎,推进煤基合成关键技术集群的创新和突破,变燃料为原料和新型材料,成为高碳能源低碳利用的典范

自主创新产出中国第一桶油。煤制油示范项目是我国煤间接液化自主技术产业化第一个项目,是集团"十一五"时期调整产业结构的一项战略工程。该项目采用具有我国自主知识产权的浆态床反应器、F-T合成催化剂、油品加工和系统集成技术,核心技术"煤基液体燃料合成浆态床工业化技术"是国家"863"高新技术项目。2005年,集团中标煤制油示范项目,开始筹建国内第一家煤制油示范厂。2007年4月,16万吨煤基合成油示范项目正式开工。2008年12月22日,1号钴基固定床F-T合成油装置一次投料试车成功,潞安利用具有自主知识产权的钴基费托合成技术产出了中国第一桶煤基合成油。2009年7月10日,2号铁基浆态床F-T合成装置一

次投料试车成功,产出了高品质的合格成品油。潞安成为世界上唯一一个掌握钴基、铁基两种催化剂进行煤制油的企业。生产的油品是世界上最洁净的液体燃料,可以直接加入到柴油汽车中,尾气排放超过欧洲IV号标准,也可作为柴油的调配剂,用1吨煤制油可以调配3倍的国六标准柴油,使普通柴油变为优质柴油。

创新不止步,从煤基合成油1.0版升级到煤基精细化学品2.0版,燃料变原料和新型材料。全面对标南非萨索尔等国际一流公司,以国际化视野,把握现代煤化工发展趋势,以技术突破为引领,开发出一系列具有前瞻性、引领性和实用性的低碳技术,形成以应用推广一批、储备开发一批、攻关研发一批"三个一批"技术和产品开发格局;生产出5大类54个品种270个规格型号煤基高端精细化学品,创造多项全球、全国第一,不仅为集团提供持续动力,而且为全省煤化工产业发展源源不断输出技术。16万吨煤基合成油示范厂实现"安、稳、长、满、优"运行。2013年2月,180万吨/年高硫煤清洁利用油化电热一体化示范项目开工,是山西省综改转型的重大标杆工程;2017年12月打通全流程,正式建成投产,仅用9个月就实现了两条生产线四台气化炉全系统满负荷稳定运行,南非萨索尔用了2年,国内兄弟单位用了1年多,创行业最快纪录;目前日产量稳定维持在3000吨左右,投产以来实现了安全稳定满负荷运行。2018年2月28日,山西潞安化工有限公司正式成立,明确争做"中国高端煤化工产业的引领者、传统煤化工产业转型发展的示范者、煤化工创新技术研发应用的开拓者、新时代煤化工现代化管理运营的探索者"的战略定位,将全力打造具有全球竞争力的世界一流新型高端化工企业。

潞安以关键技术创新为突破口,敢于走前人没走过的路,努力实现关键核心技术自主可控,把创新主动权、发展主动权牢牢掌握在自己手中,开辟了煤炭行业发展循环经济的新篇章,成为高碳能源低碳利用的典型。2010年,潞安环能公司被评为全煤系统唯一一家国家级高新技术企业,累计享受政策优惠近20亿元。2011年潞安集团被科学技术部、国务院国资委、中华全国总工会联合认定为"国家创新型企业",是山西煤炭行业第一家。2018年"大型煤炭企业以培育新型高端现代化煤化工2.0版为特色的转型升级"成果荣获中国企业改革发展优秀成果二等奖。

四、以"一中心十平台五基地"为支撑,推进高端平台创新,深化产学研用一体化发展,打造能源低碳创新引领者

"十二五"开始,潞安以科技平台为引领,不求所有,但求所用,所有的转型产业和项目全部对接高端科研平台,以"一中心十平台五基地"为支撑,构建了系列高端创新平台,产学研用一体化布局、一体化发展,成为能源低碳创新的引领者。

围绕新型高端现代煤化工产业,集团建成了全省唯一的国家煤基合成工程技术研究中心,并以工程中心为龙头,数年间同中科院上海高研院、山西煤化所、天津大学、中科合成油公司、上海凯赛生物、大连化物所等联合构建了"一中心十平台五基地"高端创新平台。此外,三大战略新兴产业也构建了系列高端创新平台。生物健康产业建设了10多个油用牡丹科技创新平台,深紫外LED及光伏产业建成4个高端创新平台,高端装备制造产业与ABB公司、上海交大等联合组建了电力电气研究院。

依托高端科技创新平台,在创新链的上游、中游和下游均实现了新发展,集团成为能源低碳创新的引领者。参与申报《煤基费托合成柴油组分油》等28项国家、行业或企业标准的制定,已发布17项,实现标准输出。潞安多项低碳技术兼具实用性与引领性,与中科院上海高研院、壳牌联合研发的甲烷与二氧化碳干重整技术,在全球首次实现了二氧化碳资源化利用的突破。此外,钴基费托合成技术、超细煤粉燃烧技术、高碳醇合成技术、茂金属PAO聚合技术、蒽醌法制双氧水技术等多项技术取得重大突破,实现煤基产品替代石油基产品、替代进口产品的"双替代",带动煤炭

绿色清洁高效利用和产业深度转型。高端特种蜡在全球高端蜡行业处于引领地位,成为全球最大的高端蜡供应商。太行润滑油公司全合成型柴油机油产品填补国内高档润滑油空白。太阳能2GW工程生产出首片高效PERC电池片,创造国内同等规模项目投资最少、建设周期最短的纪录,PERC单晶高效电池转化效率达21.7%,处于业内先进水平。同中科院半导体研究所联合建设了全球首条量产化半导体深紫外LED生产线。这都为集团转型发展注入了强劲动力,提高了企业高质量发展的品位。

五、以国际化合作对标为方向,推进国际化开放融合创新,跨界高质发展,建设具有国际竞争力的清洁能源品牌企业

国际化合作开启国际化战略。潞安已同11个国家20余家国际化公司开展了国际化产业合作。比如,引进美国AP、新加坡胜科等投资180项目,其中,AP公司投资8亿多美元建设运营项目的气化、净化、空分装置,是全省近年来国际招商项目单项工程引进外资最大的一笔。强化国际化科研合作。围绕企业重点项目、重要领域、重大技术,强化与国内外科研院所、国际化公司的科研技术合作,强强联合、优势嫁接,以关键技术突破带动传统煤化工产业转型升级,提升科技成果孵化和转化水平。与中科院曼谷创新合作中心联合共建了先进润滑油实验室;与雪佛龙公司开展异构脱蜡生产基础油技术合作;与壳牌公司开展碳减排技术合作,等等。建立了国际化市场合作平台。与英国BP公司、美国雪佛龙公司开展润滑油品牌共建、市场共享合作;与德国汉圣、法国波士、新加坡三益科技等公司合作推动费托特种蜡、无芳溶剂油等高端产品进入欧美、日韩市场等等。

国际化开放创新开启了具有国际竞争力的清洁能源品牌企业的新征程。2017年获评"中国创新型优秀企业",入选"年度创新影响力卓越企业",是全省唯一一家。2018年7月国家煤基合成工程技术研究中心通过科技部现场验收,成为全省第一个也是唯一的一个国家级工程技术研究中

心。2018年10月油用牡丹产业国家创新联盟正式落户潞安。集团构建了融优势煤炭、新型高端煤化工、生物化工与生物健康、新能源和高端装备制造等于一体、具有强大竞争力的中高端现代产业体系,打造了以潞安太行润滑油、牡丹油系列产品、深紫外LED芯片"两油一芯"为标志的高端产品品牌,实现产业走向高端,产品趋向终端,为山西资源型经济转型发展和打造能源革命排头兵探索出一条新路径。

共建共享　感受"潞安温度"

60年来,伴随着企业的发展壮大,潞安职工的生活发生了翻天覆地的变化。从收入水平的节节攀升到工作环境的不断改善,从物质生活的富足小康到精神文化生活的丰富多彩,从硬件设施的配备完善到文明素养的持续提升,从共建共享的普惠民生到扶贫帮困的重点帮扶,一年一个台阶,一岁一个变化,60年来的民生改善成为潞安发展的清晰注脚和最好见证。

一、持续提高收入水平:从"过得去"到"过得好"

工资收入是职工群众最关注的核心利益,也是检验职工生活水平最直接、最有效的标准。1959年,潞安建局时,全局职工人均年收入仅为525元。随着企业的不断发展壮大,经营效益的持续好转,职工收入水平逐年提升,特别是在党的十八届三中全会后,职工收入迈入增长的快车道。1996年,全局职工人均年收入历史性地突破1万元大关。之后又继续保持了快速增长的态势:2003年突破2万元,2005年突破3万元,2006年突破4万元,2008年突破5万元……即使在2012—2015年的煤炭行业低谷时期,集团仍然想方设法、千方百计地确保职工工资稳定,收入水平不降。2017年,潞安职工人均年收入达到72000多元,相比建局时增长了130多倍。

在工资收入不断增长的同时,自20世纪90年代开始,与职工生活息息相关的养老保险、医疗保险、失业保险、工伤保险、生育保险以及住房公积金"五险一金"制度也相继建立和完善,成为职工生活的重要保障和职工收入的重要补充。2005年,集团通过动员职工参股司马矿井,为职工开辟了一条工资以外的资本收入渠道。2008年,潞安又在全省率先推行了企业年金制。截至2018年底,近3万名参股职工人均分红达62000元,累计收益率超过1200%。

二、致力改善工作环境:从"放心干"到"舒心干"

(一)狠抓安全生产工作,保障职工人身安全

保障职工人身安全是开展一切民生工作的根本前提。从建局之初,潞安党政就高度重视安全生产工作,把安全生产摆在各项工作的突出位置,视为企业发展的头等大事和一号工程。1987年,随着潞安建成全国第一个现代化矿务局,安全生产工作的规范化、科学化程度明显提升。从20世纪90年代开始,潞安大力开展了矿井质量化标准建设工作,矿井由"生产安全型"向"本质安全型"转变,进一步夯实了安全生产的基础。进入21世纪,潞安的安全生产工作向更高水平迈进。特别是2015年以来,潞安创造性地构建并实施了"369"大安全管理新体系,无论是矿井还是地面类单位的安全生产工作都在原有基础上实现了质的飞跃,安全生产形势持续稳定发展。潞安连续多年保持安全生产"零"事故,成为全国唯一一家连续18年蝉联"安康杯"竞赛优胜杯的企业。与此同时,潞安投入大量资金,下大力气改善职工的工作环境,取得显著成效,近20年来潞安没有新增一例矽肺病。"高高兴兴上班,平平安安回家"成为潞安职工的真实写照。

(二)狠抓"两堂一舍"建设,创造舒适生活环境

"两堂一舍",即食堂、澡堂、宿舍,是职工工作生活的重要组成部分,其建设水平的高低,直接体现了企业对职工的关怀和重视程度。2000年以

前,各单位"两堂一舍"建设水平不尽相同,但总体以满足基本需求为主。集团改制特别是2007年以来,潞安大力开展了"两堂一舍"星级竞赛活动,在场地的扩建美化、功能的配套规划、现代化设施设备的添置、操作流程的理顺规范、员工素质的培训提高、文化环境的营造等方面都进行了大刀阔斧的改进与提升,实现了职工"吃、住、浴"环境的优美敞亮和服务的优质精细。"两堂一舍"的高标准建设和改造,不仅显著提高了职工生活的舒适度和满意度,也有力增强了职工对企业的归属感、荣誉感和向心力、凝聚力。

三、大力开展社区建设:从"可住可居"到"宜居美居"

社区建设是民心工程、福利工程、永不竣工的工程。1959年,潞安矿务局成立时,矿区家属仅有82户。当时在"先生产,后生活"的思想指导下,加之经费紧张,几乎未建家属房,大部分职工在矿、厂附近农村居住。从1980年开始,潞安开始投入大量资金给职工修建楼房,改善职工家属居住条件。1985年,随着"农转非"政策的实施,大批职工家属涌入矿区,侯堡和基层各矿相继建成一大批居民小区。

通过多年的社区建设,潞安不仅创造了良好的生活环境,让职工群众安居乐业,过上了有品质的生活,也成为潞安的品牌和展示企业形象的重要窗口,真正做到了惠及职工群众、服务改革发展,形成了"企业为职工创环境,职工为企业谋发展"的双赢局面。

四、深入推进文明创建:从"大老粗"到"文明人"

潞安矿区的精神文明创建活动是从党的十一届三中全会以后开始的。1981年,潞安矿务局以治理环境卫生为突破口,开展了"五讲四美"文明礼貌活动。1998年,成立了精神文明建设办公室,制定下发了《潞安矿务局精神文明建设检查考核办法》。2002年,集团召开了第一次精神文明建

设表彰会,同年下发了《潞安人道德规范一百条》。

2009年,集团制定出台《关于建设全国一流文明矿区的指导意见》,全面启动全国一流文明矿区建设工作。主要目标任务是:实施思想铸造、职业素质、道德风尚、科教文化、民主法制、平安矿区、环境创优、绿色潞安、战略推进和文明创建"9+1"工程,实现矿区精神文明、政治文明、物质文明和生态文明全面协调发展。

以全国一流文明矿区建设为载体,近年来,集团不断深化"文明单位""文明集体""文明家庭""文明标兵""文明院校园"等创建活动,持续开展文明窗口、文明餐桌、文明交通、文明上网、文明旅游等活动,创新实施了一系列具有潞安特色的志愿服务项目,精神文明创建活动取得显著成效。石圪节煤矿、五阳煤矿、集团总部等先后荣获"全国文明单位"称号。特别是党的十八大以来,集团党委进一步突出道德建设在文明创建中的作用,提出涵养"善良、勤俭、感恩"三种美德,培养"诚信、实干、担当"三种品德,在全省首家举办"道德讲堂",道德建设结出丰硕成果。潞安员工陈秋花荣获第五届全国道德模范提名奖,牛反生父子荣获"感动山西"年度人物特别奖,王利芬家庭获"全国最美家庭"称号。

五、扎实开展教育培训:从"小学生"到"大学生"

(一)大力发展普通教育,为职工提供优质教育资源

1949年,潞安矿区第一所小学在西白兔电厂诞生;1956年,第一所幼儿园在石圪节成立;1958年,第一所中学在小河堡迎来首批新生入学。1975年,"七·二一"职工大学创建,高等专业教育发轫;1988年,成立潞矿第二中学,开矿区职业高中教育的先河。至20世纪90年代,潞安矿区已构建形成一个涵盖幼儿园、小学、中学、高等职业教育在内的多层次、多门类的教育体系,各中小学师资队伍、硬件设施、教学质量以及中、高考成绩连续多年在各县及长治市名列前茅,为职工子女接受教育创造了良好条件,

消除了职工家属的后顾之忧。2010年,按照国有企业分离办社会职能的要求,潞安矿区内7所小学、6所中学全部移交地方政府管理。

(二)大力开展职工培训,为职工成长创造良好条件

潞安党政始终高度重视职工培训工作,早在1947年,西白兔电厂就成立了第一个扫盲班,组织职工认字、学文化。20世纪80年代,为适应企业快速发展需要,潞安制定了职工培训的具体计划和措施,职工培训工作取得长足进步。2000年,集团公司成立后,进一步加大了职工培训的力度,全面实施了以搞好安全培训为重点,以强化岗位培训为中心,以技术比武为手段的职工素质提升工程。近年来,集团及各单位每年组织职工培训近2万人次,涌现出一大批技术能手和岗位明星,多人多次在全省、全行业各级各类技能比赛中取得优异成绩。通过教育培训,大量职工学会了技能本领,增长了知识才干,提升了个人价值,实现了员工与企业的共同成长。

六、大力发展医疗卫生:从"跑断腿"到"动动嘴"

(一)发展医疗事业,为职工创造优质医疗条件

医疗同职工群众的生活密切相关。潞安的医疗事业最早可追溯到1949年成立的石圪节煤矿医务室。1959年建局后,在原石圪节煤矿医务所基础上成立了潞安矿务局医院,医务人员仅有58人。20世纪80年代,潞安矿务局医院的人员、科室、病床数量都有所增加,医疗水平得到一定程度的提升。1990年,潞安矿务局医院挂牌为潞安矿务局总医院,局、矿(厂)两级医务人员达到561名。1994年,矿务局医院创建"二级甲等医院",并在长治范围内首家验收达标。2004年,改制为潞安集团总医院。2009年,潞安集团总医院升格为"三级乙等医院";2013年,以优异成绩通过评审,荣升"三级甲等医院"。

建立了全民健康档案,职工健康体检拓展到一、二线全体职工,职业健康体检率达到95%以上,集团80%以上职工参加了大病互助,提升了职

工的幸福指数。

（二）发展卫生事业，为职工打造健康生活环境

1959年初，潞安矿务局成立了爱国卫生委员会，当年在矿区内广泛开展了"除四害，讲卫生"爱国卫生运动。1974年，根据中央爱卫会的指示精神，开展了以"两管"（管水、管粪便）、"四改"（改良水井、改良炉灶、改良厕所、改良环境）为中心的爱国卫生运动。20世纪80年代，矿务局爱卫会制定了新的卫生标准，开展了以"两堂一舍"和环境卫生为重点的爱国卫生运动。

20世纪90年代，矿务局爱卫会组织成立了专业队伍对矿区卫生进行清洁打扫，加强了对公共厕所的改造和管理，设立了垃圾箱，配备了垃圾车、洒水车等设施。同时，把爱国卫生运动纳入企业管理和精神文明建设达标考核体系之中，与各单位的评先选优相挂钩。进入21世纪，潞安集团卫生工作向全面绿化美化香化、营造美好环境、创造人与自然相和谐的矿区环境方向阔步发展。通过坚持不懈的努力，集团连续多年被山西省授予"省级大型企业卫生标兵"荣誉称号，多家单位荣获"山西省爱国卫生先进单位"荣誉称号。

七、广泛开展文体活动：从"有得玩"到"玩出彩"

（一）兴建文化场所，满足职工文化生活需求

工人俱乐部：1957年，潞安煤矿第一个工人俱乐部在石圪节诞生，定期给职工群众放电影、唱戏。今天，集团本部和各主体矿都修建了现代化的工人俱乐部。图书馆：1959年建局时，全局共有图书馆（室）6个，藏书仅2000多册。如今，不仅集团本部和各单位都建设了标准化图书馆，很多车间、队组和单身公寓也都设立了小型图书馆和阅览室。文化广场：从20世纪80年代起，潞安开始大力推进文化广场建设，集团本部和各基层单位都根据自身的条件，兴建了许多不同类型的文化广场。今天，仅侯堡地区就

建有10多个文化广场。这些文化场所的建立,为职工开展业余文化活动提供了便利,创造了条件。

(二)开展文化活动,丰富职工文化生活

从20世纪70年代开始,潞安就每年定期举办元宵节灯展、社火大赛、烟火晚会、班组长节、七一歌咏比赛等各种节庆活动,成为职工欢度节日的一项重要内容。进入20世纪90年代,潞安矿区举办消夏系列晚会成为惯例,很受职工群众欢迎。与此同时,职工自发的文娱活动更加丰富多彩地开展起来。

(三)推广体育运动,增强职工身体素质

1957年,潞安煤矿成立了第一支业余篮球队,成为潞安职工体育运动的开端。自20世纪80年代开始,随着职工生活水平的日益提高,各种体育场所和健身设施的不断完善,潞安矿区的职工体育活动如雨后春笋般发展起来,尤其在篮球、乒乓球、羽毛球、象棋、桥牌、冬泳、太极拳(剑)等方面,潞安员工多次在行业乃至全国性比赛中获奖,潞安还主办了多场行业性及全国性体育赛事。

八、深度实施扶贫帮困:从"节日送温暖"到"一个都不能少"

自建局至今,潞安始终高度重视和关心扶贫帮困工作。早在20世纪50年代初,潞安煤矿工会就组织成立了"互助储金会",由会员缴纳一定数量的周转金,对矿区的困难户进行救济。20世纪90年代,潞安开始在全局范围内实施扶贫解困"送温暖工程",主要针对有病亡、因病致贫及特殊困难家庭以及困难户、特困户进行救济。

发展残疾人事业是扶贫帮困工作的一个重要方面。1989年,潞安矿务局残疾人联合会成立,负责安置部分残疾人工作,同时帮助解决残疾人的生活困难。2002年,为了帮助残疾人学会一技之长,变"输血"为"造血",从根本上解决职工残疾子女的就业问题,改善生存状况,集团出资成立了专

为安置残疾人就业的"山西潞安益民公司",当年安置160名残疾人就业。在之后的发展中,集团公司又先后提供了政策、资金等多方面的支持和倾斜,帮助企业做大做强。截至目前,益民公司已发展为一个在册职工660人(其中残疾职工468人),年销售收入上亿元的企业,实现了矿区残疾人子女的全部安置就业,也成为山西省集中安置残疾子女最多的福利企业。集团被评为"全国扶残助残先进集体",荣获全国第一家"推进残疾人就业示范单位"。

满眼生机转化钧,天工人巧日争新。60年栉风沐雨,60年沧桑巨变。从生存到发展、从温饱到小康、从物质到精神、从福利到权利,今天,走进新时代的潞安人过上了前所未有的幸福生活。但是,民生工作没有完成时,只有加油站。60年来的民生改善,既是潞安建局60周年交上的一份亮丽的成绩单,也是企业发展迈向新征程、民生工作迈向新台阶的一条崭新的起跑线。正如习总书记所指出的:"人民对美好生活的向往,就是我们奋斗的目标。"我们相信,随着全面建设具有国际竞争力的清洁能源品牌企业这一宏伟目标的一步步实现,全体潞安人一定会迎来更加美好、更加幸福的明天。

潞安集团司马煤矿

弄潮煤海伏猛虎　行业龙头勇争先

阳泉煤业集团有限责任公司

"1949""2019"，两个看似普通的数字，置于时间坐标上，却是两个重要节点，串联起阳煤集团从无到有、由弱到强、沧海桑田、日新月异的70年，见证了阳煤集团转型升级、创新发展的70年。

70年波澜壮阔的变革，描绘出了一个国有特大型企业做精做强做优的蓬勃脉络。阳煤集团主采属于沁水煤田的无烟煤，煤炭产业是阳煤集团的基础支柱产业，主要分布于山西阳泉、昔阳、和顺、左权和寿阳诸市县。70年阳煤集团的版图不断扩大，产业不断增多，产值不断提升，实力不断增强。阳煤集团营业总收入由1950年的324.8万元，跃升到1700亿元，增长了52 000多倍；利润从亏损状态，提高到26亿元；人均工资由387元上涨到7万元，增长了180多倍。位列世界企业500强第494位、中国企业500强第112位、中国煤炭企业50强第7位、山西百强企业第2位，知名度、美誉度、影响力进一步提升。

一、瓦斯抽采"开先河"　本质治理擎"红旗"

阳煤集团矿井瓦斯含量高、涌出量大、抽采难度大。回顾阳煤集团开采煤炭的70年，也是与瓦斯这只气老虎斗智斗勇的"伏虎"里程碑。

阳煤集团的前身——阳泉矿务局是我国煤炭战线瓦斯治理的"一面旗"。1950年1月，阳泉矿务局成立，当时矿井掘进强度小，瓦斯涌出量少，且通风距离不长，采用全风压通风方法就可以顺利排除瓦斯。即便是超级

瓦斯矿井采煤工作面,采用"一进两回"的通风方式就可以实现安全通风。这种通风方式有效加强了工作面的通风和瓦斯排除能力,还解决了回风落山角瓦斯不易排出的难题,是当时阳泉矿务局七尺煤和四尺煤工作面采取的瓦斯治理措施。1956年,阳泉矿务局根据"边采边抽、边抽边采"治理邻近层瓦斯的理论,提出了巷道法抽放瓦斯、顶板穿层钻孔抽放瓦斯和地面垂直钻孔抽放瓦斯、随采随抽,开创了中国邻近层瓦斯抽放之先河。20世纪80年代,随着采煤工艺的变化,带来的是机械化程度的提高,采掘强度加大,瓦斯涌出量也随之增加。阳煤人开始寻求治理瓦斯的新途径,布局更为科学的通风系统。综采放顶煤技术多布置在上部12号煤解放层已采的区域,工作面通风系统多采用"一进一回"方式,利用上下层间通风系统,主要采用层间调压技术治理15号煤层回采工作面的瓦斯,并开始试验"U+L"型外错尾巷通风方式。与此同时,在高瓦斯矿井、煤与瓦斯突出矿井和低瓦斯矿井中的高瓦斯区域,实现了"三专两闭锁"掘进安全装备系列化。进入20世纪90年代,一边是综采放顶煤优势释放后实现的高产高效,一边是通风、抽采系统不相匹配导致的瓦斯超限,阳泉矿务局与重庆煤科院合作,提出在厚煤层顶板合理层位布置走向高抽巷的方法,在五矿中央区8204综放工作面试验开采15号煤层,上部煤层均未开采,而是用顶板巷道沿10号煤层布置走向高抽巷,抽采邻近层瓦斯;1992年6月开始抽采,抽采效率达90%以上,成为全局15号煤层综放面瓦斯治理的关键技术。阳泉矿务局还与西安煤科院共同研制出直径为200毫米的大直径钻机,代替原来73毫米直径的小钻机。随后在三矿裕公井12号煤五下山41104工作面和五矿贵石沟井15号煤8108综放面进行抽采试验,使得中厚煤层的瓦斯抽采量大幅度提高。自此,3号煤、12号煤层中大钻孔代替密集小钻孔和倾斜岩石抽放巷技术得到推广,瓦斯治理技术水平得到进一步提升,中厚煤层单产从几十万吨上升到100万吨/年以上。1996年6月,全国各大煤矿有关人员集聚阳泉矿务局,围绕"三大系统""十项制度"瓦斯综合治理经验,深入交流、真诚取经。从那以后,瓦斯治理阳煤经验在全国同类矿井中得以推广应用;也是从那时起,全国瓦斯治理的"一面旗"高扬在阳泉矿务局的上空。

1997年,阳泉矿务局在15号煤采煤工作面成功试验"U+I"型通风方式,即"一进一回"+内错尾巷+走向高抽巷布置方式。这项技术的运用,使得阳泉矿务局在之后10年内未发生过15号煤工作面自然发火,15号煤综采放顶煤工作面瓦斯治理的难题得到根治,也更好地释放了综放工作面产能。2000年,综放工作面产量由100万吨提高至300万吨。2005年,以走向高抽巷为核心的"阳煤集团瓦斯综合治理技术"获得国家科学技术进步奖二等奖。

从2006年起,阳煤集团开始对开采的突出煤层采取瓦斯抽采措施,期间引进了千米钻机、施工开采煤层(本煤层)钻机等新设备,运用了在底抽巷抽采突出煤层瓦斯的方法。

2006年底,阳煤集团强制实施本煤层瓦斯预抽,以更好地落实国家"先抽后采、监测监控、以风定产"瓦斯治理十二字方针,大幅度减少瓦斯超限对安全生产的威胁。

随后,阳煤集团瓦斯治理从以邻近层瓦斯抽采为主逐渐向邻近层瓦斯抽采、本煤层抽采(井下千米钻机及长钻孔瓦斯抽采、保护层卸压瓦斯抽采、低透气性煤层增透抽采)、地面煤层气抽采等全方面、立体化的煤与瓦斯共采格局转变。

"十一五"期间,阳煤集团大部分生产矿井的通风方式由建井时的并列式,演变为分区式多个主要通风机联合通风。新建投运主要通风机11台,增加风量16.57万立方米/分钟;改造14台,增加风量19.39万立方米/分钟;新建抽放泵站13个,新增抽放泵41台,增加抽排量2.1万立方米/分钟……

到2010年底,阳煤集团在全部有突出危险的采掘工作面积极推进区

域预抽为主、局部卸压为辅措施,形成"密间距、大孔径、高负压、严封孔、长期抽、全覆盖"的规章制度,基本消除了突出危险,为治理瓦斯打下坚实基础。

2015年开始,阳煤集团全面开展瓦斯治理技术创新研究,不断加大各种新技术和新工艺应用力度,瓦斯治理由风排瓦斯转向以抽采为主,水力压裂、气相压裂、冲孔造穴等技术从无到有。经历了从生产过程中治理向先治瓦斯再生产、从小区域块段预抽向大区域整体预抽、从防突措施型向采掘工程型转变的摸索与实践后,2016年,阳煤集团党委书记、董事长翟红提出以新景、新元、寺家庄3家为示范矿,试验瓦斯治理新技术、新工艺,并最终形成瓦斯治理"阳煤经验"——"7+3"瓦斯治理阳煤模式,包括"保护层开采、以岩保煤、小煤柱掘进、气相压裂、水力造穴、水力压裂、沿空留巷"7项技术和"钻孔抽采系统标准化、钻孔施工在线监控、抽采量精准计量"3项管理手段。

以寺家庄公司为例,采用"以岩保煤+水力造穴"技术后,造穴钻孔的瓦斯浓度比普通钻孔提高1.2—2.7倍,瓦斯抽采量比普通钻孔提高3倍,煤巷掘进期间K1值超标次数降低80%,最高单进达到207米;采用"本煤层顺层钻孔预抽+气相压裂技术"后,抽采量可提高2—3倍,回采工作面最高日产达1.51万吨,且回采期间,工作面回风巷、上隅角、机尾均未出现瓦斯超限。

"7+3"瓦斯治理阳煤模式逐步完善,使阳煤集团找到了一条适合阳泉矿区瓦斯治理的新路子。推行"7+3"瓦斯治理阳煤模式后,突出煤层掘进工作面月单进水平平均提高30%以上,本煤层抽采效率大幅提高,回采面抽采达标时间缩短近一半。"7+3"瓦斯治理阳煤模式不但成为阳煤"伏虎"路上新的里程碑,也为全国煤炭行业的瓦斯治理提供了可资借鉴的经验,也为解决沁水煤田深部开采瓦斯抽采世界性难题贡献了阳煤智慧。

瓦斯不除,矿无宁日。一系列新技术、新工艺的推广应用,奠定了阳煤安全生产的基础。经过40年共同努力，矿井排风量由12万立方米/分钟提高到62万立方米/分钟，瓦斯抽采量由0.8亿立方米/年提高到近14亿立方米/年，瓦斯抽采率由31.8%提高到72.2%，瓦斯治理能力的提升为阳煤安全高效发展创造了条件。

二、科技进步占"高地"　创新驱动"新引擎"

阳煤集团始终重视科技工作，实施科技强企战略，加强技术创新，"产、学、研、用"深度融合。经过70年的发展，建立了较为完善的技术创新体系，按照国家认定企业技术中心的总体要求，着力加强技术创新组织机构、技术创新体系建设，技术创新战略逐步得到实施，企业信息化建设步伐加快，技术研发与技术管理水平不断提高。

从1953年，阳泉矿务局成立瓦斯研究小组开始，阳煤集团不断加强科技工作的研发和投入，技术研究的深度和广度也在不断加大。邻近层瓦斯治理、初采期瓦斯治理、煤层自然发火、锚索、锚网联合支护等一大批技术难题被攻克，极大地解放了生产力。近三年，投入89亿元作为科技经费，将41亿元用于科技研发；不断加强科技人才培养，如今已有2万余名科技工作者活跃在集团科研领域。

阳煤集团因势利导，顺势而为，把创新摆在企业发展的核心位置，成立技术委员会，并设立了13个专业委员会及专家委员会，2018年聘任了28名首席专家。完善科技创新体制机制，建立"四个一"科技创新保障体系：一套创新组织体系、一套创新激励机制、一批科技创新平台、一个创新评价体系，并指导各基层单位成立技术创新组织机构，搭设研发平台。从1976年大直径密集钻孔预抽七尺煤本煤层瓦斯科研项目获山西省科研成果二等奖开始，阳煤集团在科技创新领域共获得180余项省部级科技奖项。迄今为止，阳煤集团共拥有各项专利670项。现拥有：1个国家级技术中心、12个省级技术中心、4个市级技术中心、14个高新技术企业相继获批。

集团还设立了煤炭行业井下瓦斯综合治理工程研究中心、阳煤集团博士后科研工作站、煤化工压力容器山西省重点实验室、阳煤集团院士工作站等各种综合科技创新平台。阳煤集团经过改革开放40年的成长和积淀，已然成为技术研发的试验田和洼地，这些都为阳煤集团科技创新驱动发展奠定了坚实的基础。

阳煤集团1984年开始使用高档普采设备，1987年阳泉矿务局拥有综采队18个、高档普采队13个，占采煤队总数的55%；1988年综采放顶煤技术试验成功并大面积推广，1991年阳泉矿务局采煤机械化程度达到100%；1996年开始采用的低位综采放顶煤技术，是采煤技术的又一场革命。

瞄准煤炭行业最前端，应用大数据和人工智能技术，阳煤集团建成一大批现代化、数字化矿井。在新元公司3107综采工作面，只需调度室一声令下，千米井下的采煤机自动截割三角煤程序便启动，采煤机、运输机、转载机、破碎机、液压支架协同作战，自动割煤、运输，自动监测设备运转情况。采煤机自动截割三角煤技术的成功应用，使阳煤集团打造了首个"无人操作、有人值守"工作面，实现了煤炭生产的历史性突破——职工由近150人减少至75人，生产成本降低5.74元/吨。

目前，全集团25个自动化工作面月均产量21万吨/个，较普通工作面提高3.8万吨/个，提高22.1%；采煤队平均人数由126人减少到111人；吨煤材料成本消耗由6.49元降低到3.36元，降低48.28%。

同时，阳煤集团以智能机器人无人探测技术研究应用为重点，不断推进"机械化换人、自动化减人"；利用百度的ABC技术，在业内首家开展煤炭云技术研发，探索建立"互联网+煤炭科学开采"模式。依靠科技创新，阳煤集团实现了煤的安全、绿色、智能化开采，煤炭这个传统产业，正焕发出勃勃生机。

经过70年的积淀，阳煤集团科技创新事业走上了高速运转的快车道，

呈现出百花齐放春满
园的景象。晋华炉3.0
的成功研发,让晋华炉
这张阳煤名片走向世
界,展现中国制造的强
大实力;与太原理工大
学合作,打造煤层气制
金刚石项目,填补国内
空白;开展拥有自主知识产权的催化技术创新,实现关键催化剂自主生
产;与浙江中控集团合作,以"数据上云、全量监控、智能升级"为目标,共
同设计建造国内领先的智能化工厂;利用山西"煤窝、电窝、铝窝"资源优
势,开工建设煤电铝循环园区,推进电厂超低排放、铝镁合金深度加工等
技术研发;瞄准"重载、高效、智能、高端",助推煤机装备高端化、成套化研
究,研制成功的薄煤层智能化综采成套装备、直角转弯大功率重型刮板输
送机等均属国内首创、国际领先。

阳煤集团煤矸石发电厂

三、转型升级争排头　多元发展新格局

阳煤集团抢抓煤炭发展历史性机遇,以煤为基、多元发展,从无到有、
从弱到强,用一个个产品、一项项科技成果支撑着转型产业阔步前行。

无烟煤是重要的化工原料。2005年前后,煤炭市场正处于疲软期,阳
煤集团选择进军煤化工产业,力求延伸煤炭产业链条,提高产品附加值,
实现企业科学发展和可持续发展。

2005年,第一个化工项目——10万吨聚氯乙烯、10万吨烧碱项目开工
建设;2006年,兼并重组三维集团,化工产业销售收入达21.5亿元,实现了
从无到有的历史性突破;2008年,利用上下游企业关系,先后控股丰喜集
团,参股正元集团,并购重组齐鲁一化、深州化肥、恒源化工、巨力化肥。

化工产业规模急剧增长,产业版图快速扩张。2010年,阳煤集团托管太化集团,并于次年启动清徐化工新材料园区项目。仅3年多时间,阳煤化工产业便迅速在华北崛起,化工企业发展到15家,产品涉及农用化工、基础化工、精细化工、新型煤化工、化工新材料等80多种,年营业收入逾200亿元,在山西省煤化工领域占据主导位置。

"十二五"以后,阳煤化工步入产业结构优化调整阶段,全面进军化工新材料、新型煤化工等领域,并将其作为支柱产业定位。

2012年以来,和顺24·40合成氨尿素项目、昔阳40万吨/年电石项目等先后建成投产,标志着传统煤化工进一步发展壮大。

2016年,化工产业管理局撤销,成立化工集团,实现化工板块产权与经营权高度统一,从"管家"变为"东家"。同年,新建项目陆续开工——沧州正元60·80尿素项目、恒通化工30万吨/年甲醇制烯烃项目按时达产达效,取得良好经济效益,成为阳煤化工向现代煤化工转型的重要标志。

2017年,化工新材料顺利产出优质己内酰胺,标志着全省目前投资最大的化工项目顺利投产。另外,国泰新华产出高品质BDO,纯度达99.75%,属国际同行业先进水平。深州乙二醇、寿阳乙二醇实现高负荷稳定运行,全年贡献利润2亿元以上,成为化工系统新的利润增长点。恒源PC项目等前期工作积极推进,效果明显。

2018年,阳煤化工再加力——按照年初化工集团"三会"既定目标,与天津大学、惠生工程合作的1000吨/年甲醇制乙醇中试装置在寿阳化工完成10万吨级工艺包设计工作;丁二烯氰化法制备己二腈技术已打通全流程,进入1000吨/年中试装置的工艺包设计和部分现场工作。

一个又一个现代煤化工项目拔地而起。乌黑的煤炭经过它们变成了无色或有色的化工产品,身价也从每吨几百元飙升至几千元甚至上万元。产品蜕变中,化工产业的年营业收入从2008年的63亿元升至2018年的600亿元,增长近10倍,实现了由小到大的飞跃。

阳煤集团在提升气化技术方面坚持走内涵发展之路，一方面，阳煤化机、丰喜集团和清华大学山西清洁能源研究院、北京清创晋华科技有限责任公司携手，历经十数年，成功研制出第一、二、三代晋华炉，其中晋华炉3.0技术，成功解决了高灰、高硫、高灰熔"三高"煤的气化难题，实现了两个全球第一：全球首次将"水煤浆+膜式壁+辐射式蒸汽发生器"组合，并成功实现工业化；全球首次将原气化炉通过改造，直接升级为更高效、可靠的联产炉，开创了新型煤气化技术改造的先河，还被评为中国煤化工行业的"国之重器"。另一方面，与美国燃气技术研究院（GTI）合作开发R—GAS煤气化技术项目，入选国家工信部2017年绿色制造系统集成项目，为解决"三高"煤低成本气化难题提供了阳煤方案。此外，甲醇氨氧化制取氰化氢技术、甲醇苯烷基化技术达到国内领先水平；丁二烯直接氰化法制己二腈催化技术打破国外技术垄断；利用合成氨驰放气或煤层气制备甘氨酸技术开发项目，促进国内甘氨酸技术更新换代，摆脱高端甘氨酸的进口依赖。

作为"科技兴企"的一个重要部分，阳煤化工在科技成果转化上取得了重大成效。

2007年，正元集团自主研发设计制造的JR2400、JR2600、JR3000系列氨合成节能技术，ZY型等温变换技术，直接装填还原态触媒技术等一系列氨合成综合技术，部分技术达到国际先进水平。同时，自主研发的直接装填还原态触媒技术的开发及应用为国际首创，节省一次开车费用，保证了氨合成触媒的活性，目前已在行业内多家合成氨企业推广使用。2008年，齐鲁一化独立攻克的丁辛醇生产技术与国外技术相比，具有产量大幅度提高、消耗明显下降、成本大幅度降低等竞争优势，是当时国内外最先进的工艺技术。2013年以来，恒通化工在氯碱行业首家建立了甲醇制烯烃—乙烯法聚氯乙烯产品链，实现了清洁生产，提升了企业抗风险能力，同时围绕MTO生产装置开展技术创新，先后开发了含碱废液处理工艺、综

合污水分质处理工艺、乙烯液化、灌装系统技术改造等,降低了产品消耗,实现了装置的高产稳产,成为科技创效的典范企业。

铝电产业经过阳煤集团布局不断调整、结构不断优化后,也与化工共同支撑着阳煤这艘巨轮平稳向前。

2008年全球金融危机爆发前半年,阳煤集团刚刚整合组建兆丰铝业公司,旗下有氧化铝、电解铝、自备电厂、铝土矿四家子分公司。一场金融危机,让阳煤人充分认识到,必须对市场保持清醒的认识,因此他们始终把增产增收作为企业实现全年生产经营目标的基础和前提;始终紧紧抓住"产品产量"这一龙头指标,密切关注市场,精心布局,保证企业生产能力的充分发挥。

2013年3月,阳煤集团与杭州锦江集团签署协议,由锦江集团深度托管兆丰铝业公司,开启了一条国企民营化管理的全新道路。2015年1月,兆丰又找到新的合作伙伴——信发集团。2015年,阳煤集团抢抓我省转型综改试验区和电力体制综改试点的大好机遇,乘着国家供给侧结构性改革的浪潮,于当年12月成立电力销售公司,成为我省第一批响应国家电力体制改革的"先遣部队"。自此,兆丰铝业公司度过了严寒的"冬季",迎来了明媚的"春天"。

2016年10月,阳煤集团对铝电板块进行全新布局,成立兆丰铝电公司,将发供电分公司、电力销售公司、寿阳博奇发电公司、西上庄低热值煤热电公司、扬德低浓度煤层气发电公司等电力企业统一整合纳入兆丰铝电公司管理,形成了板块化经营、专业化管理、差异化监控、集团化运作的管控格局。整合后,效果立显——当年,兆丰铝电公司销售收入实现210亿元,同比减亏1.55亿元,现金流增加1.01亿元,进一步坚定了兆丰人扭亏为赢的信心与决心。

为适应阳煤集团改革发展需要,煤层气发电专业作为独立板块运作,实行专业化集中管理。2017年3月,兆丰铝电公司与南煤集团签订协议,南煤两个低浓度瓦斯发电站交由兆丰铝电公司煤层气发电分公司托管,盘活了5400余万元的闲置资产。2017年9月,兆丰铝电公司与国网山西节能服务有限公司合作,神堂嘴电站余热利用改造项目开工,目前已投产发电,产生了良好的经济和环保效益。同月,开工建设的瓦斯综合利用及节能环保项目——寺家庄瓦斯发电项目,即将成为瓦斯发电产业扩大规模、推动发展的新"战场"。阳煤集团授权兆丰铝电公司经营,积极推行契约化管理,取得了显著成效。2017年,兆丰铝电公司完成商品铝20.43万吨、焙烧氧化铝80.96万吨、发电46.51亿度,实现营业收入280.3亿元,总收入位居集团前三甲;兆丰天成公司铝材产量11.35万吨,创历史新高;自备电厂全年机组负荷率达88%,3号机组创年度商业化运行小时数新高,热电机组等效利用小时、瓦斯发电机组等效利用小时双双领先全国行业平均水平。

如今,兆丰铝电公司已成为我省推进四大铝循环产业园区建设的重要载体,成为我省政府整合区域资源的骨干企业——电力装机容量982.9兆瓦,在建电力装机容量2825.9兆瓦,氧化铝产能110万吨/年,电解铝产能22.5万吨/年,金属镓产量25吨/年,铝板带产量12.5万吨/年的规模。

四、党建引领促发展 凝心聚力谱新篇

党的领导就是国企的"根"和"魂",是做强做优做大国企的根本保证。建企70年来,阳煤集团党委和各级党组织始终坚持"把方向、管大局、保落实",以党建之强全力铸造国企之强,走出了一条百折不挠的发展之路。

无论身处为生存而战的波峰波谷,还是面临各种政治环境考验的风口浪尖,阳煤集团党委始终是大家的"主心骨"。尽管步履维艰,但是阳煤儿女坚强地走了过来。在鲜红的党旗下,百里矿山掀起忠诚担当的大潮,阳煤儿女忠实践行党的路线方针政策,敢于担当、主动作为,奋力助推企业爬坡过坎;阳煤儿女立足本职、任劳任怨,展现了共产党员的精神风貌;

阳煤儿女奋发有为、干在实处、走在前列,用实际行动诠释了党的先进性、纯洁性和代表性。

阳煤集团持之以恒地进行对党的建设和对党员的教育培训。强化阵地建设,搭建阳煤集团党委—党校—基层党委职校(党校、政校)—党支部党员之家的"四级"党员教育培训网络。按照有场所、有设施、有标志、有党旗、有书报、有制度的"六有"标准,建设标准化党员活动室250个。同时,集中开展百期万人"大学习、大培训、大提升"活动,并以"互联网+党建"平台为党建工作新模式,提高了政治素质,增强了业务本领。大力推进"三基建设",实施党员星级评价考核,开展党员"三亮三比"主题实践活动,共产党员在职工群众面前公开"亮相"。在新闻媒体上开辟专栏,宣传各单位学习贯彻的具体举措和实际行动,营造"党建强、发展强"的良好氛围。据统计,从2014年到2017年, 阳煤集团党支部书记中大专以上文化程度比例从66.2%上升到了79.6%、45岁以下比例从39.7%上升到了50.3%。

阳煤集团全面从严治党的脚步未曾停歇。聚焦监督执纪问责,紧盯时间节点,盯住主要人、看住关键岗、抓住重点事,锲而不舍纠正"四风",以"五类主管"为重点,加大对"微腐败"和"蝇贪"的查处力度,严格落实"五个一律",把党风廉政建设和反腐败工作延伸到基层。深化巡察工作,突出政治巡视,统筹安排常规巡察、深化专项巡察,强化"机动式"巡察,深入开展"回头看",使巡察真正成为发现和解决问题的"前沿哨所"。坚持"信念坚定、为民服务、勤政务实、敢于担当、清正廉洁"的新时期"好干部"标准和国有企业领导人员"对党忠诚、勇于创新、治企有方、兴企有为、清正廉洁"的二十字要求不动摇,落实党管干部原则,强化干部监督,建立干部评价新体系。干部考核变伯乐"相马"为赛场"赛马",实行打分排名、奖优罚劣、末位淘汰。有纪必严、执纪必严、违纪必究,失责必问、问责必严渐成常态,不敢腐、不能腐、不想腐的氛围基本形成。

五、聚文化之力　铸国企之魂

阳煤集团从建企时几个破败的小煤窑到现在的世界500强,企业持续壮大的70年历史进程中,始终蕴藏着一股无形的力量,让企业准确把握宏观经济形势,抓住机遇,应对挑战;让阳煤儿女团结奋进、锐意进取。这股力量,就是文化的力量,企业文化是促使企业可持续发展的动力,是提高企业凝聚力、向心力的根本保证。

20世纪80年代初,随着我国的改革开放,开启文化制胜时代。1989年,阳泉矿务局明确了"从严、务实、进取、奉献"的精神主题词,设计了局徽,创作了局歌,企业文化建塑工作走在了全国煤炭企业前排。

20世纪90年代末新千年初,基于企业发展形势、状况及愿景,阳煤集团把"路在脚下、事在人为"确定为企业核心理念,把"以大搏强、十年百亿"确定为战略目标,提出"煤与非煤并重并举"的战略方针,推行以人为本的REM精细管理,坚持以人为本的科学发展观……强势企业文化的出炉,适逢煤炭"黄金十年"开始,在非煤产业撑起经济半边天的前提下,煤炭经济的迅速回暖一同让阳煤集团经济效益快速增长,以大搏强的效果快速显现——营业收入由2001年的35.75亿元逐年增长到2008年的343.68亿元,增幅达到861.35%。期间,阳煤集团战略目标从"十年百亿"向"十年双百亿""十年三百亿""五年千亿""五年双千亿"持续升级。

2010年,在山西省委、省政府"再造一个新山西"的要求下,阳煤集团坚持以发展为第一要务,开疆拓土、奋力赶超,文化的核心理念转变为"发展才是硬道理"。

2015年起,阳煤集团党委书记、董事长翟红在集团内部调研时多次提到"班子的形象就是企业的希望""同心做人、合力做事"。这些朴实无华而又接地气的话语激励着干部职工千方百计降成本、绞尽脑汁提效益,在意识层面凝心聚力、鼓舞士气,激发干部职工干事创业热情与潜力,推动集团扭亏脱困。

与此同时，"从零开始、向零奋斗""制度管人、流程管事""回应就是落实、追问就是失职""与巨人同行、与能人携手"等理念逐步推广，为企业发展注入强大精神动力。

阳煤集团的经营意识、管理意识更加贴合市场经济，企业的精神面貌自上而下、从内到外发生了明显变化，一个充满干事创业激情、更具改革创新活力的阳煤集团呈现在大家面前。

2017年，阳煤集团在沧州正元举办"同心做人·合力做事"企业文化建设高峰论坛，进一步培育全体职工文化认同感，构建精神家园，开启了"1+9"阳煤文化强势发展态势。

文化助力，阳煤"扬眉"。对于"1+9"阳煤文化，翟红怀有强烈的信心——阳煤文化一定会成为强大的软实力、强大的内动力，必定会增强吸引力、形成凝聚力、创造生产力、提高竞争力。

以社会主义核心价值观为统领，以"同心做人、合力做事"为核心理念，以9个分项文化为支撑，以分系统文化为基础的阳煤文化体系是全体阳煤职工共同遵守的基本信念、价值标准和精神风貌，是阳煤文化的核心和灵魂。"实现'127'发展战略"的企业战略，"建设安全、廉洁、高效、低碳、绿色、共享新阳煤，争当能源革命排头兵"的企业愿景，"为推动煤炭经济高质量发展提供阳煤实践、贡献阳煤智慧"的企业宗旨，与"1+9"阳煤文化体系构成了阳煤集团崭新的文化名片，成为企业发展的灵魂旗帜，为阳煤儿女铸起精神家园。

坚持改革创新　引领能源未来

晋能集团有限公司

2013年5月25日,晋能集团有限公司正式挂牌成立。原山西煤炭运销集团与山西国际电力集团合并重组,开启了煤电一体、绿色发展,建设一流综合能源集团的发展之路。

在党的十八大、十九大和习近平新时代中国特色社会主义思想指引下,在省委、省政府的正确领导下,晋能集团广大干部职工锐意进取、奋力拼搏,扎实推进思想观念转型、创新动能转换和发展方式转变,破解改革转型的一系列难题,着力开创企业发展新局面。

2018年,晋能集团完成营业收入1036.2亿元,增长1%;利润35.3亿元,增长115.4%;煤炭产量8448.2万吨,增长14.7%;发电量251.4亿千瓦时,增长25.4%;售电量86.5亿千瓦时,增长14.1%;贸易量1.65亿吨。净资产收益率、资产负债率、全员劳动生产率等省国资委质量考核指标全面完成。年度绩效考核进入省属企业A级序列,位列"2018年中国能源集团500强"榜单第35位。

晋能集团紧紧抓住能源革命和山西转型发展的重大机遇,秉承"奉献绿色能源、建设美丽中国"企业使命,坚持"1366"发展战略,大力推进"传统能源清洁化、清洁能源效益化、煤电网＋一体化"发展,坚定不移地深化改革转型,推进高质量发展,形成了"一主、三辅、两新"的产业格局。

晋能,正在向建成一流清洁能源集团的宏伟目标全力迈进!

一、深化改革使传统煤企走向市场化

晋能集团是在山西煤炭运销集团和山西国际电力集团公司的基础上建立的。

1983年12月山西省煤炭运销总公司注册成立。从1994年1月1日起,我省境内所有煤炭生产企业(包括中央统配煤矿)销售的煤炭(不分铁路和公路),都要执行现行地方煤炭铁路外销的有关政策,实行统一标准,征收"煤炭基地建设补偿费"。省煤运总公司行使了对全省地方煤炭进行规费征收和行业管理的职能。

2007年7月,省煤运总公司改制为山西煤炭运销集团。2009年山西省煤炭资源整合中,山西煤销集团进行战略布局,积极争取资源整合主体资格,改变以行政收费和煤炭运销为主的经营模式。经过多方协调,竭力争取,大同、忻州、晋中、吕梁、太原、长治、晋城、临汾、三元、省外等公司合力攻坚,推动煤炭资源整合工作取得突破性进展。在全省煤炭资源整合中,集团共整合矿井448座,保留矿井165座。保有储量121亿吨,产能1.5亿吨/年。

2012年7月9日,《财富》发布世界500强排行榜,山西煤销集团以销售收入1586亿元(245.3亿美元)成功入选,位列第447位,位列中国电力、能源企业排名第10位,成为山西省首家世界500强企业,同时也是山西企业首次进入世界500强。

2013年,在宏观经济下行、市场形势低迷、煤炭价格下跌的情况下,集团全面完成主要经济指标,营业收入实现2280亿元,企业综合实力进一步增强,在世界500强排名上升到390位。

2014年12月底,山西省大刀阔斧地开展了煤焦销售体制改革,全面停止履行煤炭销售管理相关行政职能,撤销了由集团管理的煤炭销售各类公路站点,集团真正走上了企业市场化发展的道路。集团积极响应省委、省政府决策部署,不等不靠,一方面坚持项目引导、合理编制、稳妥推进,完成了38 505名公路站点职工的分流安置任务;另一方面,大力推进煤炭贸易物流产业向实体贸易转变,实施全员营销,加快新市场、新用户、新通道的开发和培育,煤炭贸易量保持了持续稳定增长。

二、科技创新引领清洁能源快速发展

2013年,晋能集团成立之初,正值煤炭资源整合后煤矿的高速建设期,煤炭是集团的第一支柱产业。为了积极适应山西经济转型要求,集团高层横下一条心,在做强做大煤炭主业的同时,提出"传统能源清洁发展、清洁能源规模发展"的思路,把清洁能源作为产业转型的重点,坚持将科技创新、人才引领和上市融资作为引擎,主动出击,持续发力,大力推进清洁能源产业高质量快速发展。

2013年12月,集团瞄准世界一流的专业团队,通过市场化方式成功引进了以国家"千人计划"专家杨立友博士为核心的,集产品研发、生产工艺、企业管理、市场营销为一体的专业化技术运营团队,通过"业绩"与"股权"激励,形成"人才+项目"的引才育才模式。

按照"生产一代、中试一代、研发一代"的滚动发展思路,2014年10月吕梁文水1.3GW光伏电池及组件生产线正式投产,实现了"当年开工、当年建成、当年投产、当年见效"的业界奇迹。2016年5月,晋中2GW高效光伏电池及组件生产线正式投产。超高效异质结光伏电池转换效率跃升到24.2%,达到世界领先水平,进入世界前1%先进产能行列。集团光伏产品已远销东南亚、南亚等国家,成为"一带一路"产品供应商。晋能光伏制造荣获PVBL2016年度中国光伏组件品牌10强、2017中国光伏组件企业20强。

集团在推进光伏制造快速发展的同时,大力发展光伏发电、风力发电等项目,陆续建成了天镇、应县、平鲁高家堰等光伏发电项目,光伏风电装机逐年递增, 发电装机从成立时的9万千瓦发展到在役、在建、前期共

346.72万千瓦;资产由37亿元发展到172亿元;累计实现利润9.01亿元,成为我省发电装机规模最大的清洁能源企业。

在科技引领、创新驱动下,集团清洁能源产业已成为企业改革转型的"领头雁"。作为主业,清洁能源产业将继续以科技创新为引领,不断壮大发展规模。到"十三五"末,清洁能源产业在役发电装机将由115.72万千瓦增加到300万千瓦;光伏组件产能由176万千瓦增加到300万千瓦;产业总资产达到300亿元;营业收入实现100亿元;利润实现10亿元,努力建设成为全国清洁能源的龙头企业。

三、强基固本推动煤炭产业提质增效

近年来,晋能集团积极落实国家"三去一降一补"政策,坚定走"减、优、绿"发展之路,2016年在全省率先关闭了赵屋、永丰两座煤矿,2018年再次关闭演礼等7座煤矿,退出产能475万吨。

从无到有,稳步发展,实属不易。晋能集团大力推进煤矿建设和安全生产,煤矿安全生产总体平稳,技术能力不断提升,安全文化深入人心,煤炭产量逐年递增,2018年煤炭产量完成8448万吨。截至目前,集团生产矿井已达到64座,其中,13座矿井达到省一级标准,47座矿井达到省二级标准。泰山隆安荣获"特级安全高效矿井"称号,王庄煤业、保安煤业纳入国家级防治水和瓦斯治理示范矿井,三元煤业被命名为省级"安全生产标准化建设模范矿井"。

晋能集团始终坚持"崇尚安全、敬畏生命、行为规范、自主保安"安全理念,大力推进"能安"安全文化建设。狠抓企业安全管理,完善"六大体系",按照"党政同责、一岗双责、齐抓共管"的要求,进一步健全和完善安全生产责任体系。充实安全管理人员,完善安全管理机构,确保安全责任到人。修订实施《安全红线管理制度》《安全绩效考核办法》等安全管理制度。大力开展煤矿新技术研究,在防治水、瓦斯治理、顶板防治、机电运输

等各方面均有所突破。长治公司赵亮技能大师工作室和沙坪洗煤厂梁艳举技能大师工作室荣获"国家级技能大师工作室"称号。各级单位坚守"红线"意识，完善监督体系，汲取事故教训，加大处罚问责力度，持续开展多种形式的安全大检查，通过周四安全活动日、走动式安全管理、隐患排查及治理等，全面加强安全管控能力，安全管理水平逐年提升。

晋能集团不断强化员工劳动技能及培训教育工作，努力提高员工专业技能和综合素质。持续开展管理人员、矿长、厂长、班组长岗位培训教育，开展安全警示教育、职业技能鉴定、技术业务交流、职工技能比武等工作，一大批员工成为技术能手、岗位标兵、劳动模范，涌现出一批"晋能工匠"。

集团提出了全面推行"136"安全管理模式、落实"333"安全举措，这一模式和举措是集团多年来在安全管理实践中探索总结出的具有晋能特色的安全管理模式，为集团安全管理探索出了新路径，进一步促进了集团安全管理水平不断提升。

晋能集团按照绿色发展思路，推进煤炭产业清洁发展，目前先进产能已达到50%，到"十三五"末，集团将关闭退出矿井42座，生产矿井增加到91座，产能增加到10 780万吨，先进产能煤矿增加到62座，占比提高到82.7%，煤炭产能和产量力争进入全省前列。

四、节能减排争当电力能源服务主力军

晋能集团拥有在役电厂9座，装机容量558.2万千瓦，其中：火电厂7座、燃气发电和水力发电各1座；在建控股电厂3座，装机容量237万千瓦；在役、在建总装机容量达到795.2万千瓦。

晋能嘉节热电采用直接空冷系统配套汽轮机组，空冷岛噪声控制工程世界尚属首次；燃机容量目前在国内同类型机组中最大，年平均效率可达65.8%。文水国金电力采用世界首台350MW超临界循环流化床低热值

煤发电机组,也是全国首个太阳能光煤互补示范工程。汾阳国峰煤电在国内同类型机组中首个实现超低排放,与清华大学合作并申报国家科技成果"十二五"科技支撑计划课题——"低热值煤循环流化床清洁燃烧实现超低排放"示范工程。五年来,集团电力产业突出科技创新、节能减排,逐步实现了清洁、智慧发展。

集团充分发挥现有低热值煤发电和中小机组的优势,通过延伸拓展能源服务项目,不断提高综合能源供给能力。2017~2018年,采暖季供热面积达到8830万平方米,供热量2783万吉焦。太原嘉节热电负责供给太原市冬季采暖近10%的热源,长治热电为康庄工业园提供热源,耀光煤电为平遥工业园区电、热、水、冷、汽"五联供"综合能源供给和清洁能源一站式供应。集团坚持用最先进的技术、最少的资源、最环保的方式,提供最高效的能源,晋能电力已经成为全省最大的供热企业。

作为全国为数不多拥有220千伏电压等级的地方电网企业,在做好发电端的同时,也在竭力做好配电端。集团配电产业涉及220千伏及以下输配电网的规划、建设、营销、服务等方面,覆盖吕梁、临汾、朔州3个地市的12个县(区),服务区域面积占全省土地面积的14.29%;所辖用电户85万户,覆盖人口296万人,占全省总人口8.3%。

面对省内发电装机严重冗余,集团积极响应电力供给侧结构性改革的要求,与太钢集团达成股权合作和电力中长期直接交易合作方案,为电力中长期现货交易和煤电材产业链发展进行了试点探索,开创了省内两大国有企业资本运作与"煤—电—X"发展的新路径,实现省属两大企业集团的合作共赢。

集团充分利用吕梁市资源和区位优势,通过建设吕梁局域电网,发挥集团在吕梁发电、配电、售电业务的技术和管理优势,实现以增量发电匹配增量用户的供电格局,成为我省电力供给侧结构性改革和电力体制改革的先行者和排头兵。

到"十三五"末，晋能集团将实现发电企业稳定超低排放、节能高效和清洁化综合利用。加快推进局域网建设和投产运行，充分发挥自身地方配电网缓冲备容优势，降低输配成本，形成电价"洼地"。将加快配电产业市场化改革，利用电网经营优势，面向全省各大矿区、工业园区等，推进专业化的售电公司运营。将积极探索园区型供电供热一体化综合服务，以火电厂为基础，积极向周边下游能源市场延伸，为企业提供电力、热力等综合服务。

五、理顺体制企业管控持续加强

晋能集团坚定不移地走质量第一、效益优先的发展之路，树立经营理念，提升基础管理，优化资源配置，经营管理不断向纵深推进，为高质量发展奠定了坚实的基础。

集团确立了"集团公司+板块公司和市公司+实体公司（矿、厂、站）"的三级管理组织架构。2015年，集团启动了"瘦身健体"工作，取消县公司及以下的管理层级，严格控制法人数量，已累计压减法人600多个，管理层级压减到三级，保留了少数四级法人，消灭了五、六级法人，"瘦身健体"取得了明显成效。2017年集团完成了133户全民所有制企业改制任务，彻底解决了改制遗留问题，目前，集团"三级架构、两级管理"的运行体制已基本建立，战略管控和运营管控能力得到明显加强。

集团全面实行计划管理、项目管理、预算管理和成本管理，形成了按计划投资、管理、考核的管控格局。2015年以来，集团出台《加强资金管控的十条措施》，降本增效，开源节流，加快、清收欠账，盘活资金，拓宽融资渠道，加强与金融机构战略合作，采取贷款、中期票、公司债、融资租赁等多种方式筹措资金，加强风险管控，提高经济运行质量，确保资金链安全。

集团围绕产业和重点项目，引进领军人才和创新团队，积极推进"人才+项目""人才+课题"的引才育才模式，不断建立完善集聚人才的体制机

制,推动校企合作,强化内部培训力度,在关键部门、关键工种、关键岗位招聘专业技术人才,不断创新激励机制,改进和完善以岗定薪、以绩取薪的分配制度,提高核心岗位、生产一线员工绩效在工资收入中的占比,加大了对关键岗位和专业人才的激励力度。

六、凝心铸魂党建业务深度融合

2018年,晋能集团把加强"三基建设"作为贯彻全国国有企业党建工作会议精神的落地载体,作为加强党的建设、压实管党治党责任的有效途径,作为解决突出问题、推进改革攻坚的有力抓手,把"三基建设"融入集团改革发展各项工作,"抓重点、补短板、强弱项"的作用和成效日益显现。

集团党委把政治建设放在首位,持续加强党的建设,坚持从严治党、从严治企,认真践行习近平新时代中国特色社会主义思想,增强"四个意识",压实主体责任,努力解决企业党建"虚化、弱化、淡化、边缘化"的问题,开创了党建工作和业务工作深度融合的新局面。

集团制定并实施了党委意识形态责任制,强化了党委的主体责任,扎实开展了党委中心组学习和党员政治理论学习。集团党委带领全体干部职工在思想政治行动上同与习近平同志为核心的党中央保持高度一致。广大党员、职工认真学习习近平总书记系列重要讲话精神、十九大精神和习近平新时代中国特色社会主义思想以及习近平总书记视察山西重要讲话精神等,组织开展了党的群众路线教育实践活动、"三严三实"专题教育、"两学一做"学习教育、"维护核心见诸行动"主题教育和推进"两学一做"学习教育制度化、常态化,以及《习近平总书记的成长之路》《习近平的七年知青岁月》《习近平谈治国理政》"红船精神"等专题学习,努力做到学通弄懂做实,用党的政治理论武装头脑、指导实践、推动工作。集团坚持正面宣传为主,强化舆论引导,做好舆情监测处置,充分运用《晋能报》《晋能安全》、晋能集团微信公众号、集团网站等各级各类新闻媒体,大力开展企业宣传工作,营造了良好的舆论氛围。

集团认真落实"四同步、四对接",推动党组织建设与企业生产经营同步对接。在集团本部和所属单位实现了党组织应建尽建,建立健全了党委工作部门,配齐配强了党务工作人员。严格执行"双向进入、交叉任职"的领导体制。在省属企业中率先实行了二级公司层面党政"一肩挑",认真落实各级党员领导干部"一岗双责"。配齐配强了专职党委副书记,对全体党务干部进行集中轮训,提高了党务工作水平。把党建工作要求纳入集团公司章程,明确党组织是公司治理结构的领导核心和政治核心,明确党委作为决策重大问题的前置程序,明确党组织的职责权限、机构设置、运行机制、基础保障等,二级公司章程修订工作基本完成。完善制度,规范管理,开展标准化党组织建设。制定印发了《党建工作责任制实施办法》《党建工作目标责任制考核办法》《关于加强基层党支部建设的实施办法(试行)》,及时修订完善了《党建工作"联述联评联考"实施办法》《党费使用管理办法》等23项党建工作制度,进一步突出主体责任,不断提高基层党支部的建设质量。创新党建体制机制,建立了"1+N"横向到边、"N+X"纵向到底,"1+N+X"立体式、全方位、上下联动工作机制,有效推动了"三基建设"的落实,提升了党员领导干部干事创业的责任担当。

集团各级党组织不断加强党风廉政建设,深入贯彻落实准则和条例,认真执行中央八项规定,坚决反对"四风",聚焦监督执纪问责,抓作风、严纪律。改进和强化了党委巡察工作,不断加强巡视整改力度。深入开展警示教育,查处违纪违法案件,营造了风清气正的良好政治生态环境。

集团选派上百名扶贫干部深入贫困村庄,开展驻村精准扶贫工作。扶贫干部、"第一书记"与贫困户同吃同住,共商扶贫大计,大力实施光伏扶贫等精准扶贫计划,累计使2400户1万多人实现脱贫。

集团以建设和谐企业为目标,扎实做好信访维稳工作,及时化解和解决改革发展中的矛盾和问题,维护了改革发展稳定大局。集团大力开展精

神文明建设,强化"文明单位"创建,开展了爱党、爱国、爱企、家风、家教、家训及传统文化教育,开展了"最美晋能人""文明家庭""道德模范""劳动模范""晋能工匠""先进职工"等评选表彰活动,树立了晋能人良好的道德风尚和精神面貌。

集团建立健全了职代会等制度,通过召开职工代表大会,研究企业重大发展事项和关系职工切身利益的热点焦点问题,保障了职工合法权益。集团各级公司积极开展"安康杯"劳动技能大赛、"五小"竞赛等活动,有力提升了一线职工的劳动技能。

集团共青团组织深入开展"青年安全生产示范岗""青年文明号"及青年创新创效等活动,举办了共青团干部技能大赛,开展了"聚青春力量助改革攻坚"等主题活动,培养了一大批青年人才。

集团广大干部职工积极倡导、认真践行"尽你所能、尽我所能,晋能"的企业核心理念,与企业同呼吸、共命运、渡难关、共发展,书写了一个个感人故事,留下了一行行奋进足迹。

展望未来,晋能集团将以习近平新时代中国特色社会主义思想为指引,按照总书记在山西视察时的要求和嘱托,用足"非常之力",坚守"恒久之功",争做转型发展的"先锋队"、能源革命的"排头兵"、国企改革的"生力军",奋力谱写建设一流清洁能源集团的新篇章。

浴火重生开新局

山西煤炭进出口集团有限公司

山西煤炭进出口集团办公大楼

2015年11月,一个普通的月份。但山西煤炭进出口集团有限公司干部员工一定会把它作为山煤发展史的一道分水岭而铭记在心。

其时,受到贸易风险巨大冲击的山煤集团连续亏损,旗下上市公司山煤国际拉响退市警报。这个曾一度辉煌的省属国企,如"过山车"般滑落至谷底。

一、面对困境　创新思路

临危受命的新班子团结带领1.7万余名山煤人,用非常之力,行非常之举,尽非常之责,短短两年跨过"保壳求生、脱困图存"两大难关。2016年山煤实现利润1.9亿元,一举扭亏为盈。2017年实现利润10.02亿元,以崭新的姿态回归省属企业第一方阵。2018年上半年集团实现利润6.05亿元,同比增加5.29亿元,增幅696.05%。

面对生死考验,如何绝处逢生?

山煤新班子统筹全局,抓住关键,从堵塞经营漏洞、稳住运营局面这两件最为紧迫的事情入手,全力遏止下滑的势头。

一整套堵塞漏洞的"组合拳"密集出手:"七条禁令"刹住虚假贸易、严防亏损贸易,止住了经营"出血点";收支"两条线"规范了资金使用,严格了资金管理;四个"集中管控"消灭了采购、销售、资金、人员长期各自为政的局面;专业人员垂直管理强化了财务、审计、法律等专业队伍的业务监督。与此同时,全员发动,全面清欠,尽全力挽回经济损失。

稳住运营局面的两记重拳也随即打出。一记重拳稳资金。集团主要领导带队密集走访金融机构,争取到了各大银行的支持。省委省政府大力支持,相关厅局全力相助,省属兄弟企业也伸出援手,保障了山煤资金链的安全。再记重拳稳队伍。涉嫌贸易风险损失的责任人数量众多,带来了干部队伍断档的问题。集团公司一方面从内部选拔专业干部,另一方面从省内各大企业引进了一大批各类专业人才,为集团迈上新征程积蓄了充沛的人才动力。

在力挽狂澜的同时,山煤决策者认识到,山煤既要考虑眼前的生存确保"活命",更要有一个符合实际、科学清晰的长远战略发展思路作指引,这样才能确保企业长期"活好"。

全新的战略发展思路展现在了面前:坚持一个统领(习近平新时代中国特色社会主义思想统领)、秉承一个宗旨(国有资产保值增值和员工福祉最大化宗旨)、坚守一条底线(安全生产底线)、围绕一个中心(经济效益中心)、构建一条主线(最佳现金流主线)、抓好两个储备(人才储备、项目储备)、推动两个创新(技术创新和管理创新)、提升一个水平(精益化管理水平)、实现四个转型(产业、产品、商业模式、盈利模式转型)。

境界决定格局,格局决定结局。正是沿着这一正确方向,山煤从保壳"救命"到脱困"活命"再到决战"活好",让一个个不可能变成了可能。

二、保壳脱困 聚焦难点解危机

2016年是山煤发展史上极其困难的一年。已连续两年巨额亏损的山煤国际被上海证券交易所*ST,如继续亏损将直接退市。

该集团调动一切可以调动的力量,采取一切可以采取的措施,打响了一场保壳"救命"的生死保卫战:重组山煤国际经营班子,新的班子实行公开竞聘上岗;成立技术攻关、资金保障、煤炭增效等多个工作组,多点攻坚克难;举全力推进保壳方案的"落地",按照时间节点完成了不良资产的剥离;积极参加省政府举办的路演活动,承办"百名行长、经理进煤企"调研活动,持续保障了"输血库";紧紧抓住煤炭市场上行的机遇,全面强化煤炭效益支撑,努力增加"造血源"。

这一年,山煤人经受住了重大考验。2016年底山煤国际扭亏为盈,实现利润10.57亿元,2017年4月10日山煤国际成功"摘星脱帽"。

山煤集团加快供给侧结构性改革,通过不断扩大洗选能力,变粗放的"挖煤卖煤"为深加工利用。吸收和引进世界一流选煤技术和设备,实现了豹子沟煤业、万家庄煤业两座煤矿原煤的就地深加工和煤炭资源转化综合利用,有效提高了产品质量和附加值。

在此基础上,山煤集团又一鼓作气,向企业脱困目标全力挺进。他们进一步剥离不良资产,推进上市公司"轻装上阵"。购买煤炭产能置换交易指标,核增下辖河曲露天煤矿等矿井先进产能710万吨/年。煤炭生产实施

成本领先战略,2017年煤炭利润总额达到34亿元。贸易业务方面,与神华、浙江物产等国内大型企业建立战略合作伙伴关系,2017年煤炭贸易量突破3000万吨。国际贸易方面,抢占镍、钴、铬等国际贸易细分市场商机,半年实现销售收入10多亿元。省内外多个房地产项目齐头并进,大同"领阅"项目当年开工、当年销售额突破10亿。

山煤集团、山煤国际2017年度财务报表双双盈利,脱困目标基本实现。2018年6月初,山煤国际又完成了对河曲露天煤业51%股权的收购,以崭新形象挺立于公众面前。

三、先行先试　改革转型齐挺进

2017年9月,山煤国际与7家省内外重点客户签订中长期战略合作协议,年底山煤集团又首次面向全国用户举办了煤炭产品订货会。构建统一销售体系,结束长期以来煤炭销售各自为政的历史,是该集团深化改革的重要举措之一。

山煤集团霍尔辛赫煤业通过矿山深度数字化建设,实现了智能决策、智能指挥、智能生产过程管理的"三智一体"功能。

山煤立足在根上改、在制上破、在治上立,争当全省国企国资改革排头兵。霍尔辛赫等煤矿建成"感知矿山"国家示范工程,鑫顺、东古城等一批矿井复工复建,先进产能规模和占比进一步提升;不断扩大洗选能力,通过煤炭深加工利用实现效益大幅提升。

山煤集团太行海运有限公司试点职业经理人制度后,企业内在活力明显增强。截至2018年5月上旬,该公司已完成运输任务365.5万吨,明显高于去年同期运量。

坚决革除和裁减"僵尸"贸易公司,将53户贸易公司"瘦身"重组为10大区域公司;打通管理岗位与技术岗位"双通道",各级岗位全面放开;各煤矿单位全面推行契约化管理,各贸易单位试行风险抵押和股权激励,在市场化程度高的单位推行职业经理人制度。

2018年6月20日，总投资2.25亿元的山煤灵丘30MW光伏扶贫项目提前10天实现并网发电，各项技术指标优良，成为全省2018年首家完成并网的扶贫光伏项目。在项目建设过程中，山煤新能源克服人员少、工期紧、资金不到位等重重困难，充分发挥了山煤人艰苦奋斗、勇于拼搏、敢打硬仗的精神，为集团公司决战2018年画上了浓墨重彩的一笔。蓝天白云下的灵丘30MW光伏扶贫发电项目蔚为壮观，远远望去仿佛是一片蓝色的"海洋"。

改革激发出的磅礴内生动力，引领山煤走上了一条"依托煤而不依赖于煤"的转型发展道路。新能源建设继灵丘一期60MW光伏电站去年并网发电后，二期30MW光伏扶贫项目也于今年6月提前并网发电，成为全省2018年首家完成并网的扶贫光伏项目；总投资32亿元的河曲低热值煤发电项目正在推进，建成后每年将就地转化煤矸石、煤泥等低热值煤260万吨；与中科院山西煤化所合作的以超级活性炭、碳纤维、石墨烯为主碳基科技新材料创新项目，已入驻山西转型综改示范区潇河产业园区；学习和借鉴浙江物产经验做法，正在稳步构建全物流大数据库，拓展运输、仓储、配煤、金融等增值服务，推进由中间商向服务商的转型。

四、固本培元 筑就治企新模式

山煤之前发生的一系列问题，"病根子"出在哪？追根溯源是因为全面从严治党、全面从严治企不力，为各种违法违规问题的爆发埋下了隐患。

山煤集团以"三个体系、一个机制"和"三基建设"为着力点，切实解决好根上的问题，构建起了山煤独特的全方位、立体式企业治理体系。

为进一步提升全体干部职工干事创业、攻坚克难的能力，从人才队伍上为建设新山煤提供强有力的保障，山煤集团采取各种有效方式加大全员教育培训力度。据统计，该集团接受各类教育培训的员工今年将累计达

到6.5万余人次。

构建"三个体系、一个机制",即"党委管党治党统领、经营管理制度防控、纪委监督执纪保障"三大治理体系和鼓励干部敢于担当、干事创业的保障机制。强化"三基建设",即基层组织方面,把党建工作的出发点和落脚点放到抓区队、班组建设上,推动了党建工作与安全生产经营深度融合;基础工作方面,全面建立岗位责任书制度,明确各岗位工作内容、职责、权限、标准等,形成科学高效的工作机制;基本能力方面,进一步完善学习培训和岗位交流制度,促进人员多岗位锻炼、多能力拓展。

2017年山煤新增党组织30个,基本实现基层党组织全覆盖,探索出"党建+""把支部建在区队、班组"等新模式,在山西省属企业中率先探索开展了党委专项巡察工作。他们还规范了议事制度和决策程序,形成了对接顺畅、配合紧密、协同高效的工作机制,加快了粗放式管理向精益化管理的转变。2018年山煤又建立了激励机制和容错机制,并正在加快构建党委巡察监督、纪委执纪监督、审计专业监督、法律依法监督、员工全员监督的"大监督"体系,推动内部控制和风险管理系统不断完善。

奋进新时代,建设新山煤。已经取得重大转折性成绩的山煤人乘势而进,如今又正在奋力书写山煤振兴崛起的新篇章,他们必将向全省人民交出一份高质量发展的新答卷!

中煤平朔三十年

中煤平朔集团有限公司

中煤平朔集团矿区

中煤平朔集团有限公司与平朔煤炭工业公司前身为1982年1月成立的中国平朔露天煤矿筹备处,1983年5月更名为中国平朔露天煤炭公司,1987年5月更名为平朔煤炭工业公司,系煤炭部直属企业,负责平朔矿区的开发、建设、生产和后勤服务。1997年6月并入中国中煤能源集团有限公司,成为中煤集团旗下核心煤炭生产企业。2006年中煤集团公司重组上市,整合平朔主要资产成立中煤能源股份有限公司平朔分公司,负责平朔矿区上市资产的管理,同时保留平朔煤炭工业公司,管理未上市资产。2008年8月,注销中煤能源股份有限公司平朔分公司,成立中煤平朔煤业有限责任公司。2012年8月,实行集团化运作,注销中煤平朔煤业有限责任公司,成立中煤平朔集团有限公司;2016年1月1日,中煤集团对平朔矿区进行了业务整合,重组为立足煤电化,打造"清洁能源供应商"的中煤平朔

集团有限公司(以下简称平朔公司);立足非煤产业、矿区服务业,打造"能源综合服务商"的平朔煤炭工业公司。

平朔矿区是山西省煤炭主产区,是国家确定的13个大型煤炭基地之一。区内煤炭赋存适宜大规模露天和井工开采,是良好的动力用煤。

平朔矿区的开发始于1958年,当时作为苏联援建的项目被提上国家能源开发日程。中苏关系恶化后,开发进程被迫中断。1965年,煤炭部决定开发建设该矿区,沈阳煤矿设计院设计了开采方案,从辽宁抚顺东露天矿调集了施工队伍进入现场,开始了地质勘查、铁路修筑和基建施工。1966年,由于"文化大革命"的冲击,矿建工程被迫停工,施工队伍被迫撤回,开发建设大露天的进程再次中断。

平朔矿区大规模的开发建设始于1982年。1979年1月底,时任中共中央副主席、国务院副总理的邓小平访问美国。他在一次宴会上见到美国西方石油公司董事长哈默博士时,热情地邀请他来中国投资办企业,参与中国的经济建设,向世界释放了我国实行对外开放方针的积极信号。此后,哈默博士多次来我国考察洽谈平朔矿区的合作开发事宜。以此为契机,平朔矿区的开发建设列入了党中央、国务院的重要议事日程。在中美双方合作开发平朔安太堡露天煤矿项目的许多关键节点上,邓小平同志多次作出重要批示,并五次会见哈默博士,对项目给予了巨大的关怀和支持,推动和促成中外双方共同投资6.49亿美元,组建了安太堡露天煤矿,成为我国首个利用外资数额最大、现代化程度最高、举世瞩目的中外合作项目。

中外双方合作经营安太堡露天煤矿从1985年7月开始,到1991年6月底,外方因国际煤价大幅下跌、调整经营方针而退出合作为止,共6年时间。6年合作成功地实践了我国对外开放方针,成功地引进了外资,引进了世界上最先进的露天矿生产设备,引进了一批企业管理和专业技术人才,引进了国外先进的生产工艺和管理方法,为平朔矿区的后续发展奠定了坚实的基础。

随着我国国民经济快速发展,对能源需求的大幅增加,平朔矿区开始了又一轮大规模开发建设。作为平朔矿区开发建设主体的中煤平朔集团有限公司(下称"平朔公司"),抓住煤炭产业发展重要战略机遇期,创造性地实施露天和井工联合开采,从1998年到2011年,又相继建成了两座两千万吨级的现代化露天煤矿——安家岭矿和东露天矿,三座千万吨级的现代化井工矿——井工一矿、井工二矿和井工三矿,配套建设了五座洗煤厂、三条铁路专用线,整合重组了十座地方煤矿,煤炭产能连续大幅提升。2006年~2010年五年间煤炭产量实现翻番,突破亿吨并连续四年超过亿吨,最高达到1.13亿吨,顺利完成了平朔矿区总体规划开发任务,企业资产总额超过650亿元。

在矿区开发建设过程中,平朔公司始终瞄准国内外煤炭工业发展前沿,坚持采用世界最先进的露天和井工开采装备、技术和工艺,持续进行安全高效和质量标准化矿井建设,所属矿井多次被国家命名为特级高产高效矿井和质量标准化矿井。企业的生产效率、劳动工效、百万吨死亡率、资源回收率、资产负债率、经济效益等主要经营指标在煤炭行业始终保持领先水平,代表了煤炭产业高效集约的现代化发展方向,对我国煤炭工业的发展产生了巨大的引领和示范效应。

"十二五"期间,原煤工效最高达到130多吨,百万吨死亡率平均为0.0037,安全高效(高产高效)矿井(露天矿)建设取得显著成效。安太堡露天矿连续14年获得特级安全高效(高产高效)露天矿称号;安家岭露天矿连续7年获得特级安全高效露天矿称号;井工一矿、井工二矿、井工三矿连续三年获得特级安全高效矿井称号。

平朔公司把保护环境、绿色发展理念贯穿于矿区开发建设和生产经营的全过程。20世纪80年代中期,从建设第一个露天矿——安太堡矿开始,就重视环境保护,建立了完善的污染防治体系,积极进行"三废"治理,复垦和环保资金列入企业成本费用予以保证并延续至今。矿区开发建设

以来已使用土地16万亩,排弃到界的排土场90%进行了复垦绿化,植被覆盖、生态环境明显好于初始状态,复垦土地已成为平朔矿区宝贵的再生资源。21世纪初,又陆续实施了集中供电、供水、供热改造工程和原煤运输、煤堆封闭工程,实现了矿区水、电、热资源集约综合利用。生产过程中产生的粉尘、烟尘得到明显抑制,废水全部回收处理,实现了闭路循环,环保成效显著,有效提升了矿区可持续发展的环境承载能力。

在建设亿吨级矿区的进程中,平朔公司认真履行特大型央企的社会责任和义务,累计投入10多亿元支持市政建设事业和社会公益事业。建矿30多年来,共提供了数千个就业岗位,累计上缴各类税费658亿元,连续多年居于朔州市纳税第一名,为国家和地方经济、社会发展做出了突出贡献,多次获得"山西省功勋企业"称号。

"十二五"期间,平朔公司主动适应国家宏观经济形势和行业形势的深刻变化,审时度势,梳理发展思路,优化发展战略,确立了依托优势产业调整产业结构,发展煤炭、电力、煤化工、生态四大产业板块的发展战略,培育产业关联度高、互补性强、对主业具有支撑作用的产业集群,提升资源利用价值和企业核心竞争力。一批规划项目列入政府"十二五"规划获得核准或备案批复,众多项目落地开工或建成投产。经受住了煤价断崖式下跌的考验,实现了由产量规模型向质量效益型的重大转变。

煤炭主业瘦身健体取得成效。通过优化生产能力和资源接续,开源节流、降本增效、创新管理、优化工艺,产能规模、布局、结构更趋合理,应对市场变化和抗风险能力显著提升,为持续安全稳定高效生产奠定了更为坚实的基础。

电力产业稳步推进初具规模。落地矿区的投运、在建、核准电厂5座,装机总规模592万千瓦,全部投运后年发电量可达266亿度,可消化矿区低热值煤1886万吨。截至2016年底,已建成投运电厂装机规模190万千瓦。

煤化工产业落子布局已见雏形。投资43.9亿元建成了劣质煤综合利用示范项目，先后进行了粉煤灰综合利用的研发、中试和工业化生产试验，在煤炭综合利用领域进行了有益探索。

生态产业基础雄厚蓄势待发。在排土场持续复垦绿化的基础上，建设了苗圃基地、日光温室，开展了种植养殖。生态环境建设达到国内领先水平，被列为国家示范工程。

进入"十三五"时期，平朔公司根据国家、行业以及中煤集团"十三五"规划精神，确立了具有自身特色的"十三五"发展战略，即：主动适应经济发展新常态和供给侧结构性改革的要求，以中煤集团建设具有较强国际竞争力的清洁能源供应商和能源综合服务商的"两商"战略为引领，坚持"创新、协调、绿色、开放、共享"发展理念和"煤为核心、电化两翼、生态支撑、循环发展"思路，"做稳做精煤炭、做强做大电力、做优做细化工、做亮做响生态"产业定位，努力成为能源行业安全绿色生产的引领者，清洁循环利用的示范者，环保生态建设的践行者，民生幸福工程的推动者。"十三五"开局以来，各项工作稳步推进，经济效益快速增长，经济运行质量保持了稳中向好的态势。

平朔矿区兴起于改革开放，发展于改革开放，是我国改革开放方针的丰硕成果。经过30多年的开发建设和改革发展，已经成为我国煤炭工业发展方向的引领者和高产高效的亿吨级煤炭基地，为国民经济和社会发展做出了突出贡献。

一、地理优势和煤炭储量

平朔矿区位于山西省宁武煤田北端，地跨朔州市平鲁、朔城两区，南北长23公里，东西宽22公里，面积约380平方公里；南距太原226公里，北距大同129公里。

北同蒲铁路电气化复线、神朔铁路、准朔铁路、大西高铁均从朔州区域经过。安太堡、安家岭、东露天、木瓜界4条铁路专用线经大新站与北同

蒲铁路相连,直通大秦铁路;大运高速公路、208国道南北纵贯全市,与各级公路一起组成全市公路交通网络。高速公路与太原、大同、北京、天津、石家庄、呼和浩特等城市相连。平朔一级公路全长31公里,将矿区与朔州市区、平鲁区、平朔生活区相连,与大运高速公路、朔州环城高速、荣乌高速、平鲁右玉高速、大(同)呼(市)高速、208国道形成便利的公路网络。

国家规划在平朔矿区建设三个露天煤矿,1982年首先筹建安太堡露天煤矿。1993年,国家计委正式批复平朔矿区总体规划,确定在平朔矿区380平方公里勘探面积、127.5亿吨地质储量中,将176.3平方公里、61.4亿吨地质储量划归大型露天煤矿开采。

平朔安太堡露天矿始建于1985年,矿区面积27.71平方公里,资源储量9.59亿吨,2008年又获批扩界区面积11.74平方公里,资源储量4.55亿吨;平朔安家岭露天矿始建于1997年,矿区面积31.67平方公里,资源储量9.65亿吨;东露天矿始建于2008年,矿区面积48.41平方公里,资源储量18.80亿吨。

2004年实施露井联采,建设井工一矿、井工二矿。其中,井工一矿面积16.19平方公里,资源储量5.70亿吨;井工二矿面积10.87平方公里,资源储量3.43亿吨。2006年开始建设井工三矿,矿区面积19.23平方公里,资源储量5.30亿吨。

2006年取得朔南矿区两井田探矿权。其中,丰予井田面积68.89平方公里,资源储量20.92亿吨;马营堡井田面积55.56平方公里,资源储量21.15亿吨。

从2007年起,平朔公司先后兼并重组潘家窑、井东煤业、北岭、东日升、小回沟5座地方单独保留矿井。累计矿区总面积48.41平方公里,资源储量8.94亿吨。2016年按照国家去产能政策关闭了东日升煤矿。

截至2016年末,累计获取矿区面积338.68平方公里,资源储量108.03亿吨,动用后剩余资源储量90.97亿吨。

二、矿区建设和发展历程

（一）安太堡露天矿

1979年1月，我国改革开放的总设计师邓小平访问美国，打开了我国改革开放的大门。美国西方石油公司董事长阿曼德·哈默博士受小平同志邀请多次访问中国，就合作开发平朔安太堡露天煤矿多次谈判协商，1982年，国家计委呈报《关于平朔露天煤矿与美国公司合作开发问题的意见的报告》，邓小平、胡耀邦、赵紫阳对报告作了圈阅，赵紫阳批示同意。1982年3月25日，煤炭部副部长孔勋代表中方与西方石油公司董事长哈默博士在北京签订了《合作编制山西平朔矿区安太堡露天煤矿可行性研究报告协议书》。1984年4月29日，中美双方合作开发平朔安太堡露天煤矿的最终协议在京签字，国务院副总理李鹏出席了签字仪式。1985年6月29日，平一公司和中岛公司《合作经营安太堡露天煤矿合同》在北京人民大会堂签字，国务院副总理李鹏、西方石油公司董事长阿曼德·哈默出席了签字仪式。1985年7月1日，中外合作经营安太堡露天煤矿举行盛大开工典礼，国务院副总理李鹏、煤炭部部长于洪恩、交通部部长钱永昌、山西省省长王森浩、原煤炭部部长高扬文、国家计委副主任黄毅诚、山西省副省长阎武宏、中国煤炭开发总公司董事长孔勋、西方石油公司董事长哈默博士等出席。

安太堡露天矿是平朔矿区开发的我国第一个中外合作的、现代化程度最高的露天煤矿，实际合作期自1985年7月至1991年6月，合作的中方为平朔第一煤炭有限公司（下称"平一"公司），由中国煤炭开发总公司和中国国际信托投资公司合资成立；合作的外方为"中岛"公司，由美国西方石油公司和中国银行信托咨询公司合资成立。1985年6月29日，平一公司与中岛公司在北京签署了《合作经营安太堡露天煤矿合同》，双方投资总额6.49亿美元，其中中岛出资3.44亿美元，平一出资3.05亿美元，合作建设经营年产原煤1533万吨的露天煤矿，合作经营期为30年。合作期中外双方按出资比例为安太堡筹集生产费用、流动资金和新资本投入，同时按出资比

例分配商品煤而不是分配经营利润。

1990年12月，美国西方石油公司董事长哈默博士去世，其继任者调整经营方针，决定从安太堡矿退出。中国银行承接了中岛在世界银团的贷款和股权，后期转至中煤进出口公司，平一全面接管了安太堡矿的生产经营，平朔公司对安太堡矿和所属单位实行集中统一领导。

安太堡矿1982年开始筹建，1985年7月开工建设，于1987年9月建成投产，实际工期仅26个月，创造了我国煤炭建设史上的新纪录。

该矿位于平朔矿区北部，协议开采面积18.53平方公里，地质储量4.425亿吨，设计年产原煤1533万吨，服务年限30年，主采煤层4号、9号、11号煤，平均剥采比6.13。后经调整，开采面积为27.71平方公里，地质储量9.59亿吨。2008年批复扩界区面积11.74平方公里，地质储量4.55亿吨。安太堡露天煤矿作为我国对外开放的试验田，受到国内外高度关注，得到了党和国家领导的高度重视和关怀。安太堡矿实际引进外方资金3.44亿美元，是我国20世纪80年代使用外资金额最大的合作项目。该矿参照美国当年大型露天煤矿规模设计，引进了世界最先进的采运、洗选及辅助设备，吸引了一批国外优秀的露天采矿工程技术人员，采用了美国西部露天煤矿先进的管理模式，创造了高速度、高效率、高效益、快节奏"三高一快"管理模式，开创了我国煤炭工业引进资金、引进技术、引进设备、引进管理、引进人才建设露天煤矿的先河，使我国与发达国家的露天采煤技术缩短了30年。

该矿采用契约式合作经营体制和美国露天煤矿管理模式。企业的最高权力机构是联合管理委员会，"联管会"拥有企业经营管理最终决策权，由8名代表组成，平一和中岛各4名，联管会主席由平一代表担任，所作决定必须取得8名代表的一致同意。矿实行联管会领导下的总经理负责制，设总经理、副总经理各1名，下设作业部、财务部、人事行政、安全部四大部，各设主任、副主任1名，其中，作业部分管工程部、生产部、维修部、选煤部等;财务部分管财务部、数据处理部;人事行政部分管行政部、材料部、培训部、驻京办事处等。各部下设值班经理、总工长、工长。合作期前12年,总经理、四大部及分管各部正职均由外方担任,后18年由中方担任。这种管理体制的特点是管理层次少、决策快、效率高。

安太堡矿实行"7—2、7—2、7—3"工作制,即把采矿、维修、选煤等主要生产部门的职工分成四个班,实行三班制作业,每班工作7天,休息2天,再工作7天休息2天,再工作7天休息3天。每天工作9小时,每28天循环一次。其他部门及矿机关人员实行每周"5.5—1.5"工作制,即工作5.5天,休息1.5天。

《合作合同》确定中方定员1652人,其中,主要管理人员34人;一般雇员1432人;一般雇员缺勤顶替系数13%,共186人。随着生产发展逐年有所增加,1991年底雇员总数达到2811人。

1987年9月10日,国务院副总理李鹏、煤炭部部长于洪恩和哈默博士为安太堡矿投产剪彩。安太堡煤矿配套洗煤厂是工业区工程中投资最大、结构最复杂的重点工程,设计年入洗原煤1583万吨,采用全重介洗选工艺,4个洗选系统由计算机集中控制,小时洗选能力为3000吨。主体工程由中岛出资,委托美国麦克纳利公司设计,引进全套世界先进洗选设备;基础设施和施工由平一出资,十三冶建设。选煤厂工程1984年7月开工,1987年6月竣工投入试生产。投产后,先后对选矸车间提质降硫系统、煤泥干燥系统、原煤运输系统、煤泥加压过滤系统、商品煤装车系统实施技术改造,对提高煤质和产品回收率以及降低成本发挥了重要作用。

安太堡矿铁路专用线从国铁北同蒲线122公里处的大新站接轨,正线全长20.57公里,有大桥4座,中桥7座,涵洞87座,铺轨总长73.53公里。大新站为大型工业编组站,设16股道,道岔113组,铺轨长度22.75公里,房屋建筑面积37028平方米。工程由铁三院设计,铁十二局施工,1984年2月开工,1987年7月全部竣工通车。安太堡铁路专用线最初设计等级为工业企业 I

级铁路专用线。从2004年起,平朔公司陆续对该线进行了扩能改造,达到了全线万吨级重载列车的运行能力。

（二）安家岭露天煤矿

安家岭露天煤矿是国家规划的平朔矿区第二个露天煤矿,是"九五"期间国家批复的唯一一个煤炭项目,是我国利用日本第三批能源贷款建设的重点项目,也是平朔矿区第一座我国自行设计、建设、经营管理的特大型现代化露天煤矿。初期设计年产原煤1500万吨,单独露天开采。在优化设计时,创新性地提出了露井联采建设方案,将露天原煤生产能力调整为1000万吨/年,新增井工原煤生产能力500万吨/年。1998年4月开工建设,2000年10月基本建成进入联合试运转并装车运出第一列商品煤。井工矿工程2003年4月开工建设,一号井（上窑采区）2005年1月进入联合试运转,二号井（露天不采区）2005年6月进入联合试运转。2006年2月,国家发改委委托山西省发改委组织专家对该项目进行了竣工验收。

配套建设了安家岭露天煤矿选煤厂。这是露天矿型动力选煤厂,设计生产能力为入洗原煤1500万吨/年,服务年限与露天矿一致,采用全重介分选工艺。

（三）东露天矿

东露天煤矿是平朔矿区规划建设的三大露天煤矿之一,是继安太堡、安家岭之后建设的第三座千万吨级特大型露天煤矿,2007年列入国家煤炭工业发展"十一五"规划,是山西省确定的2009年重点工程。该矿位于宁武煤田北端,平鲁区马关河与麻地沟之间,矿区面积48.41平方公里,地质储量18.8亿吨。项目包括露天矿、选煤厂、铁路专用线三个单项工程。露天矿设计生产能力2000万吨/年,服务年限75年。

配套建设东露天煤矿选煤厂。设计原煤处理能力2000万吨/年,铁路专用线正线长27公里,设计远期运输能力3250万吨/年,2008年4月获得国家发改委项目核准批复,2009年1月5日开工,2014年1月铁路专用线完成工程竣工验收,2014年5月选煤厂完成工程竣工验收,2016年12月东露天煤矿项目通过国家能源局竣工验收,实际完成投资120.43亿元。

（四）井工一矿

井工一矿原为安家岭项目单项工程500万吨/年井工建设工程中的两座矿井之一，设计原煤生产能力350万吨/年,2003年4月投建,2005年1月投产。2005年起进行了扩能改造,2006年设为独立生产矿井,并通过国家发改委1000万吨/年产能核定。

该矿采用斜井、立井混合开拓方式。共有主斜井、副斜井、进风立井和回风立井4个井筒。主斜井斜长906米,副斜井斜长1979米,回风立井深度314米。

配套建设一号井选煤厂,这是与井工一矿配套的大型动力煤选煤厂,位于平朔矿区中南部,洗选能力1000万吨/年,选煤方法采用分级重介分选,主厂房采用配置相同、彼此独立的三个洗选系统,每个洗选系统内块煤系统可以独立开车,末煤可以洗选,可以通过旁路皮带直接装车,系统切换灵活、简单。2004年4月开工建设,2006年建成。

（五）井工二矿

井工二矿也是原为安家岭项目单项工程500万吨/年井工建设工程中的两座矿井之一,2006年设为独立生产矿井管理。初期设计能力150万吨/年,2006年通过国家发改委1000万吨/年能力核定。该矿位于平朔矿区中南部,井田面积10.87平方公里,地质储量3.43亿吨。主采煤层4号、9号、11号煤。2003年6月开工建设,2005年6月建成。该矿采用斜井开拓方式,共有主斜井、副斜井和回风斜井3条井筒。主斜井斜长401米,副斜井斜长940米,回风井斜长159米。

配套建设了二号井选煤厂。这是与井工二矿配套的大型动力煤选煤厂,洗选能力1000万吨/年,选煤方法采用分级重介分选。主厂房采用配置相同、彼此独立的三个洗选系统, 每个洗选系统内块煤系统可以独立开

车,末煤可以洗选,可以通过旁路皮带直接装车,系统切换灵活、简单。2004年4月开始施工建设,2006年建成。

（六）井工三矿

井工三矿位于平朔矿区西北部,距市区约28公里,井田面积19.23平方公里,地质储量5.3亿吨,主采煤层4号、9号、11号煤。2006年获国家发改委项目核准批复,设计原煤生产能力600万吨/年。2007年1月开工建设,2009年4月建成。该矿采用斜井开拓方式。主斜井布置在主井场地,副斜井和回风井均布置在副井工业场地内,主斜井全长980米,副斜井全长1040米,进风斜井总长376米。

配套建设井工三矿选煤厂。2002年取得国家发改委项目批复,设计洗选能力600万吨/年,分为优质动力煤洗选系统、一般动力煤排矸系统。其中,优质动力煤洗选设计三个系统,采用全重介分选工艺;排矸系统设计两个系统,关键设备从国外引进。2003年9月开工建设,2006年4月建成。2009年进行了扩能改造,生产能力达到800万吨/年,2010年再次进行扩能改造,新增生产能力1700万吨/年,2012年完成扩能改造,年洗选能力增至2500万吨/年。

（七）小回沟矿

小回沟矿位于太原市清徐县西北15公里处,原属太原市东盛焦化煤气有限公司所有。2010年,平朔公司与山西东盛焦化煤气有限公司签订《股权转让协议》,平朔公司控股55%,成立了山西中煤平朔小回沟煤业有限公司,2016年,平朔公司又收购其余股份,该公司转变为平朔公司全资子公司。该矿井田面积33.59平方公里,地质储量4.69亿吨。设计生产能力300万吨/年,配套建设洗选能力300万吨/年的选煤厂,服务年限63.1年,建设总投资36.9亿元,建设总工期48个月,井巷基建工程量49 373.9米。

配套选煤厂位于小回沟工业广场内,属大型喷吹配焦煤选煤厂。2010年取得山西省发改委项目备案批复,采用重介主再选+TBS+浮选工艺+板框压滤脱水工艺,单系统分选,可调节为喷吹配焦煤模式及动力煤排矸模式。2016年3月开工建设。

(八)新建朔南矿区

朔南矿区位于朔州市朔城区,地处宁武煤田北部南端,区内地势平坦,朔黄铁路、北同蒲铁路与大秦铁路、丰沙大铁路相通,煤炭外运方便。矿区井田面积580平方公里,煤炭地质储量165.07亿吨。煤种以长焰煤为主,属动力发电用煤。2005年国土资源部批复朔南矿区矿业权设置方案,2006年平朔公司取得朔南矿区马营堡、丰予两井田探矿权,井田面积共124.45平方公里,地质储量42.07亿吨。2009年平朔公司完成了两井田地质勘探工作,国家环境保护部批复朔南矿区总体规划环评,2010年国家发改委批准朔南矿区总体规划。

马营堡井田北部与平朔矿区相接,井田面积55.56平方公里,地质储量21.15亿吨。设计可采储量5.7亿吨,生产能力600万吨/年,配套建设洗选能力600万吨/年洗煤厂,服务年限72.5年,估算投资46.2亿元。2010年12月国家发改委能源局同意开展前期工作。2012年3月列入国家煤炭工业发展"十二五"规划新开工项目,同月列入山西省2012年重点建设工程项目。该矿已完成矿业权设置、总体规划、总体规划环评、地震安全性评价、节能评估报告、矿山地质环境保护与治理恢复方案等20多项专项批复工作,处于办理核准阶段,现场进行了一些初步的"四通一平"工作。

丰予井田位于朔州市区西南部约10公里处,井田面积68.89平方公里,地质储量20.92亿吨。设计可采储量4.8亿吨,矿井设计生产能力600万吨/年,配套建设洗选能力600万吨/年洗煤厂,服务年限60年,估算投资56.1亿元。该矿已完成矿业权设置、资源价款缴纳、保护区范围功能调整、可研报告编制等十多项工作,处于项目立项批复阶段。

(九)整合重组煤矿

平朔公司利用自身技术、设备、资金、人才优势,积极参与地方煤矿整

合重组。2007年整合重组了潘家窑矿，2008年整合重组了山西万通源井东煤业有限公司(井东矿)，2009年作为资源整合主体对东露天矿界内7座煤矿及马蹄沟矿进行了整合重组。

平朔矿区开发建设30多年来，生产矿井从一个露天矿逐步发展到三个两千万吨级的露天矿和三个千万吨级的井工矿，煤炭产量迅速增长。21世纪初，原煤产量连续七年年均递增超千万吨，2010年突破亿吨，成为国内第一个亿吨级单一矿区。

露天、井工采出的原煤由煤炭洗选中心下辖的安太堡选煤厂、安家岭选煤厂、一号井选煤厂、二号井选煤厂、木瓜界选煤厂、东露天选煤厂洗选加工。6个选煤厂全部为动力煤选煤厂，均采用全重介洗选工艺，年洗选能力1.25亿吨。各选煤厂设3—5个系统，由主再选系统和选矸系统组成，单系统能力均为750吨/小时。

运销管理。中外合作时期，商品煤运输统一由平朔运销公司负责，外方分得的商品煤由外方自行销售，中方分得的商品煤出口部分由中煤进出口公司代理，内销部分由平朔运销公司负责销售。外方退出合作后，出口部分均由中煤进出口公司代理销售，内销部分由平朔运销公司负责销售。2007年起，商品煤销售由中煤集团公司统一管理，平朔公司负责商品煤外运，具体由煤质运销中心管理。

铁路运输。平朔商品煤在各矿装车站装车后，经铁路专用线运至北同蒲线大新站编组，再经大秦线运至秦皇岛、曹妃甸煤码头卸车，然后装船下水运往用户。截至2016年底，平朔矿区共有安太堡、安家岭、东露天、木瓜界四条铁路专用线，年运输能力达1.15亿吨。建矿至2004年，铁路专用线委托太原铁路局大同分局代管代维护。2004年5月起，平朔公司与大同路达铁路运输有限公司成立朔州市平朔路达铁路运输有限公司，对主要铁路专用线进行代管代维护，实行路矿联营、以路养路的合作模式。

汽车运输。结合市场变化、用户需求，平朔公司加强了地销低热值煤

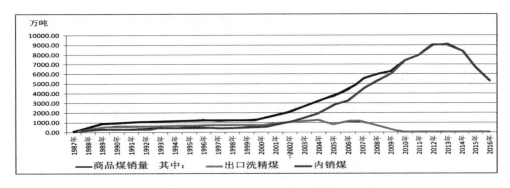

选煤厂及运煤列车历年商品煤销售情况示意图

的拓展力度。2005年起,与中煤销售晋北分公司在铁路、皮带运输之外共同开辟了朔州市汽运煤市场,2010年延伸至大同及太原地区。汽运及皮带运输销往坑口电厂及当地其他用户煤量占比较小,主要通过铁路外运。

商品煤销售。建矿至20世纪末,商品煤销售以出口为主,远销欧亚17个国家和地区,年出口煤量800多万吨,约占国内同期出口煤量的1/3。随着国内能源需求的增长,平朔商品煤逐步变为以内销为主,主要销往国内五大电力公司等电力企业,年销量最高达到9131万吨。截至2016年底,已累计销售商品煤10.33亿吨。

三、企业管理

(一)生产技术管理

平朔公司采用垂直管理、专业化管控模式。纵向实行两级管理,公司为决策中心,二级单位为执行中心,各矿仅负责生产组织,水暖气电供应、设备维修保养、煤炭洗选、物资供应、机电管理等生产服务以及生活后勤服务由专业化单位提供。横向设置了生产运营管理、调度、工程管理、机电信息、安全监察等综合业务部门,财务资产、人力资源、规划发展、企业管理、节能环保等综合职能部室,履行组织、协调、指导、服务职能。建立了总经理领导下的生产组织体系和考核奖惩体系、安全生产工作委员会领导下的安全监管体系、总工程师领导下的技术管理体系、分管副总领导下的

机电管理体系,制定了生产管理、技术管理、安全管理、机电设备管理、物资供应管理、财务、人力资源等一系列管理制度。

(二)三大规程管理

三大规程(矿安全规程、作业规程、技术操作规程)由各矿自行制定和管理,具体由安监、设备、生产技术部门制定,矿总工程师、生产矿长、安全矿长、生产、机电、地测、调度、通风、安监等部门审定下发执行,结合生产情况及作业条件变化,每年组织修订完善。凡进入作业场所的管理和作业人员,都必须提前进行三大规程培训、考试,考试不及格者不得进入现场作业。

四、人才和职工队伍建设

坚持高标准选人、用人、培养人的用人导向,建立了以首席专家、专家、技师为层级的技术人员职业发展通道和管理考评体系,以高级工、中级工为层级的职业技能发展通道和管理考评体系,构建了与矿区先进设备、先进技术、先进管理要求基本适应的员工队伍。截至2016年底,员工总数14 926人,其中,操作人员11 883人,占员工总数的79.6%。各类专业技术人员4569人,占员工总数的30.6%,其中,高级职称及以上429人、中级职称1207人、初级职称2933人。中专以上学历8222人,占员工总数的55%。大专以上6428人,占员工总数的43%。4603人取得了职业资格证书,其中,高级技师140人、技师619人、高级工1088人、中级工1857人、初级工899人。45岁以下职工占职工总数的73%。

平朔公司对在岗员工实行持续的技能培训,教育培训中心负责组织一级培训,内设平朔职业技能鉴定所承担技能鉴定及年审,二级单位及车间班组负责二、三级培训。主要包括岗位技能、安全、岗前、转岗、专业提升、党建、业务、政工、班组长、特殊工种等知识技能及实操培训,大中专院校专业对口培训、行业培训以及管理人员培训。2016年全年一级培训4080人次,二级培训53 464人次,三级培训52 998人次。

五、安全生产

平朔公司的安全管理首先建立健全各项安全管理制度，形成了横向到边、纵向到底、党政工团齐抓共管的安全生产责任制。制定了安全生产责任、安全会议、安全目标管理、安全投入保障、安全生产质量标准化管理、安全教育与培训、事故隐患排查与整改、安全监督检查、安全技术规程审批、矿用设备器材使用管理、矿井主要灾害预防、事故应急救援、安全与经济利益挂钩、入井人员管理、安全举报、管理人员下井（入坑）及带班、安全操作管理、责任追究、事故报告等方面国家规定的46项安全管理制度，以及企业结合自身情况制定的安全管理制度，并通过持续的修改完善，形成了安全制度全覆盖、安全管控无死角。

平朔公司严格按照国家和山西省有关规定，足额提取安全费用，截至2016年底，累计投入安全费用115.4亿元，全部用于安全生产条件的改善。同时，将科技费用的40%用于安全科技研发和装备配置。

平朔公司安全制度健全，投入到位，强化日常安全监管和检查，企业的煤矿安全生产百万吨死亡率自1986年投产33年来，除5年0.4以下外，15年在"双零"以下，其余13年零死亡。

六、绿色开采，节能环保，建设友好型矿山

（一）环境保护

平朔公司环境保护工作实行两级管理体制。节能环保部负责贯彻国家节能环保政策，编制节能环保规划、年度计划，统筹节能环保工作开展，包括环境管理、节能减排、绿化复垦、水土保持等方面。公司二级单位负责环保设备设施的运行维护和日常管理。从20世纪80年代建矿开始，安太堡矿将环保专篇纳入设计环节，通过《合作合同》明确规定企业环保责任，率先实施环保设施与主体工程同时设计、同时施工、同时投产使用的"环保三同时"制度，将矿区、生活区复垦绿化等生态环保费用纳入年度投资计

划,列入生产成本,逐年增加投入。从建矿起至2016年底,累计投入环境治理资金50多亿元。

(二)土地复垦与绿化

露天矿生产需要占用大量土地,在开采过程中形成大面积的地表扰动。截至2016年底,露天开采已累计占用土地约16万亩。从建矿之初,平朔公司就将土地复垦纳入生产计划,作为露天开采工艺流程之一,资金纳入生产成本,与生产同步实施,形成了"采、运、排、复"一体化格局。开展了以造地改土、水土保持、土壤培肥、植被重建为核心的科学研究和试验示范工作,总结出适宜于半干旱黄土区采煤废弃地生态重建的理论与方法。建矿以来先后复垦整治了安太堡矿南排土场、西排土场、内排土场,安家岭内排土场,东露天矿麻地沟排土场,累计复垦土地4万多亩。

复垦区绿化按照适地适树、适当引进、小区试验、大区推广、多绿化、少硬化模式,凡能种植花木的地方完全绿化,不留死角。截至2016年底,累计引种种植87个植物品种。绿化土地2.5万亩,排土场植被覆盖率达到95%以上。2010年9月,成为全国矿山生态环境恢复治理现场会的参观现场。2011年,中共中央政治局委员,国务院副总理张德江在平朔矿区视察工作时,对矿区生态环境恢复治理工作给予了充分肯定。

工业广场绿化注重园林景观效果,坚持以绿为主,绿美结合,三季有花,四季常青,充分发挥绿色植物在改善矿区环境、健全生态、卫生防护、美化环境、增进健康等方面的综合功能。

排土场绿化主要以水土保持,快速恢复植被、恢复耕地为目的,主要种植紫花苜蓿、沙打旺、红豆草等固氮牧草;在道路两侧和排土场边坡、坡角种植防风林带,树木以刺槐、沙枣、旱柳为主;斜坡以水土保持为目的,乔、灌、草相结合,种植刺槐、小油松、柠条、沙棘、紫穗槐等。如今,排土场已变得绿树成荫、林草茂密,野兔、野鸡、狐狸等野生动物出没其间。

生活区绿化主要以景观和环境改善相结合,持续植树种草种花,建成了"三季有花、四季常青、绿树成荫"的园林式生活小区。2016年生活区绿化率达到47%。

（三）污染治理

矿区污染环境治理内容主要包括粉尘、废水、矸石、地表塌陷等。露天矿粉尘主要产生于采掘场、排土场、带式运输系统、汽车运输及倾卸、破碎口、储煤堆。其中，运输道路用专用洒水车全天洒水降尘，采用载重60—80吨的大型洒水车三班作业，夏季安太堡、安家岭、东露天三个露天煤矿日洒水量15 000余吨；带式运输系统、破碎口采用喷雾洒水降尘，储煤堆进行封闭并喷雾降尘。井工矿粉尘主要产生于掘进、综采工作面，均采用高压喷雾除尘。选煤厂粉尘主要产生于破碎站、转载点、带式输送机、振动筛、输煤暗道和储煤场，其中，储煤场、落煤堆全部封闭，带式输送机加装密封罩，与振动筛均采用袋式除尘器；破碎站采用布袋除尘器；输煤暗道采用负压诱导除尘。

平朔矿区废水主要包括生产废水、选煤厂煤泥水、矿井涌水和生活污水，年废水量约1500万吨，经过处理后主要复用于矿区生产、绿化和道路洒水，复用率达85%。目前，矿区建有18座污水处理厂（站），总处理能力80 400吨/日。

矿区煤矸石全部采用分层填埋法处置。即煤矸石、黄土、岩石分层排放碾压，底部、顶部由黄土和岩石混合，中部排弃煤矸石，使煤矸石与空气隔绝，杜绝煤矸石自燃。各类一般固体废物、危险废物、医疗废物废水均按国家相关规定分类收集、分类处置。

（四）节能减排

以建设本质安全型、资源节约型、环境友好型企业为目标，贯彻"开发和节约并重，节约优先"的能源方针，编制了节能减排规划、健全了管理制度，建立了覆盖企业能源生产和利用全过程的管理体系。以提高企业能源利用效率和效益为核心，以强化能源管理和提高技术水平为手段，全面推

进节能工作的持续深入开展。

近年来，平朔公司持续加大节能减排技改资金投入，先后实施了原煤运输系统、矿区及生活区集中供热、供用电系统无功补偿、重点用能设备变频技术、水资源综合利用、锅炉脱硫除尘、原煤储煤场及产品煤槽仓封闭等60余项技改工程，从工艺环节上系统推动节能减排工作。三项能耗指标均低于国家能耗限额标准。"十二五"期间，累计完成节能量92.64万吨标煤，超额完成了山西省政府下达的"十二五"节能目标任务。先后荣获"全国节能先进集体""煤炭工业节能减排先进企业""山西省节能工作先进企业"等荣誉称号。

七、产业拓展延伸

建矿初期，结合地方经济发展状况、行业政策以及企业自身人、财、物、技术能力情况，积极围绕矿山服务和生活服务开展多种经营，发展了一些小型简单的制造、维修、加工、服务项目。随着市场的变化、企业资本的积累和技术的进步，开始逐渐进入油脂加工、大型结构件制造、硝铵生产、火电等行业。进入21世纪以后，积极调整产业结构，优化产业布局，大力拓展煤电化产业，走出了具有自身特色的发展之路。

遵循"创新、协调、绿色、开放、共享"五大发展理念，以中煤集团"两商"战略为指导，打造煤炭、电力、化工、生态四大产业板块，形成"煤为核心、电化两翼、生态支撑、循环发展"的产业格局。

（一）做稳做精煤炭产业

煤炭产业走"规模集约、综合利用"转型之路。增加优质产能、效益产量，缩减枯竭矿井、富余能力，将煤炭产量保持在适度规模。通过精细开采、精细加工、分级转化、分阶利用，实现煤炭资源的吃干榨尽和煤系伴生资源的合理开发。

(二)做强做大电力产业

电力产业走"坑口发电、清洁高效"升级之路。不求所有,但求所在。以参控股多种方式大力发展坑口低热值煤电厂,利用先进的循环流化床锅炉燃烧技术和超低排放环保治理技术,将矿区低热值煤就地转化发电并兼顾供热,提高资源利用效率,改善周边环境。

1.山西平朔煤矸石发电厂项目。山西平朔煤矸石发电厂是平朔公司参股建设的第一个发电项目,由格盟国际能源有限公司和中国中煤股份有限公司按70%、30%比例出资建设。装机规模70万千瓦,采用循环流化床锅炉,直接空冷非调整抽气供热机组,燃用平朔矿区洗中煤、煤矸石及煤泥等低热值燃料,采用高效电袋复合除尘技术,达到超低排放标准。所发电力进入山西电网。该项目年消耗低热值煤320万吨,发电约40亿度。截至2016年底,累计发电292.4亿度,消耗低热值煤2434.4万吨。2006年12月,被国家发改委认定为资源综合利用电厂。

2.中电投神头一期2×60万千瓦燃煤电厂。神头一期2×60万千瓦"上大压小"发电项目由中电国际与中国中煤股份有限公司按80%、20%股比投资建设,装机规模120万千瓦,投资总额49.8亿元,经营期限30年。同步建设烟气脱硫及脱硝装置,采用"烟塔合一"技术,大气污染物排放达到国家超低排放标准。该项目于2011年4月开工建设,2013年9月投产,电厂以两回500千伏出线分别接入华北电网负荷中心和规划建设的晋北特高压站。

3.木瓜界2×66万千瓦低热值煤电厂。木瓜界2×66万千瓦低热值煤电厂是平朔公司控股建设的第一个大型低热值煤发电项目,建设两台66万千瓦超临界机组,采用目前世界上单机容量最大的循环流化床锅炉,直接空冷技术,同步建设高效电袋除尘器、炉内炉外脱硫、脱硝、湿电除尘等环保设施,污染物排放指标达到天然气燃气轮机排放标准。每年燃用木瓜界洗煤厂煤矸石、洗中煤等低热值煤510万吨,同时为周边区域冬季采暖提供热源,为平朔能源化工公司提供工业用汽。项目建成后,年发电量约

66亿度,年供热量1000万吉焦。

4.安太堡2×35万千瓦低热值煤电厂。安太堡低热值煤发电项目建设两台35万千瓦超临界直接空冷机组,配两台1190吨/小时超临界循环流化床锅炉,一次中间再热、直接空冷汽轮机,双水内冷却发电机。2013年10月取得山西省发改委"路条",2015年6月取得山西省发改委核准批复,2016年4月,项目列入缓建名单。截至2016年底,累计完成投资约2亿元。

5.中电投神头二期2×100万千瓦燃煤电厂。神头二期"上大压小"2×100万千瓦机组工程位于神头一期2×60万千瓦"上大压小"发电项目扩建端,与一期同属神头电厂迁址新建"上大压小"项目,是落户矿区的非平朔公司参股项目,装机规模200万千瓦,估算投资71.56亿元。采用两台100万千瓦超临界间接空冷发电机组,安装高效电袋除尘器,同步建设脱硫、脱硝设施。该项目是国内首台采用冷却塔、吸收塔、湿式静电除尘器、烟囱"四塔合一"技术的发电项目,大气污染物排放达到国家超低排放标准。2016年5月开工建设,投产后可消耗矿区低热值煤约500万吨/年。

劣质煤综合利用示范项目是为促进矿区高硫、高灰、高灰熔点劣质煤的综合利用,满足平朔矿区爆破作业对硝酸铵的需求,并辐射周边市场而筹建的项目。建设内容包括一套30万吨/年的合成氨装置、两套18万吨/年的硝酸装置和两套20万吨/年的多孔硝酸铵装置,配套建设锅炉、空分、供电、水处理、仓库等公辅工程,年产硝酸铵40万吨、液化天然气1.1亿标方以及重环烃、多元烃、轻烃、粗酚、硫磺、硫酸铵等副产品。每年可消耗高硫原料煤87.2万吨,劣质燃料煤82.4万吨。

平安化肥四期技改项目前身为平鲁化肥厂,年生产碳酸氢铵4万吨,2004年由平朔公司全资收购,陆续进行了技改。近期实施的四期技改工程,总投资约5.7亿元,建设一套15万吨/年硝酸装置和一套18万吨/年多孔硝酸铵装置。项目合成氨原料由劣质煤综合利用示范项目提供,最终产品为18万吨/年多孔硝酸铵。项目于2011年7月开工,截至2016年工程已基本完工。

（三）做亮做响生态产业

生态产业走"绿色承载、生态和谐"创新之路。打造集生态重建、工业观光、现代农业、新能源于一体的生态产业,增强生态产业改善环境,提升环境承载力,促进煤电化产业可持续发展的能力,构建生态建设与产业发展共荣互济、良性互动的生态文明建设新模式。

建矿30多年来,平朔公司坚持保护性开发、产业化经营、恢复性治理的原则,采矿、排土、复垦、种养植一条龙生产作业方式,建立了草、灌、乔立体复垦种植模式,自然生态环境得到重建和明显改善,具备了进一步产业化开发的条件,土地资源已成为平朔矿区除煤炭资源之外的另一种最大资源,并进行了初步开发利用。建设了矿史博物馆、生态会馆、人工湖、智能温室、日光温室及矿区道路系统、供电供水等配套设施,开展了牛、羊、鸡、猪养殖,土豆、胡萝卜、大棚蔬菜种植,食用菌栽培,中药材种植,为生态观光和工业、农业旅游创造了条件。

八、矿山制造服务业

矿山服务业始于1984年,初期立足服务、盈利、安置,定位于服务矿山生产、方便职工生活,涉及商业、饮食、机械加工、矿山配件等20多个行业,规模小、产品简单、产值低、市场竞争力差。随着企业的积累、人员技术的提升、主业的扩展,逐步涉足化工、建筑、房地产、爆破、铸造、矿山工程、大型发动机维修、大型结构件制造等领域。2010年5月建成中煤平朔工业园区,实行园区化经营。园区占地面积325亩,累计投资2.5亿元,总建筑面积5万多平方米,建有厢斗车间、密封件车间、发动机车间、电器车间、联合车间、下料车间、劳保车间、职工食堂、办公楼及配套设施。2015年底,职工总数1776人,资产总额24.56亿元,产值14.82亿元,实现利润0.73亿元。矿区服务业主要依托煤炭主业,为矿区生产和建设提供产品及配套服务。经营范围涉及油脂化工、建筑工程及房地产开发、综合加工服务、机械加工制

造维修4大板块20多个行业。下设油脂化工厂、平朔爆破器材有限公司、房地产开发公司、建筑工程公司、商砼加工中心、木业加工中心、综合加工中心、矿山工程队、物业公司、铸造厂、汽修中心、矿区维修中心、发动机维修中心、输送设备制造中心、矿用材料加工中心、密封件中心、厢斗加工中心、平安化肥厂共18家生产单位。主要产能有：各种电铲履带板5000吨/年，防冻液6万吨/年，乳化炸药4万吨/年，铵油10万吨/年，载重卡车厢斗36个/年，皮带机30部/年，40吨刮板机30部/年，托辊40万支/年，网片100万平方米/年，锚杆200万套/年，密封件3600套/年，坑木2.4立方米/年，劳保服装5万套/年，磁铁粉1.5万吨/年，各类康明斯发动机维修300台/年。具有建筑施工总承包二级资质，建筑机电安装工程专业承包三级资质，建筑钢结构工程专业承包三级资质。房地产开发具有三级资质，可开发28层以下、建筑面积12万平方米以内的住宅小区。

九、探索试验项目

平朔矿区是我国两个富含氧化铝的动力煤矿区之一，燃煤发电产生的粉煤灰，氧化铝含量约42%、氧化硅含量约48%，可提取氧化铝、氧化硅等原材料，具有较高的开发利用价值。从2006年起，平朔公司与朔州市政府、朔州市润泽公司、东北大学、西安建筑科技大学组成产学研联合体，开始粉煤灰综合利用的试验、研究、中试及工业化生产试验。确立了碱浸法处理粉煤灰先提硅后提铝工艺技术路线。2007年，"粉煤灰提取氧化硅和氧化铝新技术"通过山西省科技厅科学技术成果鉴定。2009年6月，中试车间的"碱溶提硅生产白炭黑"核心技术通过了由有关院士、专家组成的专家组的中试阶段验收。2010年选址于朔城区富甲工业园区，开始进行工业化推广示范，是山西省重点工程。项目占地525亩，投资10.5亿元，建设规模为年处理20万吨高铝粉煤灰，生产4.26万吨精制白炭黑、9.88万吨冶金级氧化铝。该项目2009年取得山西省发改委项目备案批复，2011年5月开工建设，期间进行了多次工艺优化，2013年白炭黑系统建成，2014年生产出白炭黑产品。氧化铝工程主体厂房及框架浇筑完成。受市场及产业政策影响，目前该项目暂缓建设。

十、矿区建立了完善的后勤服务体系

平朔生活区与矿区同步设计、同步建设，占地面积2419亩，建筑总面积84.13万平方米，1982年开始建设，1987年基本建成，是平朔公司行政总部办公区和职工居住区，按功能划分为12个区。平朔公司承担住宅、供水、供电、供暖、污水处理、医院、中小学、幼儿园、宾馆、俱乐部、体育馆、职工食堂、单身公寓、公园、商场等设施建设及管理，银行、税务、保险、邮电、检验检疫等派驻机构承担相关设施建设及服务职能，形成了完善的矿区后勤服务体系。生活区设施先进，配套齐全，管理系统完善，1997年被中宣部命名为"全国文明社区示范点"，1999年被山西省命名为"省级文明小区"。截至2016年末，共有户籍居民15 420人。

（一）住房保障

截至2016年，平朔公司共建住房217栋5744套，建筑面积50万平方米，最小户型面积53.86平方米，最大户型面积231.34平方米。

建矿初期，职工住宅根据企业制定的住房分配办法分配。1989年开始住房分配制度改革，先后进行了"抵押出租，以息代租"和预售房改革。1994年开始实行以标准价购买住房部分产权，2000年职工补交剩余产权购房款和利息后，个人拥有全部产权。后续新建经济实用住宅均按政府指导价向职工出售。截至2016年底，平朔公司除留有少量周转房外，职工住房全部出售给了个人，5399户职工拥有了全部产权，核发了《房屋所有权证》。

1992年开始建立职工住房公积金，2016年，个人由低到高逐步过渡到缴纳缴费基数的12%，企业由低到高逐步过渡到12%。个人住房公积金账户资金按规定计算利息，2009年纳入朔州市住房公积金管理中心统一缴

存、统一管理使用。

（二）医疗卫生

生活区建有一座医院，承担职工就医、疾病预防、卫生保健、社区卫生、现场人身事故急救等工作，1987年运营，1998年经批准加挂"朔州市第一人民医院"牌子。现有职工262人，设有急救中心、内科、外科、骨科、妇产科、儿科、五官口腔科、感染管理科、手术麻醉科、影像科、检验科、矿区急救站。拥有1.5T核磁共振仪、螺旋CT、DR数字化X线摄影系统、C—型臂X光机、乳腺钼靶照相机、彩色多普勒超声诊断仪、全自动生化分析仪、电子胃镜、肠镜、胆道镜、血液透析机、腹腔镜、等离子消融系统、进口膝关节镜、眼科手术显微镜、冷光源超声乳化仪等414台（套）各类医疗设备，属二级甲等医院。

（三）职工基本福利

按规定提取职工福利基金，主要福利种类有班中餐、健康体检、职业病普查、妇女病普查、各类疗养、困难补助、主副食补贴、水电气暖补贴、大病商业补充保险等。

1985年开始安排职工疗养，1993年自建南戴河职工疗养院，年接待能力450人次。逐渐拓宽至康复疗养、荣誉疗养。截至2016年，累计安排职工外出疗养21 766人次，其中：康复疗养1966人次，荣誉疗养8697人次，健康疗养11 103人次。

2007年起实行企业内部水、电、气、暖价格改革，由暗补变明补，每年向每个职工发放水电气暖补贴1730元，截至2016年底，累计补贴2.17亿元。

积极改善生产环境，加强职业病防治。2008年通过了ISO14000职业健康管理体系认证。每两年对在生产一线有害环境作业的职工进行一次职业病普查。每年对在职及退休员工进行健康体检，覆盖率100%。截至2016年底，累计认定患职业病人数76人，累计员工健康体检16.4万人次。按国家政策对工伤、职业病职工进行鉴定，享受相关待遇。

在改革浪潮中自强崛起

山西凯嘉能源集团有限责任公司

凯嘉集团肇始于1956年组建的山西省介休县公私合营利民煤矿,孕育于荣膺多项国字号荣誉的山西介休义棠煤业有限责任公司,成立于2009年10月28日,受惠于党的改革开放政策环境,壮大于煤炭工业资源整合和转型浪潮中。经过计划经济到市场经济的不断历练和锐意进取,企业实现了体制机制由工矿制向公司制转变,管理方式由传统管理、粗放管理向现代管理、精细管理转变,产业结构由单一煤炭产业向多元并举格局转变,经济发展方式由注重规模、速度向注重质量、效益转变,生产工艺由设备简陋、低级落后向设施现代、智能互联转变的历史性跨越,荣膺中国煤炭百强之誉,跻身山西民营企业百强之列。

窥一斑而见全豹,观滴水可知沧海。作为山西晋中首家成立的地方综合能源集团,凯嘉集团的勃兴,既是我省煤炭工业健康发展的一个成功范例,更是党的改革开放政策的一个历史见证。凯嘉集团的故事,彰显的是一种企业品质,凝结的是一种精神符号,更为地方煤炭企业的健康、可持续发展留下诸多的经验启示。

凯嘉集团从一个年产几万吨的小煤矿起家,沐浴党的改革开放政策阳光,战风斗雨,与时俱进,书写了一部创业创新、集智攻关、勇毅前行、团结制胜的企业发展史。

这是一部研精毕智、接力探索的改革史。

这是一部合力打拼、追逐梦想的创业史。

这是一部温度不减、情满矿山的奋斗史。

这史册光照时代，承前启后！

这史册令人仰止，催人奋进！

抚今追昔，轻轻翻阅《山西义棠煤业志》《凯嘉集团志》，这两本厚重的企业史册悄无声息地吞吐着昨天的沧桑，倾诉着今天的不易，昭示着明天的希冀……

一、安全筑基，敦本务实

63年来，企业将安全视为企业的生命和第一要务，以牢固的安全理念和扎实的安全作为，筑起了坚不可摧的长城，为可持续发展提供了坚强的安全保证。

早在建矿初期，企业就把安全管理提上议事日程，安全与生产双管齐下、同步进行。1957～1981年，企业通过设置安检站、配备专职安检员、制定安全操作规程、落实"七严禁、八消灭"和开展安全专项大会战等措施逐步强化安全管理，并大力开展安全专题教育，有效推动长周期安全生产。1982～1987年，经过5年努力，建成山西省质量标准化矿井；1995年，被中国煤炭部命名为"质量标准化矿井"，为后来安全管理水平的持续提升奠定了基础。

2000年8月，企业顺应市场经济要求，进行了公司制改组。提出了"安全标准化、生产集约化、员工专业化、管理精细化、产业多元化、公司集团化"的战略目标。自此，企业贯彻"安全第一、预防为主、综合治理"的安全生产方针，坚持"管理、装备、培训"三并重的原则，从完善基础制度、明确安全职责、加强培训教育等环节入手，对日常安全管理全面进行整顿，开启了安全工作新局面。其中，2006年开始推行个人账户安全管理，极大增强了安全工作的主动性。

2009年，企业实现了集团化目标，下设煤矿管理分公司，并在各煤业公司下设驻矿安监站。随着安全队伍的扩大和安技措投入的加大,安全管理实现了专职化、专业化、标准化。其中,主体企业义棠煤业公司先后获评"国家级安全质量标准化煤矿""行业一级安全高效矿井""全国安全文化建设示范企业"。

二、煤为主业,提升产能

63年来,企业在积累资本的同时,自主实施矿井技改,顺势进行煤炭整合,走出了一条夯实煤基的创业之路,唱响了一曲自强不息的奋进之歌。

"我们历经三次矿井技改,每一次都踩在了点上"。一语间,雄心凸显,精神可敬!

1974～1982年,年产能30万吨的刘屯沟新井建成投产,企业第一次创业成功,生产管理趋向系统化、规范化。

企业在实施矿井技改的同时,着手洗选加工,提高了煤炭附加值。其中,1992年开始二次创业,矿井年产能由30万吨提至45万吨;1993年建成洗煤厂,实现了煤炭就地加工转化;1994年、1996年,焦化厂、建材厂分别建成投产;1997年,60万吨/年矿井技改工程竣工,标志着二次创业成功。

2002～2006年,企业继续靠自行设计、自行施工、自筹资金,完成了年产能120万吨的矿井技改工程,并建成120万吨/年坑口选煤厂。第三次创业成功,标志着企业步入中型煤企之列。

企业在实施矿井技改的同时,积极参与煤炭整合,壮大主业。2005年,并购了介休市连福镇金山坡煤矿。2009年,山西省煤炭资源整合和煤矿兼并重组政策落地,企业响应号召,见可而进,勇夺先机,兼并了城峰、瑞东、青云煤业公司。自此,煤业年产能提至660万吨。

三、技术引领,标新创异

63年来,技术革新从未止步,成为高歌挺进、勇立潮头的活力之源,也

是百舸争流、奋楫竞先的制胜法宝。

1974年起，各项生产技术及设施日新月着，翻然改进。翻开历史脉络，技术革新的一个个印记，清晰如昨：1982年，近距离煤层联合布置分层同采工艺开始运用；1992年，悬移支架放顶煤一次采全高新技术试验成功；2002年以来，煤炭生产机械化程度快速提高，矿井"三量"均达到国家规定标准；2005年，实现了由炮采到高档普采和综合机械化采煤的历史性变革；2007年，全面新建矿井综合自动化系统；2009年，建立健全适应现代企业快速发展的技术管理体系，技术管理实现了规范化、标准化和精细化。

63年砥砺前行，矿井提升从人力绞把、马拉机、单滚筒绞车、无极绳绞车到大型提升机的接连创新，运输方式从木制土道轨土煤箱、单链刮板运输机、轨道矿车到双链刮板机、皮带运输机的陆续更替，支护工艺从单体液压支柱、工字钢梁、π型梁到锚索、锚杆、金属网的逐步改进，采掘技术从短壁式炮采、长壁式回采到近距离薄煤层联合开采、悬移支架放顶煤一次采全高的不断运用，生产设备从手摇钻、电煤钻到探水钻，从镐刨锹挖到综掘机、综采机的更新换代，再到单位局域网、矿井调度综合自动化、安全避险六大系统等信息化设备的引入，各项新技术、新装备、新工艺，有效提高了安全系数和生产工效。

精诚营销，舞活龙头63年，企业将守信作为立足之道，将质量作为生存之本，坚持"互惠互利、合法合规"的交易原则，以实际行动诠释了"诚信经营"的科学内涵，赢得了各路客户的信赖与支持。

改革开放以来，在市场经济体制的推动下，企业煤销工作实现了由销售到营销的实质性转变。特别是面对2012年以来煤炭市场长达48个月的低迷运行期，企业依然以切实可行、行之有效的"组合拳"打响了煤销攻坚仗，成功抵御了市场寒流，连续实现了产销平衡。

一是改革机制激活力。1983年起，企业从人员分工、管理机构、运行机制等环节不断改革，煤销工作渐改渐进。其中，2011年实现了集中管理。

2015年,建立了目标责任考核制,煤炭销量、煤质、售价、回款等与煤销人员工资挂钩,有效调动了营销人员的积极性。

二是多措并举提煤质。企业在不同的历史时期,分别通过人工捡矸、装运分流、机械洗选、设施改造、煤质检验、指标考核等措施,有效提高了产品质量,获评山西省"守合同重信用企业"。

三是提高运力抢市场。从重汽运输到开通铁路专用线,从增设发运站点到成为铁道部运输大户和计划单列单位,企业运力持续提升,煤销辐射全国。2017年,铁路运力突破单月70列,创下历史最好纪录。

四是调配产品促增收。企业顺应市场导向,煤销格局由以电煤为主逐步向以精煤为主过渡。2012年起,开发出焦精煤、肥精煤、瘦精煤、动力煤四大类指标不同、用途各异的煤炭产品,满足了不同用户的需求,提高了煤销收入。

四、顺势转型,产业延伸

63年来,凯嘉集团创新创业,不仅在煤业板块取得长足进步,而且坚持多元并举,扩宽发展空间,延伸发展路径,开启了一煤筑基、多元联辉的崭新格局。

企业坚持创新驱动,调整产业结构,率先迈开绿色转型的步伐。

2007年,与介休市卫校附属医院联合办医,成立介休市第二人民医院,走出了"院企办医"的新路子。

2009年,将文化旅游作为战略转型路径,开发具有1600多年历史和多项国字号荣誉、具有多元文化特征和独特旅游资源优势的张壁古堡,积极稳妥地推进景区升级。至今,已累计投资4亿多元,用于古堡文化研究、文物修缮和保护、旅游基础设施建设等。其中,投资2.2亿元,分两期、高标准建成占地140余亩、总建筑面积5.8万平方米、绿化面积2.1万平方米、共461套住房的张壁新村。是年,同步启动房地产项目,在介休市区分三期开发

矿区污水处理厂

中高端住宅嘉和园小区,该小区2014年获评"山西省园林小区"。

2011年,试行金融项目,挂牌成立凯嘉同盛小额贷款公司。

2013年,根据国家节能减排政策导向,把煤层气综合利用、变废为宝作为推进企业可持续发展的新引擎,启动了总规模为100兆瓦的煤层气发电项目。

至此,企业发展成为集煤炭、旅游、发电、房地产、金融、医疗等为一体,拥有12个子公司和成员单位的综合能源集团。

五、规范管理,健康发展

63年来,企业围绕人财物、产供销等重点环节,深入践行"三分技术、七分管理"的治企方略,确立了"煤为主业、适当多元、规范管理、健康发展"的经营思路,循序推进日常管理规范化、精细化和人性化。

治企先治人,管事先管人。为此,企业围绕"活水之源",深入实施人事机制改革。从1979年实行招工考试制度,到1981年实行文化考核和工作实测;从1993年实行任职人员聘任制,到1995年实行全员劳动合同制;从2016年实行工程技术人员考聘制,到2017年实行管理岗位"三公"竞聘,每项举措都焕发了企业活力。

立足于其他管理体制、机制,企业适应计划经济向商品经济、市场经济的转型要求,逐步进行革新、优化。2000年,企业由"工矿制"改为"公司制"。改制前,经营管理模式先后经历了计划管理、分级承包制、资产经营目标责任制等阶段。改制后,企业实行自主经营,按照现代企业制度要求,建立健全了以股东会、董事会、监事会为核心的法人治理结构,逐步形成了任务明确、指标量化、考核严格、奖惩分明的考核管理体系。企业自2009年实现集团化以来,先后制定了百余项基础管理制度,在人力资源、财务预算、资产管理、物料采供、薪酬绩效、煤炭销售等重点环节实现了统筹、协调、集中的集团化管控模式。2012年以来,为挑战煤炭市场带来的严峻考验,企业坚持"简、降、减"原则,落实"放、严、变、新"工作思路,全面推广运行"日清日结"班组核算法,全面提高内控水平,日常管理提档升级、渐趋规范。

六、员工为本,文化导航

63年来,企业将文明创建、文化兴盛、精神驱动作为战略之计,崇德向善,广纳并蓄,在创业实践中确立了"尊重客户需求、提升员工生活、维护股东利益、担当社会责任"的办企宗旨,强劲推动经济效益和社会效益协调并举、双创共赢,促进物质文明和精神文明平衡发展、共同进步,不断将可持续发展事业推向前进。

依法维权,日久岁长。企业在创业之初,就将缴纳劳动保险、计发劳保用品、发放各类津贴、开展员工体检等关乎员工权益之事列为治企要务。截至2011年,企业落实山西省有关规定,劳动用工管理实现了"五个百分

高产高效现代化综采工作面

之百"。

衣食住行,无不关情。从起初新建宿舍和洗衣室、改造食堂、开通通勤车,到今天现代化"三堂一室"和快捷化"一卡通"的全面运行,再到阳光救助基金会的设立、井下员工荣誉制度的建立、员工收入的持续增长,以及冬送温暖、夏送清凉、春节慰问、金秋助学等爱心活动的逐年开展,企业发展普惠员工。

倡学扬读,增技提能。企业在每个历史时期,均将员工培训工程作为行稳致远的战略工程,并大力创建学习型企业,鼓励员工岗位成才。2015年,成立员工学院,形成较为完备的员工教育培训体系,员工素质提升、安全技术培训、学历教育等工作全面实现了制度化、常态化和规范化。2016年,将每年的4月定为"读书月",全面掀起了读书热。2017年,与专业院校合作,开始招录、定向培养井下专业员工。

文化建设,从未止步。63年铿锵足迹,背后不仅是企业持之以恒的开拓创新,更是深厚文化积淀的无声滋润和优秀文化成果的强劲支撑。在各个历史时期,企业始终靠拢时代前沿,将"文化强企"纳入企业发展战略,坚持"三贴近"原则,在继承中创新,在创新中进步。企业在改制前,通过内部创刊、文艺组织、广播开通等途径,与党建有机结合,统筹推进企业文化建设,并在一次次创业实践中孕育、积淀,形成了切合行业特点和企业实际的文化体系。改制后,企业进一步提高企业文化建设的规划性、时效性和导向性,在总结优良传统、挖掘历史底蕴、整合外部资源的基础上,持续完善制度、翻新活动、扩充场所、新建媒体、增补设施,企业文化体系日臻完善,形成独具特色的形象文化、理念文化、行为文化体系。2017年,取得全国优秀企业文化建设成果奖。

忠实履责,彰显价值。企业致富思源,义利兼顾,自觉履行社会责任,积极参与公益事业,抗震救灾,赈贫贷乏,助教兴学……在改革创新、一往直前的创业进程中,积极解囊相助,真情回报社会,留下了一个个厚重的善举。2017年,企业首次成立群体性、公益性志愿服务组织——阳光公益独立大队,再次赢得了社会各界的认同和赞誉,树立了倡大爱、有责任、肯担当的社会公众形象。

卅载扬帆起,一程破浪行。63年来,企业在充满传奇色彩的荡魄历程中验证了春华秋实的真谛,迈上了骏业日新的锦程。

63年,文明办企,和谐发展,企业赢得诸多荣誉:"山西省功勋企业""山西省'创新驱动型'十佳企业""山西省社会责任优秀企业"……一个光

辉的企业形象屹立在晋中大地。

63年,弦歌不辍,薪火相传,企业留下了一幕又一幕可歌可泣的动人事迹,涌现出一批又一批不辞劳苦、勤勉务实的可敬劳模,经久弥散着精神之光,励人心志,感召前行。

63年,足程不息,不断探索,作为煤炭工业发展史中的一个践行者、先试者、奋斗者,企业书写了上下一心、奋发图强的动人篇章,为全国煤炭工业和地方煤炭发展赋予了丰富的时代内涵。

63年,历史不仅见证了一个地方煤企脱胎换骨的美丽蝶变,更蕴含着太多的经验启示:正确经营的策略,诚信友善的宗旨,适应时势的制度,以及由自主创新、技术进步、科学管理等形成的竞争优势,是一个企业逐步壮大的重要因素。

追忆过去,董事长路斗恒以简洁而深邃的笔触满怀深情地写道:"企业之道,员工为本;经营之道,信义为本;管理之道,制度为本;发展之道,创新为本;员工之道,敬业守操;领导之道,厚德笃行;为人之道,忠义仁勇。"这既是感怀历史的总结,也是赢得未来的智慧。

63年前,大业开举常戴月;63年后,东风启程又逢时。践行"创新、协调、绿色、开放、共享"的时代理念,凯嘉集团在掌舵者路斗恒的引领下,正健步行进在"和谐凯嘉、百年集团"的宏伟征程中,必将在推进我省"示范区""排头兵""新高地"三大目标建设中发挥最大作用,做出更大贡献!

砥砺奋进 创新发展

山西华润大宁能源有限公司

华润大宁公司办公大楼

2018年是全面贯彻党的十九大精神的开局之年，是改革开放40周年。建矿以来，华润大宁始终围绕"科技装备引领、人才素质保障、科学管理支撑、安全发展为本"的发展理念，以"保投入、保质量、保价格，创优服务，创优环境，创造效益"为思路，全力推进矿井信息化、自动化建设，以技术创新为引领，带动管理创新、模式创新等全业务创新，努力克服种种困难，成功破解各类技术难题，先后荣获"国家一级安全生产标准化矿井"、"煤炭

工业特级安全高效矿井"、"山西省安全标准化模范煤矿"和"现代化矿井"等荣誉称号。

山西华润大宁能源有限公司由华润煤业全资控股的亚美大宁（香港）公司，山西兰花科技创业股份有限公司，山西煤炭运销集团晋城有限公司共同出资组建。始建于1996年，2002年扩建，设计能力400万吨/年，2007年7月投产；2012年3月被鉴定为突出矿井，目前合法产能320万吨/年。公司经营范围主要为：煤炭资源开发与销售，瓦斯的综合利用。投资有山西兰花发电有限公司、山西兰花大宁煤炭有限公司、阳城亚美大宁铁路专线营运公司。华润大宁实行总经理负责制，现设置18个部室、14个基层队，员工总数2250人。

主采3号煤层，井田面积38.8平方公里，煤层平均厚度为4.45米，地质储量2.45亿吨，可采储量1.81亿吨，目前剩余可采储量0.87亿吨。

一、完善安全体制，落实安全监督，全力夯实安全基础

一是加大安全责任力度。细化分解安全目标，逐级签订《EHS目标责任书》，制定下发《事故隐患排查治理责任体系》等各类安全生产管理制度，全面夯实基础，严格安全问责。同时开展安全监督与隐患排查。把各类专项例检、安全作业点监督、管理人员隐患排查与安全员现场排查相结合，加强重点工程重点监督，生产区域全覆盖。二是完善应急管理制度体系及各项应急预案，积极开展顶板、火灾等各类事故应急演练，全面提升矿井应急救援能力。三是开展安全警示日、安全月等各类警示教育和安全培训，促进全员由"要我安全向我要安全"的思想转变，提升全员安全意识和安全技能。四是深入推进安全标准化与NOSA体系，促进安全管理再升级。狠抓安全生产标准化管理，持续完善安全生产标准化各专业标准，全力开展各专业各区队达标月检，全面加强工程质量动态抽检。持续保持"国家一级安全生产标准化煤矿"称号，历年荣获煤炭工业协会"国家特级

安全高效矿井"称号。同时引进NOSA管理体系，通过"走出去、请进来"的方法，找差距，补短板。与NOSA五星单位签订结对帮扶协议，2018年，圆满通过NOSA三星认证。五是创新使用新技术，保证矿井安全生产。严格按照2016年新颁《煤矿安全规程》第一百五十三条规定"采掘工作面的进风和回风不得经过采空区或者冒顶区"的要求，保证工作面后方采空区不透风和瓦斯排放的可靠性，根据综采工作面推进速度快、采高大等特点，大宁煤矿自2016年开始，分别在三〇四、二〇一、三〇五工作面成功应用，现正在二〇二工作面推广实施适合远距离输送、凝结速度快、可集中充填、强度高的高水材料充填区段沿空留巷。

矿井瓦斯储量132.14亿立方米，可抽瓦斯量55.28亿立方米，其中3号煤层瓦斯储量为49.56亿立方米，可抽瓦斯量20.22亿立方米，具有瓦斯抽采和利用的丰富资源及优越条件。为了消除矿井生产过程中的瓦斯隐患，确保矿井"抽、掘、采"的整体衔接规划平衡，公司采用6台千米定向钻机进行瓦斯抽采，抽采钻孔覆盖了目前所有采掘工作面，确保了矿井的安全生产。

二、深化技术管理，创新优化采掘设计，增加可采煤量，助力公司采掘再上新台阶

一是坚持"技术指导生产"理念，全面深化瓦斯、地质、通风管理，助力公司采掘。二是井上"三维地震"勘探、井下采掘面钻孔勘探相结合，科学勘探，完善瓦斯、地质、水文资料。三是专项预报、年度预报、月度预报与施工现场日常预报相结合，助力公司采掘。四是成功实施三巷掘进变双巷掘进项目，360顺槽优化后节约掘进时间2.4个月，提高回采量2.1万吨，预计增加回采煤量216万吨，创造价值5.23亿元。五是成功实施回采工作面跨巷回采项目，二〇二工作面跨巷回采后增加回采量14万吨，按当前吨煤净利润计算，创造价值3485万元。

三、创新使用新设备,攻克运输难题

受到巷道制约和皮带无法转弯制约,传统生产中,往往一条巷道或巷道不长但需要转弯的巷道,需要安装两部或两部以上皮带才能满足需要,不仅运输设备投入多、安装频繁且设备倒运困难,更关键的是增加大量人力、物力的同时,也给现场管理带来了不确定因素。

结合实际运输条件、皮带机的相关技术参数以及皮带转弯装置特性等,经充分技术论证,开创了大宁煤矿使用皮带转弯装置的先例,成功实现了1.6米、1.4米皮带转弯。皮带转弯装置的应用,改变了以往皮带运输中必须两部皮带进行转载运输的传统方式,简化了运输系统,减少一条皮带输送机及相关配套设备的投资费用及维护成本, 电气设备事故率也得到了有效控制。

为解决矿井辅助运输, 大宁煤矿在充分分析副井井口的转车工艺方式和井口转车车场的布置、井下布置方式的基础上,创新采用了"地面摆渡车+井底吊装站+调车转盘"的辅助运输方式,与以往煤矿普遍使用的刀把式或梭式车场布置方式相比,不仅节约了地面广场空间,消除了工人推矿车任务,而且减轻了人工装、卸料工作量,加快了兑料速度。

四、深挖降本增效潜力,转变销售模式,打造卓越运营矿井

一是注重精益运营。全力推进卓越运营矿井建设与标准化管理,完成了管理标准、技术标准、工作标准起草审核发布;深挖降本增效潜力,通过持续完善定额,严控支出,严格落实招标采购等方法,促进公司管理再升级。公司荣获华润电力"最佳运营管理二等奖"、华润煤业"标杆矿井"等荣誉称号。二是加强洗选与销售。面对煤质急剧下滑、环保压力剧增的情况,公司积极转变,紧跟市场调价,引领区域市场,全面加强煤质管理,强化环保与洗选销售协调配合,持续提升服务质量,以质保价,服务促销;改变销售模式,中块淡季倒运,旺季全部销售,创造销售价值。

五、加强企地共建，构建和谐矿山

多年来，华润大宁公司在发展自身的同时，一直坚持积极投身社会公益事业，推动地方经济发展，支持地方建设，先后开展了支助地方公路修建、村庄搬迁、爱心煤、爱心助学、助力产业脱贫等活动，累计支助地方建设资金达5000余万元，打造了良好的企地关系。开展爱心助学，向驻地大宁村中心小学捐赠电脑、图书等学习用具。开展"助力南岭村产业脱贫"活动，向该村捐赠帮扶资金20万元，帮助解决其在发展核桃种植产业项目上的资金困难。积极履行社会责任，承担央企使命。公司遵纪守法，照章纳税，是晋城地区响当当的利税大户。荣获中共阳城县委、县人民政府授予的"突出贡献先进集体"荣誉称号。

六、建设绿色矿山，守护绿水青山

公司始终坚持"建设绿色矿山，守护绿水青山"的理念，秉承企业发展与环境保护并重的原则，先后开展了雨水收集池、煤泥池封闭、储煤厂封闭等污染防治工程，不断完善污染防治设施；环保专项大检查与日常巡检相结合，确保环保监控无死角；积极宣传环保知识，提升全员环保意识。多措并举，实现了华润大宁水体、大气、危废物全部达标排放，地表塌陷及矿区绿化得到了全面治理。成功举办以"共建美丽矿山，我是行动者"为主题的"世界环境保护日"活动，充分展现了公司积极履行社会责任，建设绿色矿山的决心。

七、全面加强党的建设，履行党委主体责任

(一)强化党建，提升党员素质

1.签订《全面从严治党主体责任书》和《党风廉政建设责任书》，抓好"两个责任"落实，强化党风廉政建设责任制。2.成功筹备建立华润大宁中国共产主义青年团。3.建立健全《党员学习制度》《党务公开制度》等11项

党建工作制度,稳步推进党建工作;4.加强党务人员业务素质培训,提升全体党员思想政治素质。5.党委充分认识中央关于党的自身建设伟大工程的战略意义,初步构建"4+5+2"党建格局,打造具有"1611"特色的党建阵地,2018年,我公司党委被评为晋城市"全市先进基层党组织"。6.依靠"以党建引领发展,把党建融入发展,用党建推动发展,靠发展成果检验党建"的工作理念,实现党建与业务的有机融合。

(二)纪检监督,树立风清气正的工作作风

深入开展纪检监督工作,严格执行"三重一大"集体决策制度,避免决策失误;通过反腐倡廉邮箱,招标过程、定价过程现场监督等各种纪检监督方法,实现了从物资采购到成品销售的经营管理的全过程纪检监督,树立维护了华润大宁风清气正的工作作风。

风劲潮涌自当扬帆破浪,任重道远更需快马加鞭。新的一年里,山西华润大宁能源有限公司全体干部职工将不忘初心,牢记使命,用奉献定义自己,以实干成就梦想,用奋斗续写辉煌,以更加优异的成绩迎接中华人民共和国成立70周年!

面对未来,山西华润大宁能源有限公司将与时俱进,认真贯彻落实科学发展、安全发展、和谐发展的理念,始终坚持"以人为本、安全第一"的原则,狠抓安全生产;继续秉承简单、坦诚、阳光的行为作风,奋力开拓,努力把华润大宁打造成为设备先进、安全高效、和谐发展的现代化高产高效矿井。

改革创新　奋发有为

山西煤矿机械制造股份有限公司

山西煤矿机械制造股份有限公司前身为山西煤矿机械厂（以下简称山西煤机制造公司），现有职工1300余名，占地27万平方米。企业最初隶属于山西煤炭工业管理局，是原煤炭部56个重点煤机生产厂之一，国家公布的第一批刮板输送机和带式输送机定点生产厂家。

公司由3个车间、4个分厂以及技术中心、销售公司等18个部门组成，主导产品为刮板输送机、带式输送机和转载机、破碎机及洗选设备等。

山西煤机的发展史紧紧伴随着共和国改革开放的奋斗史。40年，成就了祖国繁荣昌盛的辉煌篇章；40年，也实现了山西煤机的凤凰涅槃。

一、机制体制创新篇

改革开放的40年，是我国国有企业机制体制探索变革的40年，更是山西煤机从艰难起步到深化改制、不断创新管理的40年。

（一）艰难起步，奠定蓬勃发展之基

20世纪70年代，山西，一个煤炭资源大省，机械化开采才刚刚起步，所辖七大矿务局采煤机械化也仅占26%，地区、县营1800多个煤矿的机械化程度更低，许多煤矿依靠的是人力、畜力生产。全省没有一家煤矿专用设备制造企业。

1972年7月24日，在山西省革委会煤炭化工局，一个筹建省煤矿机械厂的决定诞生了。1973年，国家计委正式批复建设山西煤机厂。山西煤机

从诞生那刻起就注定要肩负能源大省实现煤炭开采机械化的历史重任。

然而,起步并不顺利,缺技术、缺工人、缺管理、缺经验,甚至连最基本的钢材原料都没有国家调配计划。但是不缺的是煤机人自力更生、艰苦奋斗的革命干劲和不屈不挠的战斗精神。规划设计、筹集资金、征地买地、组建车间,一切都是从零开始。1978年,大规模的基础建设终于开始了。从省内矿务局、铁建、插队青年中借调、招收了300多名学徒工,这批人不仅是山西煤机当时企业建设的生力军, 也是多年之后山西省乃至国内煤炭开采领域的主力军。这一年,煤机厂依靠承揽简单的圆齿轮、卡盘等加工任务创造产值17万元。1980年,正当所有筹备工作有条不紊、有所起色时,山西煤机厂被煤炭部、国家计委列为停缓建企业。此时摆在煤机厂面前的只有两条路,要么停缓善后,要么迎难而上。顽强的煤机人最终决定走生产自救之路,不要国家投资,不给当时赢弱的国家经济增加负担,花好国拨最后一笔投资款,继续建设,争取早日投产。9月,厂房、设备、人员及管理初具规模,山西煤机厂终于具备了试生产的条件。1981年5月,通过市场换技术,山西煤机厂与西北煤机厂以联营方式生产出山西省第一台40T刮板输送机,当年即完成产值315万元,实现利润1.5万元。

主要数据对比表

年 份	1996	2000	2005	2010	2015	2018
产值(万元)	4661	5318	30026	101049	100926	87503
销售收入(万元)	5409	4800	31797	100417	101029	83663
利润(万元)	61	10	2441	11202	2006	1686
固定资产总额(万元)	16084	18955	36808	105454	148485	169673
人均效能(万元/人)	4.7	6.08	23.61	93.82	92.76	84.79

40年过去了,国家投资2千万元种下的"小树苗",在一代代煤机人的精心呵护下,现已长成了一棵根深蒂固、枝繁叶茂的"大树"。40年来,煤机

人历尽千辛万苦,付出了超常的心血,在实践中艰难探索,在探索中不断实践,经过从计划经济到完全市场经济的艰苦淬炼,逐步把山西煤机建设成为全国刮板机前三强、中国机械工业500强和山西省百强企业。

(二)上下求索,管理唱响三部曲

学习、探索、实践一直贯穿着山西煤机40多年的发展历程。作为山西省首个煤机装备制造企业,学邯钢经验、海尔经验、A管理模式……在不断地学习探索和实践中,山西煤机最终确定了依靠高起点的管理工具和管理标准提升企业管理水平的指导思路,从此走上了技术创新、管理创新和机制创新三大创新之路。

早在国家倡导计算机信息管理的90年代末期,公司便于1998年在太原市众多机械制造企业中率先引入实施了MRPII企业生产、计划、资源管理信息系统。该系统涵盖了企业生产经营全过程,使各项生产工作程序化、规范化,显著提高了企业的生产效率,减轻了各级管理人员的管理难度,杜绝了部门之间推诿扯皮现象,工作效能明显提升,取得了良好的经济效益。当时实施了8个模块,为企业的发展和信息化的起步奠定了坚实的基础。在MRPII成功运行的几年里,市场化经济不断深入,企业外部环境发生了重大变化。

2002年底,煤炭市场持续好转,订货需求日益增大,生产任务已趋饱和。正当企业可顺势扩大规模,用规模效应拉动和激发企业发展潜力之时,MRPII已很难满足这种大数据、快节奏的要求了。为了在最短时间内解决这个矛盾,2004年,在MRPII的基础上,公司完成了ERP企业全面资源管理信息系统的升级改造。这次升级共实施了包括销售管理、物料需求计划管理、车间控制管理、采购管理、库存管理、产品数据管理、质量管理、财务管理、人力资源管理、设备管理、办公自动化OA等21个模块,完成了企业信息化历程的一个飞跃。信息化管理的实施,使企业的工作流、物流、信息流、资金流真正实现了"四流合一",全面资源得到更为合理的配置。

2006年,公司获得山西省唯一一家由国家信息产业部颁发的"国家倍增计划优秀项目奖"。

山西煤机的信息化建设一直处于循序渐进、持续改善的进程中。2007年,山西煤机实施了企业决策支持系统,即绩效考核(KPI),更好地反映了企业生产、采购、财务、销售等的运行状况。该系统的实施,实现了信息化真正的管理功能,从本质上提高其使用效果,使之成为领导做出正确决策所能依赖的管理工具。2013年,公司又实施了基于ERP系统开发的协同商务系统,并给所有参与公司生产活动的委外协作厂家安装投入使用,使供应商、外协外委厂商和公司本部合并构建成了一个有机融合的完整系统。同年,公司技术中心实施了PDM产品全生命周期管理系统,该系统将技术中心所有产品图纸及工艺文件等实现电子图文档管理,将原有Pro/E、CAD、CAXA、CAPP等产品设计系统有机结合在一起,实现与ERP系统的无缝对接。2015年,公司完成了办公自动化升级,建立了公司WMS智慧化管理系统。同年通过了全国首批两化(工业化和信息化)融合认证。2018年至今,公司着手实施基于"互联网+"的产品全生命周期管理系统。届时将二维码、射频码技术应用到产品生命周期的管理,实现产品的跟踪、追溯,以及远程实时监控。

只有"与时俱进、与需俱进",才能使ERP成为企业信息化管理最有效的工具。山西煤机版"ERP系统"使企业进入规范、精细、高效化管理的同时,极大地提高了面对市场的迅速反应和快速应变能力,使企业更加贴近市场,更好地把握了市场主动权,提高了生产经营效率。单从生产系统来说,现在一台整机的生产作业计划只需1个小时便可编制下达到各个生产环节。每月出产的整机台数已由过去的两三台提高到30台以上。在人员、设备没有增加多少的情况下,依靠现代化管理手段和灵活的生产组织策略,使人均劳动生产率达到百万元以上,生产效率一直位于全国同行业前列。山西煤机的信息化建设已经成为山西省乃至中国煤机行业的示范和样板,并获得了"中国企业信息化500强"称号。

产品质量是企业的生命线。早在1999年公司便通过了94版国际质量标准体系认证,2002年通过2000版质量体系认证。质量体系在企业的成功运行,使公司上下形成了以用户利益为中心,一切经营要讲质量、重质量的质量意识,产品质量稳步提升,实施至今,每年产品一次交检合格率达95%以上,外部质量事故下降80%,公司信誉度不断增强。2007年,公司又引入6S现场管理活动,经过一年多的扎实工作,现场管理取得阶段性成果,职工素养普遍提高。2007年底,公司顺利通过国家安全质量标准化二级认证。2008年,公司努力完成了ISO9001质量管理体系、ISO14000环境管理体系和GB/T28001职业安全健康管理体系的三体系整合工作,将管理与国内、国际标准有效结合,进一步提高了企业的整体素质,企业核心竞争力不断提升,在复杂多变、激烈竞争的市场环境中始终稳健发展,不断迈上新的台阶。

2018年11月,为进一步激发班组活力,提高班组管理水平和班组长素质能力,夯实公司基层单元的管理基础,公司聘请在精益管理咨询服务方面有着丰富经验的咨询公司,对公司进行为期一年的精益班组建设咨询服务,旨在以精益思想为指导,以生产现场为中心,以基层班组建设为抓手和载体,导入精益管理理念,有序开展现场管理、设备自主维护、标准作业、班组自主管理与改善等活动,创建具有山西煤机特色的精益班组管理模式,为打造精益企业奠定坚实的基础。

在山西省"改革创新、奋发有为"大讨论指导下,山西煤机深入学习贯彻党的十九大精神、习近平总书记视察山西重要讲话精神,高举新时代改革开放旗帜,紧密结合公司"创新精益、提质增效"的经营目标,再次掀起创新发展的热潮。赴"陕鼓",到"神东",对标一流,求取"真经",以求真务实作风,以管理上的新举措新面貌推动企业向更高质量发展。

（三）创新变革，体制改革展"双翅"

实施体制改革，激发发展活力，增强发展后劲，是山西煤机多年来的夙愿。2000年开始，企业便开始酝酿和筹备改制事宜，广泛走访调研，反复进行论证，寻求体制改革的最佳渠道。适逢党的十五届四中全会对国有企业实施规范化公司制改革给出了明确的指导思想。山西煤机抓住机会，依照（国办发〔2000〕64号）通知精神，确定了改制的具体方案，经过省政府、国资委等上级批准后，2002年4月召开职工代表大会，改制方案全票通过。

2002年10月16日注定要载入山西煤机公司的史册。这一天，千余名员工一起见证了企业发展史上的重要转折点——山西煤机厂正式改制为两元制结构的山西煤机制造公司，其中国有股占比60%，职工股占比40%。这是一次机制体制的创新和蜕变。广大员工为之奋斗30年的企业开始注入了一部分员工个人股份，员工已然成为企业资产的部分所有者。这个产权明晰、责权明确、风险共担的新体制使企业走上了更加持续、快速、健康、和谐的发展道路。

2008年6月，在省委、省政府、省国资委和太重集团的支持下，山西煤机完成了第二次体制深化改革工作。本次改制，国有股占比21%，职工股占比上升到79%，全体员工彻底转换了国企身份，以多年为企业创造和积累的财富以及对企业未来发展抱有的坚定信心为担保，成为企业真正的主人和资产拥有者。

2009年，山西煤机工贸公司和山西煤机富中输送设备公司作为山西煤机子公司先后成立，进一步深化了国有企业改革，创新了产权制度，实现了主辅分离。

2015年11月，为实现公司发展与资本运作的深度融合，促进混合所有制经济的发展，进一步实现股权多元化资本结构，并打通股份流转通道，拓宽融资渠道，树立公司品牌，山西煤机完成了股份制改造，公司由有限责任公司转制为股份制公司。

创新机制活水来。改制前,企业资产总额1.96亿元,负债1.27亿元,年产值仅有5000多万元。改制后,董事会科学决策,经理层规范运作,全体员工甘苦与共、风雨同舟,以前所未有的活力和激情全身心投入到企业发展大业中,不断取得骄人的业绩。改制后的第一年便突破亿元大关,此后几年,每年的产值和销售收入均以5000万至1亿元的幅度提升,到2008年,两项指标达到6亿元,利润增长了上百倍,到2014年达到最高的15亿元销售收入,利润1.1亿元。人均效能在全国重点煤机企业报表中始终名列前茅。从2002年改制以来,累计为国家增加税收高达8亿多元。同时,符合党的十七大要求:利用好的机制、体制放大国有资产。改制以来,山西煤机的固定资产总额提高了近8倍,为国家和地方做出了积极贡献。

二、技术创新篇

科学技术是第一生产力。

改革开放的40年,是我国综采技术装备高速发展的40年,更是山西煤机产品技术从模仿试制,到集成创新,再到自主创新的40年。

(一)模仿试制(1981~1995年)

中华人民共和国成立初期,我国煤矿机械几乎空白。20世纪50年代末才开始探索刮板输送机自行研制设计道路。1964年,我国第一台圆环链可弯曲刮板输送机由煤炭总院太原分院联合张家口煤机厂协作开发成功,实现了工作面的连续运输;1971年,SGW-150刮板输送机应用于中国第一个综采工作面;1978年,国家分批引进100套综采、综掘技术装备,拉开了我国煤炭装备快速制造发展的序幕。

顺势而为,应时而生。1981年,山西煤机厂第一台40T刮板机从一点点测绘开始,经过全厂上下300多名同志昼夜奋斗终于面世,当年生产近百台。此后的10余年时间里,40T刮板机一直是山西煤机厂的主导产品,同时作为国家优质产品,畅销省内各地方煤矿。直到1988年,DSP1010/550S双

速可伸缩带式输送机试制成功,才改变了这种单一产品的生产局面。

1992年,面对眼前40T、150型刮板机畅销的市场销路,煤机厂领导班子在充分分析市场形势的情况下,以发展的眼光果断作出调整和升级产品结构的正确决策。工欲善其事,必先利其器。在随后的几年里,山西煤机厂围绕产品调整,筹集资金近5000万元,从意大利、德国、日本、美国、俄罗斯等国引进高精生产加工设备8台(套),从国内购置大量的先进设备80余台(套),产品开发速度和生产加工能力明显提高。1993年山西省首台槽宽764毫米刮板机研制成功,荣获山西省新产品开发二等奖,随后进入西山、晋城、大同等各大矿务局。至此,山西煤机的刮板输送机基本形成了槽宽620毫米、630毫米、730毫米、764毫米系列化产品及配套的转载机、破碎机。刮板机双速电机驱动布置方式逐步应用,装机功率持续提升,最大达到400千瓦,链条形式逐步由边双链向中双链转变;中部槽结构由开底式向封底式发展;对铸焊式、框架式等形式中部槽进行了探索性研究。皮带机在原有基础上不断拓宽了品种,发展到8种主力机型,近20余种变型产品,满足了省内市场需求。

伴随着企业开发能力、制造水平、产品性能、用户市场一步步夯实,国内外先进技术在产品上的配套应用与集成创新成为可能。

(二)集成创新(1996~2005年)

1996年初,原国家经贸委组织实施了"技贸结合、技术转让、合作制造—重型刮板输送机"项目。国内各主要刮板输送机厂家通过大力引进、消化吸收国际先进的设计、工艺、质量控制、试验、检测技术,先后研制出新一代综采工作面800、900型等刮板输送机产品。1997年6月,山西省第一台整铸槽帮SGZ830/630刮板机在山西煤机研制成功,并在屯兰矿通过验收。

世纪之交的2000年是值得纪念的。山西煤机为河北邯郸矿务局生产的整铸式SGZ630/264刮板输送机,成为打开省外市场的第一单。2001年,我国煤炭市场开始进入黄金十年。十年中，刮板机年产量从开始的不到1000台，到最多时5000余台。市场需求"井喷"了，但是市场形势却是异常严峻。刮板机中高端市场和核心技术基本被国外DBT、JOY等公司垄断，其市场份额和霸主地位无法撼动，而中低端市场国内生产厂家日趋增多，竞争激烈而残酷。山西煤机要想迅速打开局面，在国产刮板机厂家中脱颖而出，占得一席，产品和技术发展已经不能仅仅局限于国内领先水平了。

走出去，对标国际，博采世界众家之长，才是迅速提高企业产品技术的捷径。2001年，德国弗兰德减速器在山西煤机SGZ730/630刮板输送机上实现配套应用，进口减速器的采用在国内尚属首例；2003年，山西省首台（套）SGZ880/800刮板输送机研制成功，整机配置了德国HB公司的减速器和德国RUD公司的链轮体。一边引进集成，一边消化开发，实践证明这条路子是对的。它不仅使山西煤机产品技术水平短期迅速提升，也为公司后期自主开发大功率减速器、大规格链轮等关键部件及技术创造条件。2001年，27JSⅢAB-315减速器顺利通过了型式检验，这是公司减速器生产历史性突破，山西煤机第一次取得了刮板机用减速器安标发证；2004年，99/08-1哑铃销试锻成功；2005年，Φ34×126圆环链驱动链轮试制成功，替代了德国进口。刮板机减速器、大规格链轮及矿用高强度圆环链等关键部件终于迈开了大规模自制和国产化的步伐。

2005年4月，公司自主研制的第一代自移机尾完成地面铺设和验收。主营产品已经拓展到包括刮板输送机、转载输送机、破碎机、自移机尾、带式输送机以及铸石刮板机六大板块，上百种机型。公司已完全具备现代化煤炭综采从井下工作面到地面煤仓之间完整成套输送设备的设计制造能力。

（三）自主创新（2006年至今）

随着煤炭工业逐步向集约化转型，在煤炭黄金十年市场技术需求和行业技术进步带动下，山西煤机的刮板输送机向大运量、长运距、大功率、高可靠性和长寿命方向不断发展。

　　2006年,公司在结合国外同类设备诸多优点以及自主创新基础上,首次为大采高综采工作面成功开发出公司第一台槽宽1米,交叉侧卸式SGZ1000/1400刮板机成套输送设备,完全满足了年产600万吨工作面高产高效配套要求。项目获得了山西省科技进步一等奖。至此,从模仿试制第一台40T,到25年后能够自主创新出第一台槽宽1米重型刮板输送机及其成套设备,山西煤机的产品技术创新之树终于开花结果。

　　从此,山西煤机驶入了产品技术自主创新的快车道。面对行业发展新常态,山西煤机准确把握煤炭工业转型升级对技术装备配套提出的新要求,在成套化、自动化、智能化、低碳化等技术领域大力开展创新实践,科技创新和研发投入每年保持在销售总额的10%左右。刮板输送机设备链传动系统、结构件等关键设计制造技术和生产装备水平不断迈上新台阶,软启动和变频驱动技术在刮板输送机上进行了广泛应用,系统运行状态监测监控、三机协同、集中控制、智能驱动、姿态感知、自动调直等前沿技术研究取得了重大进展,产品可靠性、智能化程度大幅提升。

　　2009年9月,公司承担的国家"十一五"科技支撑项目——千万吨级综采工作面SGZ1250/2400成套输送设备顺利出厂验收。2011年9月,当时国内槽宽最宽、装机功率最大的SGZ1400/3×1600刮板机试制成功,年产量达到1500万吨级,产品在北京国际采矿博览会上一亮相,其规格和先进性得到行业广泛关注。2013年9月,公司承担的国家"十二五"智能制造装备发展专项——千万吨级综采工作面智能型输送系统顺利完成了三机联调。这是我国首个具有完全自主知识产权和国际领先水平的千万吨级综采工作面智能型输送系统,荣获山西省及中国煤炭工业两个科技进步一等奖。两个国家级示范项目的顺利完成,标志了山西煤机在我国千万吨级综采工作面高端成套运输设备的国产化设计制造水平已进入成熟阶段,具备为世界综采提供具有全球竞争力的优质产品和先进服务的能力。

　　高端产品造出来了,国际市场打开了,此时已是公司董事长和技术中

538

心主任的冯金水居安思危，深知产品的可靠性和稳定性是目前制约国产刮板机性能进一步提升的主要问题。山西煤机必须在核心基础零部件、先进基础工艺、关键基础材料和产业技术基础发展上进行重点攻关。2014年10月，山西煤机依托省煤基产业链重点科技攻关项目，开始长达5年之久，累计投入近7千万元的新材料、新工艺及新技术的研究和开发工作，关键部件如中部槽，创造了过煤量2000万吨无大修的记录，真正实现了国产刮板输送机的高可靠性和长寿命。

2014年，公司第一台双齿辊破碎机在怀仁芦子沟矿开始运转。2015年，国内槽宽最宽的超长距离薄煤层综采工作面用SGZ800/800智能型刮板输送机自主研制成功；2016年，公司首台700千瓦摩擦限矩器自制成功；2017年，刮板机用CST完成国产化，可完全替代进口；2018年，目前刮板机用功率最大的1600千瓦减速器完成试制。2019年，世界第一台限矩型减速器将亮相北京国际采矿博览会。

初心不变，创新使然，山西煤机产品和技术创新工作早已硕果累累。"十一五"以来，公司累计实施完成国家、省部级及行业重大攻关项目16项，获奖6项，其中省部级及行业一等奖3项，在研省部级项目2项，即"中部槽智能化焊接技术与系统"和"耐高温、耐腐蚀、耐磨金属复合板/管材料技术开发"。目前公司拥有有效专利64项，其中发明专利14项。

新产品层出不穷，全国用户接踵而至，各地订单纷至沓来。山西煤机的"晋龙"牌产品已遍及省内各大煤炭集团和地方煤矿，畅销内蒙古、陕西、新疆、山东、辽宁、河北、宁夏、贵州等产煤大省（自治区）300余家用户。新产品年销量达到80%以上，省外销售额达到总销量的40%以上。

产品技术创新显著成效的背后是科技创新体系的快速发展和强大支撑。2010年，公司被认定为国家高新技术企业，2011年获得国家科技部"国家火炬计划重点高新技术企业"荣誉称号。公司现由7个研究所组成的省级企业技术中心，拥有近百名专业的研发人员，采用现代化的产品设计手

段和方法。2015年,公司联合太原理工大学成立煤炭综采装备山西省重点实验室,专注煤机装备基础共性技术研究;2016年公司经国家批准成立了博士后科研工作站;2017年公司联合瑞典钢铁(SSAB)成立了行业首家"悍达耐磨材料研发中心",致力于研究和解决多矸、积水、高压、腐蚀等恶劣工况条件下装备的抗蚀、耐磨等技术难题,可有效提升产品再制造功能的恢复水平。2018年,搭建了行业里唯一的刮板机链传动系统可靠性工程设计平台,率先实现对链传动系统全生命周期可靠性分析和寿命评估。

时光飞逝,40年弹指一挥间。如今"一带一路"已成为新一轮对外开放的战略重点。在实施供给侧改革中,山西煤机正立足"主业提升,新兴转型"两个基本面,在继续加大核心技术攻关、提升产品技术水平的同时,大力实施品牌战略,努力提升国产刮板输送机产品性能和质量,助力打造全球煤机市场上的"中国品牌"。

三、共享发展篇

在40多年的艰苦创业中,山西煤机始终不忘初心,公司管理层始终把广大职工的利益放在第一位,将企业的发展与职工的切身利益紧密联系在一起。无论在市场极度低迷、举步维艰的时期,还是在市场转旺、经营形势一片大好的时期,企业始终保持了人心向上、稳定发展的良好局面。40多年的发展中,企业没有欠发过职工一分钱,没有一名职工下岗失业,"五险一金"足额缴纳,生活、工作环境不断改善,收入不断增加,真正做到了"共享发展"。

无论是在改制前的国有企业,还是在改制后的股份制企业,公司始终坚持全心全意依靠职工办企业,坚持民主管理。作为一个只有一千左右职工、正式投产仅38年的企业,职工参政议政、发挥民主管理作用的职工代表大会制度已经坚持了34年。在山西煤机,没有独断专行的"霸权"作风,有的只是团结和睦的良好氛围;没有人人自危、缩手缩脚的为难现象,有的只是畅所欲言,领导与群众时时沟通的场景。公司领导各负其责,中层干部恪尽职守,广大职工敬业爱岗,思想统一,目标一致,勠力同心。

ERP信息化管理所关联的人事、财务、采购、供应、销售等各个经营管理环节全部在公开、透明的环境中运行。300多个终端的300多台电脑就像300多双眼睛时刻关注着、监督着"权力"的运作状态,哪怕是一颗小小的螺丝钉的流向也能清晰地从电脑中反映出来。民主管理换来的是民心所向,换来的是战无不胜,换来的是创新不断。

在激励机制改革上,2001年,山西煤机冲破重重阻力,率先在全厂实行以完全岗位工资制为基础,多种分配方式相结合的薪酬制度。建立了比较完善的业绩考核评价制度。新的分配制度铲除了过去的平均主义和"论资排辈""大锅饭"消极因素,极大提高了广大职工特别是年轻人的工作积极性,为企业增添了新的活力。在山西煤机,收入最高的是技术岗位、销售岗位和拥有一技之长、贡献突出的技术工人、管理骨干,而不论你的年龄大小、资历高低。

股份制改革,使得企业国有资产实现了保值增值。企业职工通过辛勤的劳动,不仅能够足额拿到劳动所得,而且参与了资本分红,收获了一份资产性收益,职工人均年收入从改制前的5000元提升到现在的6万元。真正实现了"共建和谐企业、共谋企业发展、共享发展成果",职工群众切切实实享有了获得感和幸福感。

40多年来,山西煤机的党员由最初的31人增加到现今的245人。公司党政始终坚持"两手抓,两手都要"硬的工作方针,以党建促发展,以党建促和谐,党员做先锋,支部做堡垒,广大党员扎根岗位,扎根基层,成为企业的奋斗者,以自己朴实的思想理念和默默的奉献带领广大职工创造了不平凡的业绩。

40多年来,公司文明和谐创建工作也硕果累累,成绩显著,连续10年被授予"山西省文明单位",多次被省国资委、集团公司评为"先进基层党

组织"。先后获得"中国煤炭机械工业双十佳企业""山西省劳动竞赛特等功企业""山西省最佳企业""山西省五星级工会"等荣誉称号。

在追求又好又快发展的进程中,全体员工用自己的智慧、心血和才华铸造着山西煤机在社会上、市场中的可靠信誉。山西煤机在树立品牌、赢得口碑的努力中不断收获希望和信心。

当前,中华民族伟大复兴的"中国梦"正在路上,"中国制造2025"的大幕刚刚开启,山西煤机的"煤机梦"也搭乘着这班飞驰的列车,向着智能制造的领军者目标砥砺前行。一个占地30余万平方米,投资15亿元的新厂正在紧张地筹建之中。未来的山西煤机基于20年信息化管理的成功经验,将拥有以数字化装备、数字化管理为特征的智能化生产车间;以全生命周期管理为特征的智能化研发手段;以个性化定制、无人化操作为特征的智能化产品;以在线监测、远程诊断为特征的智能化服务平台。一个资源集约、绿色环保、高效节能、本质安全的现代化智慧工厂将在山西煤机人二次创业的伟大征途中变为现实。

后　记

　　《山西煤炭工业70年巨变》一书,是由山西省煤炭工业协会组织编写的。本书编写中采用或参考了中国煤炭工业协会、山西省能源局和省内有关政府部门、研究机构、集团企业以及专家学者、新闻媒体发布的煤炭行业相关的政策、资料和数据信息。本书编写过程中得到了王黎红、刘志钧、韩文彦、韩忠鳞、闫俊杰、宋俊生等同志的支持和帮助。在此,一并表示真诚的感谢!

　　由于编者水平和时间有限,本书必有许多不当之处,恳请业内领导、专家、学者和广大读者,提出宝贵意见和建议。

编者

2019年7月